Bonjour, ça va?

An Introductory Course

Myrna Bell Rochester

Judith A. Muyskens
University of Cincinnati

Alice C. Omaggio
University of Illinois, Urbana-Champaign

Claudine Chalmers
College of Marin

Random House **New York**

This book was developed for Random House by Eirik Børve, Inc.

First Edition

9 8 7 6 5 4 3 2 1

Library of Congress Cataloging in Publication Data

Main entry under title:

Bonjour, ça va?

    English and French.
    Includes index.
    1. French language—Conversation and phrase books.
2. French language—Composition and exercises.
I. Rochester, Myrna Bell.
PC2121.B718   1983   448.2'421   82-21426
ISBN 0-394-33136-2

Manufactured in the United States of America

Text and cover design by Christy Butterfield
Cover photograph: Helena Kolda
Illustrations by Axelle Fortier
Maps by Drake Jordan

Grateful acknowledgment is made for use of the following:

Photographs   *page 1* © Jeannine Niépce, Rapho / Kay Reese & Associates; 9 © Cary Wolinsky / Stock, Boston; 26 © Leonard Freed / Magnum; 27 (*top left*) © C. Raimond-Dityvon, VIVA / Woodfin Camp & Associates; 27 (*top right*) © Peter Menzel; 27 (*bottom left*) © Martine Franck, VIVA / Magnum; 27 (*bottom right*) © Eirik Børve; 38 © Charles Harbutt / Archive Pictures, Inc.; 40 © Ken Heyman; 47 © Barbara Alper / Stock, Boston; 50 © Cary Wolinsky / Stock, Boston; 58 © Peter Menzel; 60 © Owen Franken / Stock, Boston; 63 © Peter Menzel; 65 © Suzanne Fournier, Rapho / Kay Reese & Associates; 71 © Barbara Alper / Picture Group, Inc.; 75 © Barbara Alper / Stock, Boston; 79 © H. S. Chapman / Jeroboam, Inc.; 83 © Maurice Zalewski, Rapho / Kay Reese & Associates; 93 © Nicolas Sapieha / Stock, Boston; 96 © Frank Siteman / Jeroboam, Inc.; 107 © Charles Harbutt / Archive Pictures, Inc.; 112 © Owen Franken / Stock, Boston; 118 © Jean Gaumy / Magnum; 126 © Owen Franken / Stock, Boston; 129 © Ken Heyman; 136 © Owen Franken / Stock, Boston; 141 © Jean Gaumy / Magnum; 144 © David Burnett / Contact Press Images, Inc.; 147 © Owen Franken / Stock, Boston; 153 © Barbara Alper / Picture Group, Inc.; 155 © Niépce, Rapho / Kay Reese & Associates; 159 © H. S. Chapman / Jeroboam, Inc.; 162 © Jean Marc Charles / Kay Reese & Associates; 165 © Niépce, Rapho / Kay Reese & Associates; 173 © Mark Antman / Stock, Boston; 175 © Jacques Minassian, VIVA / Woodfin Camp & Associates; 181 © Owen Franken / Stock, Boston; 189 © Roswell Angier / Archive Pictures, Inc.; 196 © Pierre Michaud, Rapho / Kay Reese & Associates; 201 © Peter Menzel; 203 © Marc Tulane, Rapho / Kay Reese & Associates; 206 (*left*) © Peter Menzel; 206 (*right*) © Marc Riboud / Magnum; 215 © Henri Cartier-Bresson / Magnum; 217 © H. S. Chapman / Jeroboam, Inc.; 219 © Stuart Cohen / Stock, Boston; 223 © Leonard Freed / Magnum; 230 © H. S. Chapman / Jeroboam, Inc.; 232 © French Embassy & Information Division; 240 © M. Delluc, VIVA / Woodfin Camp & Associates; 243 © Peter Menzel; 248 © Peter Menzel; 250 © French Embassy Press & Information Division; 256 © Maurice Charl Onnières, Rapho / Kay Reese & Associates; 262 © Patrick Bruchet, VIVA / Woodfin Camp Associates; 266 © Kit Hedman; 268 © Peter Menzel; 274 © Owen Franken / Stock, Boston; 282 © Martine Franck / Magnum; 284 © De Sazo, Rapho / Kay Reese & Associates; 285 © Leonard Freed / Magnum; 291 © Peter Menzel; 294 © Courtesy of the Art Institute of Chicago; 297 © Jean Gaumy / Magnum; 306 © Martine Franck / Magnum; 310 © Mark Antman / Stock, Boston; 313 © Niépce, Rapho / Kay Reese & Associates; 321 © Richard Kalvar / Magnum; 323 © Niépce, Rapho / Kay Reese & Associates; 327 © Lionel Delevingne / Picture Group, Inc.; 339 © Henri Cartier-Bresson / Magnum; 341 © Jean Gaumy / Magnum; 352 © Marc Tulane, Rapho / Kay Reese & Associates; 355 © Guy Le Querrec / Magnum; 357 © Owen Franken / Stock, Boston; 361 © Swiss National Tourist Office; 368 © Pascal Maitre / Documentation Française Photothèque; 371 © Jacques Bondon / Documentation Française Photothèque; 382 © Niépce, Rapho / Kay Reese & Associates; 387 Canadian Government Office of Tourism; 389 Office of Tourism, State of Louisiana; 398 Canadian Government Office of Tourism; 404 © M. Jacot / World Health Organization; 407 French Embassy Press & Information Division; 408 © Peter Menzel; 419 © Mary McVey Gill

Realia   *page 157* Michelin et Cie, Paris; 187 *Le Point*, Paris, Feb. 8–14, 1982; 254 (*left*) Breguet, Rueil-Malmaison; (*right*) Manera S.A., Paris; 272 © Editions Albert René, Neuilly-sur-Seine

Introduction

Bonjour, ça va? is a concise first-year program that emphasizes communication in French through introduction of the four language skills: listening, speaking, reading, and writing. It can be used easily in courses meeting fewer than five hours per week, or by any instructor wishing to present basic material in an efficient way. The vocabulary, grammar, dialogs, readings, and activities of each chapter all reflect a central chapter theme. *Bonjour, ça va?* is based in part on the highly successful *Rendez-vous*.

Organization
The text consists of an opening chapter (*Au début: Premiers Pas*) and twenty-eight other chapters.

Chapter 1, to be presented during the first few class sessions, is made up of six mini-lessons covering greetings, numbers, classroom expressions, telling time, and dates. In Chapter 1, the approach is communicative and visual. It is based on activities, with no grammar explanation. In addition, Chapter 1 contains a brief introduction to French pronunciation that is also divided into six short lessons.

Chapters 2–29 are organized as follows:

1. *Prélude: Vocabulaire* presents the core vocabulary in a cultural context and provides practice of these words.

2. *Grammaire* contains two or three grammar points, each introduced in a minidialog and accompanied by explanation, examples, exercises, and activities.

3. *Mise en pratique* contains either a series of activities, a dialog, or a cultural reading, followed by questions and personalized exercises that provide recombined grammar and vocabulary practice while encouraging creative use of the students' skills. Depending on time and goals, instructors may use these activities in a variety of ways: as in-class discussion, for small-group presentation, or as guided writing activities.

4. *Mots à retenir* is the chapter vocabulary list, which includes only active vocabulary.

Cultural material has also been included in drawings, diagrams, and maps, and in all captioned photographs illustrating chapter themes.

Supplements
Bonjour, ça va? has several supplements that will help students and instructors use the book more successfully.

1. The workbook, by Myrna Bell Rochester and Patricia B. Westphal, provides additional practice through a variety of written drills, including controlled and open-ended exercises.

2. The laboratory manual and tape program, by Myrna Bell Rochester, offer listening comprehension, phonetic drills, dictations, pattern drills, and cultural material to accompany the main text.

3. The instructor's manual gives guidelines for lesson planning, testing, and using *Bonjour, ça va?*

Acknowledgments

The extremely useful comments and advice offered by the following reviewers determined numerous pedagogical decisions made during the development of the text: Leon H. Bourke, Indiana University; Howard Hanson, Western Ilinois University; Bette G. Hirsch, Cabrillo College; Ellen S. Hofmann, Highline Community College; Arlene Malinowski, North Carolina State University, and Elisabeth Marlow, University of Oregon. We very much appreciate their comments. The authors are also very grateful to Eirik Børve, who provided the original idea for the *Bonjour, ça va?* program, and to the members of the Random House production staff, led by Karen Judd, for their generous support and expert skills. Claudette Imberton, Philippe Alméras, Martha Krow-Lucal, Lesley Walsh, and Marcia Schonzeit all made valuable contributions to the creation of the final manuscript. Finally, we owe very special thanks to Axelle Fortier, whose drawings truly give life to words, and to Mary McVey Gill, who, with extraordinary care and patience, followed this project through every stage.

M.B.R.

Table des matières

Chapitre 1 Au début   1

Premiers Pas   **1.** Bonnes Manières 2
     Pronunciation: Articulation in French 5
    2. Les Nombres de 1 à 20 6
     Pronunciation: The International Phonetic Alphabet (IPA) 7
    3. La Communication en classe 8
     Pronunciation: Stress, Intonation, and Linking 11
    4. Les Nombres de 20 à 60 13
     Pronunciation: Accent Marks and the French Alphabet 14
    5. Quelle heure est-il? 16
     Pronunciation: French Vowel Sounds 20
    6. Quelle est la date d'aujourd'hui? 22
     Pronunciation: Semi-vowels and Consonants 25

Chapitre 2 La Vie universitaire   **26**

Prélude: Vocabulaire   L'Université 27
     Nationalités 28
Grammaire   **7.** *Articles and gender of nouns 29*
    8. *The plural of articles and nouns 32*
Mise en pratique   Activités: Scènes universitaires 35

Chapitre 3 Distractions   **38**

Prélude: Vocabulaire   Au café 39
Grammaire   **9.** *Subject pronouns and present tense of -er verbs 41*
    10. *Negation 45*
Mise en pratique   Activités: Amusons-nous! 48

Chapitre 4 Descriptions   **50**

Prélude: Vocabulaire   Quatre Personnalités différentes 51
     Ernestine, Michel et la voiture 52
Grammaire   **11.** *The verb* être *53*
    12. *Descriptive adjectives 57*
Mise en pratique   Lecture: L'Individualisme et l'esprit critique 61

Chapitre 5 Copains, copines 65

Prélude: Vocabulaire	Un Peu de mathématiques: Les nombres de 60 à 100 66
	Les Nombres de 100 à 9.999 68
	Un Peu d'histoire 69
Grammaire	13. *Yes/no questions* 70
	14. *The interrogative adjective* quel 74
	15. *The prepositions* à *and* de; *contractions with* à *and* de 76
Mise en pratique	Activités: Faisons connaissance! 80

Chapitre 6 Le Logement 83

Prélude: Vocabulaire	Chambres d'étudiants 84
Grammaire	16. *The verb* avoir; *expressions with* avoir 85
	17. *Present tense of* -ir *verbs* 90
Mise en pratique	Dialogue: Comment trouver un logement 92

Chapitre 7 Les Saisons et les vêtements 96

Prélude: Vocabulaire	Les Saisons et le temps: Quel temps fait-il? 97
	Couleurs 98
	Vêtements 99
Grammaire	18. *Information questions* 100
	19. *Adjectives of color; adjectives that precede the noun* 104
Mise en pratique	Activités: Personnalités 109

Chapitre 8 Les Français chez eux 112

Prélude: Vocabulaire	Trois Générations d'une famille 113
	La Maison des Lagrange 114
	Nombres ordinaux 115
Grammaire	20. *Forms and uses of possessive adjectives* 116
	21. *The verb* aller; aller + *infinitive* 119
	22. *The verb* faire; *expressions with* faire 122
Mise en pratique	Dialogue: Un Dimanche en famille 125

Chapitre 9 Les Repas quotidiens 129

Prélude: Vocabulaire	Les Repas de la journée 130
	A table 131
Grammaire	23. *The partitive:* de + *definite article* 132
	24. *Present tense of* -re *verbs* 138
Mise en pratique	Activités: Bon appétit! 140

Chapitre 10 Les Délices de la table   144

Prélude: Vocabulaire	Les Magasins d'alimentation 145	
	Au restaurant 146	
Grammaire	**25.** *Present tense of irregular -re verbs* 148	
	26. *The imperative* 150	
Mise en pratique	Lecture: La Table française: à la maison et au restaurant 154	

Chapitre 11 Achats et chiffres   159

Prélude: Vocabulaire	L'Argent français 160	
	Le Bureau de change 160	
	D'autres nombres 161	
Grammaire	**27.** *Demonstrative adjectives* 163	
	28. *The verbes* vouloir, pouvoir, *and* devoir 167	
Mise en pratique	Activités: Faisons des achats! 169	

Chapitre 12 La Communication et les médias   173

Prélude: Vocabulaire	Pour communiquer 174	
	Quelques Verbes de communication 176	
Grammaire	**29.** *Affirmative and negative words and expressions* 177	
	30. *Direct object pronouns* 182	
Mise en pratique	Dialogue: Les Plaisirs du petit écran 185	

Chapitre 13 Vive les vacances!   189

Prélude: Vocabulaire	Vacances en France 190	
	Les Verbes du groupe *partir* 191	
	Les Verbes du groupe *venir* 192	
Grammaire	**31.** *The passé composé with* avoir 194	
	32. *Agreement of the past participle* 198	
Mise en pratique	Activités: Partons en vacances! 200	

Chapitre 14 Régions de France   203

Prélude: Vocabulaire	Les Provinces françaises: régions traditionnelles 204	
	Les Verbes *voir et croire* 205	
Grammaire	**33.** *Indirect object pronouns* 207	
	34. *Adverbs* 210	
Mise en pratique	Lecture: La France: un mélange de cultures 213	

Chapitre 15 Transports   217

Prélude: Vocabulaire	Le Monde en avion 218	
	L'Europe en train 219	
Grammaire	**35.** *The* passé composé *with* être 220	
	36. *Prepositions with geographical names* 226	
Mise en pratique	Activités: Voyages à l'étranger 227	

Chapitre 16 La France en voiture   230

Prélude: Vocabulaire	Toutes les routes mènent à Paris 231
Grammaire	**37.** *Uses of* y 233
	38. *Relative pronouns* 235
Mise en pratique	Dialogue: Un Coup de téléphone, un coup de chance 239

Chapitre 17 Villes et villages   243

Prélude: Vocabulaire	Une Petite Ville 244
Grammaire	**39.** *The pronoun* en 245
	40. *The* imparfait 249
Mise en pratique	Activités: La Vie urbaine 253

Chapitre 18 Paris et sa banlieue   256

Prélude: Vocabulaire	Les Arrondissements de Paris 257
Grammaire	**41.** *The* passé composé *versus the* imparfait 258
	42. *The verbs* savoir *and* connaître 263
Mise en pratique	Lecture: Le Métropolitain 265

Chapitre 19 L'Enseignement   268

Prélude: Vocabulaire	Les Études en France 269
	Les Verbes *suivre* et *vivre* 270
	L'Année scolaire 271
Grammaire	**43.** *Stressed pronouns* 272
	44. *The comparative and superlative* 276
Mise en pratique	Dialogue: Une Discussion entre étudiants 280

Chapitre 20 Arts et artisans   284

Prélude: Vocabulaire	Arts anciens, arts modernes 285
	Le Corps humain 286

Grammaire	**45.** *Order of object pronouns* 287
	46. *Commands with object pronouns* 289
Mise en pratique	Activités: Nous sommes tous artistes! 293

Chapitre 21 C'est la vie! 297

Prélude: Vocabulaire	La Vie de tous les jours 298
	L'Amour et le mariage 299
Grammaire	**47.** *Reflexive verbs* 300
	48. *The reciprocal reflexive* 305
	49. *Reflexive verbs in the* passé composé 307
Mise en pratique	Dialogue: Une Interview avec un jeune couple 309

Chapitre 22 Choisissons une carrière 313

Prélude: Vocabulaire	Les Français au travail 314
Grammaire	**50.** *The future tense* 316
	51. *Demonstrative pronouns* 319
Mise en pratique	Lecture: La Française et son travail 323

Chapitre 23 Loisirs et détente 327

Prélude: Vocabulaire	Les Loisirs préférés des Français 328
	Les Verbes *courir, rire* et *offrir* 329
Grammaire	**52.** *Summary of interrogative pronouns* 330
	53. *The conditional* 334
Mise en pratique	Dialogue: La Détente 338

Chapitre 24 Retour aux sources 341

Prélude: Vocabulaire	Notre Environnement 342
	La Philosophie écologiste 343
	Bienvenue à la campagne! 344
Grammaire	**54.** *The past perfect* 345
	55. *The conditional perfect; summary of if-clause sentences* 347
Mise en pratique	Dialogue: Un Choix difficile 351

Chapitre 25 Vive le sport! 355

Prélude: Vocabulaire	Le Sport en France 356
Grammaire	**56.** *Time expressions* 358
	57. *The relative pronouns* ce qui, ce que, *and* lequel 362
Mise en pratique	Activités: Restons en forme! 365

Chapitre 26 La Vie politique   368

Prélude: *Vocabulaire*   La République française: liberté, égalité, fraternité 369
                          Quelques Partis politiques français 370
Grammaire   **58.** *The present subjunctive, regular verbs* 372
               59. *The present subjunctive, irregular verbs* 376
               60. *The subjunctive with verbs of volition and expressions of
                    emotion, doubt, and uncertainty* 379
Mise en pratique   Lecture: Les Français et la politique 383

Chapitre 27 Les Français en Amérique du Nord   387

Prélude: *Vocabulaire*   Colons français en Amérique du Nord 388
Grammaire   **61.** *The subjunctive after impersonal expressions* 390
               62. *The subjunctive after certain conjunctions; the past subjunctive* 395
Mise en pratique   Dialogue: Entre gens d'Amérique du Nord 400

Chapitre 28 L'Afrique francophone   404

Prélude: *Vocabulaire*   La Langue française en Afrique 405
Grammaire   **63.** *The present participle* 407
               64. *Possessive pronouns* 410
               65. *Summary of indefinite adjectives and pronouns* 413
Mise en pratique   Dialogue: Un Dépaysement 416

Chapitre 29 Le Français dans le monde   419

Prélude: *Vocabulaire*   Le Français, langue de communication internationale 420
                          Le Monde francophone 421
Grammaire   **66.** *The passive voice* 422
               67. *Causative* faire 424
Mise en pratique   Activités: « Elle se parle… elle s'écrit… elle se chante. » 426

Appendix   **A.** *Use of prepositions after verbs* 428
                     B. Le passé simple 428

Conjugaison des verbes   **A.** *Regular verbs* 430   **D.** *Auxiliary verbs* 433
                             B. *Intransitive verbs of motion* 432   **E.** *Verbs with spelling changes* 434
                             C. *Reflexive verbs* 433   **F.** *Irregular verbs* 436

Lexique: français-anglais A-1

Lexique: anglais-français A-23

Index A-27

Au début

« Comment?... Je m'appelle Marianne Dufour.
Et vous? Comment vous appelez-vous? »

1 Bonnes Manières

1. —Bonjour, Mademoiselle.[1]
   —Bonjour, Madame.

2. —Bonsoir, Monsieur.
   —Bonsoir, Madame.

3. —Je m'appelle Marcel Martin.
   Comment vous appelez-vous?
   —Je m'appelle Marie Dupont.
   —Bonjour, Mademoiselle.
   —Non! Madame, s'il vous plaît!

4. —Comment allez-vous?
   —Très bien, merci. Et vous?
   —Pas mal, merci.

5. —Salut, ça va?
   —Oui, ça va bien.
   —(Comme ci, comme ça.)

6. —Comment? Je ne comprends pas. Répétez, s'il vous plaît.

---

[1]Abréviations: Mademoiselle = Mlle, Monsieur = M., Madame = Mme. Note that when used to address someone, these titles are usually not followed by a proper name.

7. —Pardon! Excusez-moi!

8. —Merci.
   —De rien.

9. —Au revoir!
   —A bientôt!

A votre tour (*Your turn*)

A. Et vous? Répondez, s'il vous plaît.

1. Je m'appelle Maurice Lenôtre. Comment vous appelez-vous?
2. Bonsoir!   3. Comment allez-vous?   4. Merci.   5. Ça va?
6. Au revoir!   7. Bonjour.

B. Situations. Donnez (*Give*) l'expression logique.

1.

2.

3.

4.

5.   6.   7.

C. Rencontres (*Encounters*). Donnez les dialogues en français, avec (*with*) un(e) camarade de classe (*classmate*).

1. *You bump into someone on the street; it's Mrs. Dupont, your French instructor. You excuse yourself, say hello, and ask how she is. She says that she's fine and asks how you are. "Not bad," you reply. You both say, "Good-bye, see you soon."*

2. *Two of you are meeting in a formal situation for the first time. Greet each other and introduce yourselves.*

3. *Now divide into groups of two or three students and, using the expressions you know, invent new encounters.*

Mots à retenir (Words to remember)

A bientôt.	*See you soon.*	Je m'appelle…	*My name is . . .*
Au revoir.	*Good-bye.*	Je ne comprends pas.	*I don't understand.*
Bonjour.	*Hello. Good day.*	Madame (Mme)	*Mrs., Ma'am*
Bonsoir.	*Good evening.*	Mademoiselle (Mlle)	*Miss*
Ça va?	*How's it going?*	Merci.	*Thank you.*
Ça va bien.	*Fine. Things are going well.*	Monsieur (M.)	*Mr., Sir*
Comme ci, comme ça.	*So-so.*	Non.	*No.*
Comment?	*How? What?*	Oui.	*Yes.*
Comment allez-vous?	*How are you?*	Pardon.	*Pardon (me).*
Comment vous appelez-vous?	*What's your name?*	Pas mal.	*Not bad(ly).*
De rien.	*You're welcome.*	Répétez.	*Repeat.*
Et vous?	*And you?*	Salut!	*Hi!*
Excusez-moi.	*Excuse me.*	S'il vous plaît.	*Please.*
		Très bien.	*Very well (good).*

Pronunciation: Articulation in French

Articulation. The articulation of French is physically more tense and energetic than that of English. French sounds, generally produced at the front of the mouth, are never slurred or swallowed.

Prononcez avec le professeur:

1. Bonjour, ça va?
2. Oui, ça va bien.
3. Comment vous appelez-vous?
4. Je m'appelle Marcel Martin.
5. Je ne comprends pas.
6. Répétez, s'il vous plaît.

Cognates and new sounds. French and English have many cognates, that is, words spelled similarly with similar meanings. Many consonant and vowel sounds are quite similar in English and French; others are very different. Indeed, some sounds will be altogether new to a native speaker of English. We recommend that all new sounds and patterns be learned by attentive listening and imitation.[2]

Prononcez avec le professeur:

1. attitude
2. police
3. balle
4. bracelet
5. passion
6. conclusion
7. injustice
8. côtelette

English diphthongs. A diphthong is two vowel sounds pronounced within the same syllable, such as the English word *bay*. There is a tendency in English to prolong almost any vowel into a diphthong. In English words such as *rosé, café,* and *entrée,* the final vowel is drawn out into two separate vowel sounds: an *e* sound and a *y* sound. In French, each vowel in the words **rosé, café,** and **entrée** is pronounced with a *single,* pure sound, regardless of the length of the syllable.

Prononcez avec le professeur:

1. entrée   café   matinée   blasé   rosé   frappé
2. cage   table   fable   câble   page   sage   sable
3. beau   gauche   parole   rose[3]

---

[2]Certain aspects of French pronunciation are treated in more detail in later sections of this chapter, and will be practiced in each lesson of the student laboratory program.
[3]Some of these words that resemble English are not cognates but **faux amis** (*false friends*).

2   Les Nombres de 1 à 20

1 un	6 six	11 onze	16 seize
2 deux	7 sept	12 douze	17 dix-sept
3 trois	8 huit	13 treize	18 dix-huit
4 quatre	9 neuf	14 quatorze	19 dix-neuf
5 cinq	10 dix	15 quinze	20 vingt

A votre tour

A. Deux nombres. Répétez le plus grand (*the larger*) nombre.

MODÈLES: deux, dix ⟶ dix; huit, un ⟶ huit

1. six, seize   2. dix, douze   3. treize, trois   4. neuf, onze   5. dix-huit, dix-neuf   6. quinze, sept   7. dix-sept, seize   8. vingt, quatorze

B. Combien? (*How many?*) Donnez le nombre correct.

1. ꖛꖛ|||
2. ||
3. ꖛ||
4. ꖛꖛ||
5. ꖛꖛꖛ||
6. ꖛꖛ
7. ꖛꖛꖛ||||
8. ||||
9. ꖛ||||
10. ꖛꖛ||||

C. Problèmes de mathématiques. Donnez la réponse (*answer*) correcte.

+   et   ×   fois

−   moins   =   font

MODÈLES: $4 + 3 = ?$ ⟶ Quatre et trois font sept.
$4 - 3 = ?$ ⟶ Quatre moins trois font un.

1. $2 + 5 = ?$
2. $6 + 8 = ?$
3. $5 + 3 = ?$
4. $10 + 1 = ?$
5. $9 + 8 = ?$
6. $5 - 4 = ?$
7. $15 - 9 = ?$
8. $13 - 12 = ?$
9. $20 - 18 = ?$
10. $19 - 15 = ?$
11. $10 \times 2 = ?$
12. $11 \times 1 = ?$
13. $8 \times 2 = ?$
14. $6 \times 3 = ?$
15. $5 \times 4 = ?$

Mots à retenir

un, deux, trois, quatre, cinq	one, two, three, four, five
six, sept, huit, neuf, dix	six, seven, eight, nine, ten
onze, douze, treize, quatorze, quinze	eleven, twelve, thirteen, fourteen, fifteen
seize, dix-sept, dix-huit, dix-neuf, vingt	sixteen, seventeen, eighteen, nineteen, twenty

combien	how many, how much
et	and
fois	times
font	equals
moins	minus

Pronunciation: The International Phonetic Alphabet (IPA)

In French, as in English, letters and groups of letters can each represent several different sounds. The International Phonetic Alphabet (IPA) was developed as a convenient notation to represent the specific sounds of many spoken languages. French and French–English dictionaries often include a bracketed IPA transcription for each word. Such transcriptions will be used occasionally in this text to clarify an aspect of pronunciation.

Here is a reference list of the IPA symbols for French sounds along with examples. Remember that this is not the French alphabet, which is found in Section 4 of this chapter.

Prononcez les sons et les exemples avec le professeur:

Voyelles

Voyelles orales			*Voyelles nasales*		
[a]	madame	[madam]	[ɑ̃]	comment	[kɔmɑ̃]
[i]	s'il	[sil]	[ɛ̃]	bien	[bjɛ̃]
[e]	répétez	[repete]	[ɔ̃]	pardon	[pardɔ̃]
[ɛ]	merci	[mɛrsi]			
[u]	jour	[ʒur]	*Semivoyelles*		
[y]	salut	[saly]	[ɥ]	huit	[ɥit]
[o]	au	[o]	[j]	rien	[rjɛ̃]
[ɔ]	comment	[kɔmɑ̃]	[w]	moi	[mwa]
[ø]	deux	[dø]			
[œ]	professeur	[prɔfɛsœr]			
[ə]	monsieur	[məsjø]			

Consonnes

[b]	bon	[bɔ̃]		[p]	plaît	[plɛ]
[ʃ]	chalet	[ʃalɛ]		[r]	revoir	[rəvwar]
[d]	de	[də]		[k]	comme	[kɔm]
[f]	famille	[famij]		[s]	ça	[sa]
[g]	golf	[gɔlf]		[z]	excusez	[ekskyze]
[ʒ]	je	[ʒə]		[t]	répétez	[repete]
[ɲ]	champagne	[ʃɑ̃paɲ]		[v]	va	[va]
[l]	appelle	[apɛl]		[gz]	examen	[egzamɛ̃]
[m]	mal	[mal]		[ks]	excusez	[ekskyze]
[n]	non	[nɔ̃]				

3 *La Communication en classe*

Les expressions du professeur

« Répondez. »
« En français, s'il vous plaît. »
« Oui, c'est exact. »
« Non, ce n'est pas exact. »
« Est-ce que vous comprenez? »
« Bravo! Excellent! »
« Écoutez et répétez. »
« Attention! »

Les expressions des étudiants

« Non, je ne comprends pas. »
« J'ai une question à poser. »
« Comment dit-on « Cheers! » en
français? » (« ¡à votre santé! »)
« Vive le professeur! »
« A bas les examens! »

A votre tour

A. En français, s'il vous plaît. Donnez l'expression en français.

1. *Yes, that's correct.*   2. *Do you understand?*   3. *How do you say "Cheers!" in French?*   4. *No, that's not right.*   5. *In French, please.*   6. *Listen and repeat.* 7. *Long live (Hurrah for) the professor!*   8. *I have a question to ask.*   9. *Be careful! Pay attention!*   10. *Answer.*   11. *Down with exams!*

B. Situations. Donnez une réaction personnelle.

1. *You don't understand what the instructor said.* 2. *You want to know how to say "Help!" in French.* 3. *The exam for the day has been canceled.* 4. *You have a question.* 5. *You want the instructor to repeat something.* 6. *Your friend is about to board the wrong bus.* 7. *A classmate mentions that Marseilles is the capital of France.*

« *Excusez-moi. J'ai une question à poser.* »

Dans la salle de classe

A votre tour

A. Qu'est-ce que c'est? (*What is it?*) Avec un(e) ami(e) (*friend*), identifiez les personnes et les objets. Suivez (*Follow*) le modèle.

MODÈLE: *Vous*: L'objet numéro 1, qu'est-ce que c'est?
    Un(e) ami(e): C'est un (une)... (*It's a . . .*)

B. Identifications. Posez des questions. Suivez le modèle.

MODÈLE: *Vous*: L'objet numéro 3, est-ce que c'est un cahier?[4]
    Un(e) ami(e): Mais non! C'est un livre.

C. Est-ce qu'il y a... ? (*Is there . . . ?*) Posez des questions sur (*about*) votre salle de classe. *Answer using* **voici** *if the object or person is close to you or* **voilà** *if farther away.* Suivez le modèle.

MODÈLE: une fenêtre ⟶   *Vous*: Est-ce qu'il y a une fenêtre?[5]
    Un(e) ami(e): Oui, voici (voilà) une fenêtre.

1. un livre   2. un professeur   3. un étudiant   4. une étudiante   5. une chaise
6. une porte   7. un bureau   8. un cahier   9. un tableau noir   10. une table

---

[4]The phrase **Est-ce que... ?** can be added to the beginning of any French statement to form a question. **Est-ce que... ?**, or simply a rising intonation, will be used for questions through Chapter 4 of the text.
[5]Note that the expression **il y a** remains the same whether used with a singular or a plural noun. **Il y a une table.** *There is a table;* **Il y a deux tables.** *There are two tables.*

D. Combien? Comptez les objets et les personnes dans la salle de classe à la page 10 et dans la classe de français. Suivez le modèle.

> MODÈLE: étudiantes ⟶ Il y a quatre étudiantes.
> Voici douze étudiantes.

1. portes   2. fenêtres   3. professeurs   4. tableaux noirs   5. cahiers   6. livres

Mots à retenir

un bureau	*a desk*	avec	*with*
un cahier	*a notebook*	C'est un (une)...	*It's a . . .*
une chaise	*a chair*	Comment dit-on... ?	*How does one (do you) say . . . ?*
un étudiant	*a (male) student*		
une étudiante	*a (female) student*	dans	*in; into*
une fenêtre	*a window*	Est-ce que... ?	*Is (it that) . . . ?*
un livre	*a book*		*Are . . . ?*
une porte	*a door*		*Do(es) . . . ?, etc.*
un professeur	*a professor, an instructor*	Il y a...	*There is, There are . . .*
		Est-ce qu'il y a... ?	*Is there . . . ? Are there . . . ?*
une salle de classe	*a classroom*		
une table	*a table*	Qu'est-ce que c'est?	*What is it?*
un tableau noir	*a blackboard*	Voici...	*Here is (are) . . .*
		Voilà...	*There is (are) . . .*

Pronunciation: Stress, intonation, and linking

Stress. Stress is the length and emphasis given to a syllable. English speakers tend to emphasize syllables within a word and within a sentence. However, French rhythmic patterns are based on *evenly* stressed syllables that end in a vowel. There is a slight emphasis on the final syllable of a word.

Prononcez avec le professeur:

1. bureau
2. professeur
3. différence
4. attention

5. administration
6. garçon
7. université
8. excellent

Intonation. The variation of the pitch, the rise and fall of the voice (not loudness), in a sentence is called intonation. Intonation conveys our intentions and emotions when we say something. Here are three basic French intonational patterns.

1. In *declarative sentences* in French, the intonation rises within each breath group (words that go together) and falls at the end of the sentence, starting with the last breath group.

   Je m'appelle Marcel Martin.   Bonjour, Mademoiselle.

2. In *yes/no questions*, the intonation rises at the end of the question.

   Ça va?   Est-ce que c'est un professeur?

3. In *information questions*, the intonation starts high and falls at the end of the question.

   Comment allez-vous?   Qu'est-ce que c'est?

Prononcez avec le professeur:

1. Je m'appelle Marie Dupont.
2. Bonjour, Monsieur.
3. En français, s'il vous plaît.
4. Voilà une salle de classe.
5. Est-ce que vous comprenez?
6. Et vous?
7. Qu'est-ce que c'est?
8. Comment vous appelez-vous?

Linking. Spoken French is characterized by the linking together of all the syllables in a breath group or sentence. The voice does not make any stops between words in such groupings. The important unit is the syllable.

Prononcez avec le professeur:

1. Comment vous appelez-vous?   [kɔ-mã-vu-za-ple-vu]
2. Répétez, s'il vous plaît.   [re-pe-te-si-lvu-plɛ]
3. Comment allez-vous?   [kɔ-mã-ta-le-vu]
4. Ça va bien.   [sa-va-bjɛ̃]

In addition, a silent consonant at the end of a word is often linked to the next word if that word begins with a vowel sound: **C'est un livre. Comment vous appelez-vous?** This linking is called liaison. It occurs between words connected by meaning or function (syntax) in a sentence: **six étudiants** [si-ze-ty-djã], **huit étudiants** [ɥi-te-ty-djã].

Prononcez avec le professeur:

1. C'est un cahier.
2. C'est un étudiant.
3. Comment allez-vous?
4. Vive les examens!
5. dix étudiants
6. Comment dit-on « Cheers! » en français?

4 Les Nombres de 20 à 60

20	vingt	27	vingt-sept
21	vingt et un	28	vingt-huit
22	vingt-deux	29	vingt-neuf
23	vingt-trois	30	trente
24	vingt-quatre	40	quarante
25	vingt-cinq	50	cinquante
26	vingt-six	60	soixante

A votre tour

A. Problèmes de mathématiques. Donnez la réponse correcte.

+ et   − moins   × fois   = font

1. $18 + 20 = ?$
2. $15 + 39 = ?$
3. $41 + 12 = ?$
4. $32 + 24 = ?$

5. $43 - 16 = ?$
6. $60 - 37 = ?$
7. $56 - 21 = ?$
8. $49 - 27 = ?$

9. $2 \times 10 = ?$
10. $3 \times 20 = ?$
11. $25 \times 2 = ?$
12. $15 \times 3 = ?$

B. Dans l'amphithéâtre (*lecture hall*). Frédéric compte les objets et les personnes. Il y a...

1. 53 livres
2. 28 dictionnaires
3. 42 chaises
4. 39 étudiants
5. 21 fenêtres
6. 47 cahiers
7. 34 étudiantes
8. 55 crayons (*pencils*)

C. Exercice de logique. Complétez les séries suivantes (*following*).

1. deux: trois
   quinze: seize
   onze: _____
   vingt: _____

2. trois: six
   huit: seize
   cinq: _____
   douze: _____

3. dix-sept: quatorze
   quatre: un
   vingt-huit: _____
   trente: _____

4. quatre: neuf
   seize: vingt et un
   treize: _____
   vingt-cinq: _____

D. Numéros de téléphone français. Prononcez les numéros de téléphone suivants.

1. 30-29-44	4. 35-28-58	7. 11-55-32
2. 57-60-38	5. 40-56-16	8. 42-37-54
3. 24-46-50	6. 19-59-33	9. 31-41-51

E. Association. Donnez le nombre associé.

1. la superstition   2. l'âge minimum d'un adulte   3. l'alphabet   4. une minute   5. les états (*states*) des États-Unis   6. le mois (*month*) de février   7. l'âge du professeur

Mots à retenir

vingt, vingt et un, vingt-deux	*twenty, twenty-one, twenty-two*
trente	*thirty*
quarante	*forty*
cinquante	*fifty*
soixante	*sixty*
un crayon	*a pencil*
un dictionnaire	*a dictionary*
un numéro de téléphone	*a telephone number*

Pronunciation: Accent marks and the French alphabet

Accent marks

Name	*Mark*	*Example*	*Pronunciation*
Accent aigu	**é**	**café**	Letter é pronounced [e].
Accent grave	**è**	**très**	Letter è pronounced [ε].
	à, ù	**là, où**	Does not affect pronunciation. Used to distinguish words spelled alike but having different meanings: **la** (*the*) vs. **là** (*there*), **ou** (*or*) vs. **où** (*where*).

Name	Mark	Example	Pronunciation
Accent circonflexe	ê	**prêt**	Letter ê pronounced [ɛ].
	â, ô, û	**âge, hôpital, flûte**	Does not affect pronunciation.
Tréma	**ë, ï**	**Noël, naïf**	Indicates that each vowel is pronounced independently of the other: **No-el, na-if.**
Cédille	**ç**	**français**	Letter c pronounced [s].

Prononcez les expressions et le nom des accents nécessaires:

MODÈLE: état ⟶ Un accent aigu sur (*on*) le *e*.

1. a bientot
2. voila
3. etudiant
4. Ca va.

5. fenetre
6. modele
7. a bas
8. repetez

9. francais
10. s'il vous plait
11. tres
12. Noel

The French alphabet

a	a	[a]	**j**	ji	[ʒi]	**s**	esse	[ɛs]
b	bé	[be]	**k**	ka	[ka]	**t**	té	[te]
c	cé	[se]	**l**	elle	[ɛl]	**u**	u	[y]
d	dé	[de]	**m**	emme	[ɛm]	**v**	vé	[ve]
e	e	[ə]	**n**	enne	[ɛn]	**w**	double vé	[dubləve]
f	effe	[ɛf]	**o**	o	[o]	**x**	iks	[iks]
g	gé	[ʒe]	**p**	pé	[pe]	**y**	i grec	[igrɛk]
h	hache	[aʃ]	**q**	ku	[ky]	**z**	zède	[zɛd]
i	i	[i]	**r**	erre	[ɛr]			

Épelez (*Spell*) les expressions suivantes:

1. Paris
2. George Brown
3. excellent
4. vive
5. je

6. Yves Montand
7. kiosque
8. comprenez
9. Françoise Hardy

5 | *Quelle heure est-il?*

Il est huit heures...   Il est dix heures et demie...   Il est midi...   Il est une heure et quart...

Il est quatre heures moins le quart...   Il est six heures vingt...   Il est huit heures moins vingt...   Il est minuit...

Quelle heure est-il pour (*for*) M. Duchêne? (Il est...)

1.   2.   3.

4.   5.   6.

Quelle heure est-il?

—Excusez-moi, **quelle heure est-il,** s'il vous plaît?
—**Il est** neuf **heures,** Mademoiselle.

"Excuse me, what time is it, please?"
"It's nine o'clock, Miss."

—**A quelle heure** est-ce que le train arrive?
—Il arrive **à** neuf **heures** vingt.

"When does the train arrive?"

"It arrives at nine twenty."

1. **Il est une heure.**

Il est deux heures.

Il est midi.

Il est minuit.

2. Il est une heure
et demie.

Il est deux heures
et demie.

Il est midi
et demi.

Il est minuit
et demi.

3. Il est une heure **et quart**.   Il est huit heures **moins le quart**.

4. Il est **cinq heures dix**.   Il est **dix heures vingt-cinq**.

5. Il est **onze heures moins vingt**.   Il est **midi moins dix**.

Le matin, l'après-midi et le soir (*Morning, afternoon, and evening*)

1. Il est huit heures **du matin**.   2. Il est deux heures **de l'après-midi**.   3. Il est huit heures **du soir**.

A votre tour

A. Substitutions. Quelle heure est-il?

  1. Il est *deux* heures. (huit, une, sept, six, onze)
  2. Il est quatre heures *et demie.* (et quart, moins le quart, dix, moins vingt, vingt)

B. Jour et nuit (*Day and night*). Quelle heure est-il? Utilisez *du matin, de l'après-midi* et *du soir.*

1.  2.  3.  4.  5.  6.

C. Il est neuf heures du matin. Changez l'heure pour (*to*) arriver à une heure moins douze du matin.

MODÈLE: + quinze minutes ⟶ Il est neuf heures et quart.

  1. + deux heures
  2. + quinze minutes
  3. − dix minutes
  4. − vingt minutes
  5. + deux heures
  6. + quinze minutes
  7. + sept heures
  8. − une demi-heure
  9. + trois minutes
  10. + cinq heures = *Il est une heure moins douze du matin!*

D. Routine. Quelle heure est-il pour vous?

1.  2.  3.

4.  5.  6.

Mots à retenir

Quelle heure est-il?	*What time is it?*	du matin	*in the morning*
Il est (deux) heures.	*It is (two) o'clock.*	de l'après-midi	*in the afternoon*
une heure	*hour; time; one o'clock*	du soir	*in the evening*
midi	*noon*	pour	*for, to*
minuit	*midnight*		

Pronunciation: French vowel sounds

Oral vowels. Some French vowel sounds are represented in the written language by a single letter: **a** and **u**, for example. Other vowel sounds have a variety of spellings: the sound [o], for example, can be spelled **o**, **au**, **eau**, or **ô**.

Prononcez les sons et les exemples:

IPA symbol	*Most common spelling(s)*	*Examples*
[a]	a	classe
[i]	i î y	midi, dîner, typique
[o]	eau au ô o	beau, Claude, pôle, pot
[ɔ]	o	comme
[y]	u û	université, flûte
[e]	é e ai	étudiant, cahier, aigu
[ɛ]	è ê ei ai	après, fenêtre, treize, mai
[ø]	eu œu	jeudi, bœufs
[œ]	eu œu	heure, œuvre
[u]	ou où oû	pour, où, coûte

The vowels [ɛ], [ɔ], [y], [ø], **and** [œ]. These oral vowels need special attention.

a. The sounds [e] and [o] are called closed vowels; the sounds [ɔ] and [ɛ] are called open vowels.

Prononcez avec le professeur:

1. [e]   café et Valérie été
   [ɛ]   mai est quelle être
2. [o]   beau drôle aussi mot
   [ɔ]   bol professeur short collage
b. The sounds [y], [ø], and [œ] have no equivalents in English.

Prononcez avec le professeur:

1. [y] salut une numéro Luc
   [u] soupe août ouverture où
2. [ø] deux bleu sérieux adieu
   [œ] heure fleur œuvre acteur

Mute e: [ə]. The French letter **e** sometimes represents a very short vowel sound: [ə].

Prononcez avec le professeur: de, ce, que, le, ne, me

The final **e** of a word with more than one syllable is usually silent: **septembre** [sɛptɑ̃br]. The sound [ə] sometimes drops out completely, depending on the surrounding syllables. The best way to learn its use is by imitation.

Prononcez avec le professeur:

1. Comment vous appelez-vous?
2. une fenêtre
3. de l'après-midi
4. samedi, mercredi
5. C'est le vingt septembre.
6. Je ne comprends pas.

Nasal vowels. When the letters **n** or **m** follow a vowel or a combination of vowels, they frequently affect the pronunciation of the vowel(s), giving them a nasal quality. The **n** or **m** itself is not pronounced.

Prononcez les sons et les exemples:

IPA symbol	Most common spellings	Examples
[ɑ̃]	an am en em	dans, lampe, tente, exemple
[ɔ̃]	on om	son, combien, réaction, bonbon
[ɛ̃]	en in un ym im yn ain aim ein	matin, un, vingt, sympathique, bien, train, plein (*full*)

The nasal vowels may be practiced by comparing them with their non-nasalized variants.

Prononcez avec le professeur:

1. [ɑ̃] dans Jean roman bande
   [a] Anne Jeanne romane banane
2. [ɔ̃] bon nom pardon comptez
   [ɔ] bonne nomme donner comme
3. [ɛ̃] italien saint train vin
   [ɛ] italienne Seine traîne vaine

6 *Quelle est la date d'aujourd'hui?*

Quel jour sommes-nous?

La semaine (week) de Claire

Names of days are generally used with no article. But to indicate that an action takes place on the same day each week, the definite article **le** is used: **Le dimanche, Claire est en famille.** *On Sundays (Every Sunday), Claire is with her family.*

A votre tour

A. La semaine de Claire. Suivez le modèle.

MODÈLE: Claire est (*is*) au laboratoire. —→ C'est vendredi.

1. avec Valérie
2. chez (*at*) le dentiste
3. en classe
4. en famille
5. chez Jean-Louis
6. au laboratoire

B. Votre semaine. Suivez le modèle.

MODÈLE: Vous êtes (*You are*) en famille. —→ C'est vendredi soir.

1. en classe
2. en classe de français
3. au restaurant
4. à l'université
5. au cinéma (*at the movies*)
6. au laboratoire

Quel mois sommes-nous? (*What month is it?*)

décembre
janvier
février

mars
avril
mai

juin
juillet
août

septembre
octobre
novembre

MODÈLE: Quel mois sommes-nous? Nous sommes en janvier (en décembre, en février).

1. 2. 3. 4. 5. 6. 7.

Quelle date sommes-nous aujourd'hui?

Aujourd'hui, c'est le 20 septembre.

Aujourd'hui, c'est le 14 février.

Aujourd'hui, c'est le premier (1er) janvier.

In French, the day is usually followed by the month: **le 21 mars** (abbreviated as 21.3). The day of the month is usually preceded by the definite article **le**. An ordinal number is used only for the first day of each month: **le premier janvier (avril, septembre)** (*January 1st, April 1st, September 1st*). The day and date are expressed as follows: **Aujourd'hui, nous sommes *le* mardi vingt avril** *or* **Aujourd'hui, c'est mardi (*le*) vingt avril.**

A votre tour

A. Quelle est la date? Lisez (*Read*) les dates. Suivez le modèle.

MODÈLE: 8.7 ⟶ C'est le huit juillet.[6]

1. 2.8	4. 10.11	7. 15.2
2. 7.4	5. 31.5	8. 11.3[6]
3. 20.12	6. 1.6	9. 8.1[6]

B. Fêtes (*Holidays*) américaines. Donnez les dates indiquées.

Mots à retenir

Quelle date sommes-nous?	*What's today's date?*	février	*February*
Quelle est la date d'aujourd'hui?	*What's today's date?*	mars	*March*
		avril	*April*
Quel jour sommes-nous?	*What day is it?*	mai	*May*
		juin	*June*
lundi	*Monday*	juillet	*July*
mardi	*Tuesday*	août	*August*
mercredi	*Wednesday*	septembre	*September*
jeudi	*Thursday*	octobre	*October*
vendredi	*Friday*	novembre	*November*
samedi	*Saturday*	décembre	*December*
dimanche	*Sunday*		
		aujourd'hui	*today*
Quel mois sommes-nous?	*What month is it?*	la fête	*holiday*
		le jour	*day*
janvier	*January*	le mois	*month*
		la semaine	*week*

---

[6]The article **le** is used in full before numerical expressions with **huit** and with **onze**: **le huit juillet, le onze mars.**

Pronunciation: Semi-vowels and consonants

Semi-vowels. The sounds [ɥ], [w], and [j] are called semi-vowels.

Prononcez avec le professeur:

1. [ɥ]   huit   fruit   cuisine   juillet   minuit
2. [w]   moi   moins   oui   quoi   revoir   fois
3. [j]   bien   Marseille   science   voyage
           famille

English plosives. Many French consonant sounds resemble those of English. However, there is no plosive—escape of air from between the lips and teeth—in the French sounds [p], [t], and [k].

Prononcez avec le professeur:

1. [p]   page   pic   pâté   Patrice
2. [t]   table   thé   Timothée   très
3. [k]   cours   car   exact   Catherine

French [r] **and** [l]. While the English *r* is made with the tongue, the French **r** is gutteral, produced in the back of the mouth.

The French l is produced in the front of the mouth, with the tongue firmly pressed against the back of the upper teeth.

Prononcez avec le professeur:

1. [r]   sports   rose   arrive   soir   février
2. [l]   livre   mademoiselle   calme   bleu   avril

Final consonants. You have noticed that final consonants are generally silent in French. There are, however, a number of exceptions, including many words that end in the letters **c, r, f,** and **l: le lac, le soir, le chef, l'hôtel.** This tendency itself has many exceptions: **le tabac, le dîner, la clef, gentil.** It is best to learn the final consonants by example or, if necessary, by reference to a dictionary.

La Vie universitaire

Le boulevard St.-Germain: le Quartier Latin est le centre de la vie universitaire à Paris.

Prélude: Vocabulaire

L'Université

Voici l'amphithéâtre.

Voici le restaurant universitaire.

Voici la bibliothèque.

Voici la cité universitaire.

A. Une visite. Le visiteur est curieux. Suivez le modèle.

MODÈLE: L'examen de français? ⟶ Dans l'amphithéâtre.

Dans le _____.
Dans la _____.
Dans l'_____.

1. Un Coca-Cola? 2. Le dictionnaire? 3. La radio? 4. Un café? 5. Le livre? 6. La télévision? 7. Le bureau du professeur? 8. Le cours de français?

B. Bizarre ou normal? Donnez une réaction personnelle.

MODÈLE: Un dictionnaire dans le restaurant universitaire.... ⟶ Un dictionnaire dans le restaurant universitaire, c'est bizarre!

1. Le cours de français dans l'amphithéâtre.... 2. Une radio dans la bibliothèque.... 3. Un examen dans la cité universitaire.... 4. Un café dans l'amphithéâtre.... 5. Quinze tables dans la salle de classe.... 6. Un tableau noir dans la cité universitaire.... 7. Un dictionnaire dans la bibliothèque....

Nationalités

un Français	*oui*	une Française
un Espagnol	*sí*	une Espagnole
un Italien	*si*	une Italienne
un Allemand	*ja*	une Allemande
un Américain	*yes*	une Américaine
un Anglais	*yes*	une Anglaise
un Chinois	*ai*	une Chinoise
un Russe	*da*	une Russe

A. Quelle est la nationalité? Suivez le modèle.

MODÈLE: Betsy Ross? ⟶ C'est une Américaine.

1. Pablo Picasso? 2. Shakespeare? 3. Marie de Médicis 4. Maurice Chevalier? 5. J. S. Bach? 6. Madame Mao? 7. La Grande Catherine?

B. Un groupe international. Quelle est la nationalité? Suivez le modèle.

MODÈLE: M. Lombardi habite à Rome. ⟶ C'est un Italien.

1. M. Jones habite à Washington. 2. Mme Garcia habite à Madrid. 3. Mlle von Braun habite à Bonn. 4. M. Chang habite à Pékin. 5. Mme Fournier habite à Paris. 6. M. Nabokov habite à Moscou. 7. M. Windsor habite à Londres.

Grammaire

7 Articles and gender of nouns

Dans *le* quartier universitaire

MIREILLE: Voilà *la* bibliothèque, *la* librairie et *le* restaurant universitaire. Et voici *le* café.

MARK: Il y a *une* étudiante dans *la* bibliothèque, *un* étudiant dans *la* librairie et vingt dans le café....

MIREILLE: Ah oui, *le* café c'est *le* centre de *la* vie universitaire!

1. Dans le quartier universitaire, est-ce qu'il y a une librairie? un café? une bibliothèque?
2. Combien d'étudiants est-ce qu'il y a dans la bibliothèque? dans la librairie? dans le café?
3. Est-ce que la bibliothèque est le centre de la vie universitaire?

A. Gender and forms of the definite article

A noun is a word that represents a person, place, thing, or idea. In French, all nouns have gender. They are either masculine or feminine. There are three forms of the singular definite article in French, corresponding to *the* in English: **le, la,** and **l'.**

Masculine		*Feminine*		*Masculine or feminine beginning with a vowel or mute* **h**	
le livre	*the book*	**la** femme	*the woman*	**l'**ami	*the friend (m)*
le cours	*the course*	**la** table	*the table*	**l'**amie	*the friend (f)*
				l'homme	*the man (m)*
				l'histoire	*the story (f)*

In the university district

MIREILLE: There is the library, the bookstore, and the university restaurant. And here is the café. MARK: There's one student in the library, one student in the bookstore, and twenty in the café. . . . MIREILLE: Oh yes, the café is the center of university life!

Le is used for masculine nouns beginning with a consonant, **la** is used for feminine nouns beginning with a consonant, and **l'** is used for masculine or feminine nouns beginning with a vowel and for most nouns beginning with **h.**[1]

The definite article is used, as in English, to indicate a specified or particular person, place, thing, or idea: **le livre** (*the book*). The definite article also occurs in French with nouns used in a general sense.

le ski   *skiing (in general)*   **la** vie   *life (in general)*

B. Forms of the indefinite article

Masculine		Feminine	
un ami	*a friend (m)*	**une** amie	*a friend (f)*
un bureau	*a desk*	**une** chaise	*a chair*
un homme	*a man*	**une** histoire	*a story*

The singular indefinite articles in French that correspond to *a (an)* in English are **un** for masculine nouns and **une** for feminine nouns. **Un (une)** can also mean *one,* depending on the context.

Il y a **une** étudiante. *There is one student.*

C. Identifying the gender of nouns

The gender of a noun is not always predictable. It is essential to learn the gender along with the noun; that is, learn **un livre** rather than just **livre.**

1. Nouns that refer to males are usually masculine. Nouns that refer to females are usually feminine: **l'homme** *the man;* **la femme** *the woman.*

2. Sometimes the ending of a noun is a clue to its gender. Some common masculine and feminine endings are:

Masculine		Feminine	
-eau	le bureau	**-ence**	la différence
-isme	le tourisme	**-ion**	la télévision
-ment	l'appartement	**-ie**	la tragédie
		-ure	la littérature
		-té	l'université

---

[1]The letter **h** is silent in French. Words starting with **h** are pronounced beginning with the first vowel sound. The **h** in words like **l'homme** and **l'hôpital** is called a "mute" **h**. A few words starting with **h** do not eliminate (elide) the vowel of an article or pronoun that precedes **h** (*le hors-d'œuvre*). This **h** is called an "aspirate" **h**. Words beginning with an aspirate **h** will be indicated in the vocabulary by the symbol ·.

3. Nouns adopted from other languages are usually masculine: **le jogging, le tennis, le Coca-Cola.**

4. The names of languages are masculine. They correspond to the masculine singular form of the nouns of nationality, but they are not capitalized: **l'anglais** *(the) English (language)*; **le français** *(the) French (language)*.

5. Some nouns that refer to people can be changed from masculine to feminine by changing the noun ending. The feminine form often ends in **-e.** Final **t, s, d,** and **n** are silent in the masculine form. When followed by **-e** in the feminine form, **t, s, d,** and **n** are pronounced.

l'ami	*the friend (m)*	⟶	l'amie	*the friend (f)*
l'étudiant	*the student (m)*	⟶	l'étudiante	*the student (f)*
un Allemand	*a German (m)*	⟶	une Allemande	*a German (f)*
un Américain	*an American (m)*	⟶	une Américaine	*an American (f)*
un Anglais	*an Englishman (m)*	⟶	une Anglaise	*an Englishwoman (f)*

6. A number of nouns that end in **-e** and the names of some professions have only one singular form, used to refer to both males and females. Sometimes the gender of the individual is indicated by the article; sometimes the article remains the same.

le touriste	*the tourist (m)*
la touriste	*the tourist (f)*
Madame Brunot, **le** professeur	*Mrs. Brunot, the professor*
une personne	*a person (male or female)*

À votre tour

A. **Visite de l'université.** Répondez à la forme affirmative selon *(according to)* le modèle.

MODÈLE: Est-ce qu'il y a un amphithéâtre ici *(here)?* ⟶ Oui, voilà l'amphithéâtre.

1. Est-ce qu'il y a une bibliothèque ici? 2. Est-ce qu'il y a un café ici? 3. Est-ce qu'il y a un restaurant universitaire ici? 4. Est-ce qu'il y a un professeur d'allemand ici? 5. Est-ce qu'il y a une librairie ici? 6. Est-ce qu'il y a un cinéma ici?

B. **Masculin ou féminin?** Suivez le modèle.

MODÈLE: cours ⟶ un cours

1. préférence 2. cité 3. Anglais 4. question 5. aventure 6. appartement 7. bureau 8. histoire 9. tableau 10. café 11. quartier 12. librairie

C. Transformation. Donnez la forme féminine.

MODÈLE: l'Américain ⟶ l'Américaine

1. un professeur   2. le Français   3. l'ami   4. l'Espagnol   5. un Anglais
6. l'étudiant   7. un Allemand   8. un touriste   9. le Russe   10. un Espagnol
11. un Chinois   12. un Italien

D. Qu'est-ce que c'est? Répondez selon les images.

MODÈLE: C'est une table.

1.   2.   3.   4.   5.   6.   7.   8.

8   *The plural of articles and nouns*

Dans l'amphithéâtre

JULIETTE: Voici les examens de français. Et voilà les étudiants de M. Vernier: des Anglaises, des Chinois, des Italiennes et des Russes.

LOUIS: Est-ce qu'il y a des problèmes?

JULIETTE: Non, mais il y a des questions internationales.

Substituez les mots indiqués aux (*for the*) mots du dialogue.

1. examens ⟶ dictionnaires
2. étudiants ⟶ amis
3. problèmes ⟶ questions
4. questions ⟶ définitions

In the lecture hall
JULIETTE: Here are the French exams. And there are (here come) Mr. Vernier's students: English (women), Chinese, Italian (women), and Russians. LOUIS: Are there any problems? JULIETTE: No, but there are (some) international questions.

With very few exceptions, the final **s** is not pronounced in French: **les touristes** [le turist]. The spoken language, therefore, distinguishes between most singular and plural forms only by the pronunciation of the articles (**les, des**). When the final **s** of an article is followed by a vowel sound, it is pronounced [z] and begins the following syllable: **des étudiants** [de-ze-ty-djã], **des hommes** [de-zɔm].

A. Plural forms of definite and indefinite articles

1. The plural form of the definite article is always **les,** regardless of the gender or first letter of the noun.

le livre, **les** livres	*the book, the books*
la femme, **les** femmes	*the woman, the women*
l'examen, **les** examens	*the exam, the exams*

2. The plural form of the indefinite article is always **des.** While English often omits the article with plural nouns, French almost always requires a form of the article.

un ami, **des** amis	*a friend, some friends, friends*
une question, **des** questions	*a question, some questions, questions*

B. Plural of nouns

1. Most French nouns are made plural by adding an **s** to the singular, as seen in the preceding examples.

2. Nouns that end in **s, x,** or **z** in the singular stay the same in the plural.

le cours, les cours	*the course, the courses*
un choix, les choix	*a choice, some choices*
le nez, les nez	*the nose, the noses*

3. Nouns that end in **-eau** in the singular are made plural by adding **x.**

le tableau, les tableaux	*the board, the boards*
le bureau, les bureaux	*the desk, the desks*

4. Nouns that end in **-al** or **-ail** in the singular usually have the plural ending **-aux.**

un hôpital, des hôpitaux	*a hospital, hospitals*
le travail, les travaux	*the work, tasks*

5. To refer to a group that includes at least one male, French uses the masculine form.

un étudiant et sept étudiant**es** —→ des étudiant**s**

un Français et une Française —→ des Français

A votre tour

A. Visite de l'université. Donnez la forme plurielle selon le modèle.

MODÈLE: Voilà la salle de classe. —→ Voilà les salles de classe.

1. Voilà la bibliothèque.   2. Voilà l'amphithéâtre.   3. Voilà le professeur de français.   4. Voilà l'étudiant.   5. Voilà le cours d'anglais.   6. Voilà la librairie.

B. Exercice de contradiction. Avec un(e) camarade de classe, formez des phrases (*sentences*) selon le modèle.

MODÈLE: un Français —→   *Vous:* Voici un Français.
                               Un(e) ami(e): Non, voilà des Français.

1. un hôpital   2. un bureau   3. un Anglais   4. une fenêtre   5. un ami   6. un tableau   7. un appartement   8. une touriste   9. un examen   10. une chaise

C. Des films imaginaires. En français, s'il vous plaît.

1. *A Man and a Woman*   2. *The Choices*   3. *The Chairs*   4. *Hurray for the French!*
5. *Two Women*   6. *Americans in (à) Paris*   7. *The Adventures of (de) Tom Sawyer*
8. *Students at (à) Cherbourg*

D. Description. Décrivez (*Describe*) la salle de classe selon le modèle.

MODÈLE: Dans la salle de classe, il y a des chaises. Il y a aussi (*also*) des… (un…, une…)

Mise en pratique

ACTIVITÉS: Scènes universitaires

A. Bulletin d'inscription. Imagine that you are going to attend the université d'été (*summer school*) at Versailles. In the following enrollment form, find the French equivalent of these English words and phrases:

return as soon as possible

Write in capital letters. (Print.)

family name

first name

date of birth

the person to contact in case of emergency

college attended

diplomas held

The partial payment of 400 (quatre cents) francs is not refundable.

The balance will be paid on arrival.

read and approved

Bulletin d'inscription

Versailles - Université Internationale d'Eté
2 au 30 juillet

à retourner, le plus rapidement possible, au Secrétariat de l'Université Internationale d'Eté de Versailles
10, rue de la Chancellerie, 78000 VERSAILLES (FRANCE)

(PRIERE D'ECRIRE EN CAPITALES D'IMPRIMERIE) _____

Nom de famille (M., Mme, Mlle) _____ Prénom _____

Date de naissance _____ Nationalité _____

Adresse permanente _____

_____ Numéro de téléphone _____

Nom, adresse et numéro de téléphone de la personne qui peut être contactée en cas d'urgence _____

Université ou collège fréquenté _____

Dates et titres des diplômes obtenus _____

Profession ou études _____

L'acompte de 400 FF pour les cours n'est pas remboursable. Le solde sera réglé à l'arrivée.
Pièce jointe : une photo d'identité récente.

Lu et approuvé,   Date :   Signature :

Maintenant (*Now*), interviewez un(e) camarade. Posez les questions selon le modèle.

MODÈLE: Nom de famille? _____
Prénom? _____
Adresse permanente? _____
Numéro de téléphone? _____
Nationalité? _____
etc.

B. Rencontre. Jouez (*Play*) le dialogue suivant avec un(e) camarade.

> ISABELLE: Salut, Richard, ça va?
>
> RICHARD: Ça va comme ci, comme ça... ah... Isabelle, est-ce qu'il y a *une librairie* dans *le quartier?*
>
> ISABELLE: *Une librairie?*
>
> RICHARD: Oui, oui. *Une librairie*. Aujourd'hui, c'est *le 3 février*. Il est *midi*. *L'examen de chinois* est à *trois* heures... et il y a *un dictionnaire*....
>
> ISABELLE: Attention, Richard! *Des dictionnaires de chinois à midi* pour *un examen à trois* heures! Voilà *une tragédie!*

Maintenant, créez (*create*) un dialogue. Choisissez (*Choose*) dans la liste suivante de nouveaux mots (*new words*) pour remplacer les mots en italique. Changez aussi la date et l'heure. Jouez votre dialogue pour la classe.

Mots utiles: la bibliothèque, le café, le cinéma, l'hôpital (*m*), le restaurant, l'université (*f*), la cité universitaire; d'histoire, de littérature, d'espagnol, de russe, d'anglais, d'allemand, de français, d'italien; un film, une radio, une classe, un cours, un livre, un choix, une question, un travail, un problème, une préférence

C. Création. Avec un(e) camarade, inventez un nouveau dialogue avec le vocabulaire des Chapitres 1 et 2.

Mots à retenir

NOMS

l'ami(e) (*m, f*)	*friend*	l'homme (*m*)	*man*
l'amphithéâtre (*m*)	*lecture hall*	l'hôpital (*m*)	*hospital*
l'appartement (*m*)	*apartment*	la librairie	*bookstore*
la bibliothèque	*library*	la littérature	*literature*
le café	*café; cup of coffee*	le mot	*word*
le/la camarade de classe	*classmate*	la personne	*person*
		la phrase	*sentence*
le centre	*center*	la préférence	*preference*
le choix	*choice*	le quartier	*quarter; neighborhood*
le cinéma	*movies; movie theater*	la question	*question*
la cité universitaire	*dormitory complex*	la radio	*radio*
la classe	*class (group, room)*	le restaurant	*restaurant*
le cours	*course; class hour*	la télévision	*television*
la différence	*difference*	le/la touriste	*tourist*
l'examen (*m*)	*exam; test*	le travail	*work*
la femme	*woman*	l'université (*f*)	*university*
l'histoire (*f*)	*story; history*	la vie	*life*

MOTS DIVERS

à	*at; in; to*
aussi	*also*
en	*in*
ici	*here*
maintenant	*now*
mais	*but*
ou	*or*
Quel(le)...?	*What . . . ?* *Which . . . ?*
universitaire	*university; of a university* *(adj)*

NATIONALITÉS

l'Allemand(e)	*German (n.)*
l'Américain(e)	*American (n.)*
l'Anglais(e)	*Englishman(woman)*
le/la Chinois(e)	*Chinese (n.)*
l'Espagnol(e)	*Spaniard*
le/la Français(e)	*Frenchman(woman)*
l'Italien(ne)	*Italian (n.)*
le/la Russe	*Russian (n.)*

3

Distractions

Au Jardin des Tuileries

Prélude: Vocabulaire

François Paulette Rémi Claudette Marc Geneviève Odile Charles

Au café

La musique

la musique classique
le rock

Le sport

le tennis
le jogging
le ski
le basket-ball

Le cinéma

les films d'amour
les films d'aventure

A. Préférences. Qu'est-ce qu'ils aiment? (*What do they like?*)

MODÈLE: Rémi ⟶ Rémi aime le rock.

1. Geneviève? 2. Odile? 3. Paulette? 4. François? 5. Charles? 6. Marc?
7. Claudette?

B. Maintenant à vous. Qu'est-ce que vous aimez? (*What do you like?*)

MODÈLE: le sport ⟶ J'aime le sport. (*I like sports.*)
Je n'aime pas le sport. (*I don't like sports.*)

1. la musique classique 2. le jogging 3. le cinéma 4. le ski 5. le rock 6. les
films d'amour 7. le tennis 8. les films d'aventure

C. J'ai une question à poser. Répondez selon le modèle.

MODÈLE: Est-ce que vous aimez skier? ⟶ Oui, j'aime skier. (Non, je n'aime pas skier.)

1. Est-ce que vous aimez étudier? 2. Est-ce que vous aimez danser? 3. Est-ce que
vous aimez écouter la radio? 4. Est-ce que vous aimez parler dans le café? 5. Est-ce
que vous aimez regarder la télévision?

D. Vive...! ou A bas...! Avec un(e) camarade de classe, posez la question et répondez selon le modèle.

MODÈLE: café ⟶   *Vous:* Est-ce que vous aimez le café?
       Un(e) ami(e): Oui, j'aime le café. Vive le café! (Non, je déteste le café. A bas le café!)

1. rock   2. jogging   3. restaurant universitaire   4. télévision   5. littérature américaine   6. professeur   7. cinéma   8. conformisme   9. cours de français 10. vie universitaire

En France, dans les cafés, on parle, on regarde, on discute, on étudie, on travaille et on aime.

Grammaire

9 Subject pronouns and present tense of -er verbs

Visite de l'université

YVES: Salut! *Vous visitez* l'université?
FRANÇOISE: Oui, *nous admirons* la bibliothèque. Voici Paul, de New York, et Mireille, une amie.
YVES: Bonjour, *tu parles* français, Paul?
PAUL: Oui, un petit peu.
YVES: Bonjour, Mireille, *tu étudies* à la Sorbonne?
MIREILLE: Oh non! *Je manifeste* à Nanterre!

Trouvez (*Find*) la forme correcte du verbe dans le dialogue.

1. Vous _____ l'université?   (*visiter*)
2. Nous _____ la bibliothèque.   (*admirer*)
3. Tu _____ français?   (*parler*)
4. Tu _____ à la Sorbonne?   (*étudier*)
5. Je _____ à Nanterre!   (*manifester*)

A. Subject pronouns and *parler*

The subject of a sentence indicates who or what performs the action of the sentence: *L'étudiant* **visite l'université.** A pronoun is a word used in place of a noun: *Il* **visite l'université.**

Subject pronouns and **parler**

Singular			Plural		
je	parle	*I speak*	**nous**	parlons	*we speak*
tu	parles	*you speak*	**vous**	parlez	*you speak*
il		*he, it (m) speaks*	**ils**		*they (m, m + f) speak*
elle	parle	*she, it (f) speaks*	**elles**	parlent	
on		*one speaks*			*they (f) speak*

A tour of the university

YVES: Hi! Are you visiting the university? FRANÇOISE: Yes, we're admiring the library. This is Paul, from New York, and Mireille, a friend. YVES: Hello. Do you speak French, Paul? PAUL: Yes, a little. YVES: Hello, Mireille. Are you studying at the Sorbonne? MIREILLE: Oh no! I demonstrate at Nanterre [*a French university noted for student activism*]!

As you know, final **s** is not pronounced in French. Final **z** of the second-person plural (**vous**) and the **-ent** of the third-person plural (**ils, elles**) verb form are also silent. Thus, in the spoken language, **parler** has only three forms: [parl], [parlɔ̃], [parle].

1. **Tu et vous.** There are two ways to say *you* in French. The singular form **tu** is used when speaking to someone you know well, or with children and pets. Students frequently use **tu** with each other as soon as they meet. **Vous** is used when speaking to a person you don't know well or to whom you want to show respect, or to anyone else with whom you want to maintain a certain formality. The plural of both **tu** and **vous** is **vous.** The context will indicate whether **vous** refers to one person or to more than one.

   Michèle, **tu** parles espagnol?   *Michèle, do you speak Spanish?*

   Vous parlez bien français, Madame.   *You speak French well, Madame.*

   Pardon, Messieurs (Mesdames,   *Excuse me, gentlemen (ladies), do you*
   Mesdemoiselles), est-ce que **vous** parlez   *speak English?*
   anglais?

2. **Il et elle.** The English pronoun *it* is expressed by **il** (referring to a masculine noun) and **elle** (referring to a feminine noun).

3. **Ils et elles. Ils** is used to refer to masculine nouns—persons or objects—or to a group that includes at least one masculine noun. **Elles** can refer only to feminine nouns.

4. **On.** In English, the words *people, we, one,* or *they* are often used to convey the idea of an indefinite subject. In French, the indefinite pronoun **on** is used, always with the third-person singular of the verb.

   Ici **on** parle français.   *One speaks French here.*
                                        People (They, We) speak French here.

   On is also used frequently in modern French instead of **nous.**

   Nous parlons français? ⟶ **On** parle français?

5. The definite article is used with names of languages, except after the verb **parler.**

   J'aime (J'adore, J'étudie, Je déteste) l'italien.

   but

   Je parle *italien.*

B. Verbs with infinitives ending in *-er*

1. In English as in French, the infinitive of a verb—to speak, to be, to do—tells what the action of the verb is, not who or what performs the action. When a subject is used with a verb, the verb must be conjugated: *I speak, he speaks.*

   A large number of French verbs have infinitives ending in **-er**: **parler** (*to speak*), **aimer** (*to like, to love*), and so on. The present tense of regular **-er** verbs is formed from the stem of the verb, **parl-/aim-** (the infinitive minus the ending **-er**), and the appropriate endings for each person: **-e, -es, -e, -ons, -ez, -ent.**

   Present tense of **aimer** (*to like, to love*)

j'	aime	nous	aimons
tu	aimes	vous	aimez
il		ils	
elle	aime	elles	aiment
on			

   When a verb begins with a vowel, the pronoun **je** becomes **j'**: **j'aime.**

   The final **s** of plural subject pronouns is silent unless followed by a vowel sound, when it is pronounced [z] and begins the following syllable: **vous aimez** [vu-ze-me], **nous habitons** [nu-za-bi-tɔ̃], **ils étudient** [il-ze-ty-di].

2. Other verbs conjugated like **parler** and **aimer** include:

adorer	*to love, adore*	**habiter**	*to live*
aimer mieux	*to prefer (like better)*	**regarder**	*to watch, look at*
danser	*to dance*	**skier**	*to ski*
détester	*to detest, hate*	**travailler**	*to work*
écouter	*to listen to*	**visiter**	*to visit (a place)*
étudier	*to study*		

3. Note that the present tense in French has three equivalents in English: **Je parle français.** *I speak French; I am speaking French; I do speak French.*

4. Some verbs, such as **adorer, aimer,** and **détester,** can be followed by an infinitive.

   J'**aime écouter** la radio. — *I like to listen to the radio.*

   Je **déteste regarder** la télévision. — *I hate to watch television.*

A votre tour

A. Ils... ou Elles...?

_____ parlent.   _____ parlent.   _____ parlent.

B. Dialogue en classe. Complétez le dialogue, avec une forme de *parler: je parle, tu parles, il parle, elle parle, on parle, nous parlons, vous parlez.*

LE PROFESSEUR: Ginette, _____ français?
GINETTE: Oui, _____ français.
LE PROFESSEUR: Ici, en classe, _____ français?
JIM: Oui, ici _____ français.
ROBERT: Marc et Marie, _____ chinois?
MARC ET MARIE: Oui, _____ chinois.
CHRISTIANE: Jim, _____ allemand?
JIM: Oui, _____ allemand.
MARTINE: Est-ce que Paul parle italien?
ROLAND: Oui, _____ italien.
MARTINE: Est-ce qu'Isabelle parle russe?
ROLAND: Oui, _____ russe.

C. Question de préférence. Suivez le modèle.

MODÈLE: *J'aime skier. (nous) → Nous aimons skier.*

1. *Claire* adore la musique classique. (vous, nous, je, tu, Paul et Michel)
2. *Philippe* déteste étudier. (vous, je, nous, Simone, on)
3. *Nous* aimons mieux le tennis. (je, tu, vous, on, les deux Français)
4. *Tu* aimes le sport. (le professeur, vous, Francine et Brigitte, je, nous)

D. Transformation. Changez les phrases du (*from the*) singulier au pluriel et vice versa.

MODÈLES: Elles adorent le rock. → Elle adore le rock.

Je regarde un film. → Nous regardons un film.

1. Ils habitent en France.   2. Je travaille dans l'amphithéâtre.   3. Est-ce que vous visitez la salle de classe?   4. Elles écoutent le professeur.   5. Est-ce que tu aimes le cours?   6. Elle déteste le restaurant universitaire.

E. Tu ou vous? Complétez les phrases.

1. Madame, est-ce que _____ habit_____ ici?
2. Papa, est-ce que _____ écout_____?
3. Paul et Jacqueline, est-ce que _____ visit_____ Paris?

4. Salut, Jean, est-ce que _____ étudi_____ le français?
5. Pardon, Monsieur, est-ce que _____ parl_____ anglais?

F. Est-ce que vous parlez français? Suivez le modèle.

MODÈLE: Monsieur et Madame Chang? → Ils parlent chinois.

1. Simone Signoret et Yves Montand? 2. Johann? 3. Vous? 4. Le professeur et vous? 5. Sophia Loren? 6. María et Ramón? 7. Federico Fellini? 8. Tchekov et Tolstoi?

G. Une interview. Interviewez le professeur ou un(e) camarade selon le modèle.

MODÈLE: aimer mieux danser ou skier →
Est-ce que vous aimez mieux danser ou skier?

1. aimer mieux la télévision ou le cinéma 2. adorer ou détester regarder la télévision 3. écouter le rock ou la musique classique 4. aimer mieux la musique ou le sport 5. skier ou regarder le sport à la télévision 6. aimer mieux les livres ou l'aventure

10 *Negation*

La fin d'une amitié?

MARTINE: Avec Bernard ça va comme ci, comme ça. Il aime danser, je *n'aime pas* la danse. J'aime skier, il *n'aime pas* le sport. Il adore écouter Bach, je *n'aime pas* la musique classique....

BERNARD: Avec Martine ça va comme ci, comme ça. Elle *n'aime pas* danser, j'aime la danse. Je *n'aime pas* skier, elle aime le sport. J'adore écouter Bach, elle *n'aime pas* la musique classique....

1. Est-ce que Bernard aime danser? et Martine?
2. Est-ce que Bernard aime le sport? et Martine?
3. Est-ce que Bernard aime la musique classique? et Martine?

The end of a friendship?
MARTINE: Things aren't going so well with Bernard. He loves to dance, I don't like dancing. I love to ski, he doesn't like sports. He loves to listen to Bach, I don't like classical music . . . . BERNARD: Things aren't going so well with Martine. She doesn't like to dance, I love dancing. I don't like to ski, she loves sports. I love to listen to Bach, she doesn't like classical music . . . .

To make a sentence negative in French, **ne** is placed before a conjugated verb and **pas** after it.

Je **parle** chinois.	$\longrightarrow$ Je **ne** parle **pas** chinois.
Elles **regardent** la télévision.	$\longrightarrow$ Elles **ne** regardent **pas** la télévision.

If a verb is followed by an infinitive, **ne** and **pas** surround the first verb.

Elle déteste **étudier.**	$\longrightarrow$ Mais il **ne déteste pas** étudier.
Nous détestons **danser.**	$\longrightarrow$ Mais vous **ne détestez pas** danser.

Ne becomes **n'** before a vowel or mute **h.**

Elle **aime** skier.	$\longrightarrow$ Elle **n'aime** pas skier.
Nous **habitons** ici.	$\longrightarrow$ Nous **n'habitons** pas ici.

À votre tour

A. Exercice de contradiction. Suivez le modèle.

MODÈLE: Est-ce que tu travailles? $\longrightarrow$ Non, je ne travaille pas.

1. Est-ce que tu étudies la littérature? 2. Est-ce que tu skies? 3. Est-ce que tu aimes le sport? 4. Est-ce que tu habites à la cité universitaire? 5. Est-ce que tu parles anglais? 6. Est-ce que tu aimes le basket-ball? 7. Est-ce que tu danses? 8. Est-ce que tu aimes les questions?

B. La vie d'une étudiante. Composez des phrases selon le modèle.

MODÈLE: Marie / visiter / Paris $\longrightarrow$ Marie visite Paris.

1. elle / aimer / parler / français
2. elle / ne... pas étudier / allemand
3. elle / ne... pas / aimer / restaurants universitaires
4. elle / adorer / université
5. elle / adorer / Français

C. Négation. En français, s'il vous plaît.

1. *They don't like classical music.* 2. *He's not studying French.* 3. *Mme Dupont, you don't work here?* 4. *They don't watch television.* 5. *I am not listening to the radio.* 6. *He doesn't dance.* 7. *Pierre, you don't speak English?* 8. *We don't live at* (à) *the* **cité universitaire.**

D. Conversation. Répondez aux questions suivantes.

1. Est-ce que vous parlez italien? Est-ce que vous parlez russe? chinois? espagnol?
2. Est-ce que vous habitez à Paris?   3. Est-ce que vous étudiez la littérature?
4. Est-ce que vous aimez les examens?   5. Est-ce que vous aimez le restaurant universitaire?   6. Est-ce que vous étudiez à la librairie?   7. Est-ce que vous dansez à la bibliothèque?   8. Est-ce que vous skiez à la cité universitaire?

E. Préférences. Complétez les phrases.

1. J'aime _____, mais je n'aime pas _____.
2. J'adore _____, mais je n'aime pas beaucoup _____.
3. J'écoute _____, mais je n'écoute pas _____.
4. J'aime _____, mais j'aime mieux _____.
5. Je déteste_____, mais je ne déteste pas_____.
6. Je parle _____, mais je ne parle pas _____.
7. J'étudie _____, mais je n'étudie pas _____.

Le cinéma: une distraction préférée des Parisiens. « Qui est-ce que tu aimes le mieux, les frères Marx ou la grande Marilyn? »

Mise en pratique

A. Interview en désordre. Voici une interview avec Jean-Louis, un étudiant français. Trouvez la réponse correcte à chaque (*each*) question.

Questions

Est-ce que tu étudies à l'Université de
   Toulouse?
Est-ce que tu aimes étudier ici?
Est-ce que tu étudies une langue (*language*)?
Est-ce que tu travailles?
Est-ce que tu aimes travailler?
Est-ce que tu aimes les films d'amour?
   les films policiers?
Et le sport—est-ce que tu aimes ça?
Est-ce qu'il y a des courts de tennis ici?

Réponses

J'adore le sport—à la télévision!
Oui, j'étudie les sciences.
Non, mais j'aime les films de science-
   fiction, par exemple, *Les Extraterrestres.*
Oui, j'aime beaucoup la vie universitaire.
Bof! J'aime mieux vagabonder—j'aime
   l'évasion, par exemple, les voyages,
   le cinéma....
Oui, je travaille à la Librairie La Plume.
J'étudie l'allemand.
Oui, il y a aussi des cafés—le sport préféré
   des Français.

Maintenant, interviewez un(e) camarade de classe. Adaptez les questions précédentes et inventez des questions.

B. Préférences. Les membres de la classe discutent (*discuss*) des sujets suivants. Donnez des raisons si (*if*) possible.

MODÈLES: J'aime les cours parce que (*because*) j'aime étudier.

Je n'aime pas habiter à la cité universitaire parce que je n'aime pas les discussions.

J'aime...
J'aime encore (*still*)...
Je n'aime pas...
J'aime mieux...

Possibilités: étudier à une université moderne, étudier à une université publique, étudier à une université privée, habiter à une cité universitaire, habiter dans un appartement, habiter à la maison (*at home*), parler avec des amis au (*at the*) restaurant universitaire, parler avec des amis au café, la vie d'un étudiant, la vie d'un professeur, mon (*my*) indépendance, les cours, les études, les discussions, les professeurs, les activités intellectuelles, les activités sociales, les amis, les clubs, les distractions, le conformisme, l'excentricité

C. Une interview. Posez les questions suivantes à votre professeur.

1. Comment vous appelez-vous? Est-ce que vous étudiez aussi à l'université? Est-ce que vous aimez étudier? Est-ce que vous aimez les étudiants? Est-ce que vous parlez français? anglais? espagnol? russe?

2. Est-ce que vous préparez les cours à la bibliothèque? Est-ce que vous habitez sur le campus? dans un appartement? dans une maison (*house*)? Est-ce que vous aimez la vie de professeur?

3. Est-ce que vous aimez le sport? Est-ce que vous aimez mieux le football (*soccer*) ou le jogging? Est-ce que vous regardez la télévision? Est-ce que vous aimez mieux regarder un film de Bogart ou un match de baseball? Est-ce que vous aimez le cinéma? Est-ce que vous aimez mieux les films d'aventure, d'amour ou de science-fiction? Est-ce que vous aimez la radio? Est-ce que vous aimez mieux la musique moderne, la musique classique, le jazz ou le rock?

Mots à retenir

VERBES

admirer	to admire	habiter	to live (in a place)
adorer	to adore; to love	manifester	to demonstrate (politically)
aimer	to like; to love	parler	to speak
aimer mieux	to prefer (like better)	poser une question	to ask (a question)
danser	to dance	regarder	to watch, look at
détester	to hate; to detest	skier	to ski
discuter	to discuss; to talk	travailler	to work
écouter	to listen to	utiliser	to use
étudier	to study	visiter	to visit (a place)

NOMS

l'amour (m)	love	la maison	house; home
le basket-ball	basketball	la musique	music
le conformisme	conformity	la réponse	answer
la distraction	amusement; pastime	le ski	skiing
le film	film; movie	le sport	sports
l'indépendance (f)	independence	le tennis	tennis
le jazz	jazz music	la visite	visit
le jogging	jogging	le voyage	trip; voyage
la langue	language; tongue		

MOTS DIVERS

à la maison	at home	ne... pas	not
beaucoup	very much; a lot	parce que	because
bien	well	selon	according to
ça	that	un (petit) peu	a little
de	of; from	Vive...!	Long live . . . !
encore	yet, still; again	A bas...!	Down with . . . !

4

Descriptions

« *Le professeur de français est dynamique, individualiste
et raisonnable.* »

Prélude: Vocabulaire

Quatre Personnalités différentes

Claude est un jeune homme ⎰ enthousiaste
⎱ idéaliste
⎱ sincère

Solange est une jeune fille ⎰ calme
⎱ réaliste
⎱ raisonnable

Michèle est une jeune fille ⎰ sociable
⎱ sympathique
⎱ dynamique

Jean est un jeune homme ⎰ individualiste
⎱ excentrique
⎱ drôle

A. Qualités. Donnez la qualité correspondante selon le modèle.

MODÈLE: Claude manifeste pour l'écologie. ⟶ C'est un jeune homme idéaliste.

1. Michèle aime parler avec des amis.   2. Claude parle avec sincérité.   3. Solange n'aime pas les contradictions.   4. Jean n'est pas pessimiste.   5. Michèle aime l'action.   6. Claude parle avec enthousiasme.   7. Jean n'est pas conformiste.
8. Solange regarde la vie avec réalisme.   9. Les amis aiment parler avec Michèle.
10. Jean aime l'excentricité.   11. Solange n'est pas nerveuse.

B. Ressemblances. Donnez l'adjectif selon le modèle.

MODÈLE: l'optimisme ⟶ une personne optimiste

1. l'idéalisme
2. l'individualisme
3. le conformisme
4. le pessimisme
5. le réalisme
6. l'enthousiasme

C. Descriptions. Nommez une personne selon le modèle.

MODÈLE: drôle ⟶ Charlie Chaplin est drôle.

1. dynamique
2. sociable
3. idéaliste
4. optimiste
5. excentrique
6. sympathique

D. Et vous? Répondez selon le modèle.

MODÈLE: sociable ou insociable? ⟶ Je suis sociable. (*I am sociable.*)

1. sincère ou hypocrite? 2. excentrique ou conformiste? 3. individualiste ou altruiste? 4. sympathique ou antipathique? 5. calme ou dynamique? 6. réaliste ou idéaliste? 7. raisonnable ou absurde? 8. optimiste ou pessimiste?

E. A votre avis (*In your opinion*). Posez des questions à un(e) camarade selon le modèle. Utilisez les phrases précédentes.

MODÈLE: sociable ou insociable? ⟶
  Vous: Est-ce que Marc est sociable ou insociable?
  Un(e) ami(e): Marc est sociable.

Ernestine, Michel et la voiture

Ernestine est à côté de la voiture.

Michel est sur la voiture.

Michel est devant la voiture.

Ernestine est dans la voiture.

Michel est derrière la voiture.

Ernestine est sous la voiture.

Oui ou non? Corrigez (*Correct*) les phrases incorrectes.

1. Michel est à côté de la voiture.
2. Ernestine est sur la voiture.
3. Ernestine est dans la voiture.
4. Michel est derrière la voiture.
5. Ernestine est devant la voiture.
6. Ernestine est sous la voiture.

Grammaire

The verb être

Le problème de Martine

MARTINE: Est-ce que nous *sommes* prêts à travailler?

ROGER: Oui, mais est-ce qu'il y a un dictionnaire ici?

MARTINE: Ah oui, les dictionnaires *sont* sous la radio.

ROGER: Et la radio?

MARTINE: Elle *est* sur la chaise, et la chaise *est* derrière le bureau.

ROGER: Tu *es* un génie en littérature, Martine, mais pour l'organisation tu n'*es* pas géniale!

MARTINE: C'*est* un problème... je ne *suis* pas encore parfaite!

1. Est-ce que la radio est sur le bureau?
2. Est-ce que les dictionnaires sont sous la chaise?
3. Est-ce que la chaise est à côté de la table?
4. Quel est le problème de Martine?

Être is one of the most frequently used verbs in French. Its forms are highly irregular.

Present tense of être (*to be*)

je **suis**	nous **sommes**
tu **es**	vous **êtes**
il, elle, on **est**	ils, elles **sont**

Martine's problem

MARTINE: Are we ready to work? ROGER: Yes, but is there a dictionary here? MARTINE: Oh yes, the dictionaries are under the radio. ROGER: And the radio? MARTINE: It's on the chair, and the chair is behind the desk. ROGER: You're a genius in literature, Martine, but as far as organization goes, you're not brilliant! MARTINE: It is a problem . . . I'm not perfect yet!

A. Uses of *être*

The uses of **être** closely parallel those of *to be*.

Je suis professeur.	*I'm a professor.*
Il n'est pas de Cannes.	*He's not from Cannes.*
Est-ce que **vous êtes** idéaliste?	*Are you an idealist?*
Elles sont dans l'amphithéâtre.	*They are in the lecture hall.*

B. Uses of *il(s)* or *elle(s)*

The subject pronouns **il(s)/elle(s)** are generally used when an adjective, adverb, or prepositional phrase follows **être**.

Voilà une étudiante. **Elle** est **géniale.**	*There's a student. She's brilliant.*
Ils sont **très travailleurs.**	*They are very hard-working.*
Est-ce que **la chaise** est **à côté de** la table?	*Is the chair next to the table?*
Elle n'est pas **à côté de** la table.	*It's not next to the table.*

C. *Ce* versus *il(s)/elle(s)*

The invariable pronoun **ce**—not **il(s)** or **elle(s)**—is used with **être** in the following cases. Note that **ce** plus **est** becomes **c'est,**[1]

1. when **être** is followed by a proper name:

C'est **Georges.**	*It's (That is) George.*
Ce sont **Solange et Michel.**	*It's (They are) Solange and Michel.*

2. when **être** is followed by a modified noun, that is, a noun accompanied by an article, adjective, or other qualifier:

C'est **un professeur.**	*He is a professor.*
Ce n'est pas **le professeur de Paul.**	*He isn't (That isn't) Paul's instructor.*
Ce sont **les amis de Claudette.**	*They are (Those are) Claudette's friends.*
Ce sont **des Français.**	*They are French(men).*

---

[1]**Ce** has various English equivalents: *this, that, these, those,* and *it,* as well as *he, she,* and *they.*

But when the noun is unmodified, **il(s)** or **elle(s)** is used with *no* article:

Il est **professeur (étudiant).**	*He is a professor (student).*
Elles sont **amies.**	*They are friends.*
Ils sont **catholiques.**	*They are Catholic.*
Elle est **française.**	*She is French.*

These are most often unmodified nouns of profession, religion, or nationality.

3. when referring to a general idea or situation:

C'est difficile!	*It's (That's) hard!*
but	
Il est difficile.	*He's difficult (a difficult person).*

A votre tour

A. Où sommes-nous? (*Where are we?*) Suivez le modèle.

   MODÈLE: Qui est devant le cinéma? (je) ⟶ Je suis devant le cinéma.

   1. Qui est derrière la voiture? (on, Pierre et Renée, elles, tu, vous)
   2. Qui est dans l'amphithéâtre? (le professeur, les étudiants, je, elle, nous)

B. Transformation. Changez du singulier au pluriel et vice versa.

   MODÈLE: Nous sommes devant la bibliothèque. ⟶
          Je suis devant la bibliothèque.

   1. Est-ce que vous êtes touriste?   2. Il n'est pas de Cannes.   3. Elles sont à Paris.   4. Est-ce que tu es étudiant?   5. Ils sont ici.

C. Description. Décrivez les scènes. Utilisez *devant, dans, sur, sous* ou *derrière* et remplacez le sujet par *il(s)* ou *elle(s)*.

   MODÈLES: Les cafés sont sur la table. Ils sont sur la table.
          Les garçons sont devant la table. Ils sont devant la table.

1.  2.  3.

D. Autoportrait. Complétez les phrases suivantes.

1. Je m'appelle _____. 2. Je suis un(e) _____. (femme, homme, jeune fille, jeune homme) 3. Je suis _____. (étudiant[e], professeur) 4. Je suis _____. (nationalité) 5. Je suis de _____. (ville [city]) 6. Je suis l'ami(e) de _____. 7. _____ et _____ sont mes (my) amis. 8. Je suis _____, _____ et _____. (adjectifs) 9. Maintenant je suis _____. (lieu [place])

E. Qui est là? (*Who is there?*) Répondez au pluriel selon le modèle.

MODÈLE: Est-ce que c'est un ami? —→ Non, ce sont des amis.

1. Est-ce que c'est une étudiante? 2. Est-ce que c'est une touriste? 3. Est-ce que c'est un professeur? 4. Est-ce que c'est une Américaine? 5. Est-ce que c'est un Anglais? 6. Est-ce que c'est une Chinoise?

F. Dans un aéroport suisse (*Swiss*). Formez des phrases avec *il est, elle est, ils sont, elles sont, c'est* ou *ce sont*.

MODÈLES: un étudiant —→ C'est un étudiant.

américain —→ Il est américain.

1. une Française 2. des professeurs 3. étudiante 4. intéressantes 5. chinois 6. des touristes italiens 7. espagnoles 8. amis 9. les skis de Georges 10. Georges

G. La France et les Français. Choisissez la réponse correcte. Utilisez *c'est* ou *ce n'est pas*.

MODÈLE: le sport préféré des Français: le jogging ou le football? —→
Ce n'est pas le jogging, c'est le football.

1. le symbole de la France: la rose ou la fleur de lis? 2. un président français: Chevalier ou de Gaulle? 3. un cadeau (*present*) des Français aux Américains: la Maison-Blanche (*White House*) ou la Statue de la liberté? 4. une ville avec des Français: la Nouvelle-Orléans ou St. Louis? 5. un pays (*country*) avec des Français: le Canada ou le Mexique? 6. un génie français: Louis Pasteur ou Werner von Braun? 7. parler français: difficile ou facile?

12 *Descriptive adjectives*

Le couple *idéal*

Elle est *sociable,*
charmante,
sérieuse,
sportive....

Il est *sociable,*
charmant,
sérieux,
sportif....

1. Est-ce qu'il cherche (*looking for*) une femme sportive? optimiste? intelligente? idéaliste?
2. Est-ce qu'il est ordinaire? extraordinaire? snob?
3. Est-ce qu'elle cherche un homme intéressant? drôle? idéaliste? sociable?
4. Est-ce qu'elle est ordinaire? extraordinaire? snob?
5. Est-ce que la machine est raisonnable? pessimiste? intelligente?
6. Est-ce que l'homme et la femme sont optimistes? raisonnables? sympathiques? drôles? difficiles à contenter?

A. Position of descriptive adjectives

Descriptive adjectives are used to describe nouns. In French, they normally follow the nouns they modify. They may also modify the subject when they follow the verb **être.**

un professeur **intéressant**	*an interesting teacher*
un ami **sincère**	*a sincere friend*
Elle est **sportive.**	*She is sports-minded (likes sports).*
Pauline et Laurent sont **gentils.**	*Pauline and Laurent are nice.*

B. Agreement of adjectives

In French, adjectives must agree in both gender and number with the nouns they modify. A feminine singular adjective agrees with a feminine singular noun, a masculine plural adjective with a masculine plural noun, and so on. Note the different forms of the adjective **intelligent:**

The ideal couple
(MAN) She's sociable, charming, serious, sports-minded . . . . (COMPUTER) They're hard to please!
(WOMAN) He's sociable, charming, serious, sports-minded . . . .

	Masculine	*Feminine*
Singular	un étudiant intelligent	une étudiante intelligente
Plural	des étudiants intelligents	des étudiantes intelligentes

1. The feminine singular form of most adjectives is created by adding **-e** to the masculine form:

   Alain est persévérant. ⟶ Sylvie est persévérante.

   Remember that final **t, d, s,** and **n,** usually silent in French, are pronounced when **-e** is added.

   masculine form: **intelligent** [ɛ̃tɛliʒɑ̃]
   feminine form: **intelligente** [ɛ̃tɛliʒɑ̃t]

   If the masculine singular form of the adjective ends in an unaccented or silent **-e,** the ending does not change in the feminine singular:

   Paul est optimiste. ⟶ Claire est optimiste.

Un couple charmant
à un match de tennis.

2. The plural forms of most masculine and feminine adjectives are created by adding **-s** to the singular form.

   Ils sont charmant**s**. ⟶ Elles sont charmante**s**.

   If the singular form of an adjective already ends in **s** or **x,** the ending does not change in the plural.

   L'étudiant est **français.** ⟶ Les étudiants sont **français.**
   Le professeur est **courageux.** ⟶ Les professeurs sont **courageux.**

3. If a plural subject contains one or more masculine items or persons, the plural adjective is masculine.

   Suzanne et François sont **français.**   Suzanne et Françoise sont **françaises.**

C. Descriptive adjectives with irregular forms

Pattern		Singular		Plural	
Masc.	Fem.	Masc.	Fem.	Masc.	Fem.
-eux ⎫ ⟶ **-euse** -eur ⎭		courageux travailleur	courageuse travailleuse	courageux travailleurs	courageuses travailleuses
-er ⟶ **-ère**		fier (*proud*)	fière	fiers	fières
-if ⟶ **-ive**		sportif	sportive	sportifs	sportives
-il ⎫ **-ille** -el ⎭ **-elle**		gentil (*nice, pleasant*) intellectuel	gentille intellectuelle	gentils intellectuels	gentilles intellectuelles
-ien ⟶ **-ienne**		parisien	parisienne	parisiens	parisiennes

Other adjectives that follow these patterns include **paresseux** (*lazy*), **naïf** (*naïve*), **sérieux** (*serious*), **cher** (*expensive, dear*), and **canadien** (*Canadian*). Note that adjectives of nationality or place are not capitalized in French: **un restaurant parisien.**

A votre tour

A. Transformation. Mettez (*Put*) les phrases au pluriel.

MODÈLE: C'est un étudiant travailleur. ⟶ Ce sont des étudiants travailleurs.

1. C'est un touriste typique.
2. C'est une personne intelligente.
3. C'est une amie patiente.
4. C'est un homme courageux.
5. C'est une femme sérieuse.
6. C'est un Anglais fier.
7. C'est une voiture chère.
8. C'est un garçon naïf.

« *En général, nous sommes des jeunes filles travailleuses, mais aujourd'hui nous sommes paresseuses. Pourquoi? C'est mercredi après-midi. Il n'y a pas de cours.* »

B. Amis. Jean et Catherine parlent des amis. Voici les questions de Catherine. Donnez les réponses de Jean selon le modèle.

MODÈLE: *Catherine:* Et Marguerite, est-ce qu'elle est sportive? (*femme*)
Jean: Oui, c'est une femme sportive.

Catherine: 1. Et Jules, est-ce qu'il est sympathique? (*homme*)   2. Et Margot, est-ce qu'elle est intéressante? (*jeune fille*)   3. Et Mme Lenoir, est-ce qu'elle est dynamique? (*femme*)   4. Et M. Béranger, est-ce qu'il est paresseux? (*jeune homme*)   5. Et Mlle Duval, est-ce qu'elle est travailleuse? (*personne*)   6. Et Claude, est-ce qu'il est très sérieux? (*garçon*)   7. Et Renée, est-ce qu'elle est très naïve? (*jeune fille*)

C. Similarités. Paulette ressemble à Paul. Suivez le modèle.

MODÈLE: Paul est français. ⟶ Paulette est aussi française.

Paul est _____. Paulette est aussi _____.

1. optimiste	4. fier	7. naïf	10. courageux
2. intelligent	5. sérieux	8. gentil	11. travailleur
3. charmant	6. parisien	9. sportif	12. raisonnable

D. Descriptions. Faites les substitutions et les changements nécessaires.

1. *Jean* est intéressant. (Jeanne, Philippe et Claire, Françoise et Thérèse, Paul)
2. Voilà une *étudiante* intelligente. (professeur, Françaises, hommes, jeune fille, jeune homme)
3. Ce sont des *amies* françaises. (films, étudiantes, universités, restaurants)
4. *Mireille* est paresseuse et naïve. (Robert, Thomas et Chantal, papa, Christine et Simone)

E. D'où sont-ils? (*Where are they from?*) Répondez selon le modèle.

MODÈLE: Frank est touriste. Il est de Chicago. ⟶ C'est un touriste américain.

1. Marc est touriste. Il est de Paris.   2. Marie est étudiante. Elle est de Montréal.   3. Gina et Maria sont professeurs. Elles sont de Rome.   4. Mlle Chang et Mme Wah sont touristes. Elles sont de Pékin.   5. Winston et Charles sont des garçons. Ils sont de Londres.

F. Au contraire! Suivez le modèle.

MODÈLE: Est-ce que vous êtes hypocrite? ⟶
Non, je ne suis pas hypocrite. Au contraire, je suis sincère.

1. Est-ce que vous êtes réaliste?   2. Est-ce que vous êtes insociable?   3. Est-ce que vous êtes paresseux(euse)?   4. Est-ce que vous êtes désagréable?   5. Est-ce que vous êtes déraisonnable?   6. Est-ce que vous êtes sérieux(euse)?

G. Les personnes idéales. Complétez les phrases avec des adjectifs.

1. L'homme idéal est _____.   2. La femme idéale est _____.   3. L'ami(e) idéal(e) est _____.   4. Le/la camarade de classe idéal(e) est _____.   5. Le professeur idéal est _____.   6. L'étudiant(e) idéal(e) est _____.   7. Le/la touriste idéal(e) est _____.   8. Le chauffeur de taxi idéal est _____.

H. Portraits. Décrivez les personnes suivantes.

1. un(e) ami(e)   2. le professeur de français   3. un(e) camarade de classe   4. le président des États-Unis   5. une personne que (*whom*) vous admirez   6. une personne que vous détestez

Mise en pratique

LECTURE: L'Individualisme et l'esprit critique

Richard est un étudiant américain. Il est en France pour un an.° Dans une lettre, il parle de ses réactions initiales à un aspect de la personnalité française. — *year*

« Les étudiants français sont en général très sympathiques. Ils aiment beaucoup parler entre° amis à l'université ou au café. Mais il y a une chose que je ne comprends pas: les discussions sont souvent très vives,° même si le sujet ne semble° pas très important! Le sport, par exemple, ou le cinéma. — *among* / *lively* / *seem*

« En fait,° les Français ne sont pas souvent d'accord avec les autres,° même avec des amis ou des membres de la famille! On aime raisonner° pour le plaisir.° Pour un Français — *En... In fact* / *others* / *argue* / *enjoyment*

les opinions de l'individu sont très importantes. Elles sont
basées° sur la pensée,° sur la raison et même sur une   *based / thought*
idéologie. Une discussion, c'est un exercice d'esprit critique,
comme un duel intellectuel. Et pour beaucoup de monde,° le   beaucoup... *many people*
sport et le cinéma sont aussi très importants!

« L'attitude critique française est souvent une source de
malentendus° avec les visiteurs étrangers.° Les Français   *misunderstandings / foreign*
basent l'amitié° sur les discussions et le désaccord. Les   *friendship*
Américains aiment mieux chercher l'harmonie. Mais aussi les
Français acceptent avec difficulté l'attitude sociable et sans
réserve° des Américains. Voilà une autre source de difficultés.   sans... *unreserved*
Pourtant,° je commence à comprendre mes° camarades   *However / my*
français. Ici, l'amitié est plus° difficile à trouver, mais elle est   *more*
très fidèle° et très durable. »   *loyal*

A. Vrai ou faux? (*True or false?*) Répétez les affirmations vraies et corrigez les affirmations
   fausses selon la lecture précédente.

   1. En général, Richard aime les étudiants français.
   2. Les amis français de Richard sont souvent d'accord.
   3. Pour Richard, le sport et le cinéma sont très importants.
   4. Richard aime mieux l'accord et l'harmonie.
   5. Pour un(e) Français(e) le désaccord n'est pas extraordinaire.
   6. En France, l'individu ne considère pas les opinions personnelles comme (*as*) très
      importantes.
   7. Les différences culturelles ne sont pas réelles.
   8. Selon Richard, l'amitié fidèle et durable est impossible à trouver.

B. Et vous? Répondez aux questions suivantes.

   1. Aimez-vous discuter avec des amis? Où? Quand (*When*)?
   2. Êtes-vous souvent d'accord? Pas d'accord?
   3. Quels sont les sujets de discussion?

C. Opinions: la personnalité américaine. Divisez (*Divide*) la classe en groupes. Discutez les
   questions suivantes.

   MODÈLE: Est-ce que les Américains sont très différents des Français?

           Un(e) étudiant(e): Oui, les Américains sont très différents des Français
                               parce qu'ils sont très optimistes.
           Un(e) autre étudiant(e): Non, je ne suis pas d'accord. Les Français ne sont pas
                               très différents des Américains. Ils sont aussi optimistes,
                               et ils sont dynamiques.

   1. Est-ce que les Américains sont individualistes?
   2. Est-ce que les Américains sont critiques?

3. Est-ce que les Américains sont cultivés et arrogants?
4. Est-ce que les Américains sont sympathiques et sociables?
5. Est-ce que les Américains sont travailleurs et sportifs?
6. Est-ce que la nationalité détermine la personnalité?

D. Composition. Écrivez (*Write*) un petit paragraphe ou dialogue sur la personnalité américaine. Utilisez les questions précédentes et le vocabulaire du Chapitre 4. Ensuite (*Then*), présentez votre paragraphe ou dialogue à la classe. Est-ce que les membres de la classe sont d'accord avec vous? et le professeur?

Des hommes sur une place à Marseille discutent des choses importantes. L'un est pessimiste; l'autre est sérieux et enthousiaste.

Mots à retenir

VERBES

chercher	*to look for*	être d'accord	*to agree, be in agreement*
donner	*to give*		
être	*to be*	trouver	*to find*

NOMS

la chose	*thing*	le jeune homme	*young man*
le garçon	*boy*	la ville	*city*
la jeune fille	*girl; young woman*	la voiture	*car, automobile*

ADJECTIFS

antipathique	*unpleasant*	intellectuel(le)	*intellectual*
canadien(ne)	*Canadian*	intéressant(e)	*interesting*
charmant(e)	*charming*	naïf (naïve)	*naïve*
cher (chère)	*expensive*	optimiste	*optimistic*
courageux(euse)	*courageous*	paresseux(euse)	*lazy*
(dé)raisonnable	*(un)reasonable*	parfait(e)	*perfect*
(dés)agréable	*(dis)agreeable*	parisien(ne)	*Parisian*
difficile	*difficult*	pessimiste	*pessimistic*
drôle	*funny*	prêt(e) (à)	*ready (to)*
enthousiaste	*enthusiastic*	sérieux(euse)	*serious*
facile	*easy*	snob (*invariable*)	*snobbish*
fier (fière)	*proud*	sportif(ive)	*sports-minded*
génial(e)	*brilliant*	sympathique	*nice*
individualiste	*individualistic*	travailleur(euse)	*hard-working*
(in)sociable	*(un)sociable*	vrai(e)	*true*

MOTS DIVERS

à côté de	*beside*	qui?	*who? whom?*
au contraire	*on the contrary*	si	*if*
derrière	*behind*	sous	*under*
devant	*in front of*	souvent	*often*
là	*there*	sur	*on; on top of*
même	*same; even*	très	*very*

A. Problèmes de mathématiques. Quelle est la réponse correcte?

+ **et**   − **moins**   × **fois**   = **font**

1. 37 + 42 = ?
2. 55 + 30 = ?
3. 56 + 31 = ?
4. 71 − 3 = ?
5. 99 − 28 = ?
6. 96 − 3 = ?
7. 9 × 9 = ?
8. 8 × 9 = ?
9. 13 × 7 = ?

B. Mathématiques pratiques. Quatre amis comparent le prix d'un livre dans quatre librairies différentes. Ajoutez (*Add*) une taxe de dix pour cent (10%) au total, selon le modèle.

MODÈLE: *Jean-Louis:* A la Librairie Descombes, le prix du livre est de cinquante francs, la taxe est de cinq francs et le total est de cinquante-cinq francs.

Librairie	Jean-Louis: Descombes	Martine: La Hune	Joffrey: La Joie de Lire	Madeleine: Joseph Gibert
Note (*Bill*)	50 francs	60 francs	70 francs	80 francs
Taxe	5 francs	_____	_____	_____
Total	55 francs	_____	_____	_____

Maintenant, calculez le total avec quinze pour cent (15%) de taxes.

C. Allô…? Téléphonez à des amis, selon le modèle.

MODÈLE: 61-71-80 (Jean) ⟶ Allô, c'est bien (*is this*) 61-71-80? Est-ce que Jean est là?

1. 64-72-98 (Pierre)
2. 85-81-63 (Marie)
3. 77-94-69 (Claudette)
4. 83-70-68 (Philippe)
5. 73-87-91 (Claudine)
6. 82-78-92 (Jeannine)
7. 75-89-67 (Madeleine)
8. 90-71-76 (Henri)
9. 79-97-95 (Jacques)
10. 84-74-88 (Jean-Louis)
11. 93-65-86 (Christiane)
12. 61-80-96 (Paul)

Les Nombres de 100 à 9.999

Comptez avec Sylvie.

... 301, 302, 303, _____, _____, _____, _____, _____

... 1.225,[1] 1.226, _____, _____, _____, _____, _____.

Numbers from 100 to 999:

100	cent	200	deux cents	300	trois cents
101	cent un	201	deux cent un	301	trois cent un

No article is used with **cent.** The word **cent** takes an **s** in the plural unless it is followed by another number.

Numbers from 1,000 to 9,999:

1.000[1] mille   1.003 mille trois   7.003 sept mille trois

No article is used with **mille.** The word **mille** is invariable in form.

A. Des prix extravagants. Marianne et Chantal trouvent les prix suivants dans un magazine. Lisez avec elles.

MODÈLES: 2.000 F ⟶ deux mille francs

725 F ⟶ sept cent vingt-cinq francs

1. 3.000 F	4. 690 F	7. 9.999 F
2. 265 F	5. 6.207 F	8. 125 F
3. 546 F	6. 1.110 F	9. 2.375 F

---

[1]To express thousands, French punctuation calls for a period (**un point**) or a space where English uses a comma. In decimal numbers, French uses a comma (**une virgule**) where English uses a period.

B. Le cercle français est riche! Additionnez les billets (*bills*) selon le modèle.

MODÈLE: 100 + 50 = cent cinquante francs

1. 500 + 50 + 10
2. 500 + 100 + 100 + 50
3. 100 + 100 + 50 + 50 + 10

4. 500 + 500 + 50 + 10 + 10
5. 500 + 500 + 10
6. 500 + 500 + 100 + 100 + 50

Un Peu d'histoire

Jean-Luc

Le couronnement de Charlemagne?
La guerre (*war*) de 100 ans?
Jeanne d'Arc à Orléans?
La Révolution française?
Le débarquement (*landing*) des Alliés?
La date de ma naissance (*My birthdate*)?

Marie-Josée

800!
1337 à 1453!
1429!
1789!
1944!
1964!

1. Posez les questions de Jean-Luc à un(e) camarade.
2. Quelle est la date de votre naissance? la date de naissance d'un(e) ami(e)?

Years are expressed with a multiple of **cent** or with **mille**.

1982: **dix-neuf cent quatre-vingt-deux** or **mille neuf cent quatre-vingt-deux**
1603: **seize cent trois** or **mille six cent trois**

In French, unlike in English, the day of the month precedes the month.

2.9.1983 (le 2 septembre 1983)   *9-2-83 (9/2/83) (September 2, 1983)*

The preposition **en** is used to express *in* with a year: **en** 1923.

A. L'histoire américaine. Prononcez les années suivantes.

MODÈLE: 1620 ⟶ seize cent vingt

1. 1492   4. 1865
2. 1776   5. 1918
3. 1812   6. 1945

B. L'histoire contemporaine. Prononcez les dates suivantes avec le jour, le mois et l'année.

MODÈLE: 28.6.19 ⟶ le vingt-huit juin dix-neuf cent dix-neuf

1. 7.12.41   4. 22.11.63   7. 8.5.80
2. 3.8.14   5. 30.4.45   8. 23.10.56
3. 6.6.44   6. 18.4.06   9. Quelle est la date d'aujourd'hui?

Grammaire

13 | Yes/no questions

Discussion entre copains

LE TOURISTE: *Est-ce* un match de boxe?

L'AGENT DE POLICE: Non, ce n'est pas un match de boxe.

LE TOURISTE: *Est-ce que* c'est une révolution?

L'AGENT DE POLICE: Non, ce n'est pas une révolution.

LE TOURISTE: Alors, c'est un accident, *n'est-ce pas?*

L'AGENT DE POLICE: Mais non, c'est une discussion entre copains.

Voici les réponses. Posez les questions. Elles sont dans le dialogue.

1. Ce n'est pas un match de boxe.
2. Ce n'est pas une révolution.
3. Ce n'est pas un accident.

There are two kinds of questions: information questions and yes/no questions. Questions that ask for new information or facts often begin with interrogative words (*who? what?* and so on). Other questions simply require a *yes* or *no* answer.

A. Yes/no questions with no change in word order

French, like English, has more than one type of yes/no question.

	Affirmative	*Negative*
Statement	Vous êtes parisien.	Vous **n'êtes pas** parisien.
Question with rising intonation	Vous êtes parisien?	Vous **n'êtes pas** parisien?
Tag question with **n'est-ce pas**	Vous êtes parisien, **n'est-ce pas?**	
Question with **est-ce que**	**Est-ce que** vous êtes parisien?	**Est-ce que** vous **n'êtes pas** parisien?

A discussion between pals

TOURIST: Is it a boxing match? POLICEMAN: No, it isn't a boxing match. TOURIST: Is it a revolution?
POLICEMAN: No, it isn't a revolution. TOURIST: Then it's an accident, isn't it? POLICEMAN: Of course not,
it's just a discussion between pals.

Aix-en-Provence:
« Pardon, n'êtes-vous
pas Mme Brodier? »

1. Questions with rising intonation: the pitch of your voice rises at the end of a sentence to create a vocal question mark.

   Vous parlez anglais?   *You speak English?*

2. Tag questions: when agreement or confirmation is expected, the invariable tag **n'est-ce pas?** is added to the end of a sentence. Note that the English equivalent of this tag varies in form according to the subject of the question.

   Il aime la musique, **n'est-ce pas?**   *He loves music, doesn't he?*

   Elles sont à Paris, **n'est-ce pas?**   *They are in Paris, aren't they?*

3. Questions with **est-ce que**: the statement is preceded by **est-ce que**. This is the easiest way to turn a statement into a question in French.

   Est-ce qu'elle étudie l'espagnol?   *Is she studying (Does she study) Spanish?*

   Est-ce que is pronounced as one word. Before a vowel, it becomes **est-ce qu'**: **est-ce qu'il(s)** [ɛskil], **est-ce qu'elle(s)** [ɛskɛl].

B. Yes/no questions with a change in word order

As in English, questions can be formed in French by inverting the order of subject and verb. The following questions can be negative as well as affirmative.

	Pronoun subject	Noun subject
Statement	Il est étudiant.	Marc est étudiant.
Question	**Est-il** étudiant?	**Marc est-il** étudiant?
Negative question	**N'est-il pas** étudiant?	**Marc n'est-il pas** étudiant?

1. Questions with pronoun subjects: the subject pronoun (**ce, on, il,** and so on) and verb are inverted, and a hyphen connects the subject pronoun to the verb. Note that **pas** follows the pronoun.

Est-ce un match de boxe?	*Is it a boxing match?*
N'aiment-elles pas regarder la télévision?	*Don't they like to watch television?*

The final **t** of third-person plural verb forms is pronounced when followed by **ils** or **elles: aiment-elles.** If a third-person singular verb form ends in a vowel, **-t-** is inserted between the verb and the pronoun.

Aime-t-elle la littérature?	*Does she like literature?*
N'aime-t-il pas danser?	*Doesn't he like to dance?*
Parle-t-on français ici?	*Is French spoken here?*

The subject pronoun **je** is seldom inverted with the verb in spoken French or in informal writing. **Est-ce que** is used instead: **Est-ce que je suis fier?**

2. Questions with noun subjects: the third-person pronoun that corresponds to the noun subject follows the verb and is attached to it by a hyphen. The noun subject is retained.

L'étudiante est-elle sympathique?	*Is the student nice?*
Roger habite-t-il à Dijon?	*Does Roger live in Dijon?*
Anne et Marie n'aiment-elles pas le professeur?	*Don't Anne and Marie like the professor?*
Les étudiants aiment-ils parler?	*Do (the) students like to talk?*

Remember that the simplest way to ask a question in French is with **est-ce que,** which can precede any statement.

A votre tour

A. Un groupe d'amis. Posez les questions avec intonation et avec **Est-ce que.** Suivez le modèle.

MODÈLE: Solange est de Paris. ⟶
Solange est de Paris? Est-ce que Solange est de Paris?

1. Pascal est aussi de Paris. 2. Solange et Pascal sont parisiens. 3. Vous êtes aussi de Paris. 4. Roger est l'ami de Pascal. 5. On aime Roger. 6. C'est un garçon drôle. 7. Tu n'habites pas à Paris. 8. Tu es canadien.

B. René est très fier. Suivez le modèle.

MODÈLE: intelligent ⟶ Je suis intelligent, n'est-ce pas?

1. sympathique   6. courageux
2. intéressant   7. drôle
3. travailleur   8. gentil
4. dynamique   9. charmant
5. parfait   10. extraordinaire

C. Quelle est la question? Posez la question à la forme affirmative et à la forme négative.

MODÈLE: Il aime les films d'amour. ⟶
Aime-t-il les films d'amour? N'aime-t-il pas les films d'amour?

1. Elle adore travailler. 2. On parle chinois. 3. Il est très snob. 4. Nous sommes à Dijon. 5. Elle étudie six langues. 6. Il déteste les sports. 7. Ils admirent le président. 8. Ils aiment mieux étudier.

D. Odile est très curieuse. Elle pose des questions. Suivez le modèle.

MODÈLE: Georges / à Paris ⟶ Georges est-il à Paris?

1. Jeanne / à la librairie 2. Claire et Simone / à la bibliothèque 3. M. Martin / avec Mlle Dupont 4. Philippe et Odile / à la discothèque 5. Henri / à l'université 6. les Deschamps / à Tours

E. René n'écoute pas et Odile répète les questions. Suivez le modèle.

MODÈLE: Claude étudie à la Sorbonne? ⟶
Est-ce que Claude étudie à la Sorbonne? Claude étudie-t-il à la Sorbonne?

1. Il est parisien? 2. Il manifeste pour l'écologie? 3. Vous admirez beaucoup Claude? 4. Claude et Josette ne sont pas réalistes? 5. Ils sont très sympathiques? 6. Tu habites aussi à Paris? 7. Josette n'est pas de France? 8. Elle habite à Montréal?

14 *The interrogative adjective* **quel**

Un début difficile

Quel cours préfères-tu? *Quelle* matière préfères-tu? *Quels* professeurs préfères-tu? *Quel* sport préfères-tu?...

Avec des camarades de classe, jouez les rôles des étudiants et répondez aux questions.

A. Forms of the interrogative adjective *quel*

The interrogative adjective **quel** (**quelle, quels, quelles**) means *which* or *what*. It agrees in gender and number with the noun modified.

> **Quels** films aimez-vous?   *Which (What) movies do you like?*

Note that the pronunciation of all four forms of **quel** is identical, [kɛl], except when the plural form precedes a word beginning with a vowel sound: **quels‿étudiants, quelles‿étudiantes,** [kɛl-ze-ty-djã(t)].

B. *Quel with être*

Et vous? *Quel* est le cours que (*that*) vous préférez? *Quelle* est la matière que vous préférez? *Quels* sont les professeurs que vous préférez? *Quel* est le sport que vous préférez?

Quel stands alone before the verb **être** followed by a modified noun. It always agrees with the noun to which it refers.

A difficult beginning
Which course do you prefer? Which subject do you prefer? Which professors do you prefer? What sport do you prefer?

A votre tour

A. Préférences. Donnez une réaction personnelle.

1. Quels *professeurs* aimes-tu? (matière, sport, livres, littérature, langues)
2. Quel est *le restaurant* que vous préférez? (quartier, universités, amphithéâtre, librairie, appartements)

B. Préparatifs. Avec des amis, vous préparez un examen important. Formez des questions complètes avec la forme correcte de *quel.*

MODÈLE: quel / livres / chercher / tu? —→ Quels livres cherches-tu?

1. quel / chapitre / préparer / tu?
2. quel / question / préférer / tu?
3. quel / tragédie / étudier / tu?
4. quel / examens / préparer / tu?
5. quel / dictionnaire / chercher / tu?
6. quel / langue / écouter / tu?
7. quel / librairies / visiter / tu?
8. quel / ami / inviter / tu?

C. Une interview. Posez des questions aux membres de la classe. Utilisez l'adjectif interrogatif *quel.* Voici des suggestions:

1. Quel est le sport que tu préfères? les distractions que tu préfères?
2. Quelle est la musique que tu préfères? la comédie musicale que tu préfères?
3. Quels sont les livres que tu préfères? les disques que tu préfères?
4. Quelles sont les villes que tu préfères? les quartiers que tu préfères?

« *…Et puis, j'arrive au match de football, je demande le prix des billets… le type (guy) semble honnête, mais distrait, il me donne deux billets pour le match de rugby…* »

15 *The prepositions* à *and* de; *contractions with* à *and* de

Pierre et Francine, deux étudiants français typiques

Ils habitent *à la* cité universitaire.
Ils mangent *au* restaurant universitaire.
Ils jouent *au* volley-ball dans la salle *des* sports.
L'après-midi, *au* café, ils jouent *aux* cartes.
Ils aiment parler *des* professeurs, *de l'*examen d'anglais, *du* cours de littérature française et *de la* vie à *l'*université.

Et vous?

1. Habitez-vous à la cité universitaire?
2. Mangez-vous au restaurant universitaire?
3. Jouez-vous au volley-ball dans la salle des sports?
4. Au café, jouez-vous aux cartes?
5. Aimez-vous parler des professeurs? de l'examen de français? du cours de français? de la vie à l'université?

Prepositions are words such as *to, in, under, for,* and so on. In English their form never varies: *I live in the United States; we are speaking to you.* The most common French prepositions are à and **de.**

A. Uses of à and de

1. **A** indicates location or destination. Note that **à** has several English equivalents.

   Pierre étudie à la bibliothèque.   *Pierre studies at (in) the library.*

   Ils habitent à Paris.[2]   *They live in Paris.*

Pierre and Francine, two typical French students
They live in the dormitory. They eat at the student cafeteria. They play volleyball in the gym. In the afternoon, at the café, they play cards. They like to talk about professors, about the English exam, about the French literature course, and about life at the university.

---

[2]The preposition à expresses location primarily with names of cities. Prepositions used with names of countries are treated in Chapter 15.

Pierre va **à** la bibliothèque.	*Pierre is going to the library.*
Ils arrivent **à** Paris.	*They're arriving in Paris.*

With the verbs **parler** and **téléphoner, à** introduces the person spoken to or called.

Pierre **parle à** un professeur.	*Pierre is speaking to a professor.*
Pierre **téléphone à** un ami.	*Pierre is calling a friend.*

Parler and **téléphoner** always require the preposition **à** when they precede an indirect object. The English equivalent does not necessarily use the word *to.* Other such French verbs are: **montrer (à)** (*to show*), **demander (à)** (*to ask*), and **donner (à)** (*to give*): **Je donne le billet à Marcel.** *I give the ticket to Marcel (I give Marcel the ticket).*

2. **De** indicates where something or someone comes from.

Pierre est **de** Paris.	*Pierre is from Paris.*
Ils arrivent **de** la bibliothèque.	*They are coming from the library.*

De also indicates possession (expressed by *'s* or *of* in English) and the concept of belonging to, being a part of.

Voici le bureau **de** Madame Vernier.	*Here is Mrs. Vernier's desk.*
J'aime mieux la librairie **de** l'université.	*I prefer the university bookstore (the bookstore of the university).*

When used with **parler, de** means *about.*

Nous **parlons de** la littérature anglaise.	*We're talking about English literature.*

B. Contractions of *à* and *de* with the definite articles *le* and *les*

à + le = au	Pierre arrive au cinéma.
à + les = aux	Pierre arrive aux courts de tennis.
de + le = du	Pierre arrive du cinéma.
de + les = des	Pierre arrive des courts de tennis.

À and **de** always contract with two articles: the singular **le,** to form **au** and **du,** and the plural **les,** to form **aux** and **des. À** and **de** do not contract with other forms of the definite article: **à la, à l', de la, de l'.**

C. The verb *jouer* with the prepositions *à* and *de*

Philippe **joue du piano.**

de le

Martine **joue au tennis.**

à le

Lise **joue de la guitare.**

Roger **joue aux cartes.**

à les

When **jouer** is followed by the preposition **à,** it means to play a sport or game. When it is followed by **de,** it means to play a musical instrument.

A votre tour

A. Transformation. Remplacez les mots entre parenthèses.

1. Mireille parle à la *jeune fille.* (touristes, professeur, hommes, femme, garçon)
2. Nous parlons du *Café Flore.* (cours de français, match de boxe, musique de Ravel, sports français, travail)
3. La jeune fille arrive de *New York.* (bibliothèque, cours d'anglais, librairie, restaurant universitaire, salle des sports)
4. Madeleine joue au *volley-ball.* (basket-ball, cartes, tennis, football)
5. Je joue de *la guitare.* (le piano, la clarinette, l'accordéon, la flûte)

B. Où sommes-nous? Donnez le lieu ou la ville logique. Utilisez la préposition *à.*

MODÈLE: Nous visitons la Statue de la liberté. ⟶
Nous sommes à New York.

1. Nous parlons aux amis.   2. Nous jouons aux cartes.   3. Nous mangeons.[3]
4. Nous regardons un film de Truffaut.   5. Nous cherchons la Sorbonne.
6. Nous visitons la Maison-Blanche.   7. Nous visitons la Tour Eiffel.   8. Nous
cherchons un livre.   9. Nous dansons.   10. Nous jouons au volley-ball.

C. Description. Donnez des phrases complètes selon le modèle.

MODÈLE: librairie   /   hôpital ⟶ La librairie est à côté de l'hôpital.

1. salle des sports   /   courts de tennis   2. cahier   /   téléphone
3. tables   /   porte   4. discothèque   /   cinéma   5. bibliothèque   /   salles de
classe   6. jeune fille   /   garçon   7. voiture   /   restaurant   8. café   /   cité
universitaire

D. A qui est-ce? (*Whose is it?*) Donnez l'article et la préposition correcte.

MODÈLE: voiture   /   Charles ⟶ C'est la voiture de Charles.

1. cahier   /   jeune homme   2. livre   /   professeur
3. restaurant   /   université   4. fenêtre   /   salle de classe
5. porte   /   cinéma   6. choix   /   étudiantes   7. appartement   /   Canadiens
8. langue   /   Shakespeare

*« Quelle heure est-il?
A la maison, on mange
toujours à huit
heures—mais après le
dîner, nous jouons aux
cartes, n'est-ce pas? »*

---

[3]Note the spelling change in the first-person plural of **manger: nous mangeons.** Other present-tense forms of **manger**
are regular. For the complete conjugation of verbs in this group, which includes all verbs with infinitives ending in **-ger,**
such as **voyager** (*to travel*) and **arranger** (*to arrange*), see Section E on page 434.

Mise en pratique

ACTIVITÉS: Faisons connaissance! (*Let's get acquainted!*)

Voici des activités pour connaître (*get acquainted with*) les membres de la classe de français.

A. Interviews. Répondez aux questions d'un(e) camarade selon le modèle. Trouvez une réponse personnelle ou utilisez les mots entre parenthèses.

MODÈLE: jouer au tennis ⟶ *Un(e) ami(e):* Est-ce que tu aimes jouer au tennis?
Vous: Non, j'aime mieux jouer aux cartes.

1. jouer de l'accordéon (la guitare, le piano) 2. étudier à la maison (bibliothèque, cité universitaire) 3. parler du cours de français (professeurs, examen de français) 4. écouter de la musique au concert (radio, discothèque) 5. être au cinéma (match de football, café) 6. manger au restaurant universitaire (restaurant, café)

B. Entre copains. Posez des questions selon le modèle. Utilisez **rarement, parfois** (*sometimes*), **souvent** ou **toujours** (*always*) dans la réponse.

MODÈLE: *Vous:* Es-tu égoïste? (Est-ce que tu es égoïste?)
Un(e) camarade de classe: Oui, je suis parfois égoïste. (Non, je suis rarement égoïste. Non, je suis toujours altruiste.)

Adjectifs: égoïste/altruiste, honnête (*honest*)/malhonnête, distrait(e) (*absent-minded*)/attentif(-ive), fier (fière)/modeste, dépendant(e)/indépendant(e), etc.

Maintenant, parlez de votre personnalité. Utilisez le vocabulaire des Chapitres 4 et 5.

MODÈLE: Je suis rarement égoïste, toujours honnête, etc.

J'aime..., je n'aime pas..., je préfère..., je déteste..., j'adore..., j'admire..., je n'admire pas....

C. Portrait d'une classe. Divisez la classe en groupes de trois ou quatre personnes. Posez les questions suivantes aux membres de votre groupe. Un(e) étudiant(e) écrit (*writes*) les détails essentiels.

1. Quelle matière préfères-tu? (littérature, sciences, langues, musique, sciences politiques, ___?___)
2. En quelle année es-tu? (première, deuxième, troisième, quatrième, ___?___)
3. Quel(s) cours préfères-tu?
4. Aimes-tu le cours de français? (J'aime/Je n'aime pas le cours parce que...)
5. Étudies-tu une autre langue?
6. Parles-tu une autre langue à la maison?
7. Où (*Where*) habites-tu?
8. Où aimes-tu passer le week-end?
9. Quelles sont les distractions que tu préfères?
10. Joues-tu aux sports? A quels sports joues-tu?
11. Joues-tu d'un instrument de musique? De quel instrument de musique joues-tu?
12. Aimes-tu les jeux de société? Joues-tu par exemple au bridge? au Monopoly? aux échecs (*chess*)?

Maintenant, discutez les réponses de la classe entière.

MODÈLE: Dans la classe de français,

il y a trois étudiants de première année, cinq étudiants de deuxième année, etc.

il y a deux étudiants qui étudient aussi l'allemand.

il y a une étudiante qui n'aime pas le cours de français parce que...

D. Le/la camarade de chambre idéal(e). Vous cherchez un(e) camarade de chambre (*roommate*). Interviewez une autre personne de la classe. Posez les questions suivantes et inventez d'autres questions. Est-ce que c'est le/la camarade idéal(e) pour vous?

Demandez s'il, si elle...*studies a lot / works a lot / watches television a lot / likes to discuss politics / talks a lot on the* (**au**) *phone / is patient / likes animals* (**animaux**) / *speaks French / eats a lot / smokes* (**fumer**) *a lot / plays soccer, tennis, cards / plays the guitar*

E. Qui est-ce? Décrivez un(e) camarade de classe selon le modèle. Le reste de la classe trouve l'identité de la personne.

MODÈLE: Il aime la musique et le tennis, il étudie l'allemand et le français, il n'aime pas danser. Il est de Détroit, il habite à la cité universitaire. Il est très intelligent, sympathique et sportif. Comment s'appelle-t-il?

Mots à retenir

NOMS

l'accordéon (*m*)	*accordion*	le jeu	*game*
l'adresse (*f*)	*address*	le lieu	*place*
l'animal (*m*)	*animal*	le match (de boxe, de football)	*game, match (boxing, soccer)*
l'année (*f*)	*year*		
le billet	*bill (paper money); ticket*	la matière	*subject (school)*
		la naissance	*birth*
la carte	*card; map; menu*	la note	*bill (at hotel or store); grade (school)*
la clarinette	*clarinet*		
le copain (la copine)	*pal, buddy*	le piano	*piano*
le court de tennis	*tennis court*	la politique	*politics*
la discothèque	*discotheque*	le prix	*price; prize*
la famille	*family*	la salle des sports	*gymnasium*
la flûte	*flute*	le téléphone	*telephone*
le football	*soccer*	le temps	*time; weather*
les gens (*m*)	*people*	le violon	*violin*
la guitare	*guitar*	le volley-ball	*volleyball*
l'idée (*f*)	*idea*		

VERBES

arranger	to *arrange*
arriver	to *arrive*
demander	to *ask (for)*
fumer	to *smoke*
jouer à	to *play (a game or sport)*
jouer de	to *play (an instrument)*
manger (nous mangeons)	to *eat*
montrer	to *show*
préférer (je préfère)[4]	to *prefer*
préparer	to *prepare*
téléphoner à	to *telephone, call (up)*
voyager	to *travel*

ADJECTIFS

distrait(e)	*absent-minded*
honnête	*honest*
quel(le)(s)	*which, what*

MOTS DIVERS

cent	*hundred*
entre	*between; among*
mille	*thousand*
n'est-ce pas?	*isn't it? aren't you?*
parfois	*sometimes*
rarement	*rarely*
toujours	*always*

[4]For the complete conjugation of verbs in the group **préférer** (**répéter, espérer** [*to hope*], etc.), see Section E on page 434, Verbs with Spelling Changes.

6

Le Logement

La chambre de quatre étudiants: un lieu de musique, de jeux, de discussions, d'amitié—et même parfois de travail!

Chambres d'étudiants

La chambre de Marie-France est en ordre.

La chambre d'Antoinette est confortable.

A. **Description.** Décrivez les deux chambres. Qu'est-ce qu'il y a sur...?

1. le bureau de Marie-France? d'Antoinette? 2. le lit de Marie-France? d'Antoinette? 3. l'étagère de Marie-France? d'Antoinette? 4. le mur de Marie-France? d'Antoinette? 5. la table de Marie-France? d'Antoinette? 6. le tapis d'Antoinette? 7. la fenêtre de Marie-France?

B. **L'intrus** (*The intruder*). Trois mots semblables (*similar*), un mot différent. Trouvez l'intrus.

1. lit / commode / armoire / fleur
2. chaîne stéréo / affiche / guitare / disque
3. lavabo / livre / revue / étagère
4. miroir / affiche / rideaux / revue

C. **Association.** Quels objets dans les chambres de Marie-France et d'Antoinette associez-vous avec les mots suivants?

1. Jacques Brel et Édith Piaf 2. *Paris-Match* 3. la fenêtre 4. les livres 5. la rose 6. les murs

D. **La chambre et la personnalité.** Une chambre révèle la personnalité de l'occupant. Décrivez votre chambre.

MODÈLE: J'ai (*I have*) une chambre tranquille et confortable. Dans la chambre, il y a deux fenêtres et des rideaux, une commode, quatre chaises...

Adjectifs: typique, simple, en ordre, en désordre, confortable, tranquille, agréable, détestable...

Grammaire

16 *The verb* avoir; *expressions with* avoir

Camarades de chambre

JEAN-PIERRE: Vous *avez* une chambre agréable, elle *a l'air* tranquille....

MARIE-CLAUDE: Oui, tu *as raison.* J'*ai besoin de* beaucoup de calme pour étudier.

JEAN-PIERRE: Tu *as* une camarade de chambre sympathique?

MARIE-CLAUDE: Oui, nous *avons de la chance:* nous aimons toutes les deux[1] le tennis, le calme... et le désordre!

Trouvez dans le dialogue les phrases équivalentes.

1. La chambre est tranquille.
2. Oui, c'est exact.
3. J'aime le calme pour étudier.
4. Quelle chance!

A. Forms of *avoir*

The verb **avoir** (*to have*) is irregular in form.

Present tense of **avoir** (*to have*)

j'	**ai**	nous	**avons**
tu	**as**	vous	**avez**
il, elle, on	**a**	ils, elles	**ont**

J'ai une chambre agréable.

Avez-vous une camarade de chambre sympathique?

I have a nice room.

Do you have a pleasant roommate?

Roommates

JEAN-PIERRE: You have a nice room. It seems quiet. MARIE-CLAUDE: Yes, you're right. I need a lot of quiet to study. JEAN-PIERRE: Do you have a pleasant roommate? MARIE-CLAUDE: Yes, we're lucky. We both love tennis, quiet . . . and a messy room (disorder)!

---

[1]Note the forms of **tout** (*all*): **tout le temps** (*all the time*), **toute la famille** (*the whole family*), **tous les deux** (*both, m*), **toutes les deux** (*both, f*). Forms of the adjective **tout** often precede the article + noun.

B. Expressions with *avoir*

Many concepts that are expressed in French with **avoir** have English equivalents that use *to be.*[2] Some of them express people's feelings or physical sensations.

Elle **a chaud,** il **a froid.**

Isabelle **a** quatre **ans.**

Elles **ont faim,** ils **ont soif.**

Jean **a sommeil.**

Paul, vous **avez tort.** Martine, vous **avez raison.**

Claudette **a besoin** d'une lampe.

Claude **a l'air** content. Il **a de la chance.**

Avez-vous **envie de** danser?

Note that with **avoir besoin de** and **avoir envie de,** the preposition **de** is used before an infinitive or a noun.

---

[2]You have already used **avoir** in the expression **il y a** (*there is/are*).

C. Indefinite article in negative sentences

In negative sentences, the indefinite article (**un, une, des**) becomes **de (d')** after **ne... pas.**

Elle a **un** ami.

Elle **n'**a **pas** d'ami.

Elle a **une** revue.

Elle **n'**a **pas** de revue.

Il y a **des** voitures dans la rue (*street*).

Il **n'**y a **pas** de voitures dans la rue.

The noun that follows **de (d')** can be singular or plural. Note that the English equivalent differs slightly with singular and plural nouns.

J'ai **un chien.**	→ Je **n'**ai **pas** de chien.	*I don't have a dog.*
J'ai **des chiens.**	→ Je **n'**ai **pas** de chiens.	*I don't have (any) dogs.*
Nous trouvons **des disques.**	→ Nous **ne** trouvons **pas** de disques.	*We don't find any records.*

But in negative sentences with the verb **être,** the indefinite article does not change.

C'est **un livre.**	→ Ce **n'**est **pas un** livre.	*It is not a book.*
Ce sont **des livres** intéressants.	→ Ce **ne sont pas des** livres intéressants.	*These are not interesting books.*

A votre tour

A. Vive la musique! Suivez le modèle.

MODÈLE: Marie / une chaîne stéréo ⟶ Marie a une chaîne stéréo.

1. Monique et Marc / des disques
2. vous / une guitare
3. tu / une clarinette
4. je / des cassettes
5. nous / un piano
6. Isabelle / une flûte

B. C'est la vie! Formez des phrases correctes.

MODÈLE: Mme Martin / chaud ⟶ Mme Martin a chaud.

1. je / faim
2. Frère Jacques / sommeil
3. Paul et Henri / soif
4. nous / chaud
5. tu / l'air optimiste
6. vous / froid
7. le professeur / raison
8. Patricia et Nicole / dix-sept ans

C. Claude cherche une chambre. Formez des phrases complètes.

1. Est-ce que tu / envie de / changer de (*change*) chambre?
2. Oui, / je / besoin de / chambre / très tranquille.
3. Nous / avoir / chambre / confortable / près d'ici (*near here*).
4. Elle / avoir / deux / fenêtre / lavabo / et / deux / lit.
5. Est-ce que vous / avoir / téléphone?
6. Oui, / mais / nous / avoir / envie de / chaîne stéréo.
7. Bernard et Henri / avoir / télévision.
8. Ils / avoir / chance!

D. En ville (*In the city*). En français, s'il vous plaît.

THIERRY: *Is there a restaurant nearby (near here)?*
CHARLES: *Oh, there's a café over there* (**là-bas**)!
THIERRY: *I'm not thirsty but I'm hungry. Aren't you hungry?*
CHARLES: *I'm not hungry—I'm sleepy.*
THIERRY: *I feel like eating a* (**une**) *quiche.*
CHARLES: *There's a hotel near here. . . . It looks pleasant.*
THIERRY: *Okay* (**Bon**). *If we're lucky, there's a restaurant next door* (**à côté**).

E. Un nouveau (*new*) quartier. Vous arrivez dans le quartier. Posez des questions à un(e) camarade selon le modèle.

MODÈLE: un hôtel? ⟶ *Vous:* Y a-t-il[3] un hôtel dans le quartier?
Un(e) ami(e): Non, il n'y a pas[3] d'hôtel dans le quartier.

---

[3]Note the question (**y a-t-il**) and negative (**il n'y a pas**) forms of **il y a.**

1. un restaurant chinois?   2. un taxi?   3. des cinémas?   4. un café?   5. une discothèque?   6. un hôpital?   7. des courts de tennis?   8. des librairies?

Finalement, vous trouvez une chambre et vous parlez avec le (la) propriétaire. Jouez le rôle du (de la) touriste et du (de la) propriétaire selon le modèle.

MODÈLE: une télévision? ⟶ *Vous:* Est-ce que la chambre a une télévision?
    Le (La) propriétaire: Non, la chambre n'a pas de télévision.

1. une vue?   2. un miroir?   3. une lampe?   4. un lavabo?   5. des tapis?
6. des étagères?   7. des chaises?   8. une commode?   9. une armoire?   10. des rideaux?

F. Questions d'un(e) ami(e). Répondez selon le modèle.

MODÈLE: Est-ce que c'est un disque d'Édith Piaf? ⟶
    Non, ce n'est pas un disque d'Édith Piaf. Je n'ai pas de disques d'Édith Piaf.

1. Est-ce que c'est une balle de tennis?   2. Est-ce que c'est un ami italien?
3. Ce sont des cartes, n'est-ce pas?   4. C'est un dictionnaire d'anglais, n'est-ce pas?   5. Est-ce une copine canadienne?   6. Est-ce le disque de Gérard?

G. Exercice de contradiction. Répondez à la forme négative.

1. Avez-vous des disques français?   2. Avez-vous des amis hypocrites?   3. Est-ce un livre drôle?   4. Y a-t-il des cours ennuyeux (*boring*) à l'université?   5. Avez-vous des copains/copines extraordinaires?   6. Est-ce une personne généreuse?
7. Est-ce qu'elle cherche une fleur?   8. C'est une maison sympathique, n'est-ce pas?

H. Enquête (*Survey*). Les membres de la classe posent des questions.

1. Dans la salle de classe, qui a l'air content? l'air calme? patient? dynamique?
2. As-tu besoin d'une télévision? d'une radio? d'une guitare? d'une lampe? d'un stylo? de changer de chambre? Pourquoi (*Why*)?
3. As-tu envie d'étudier maintenant? de danser? de skier? de regarder la télévision? de jouer au volley-ball? de jouer à un autre sport?
4. Quel âge as-tu? (avez-vous?) Quel âge a le professeur?
5. As-tu des copains (copines) intéressant(e)s? sportifs(ives)? idéalistes? extraordinaires?
6. As-tu des affiches? (téléphone, chat, chien, piano, etc.)
7. As-tu une chambre? (appartement, maison, voiture de sport, yacht, château en Espagne, etc.)

17 *Present tense of -ir verbs*

Sévérité

ARMAND: Un instant. Je *finis* de discuter avec la propriétaire. (*Il ferme la porte.*)

FLORENCE: Tu *réussis* à avoir la chaîne stéréo dans la chambre?

ARMAND: Oui... mais sous une condition: la propriétaire *choisit* tous les disques.

FLORENCE: Quelle horreur! Toi et Marie-Hélène, comment *réagissez*-vous?

ARMAND: Nous *réfléchissons* encore à la situation.

FLORENCE: Voyons, Armand, la solution est simple. *Choisissez* donc une nouvelle propriétaire.

1. Est-ce que Florence finit de discuter avec la propriétaire?
2. Est-ce qu'Armand réussit à avoir la chaîne stéréo dans la chambre?
3. Est-ce qu'Armand et Marie-Hélène choisissent tous les disques?
4. Comment Armand et Marie-Hélène réagissent-ils?
5. Selon Florence, est-ce qu'Armand a besoin de réfléchir à la situation?

French verbs with infinitives ending in **-er** are called first-conjugation verbs. The infinitives of a second group of French verbs end in **-ir.** they are called second-conjugation verbs.

Present tense of **finir** (*to finish*)

je	finis	nous	finissons
tu	finis	vous	finissez
il, elle, on	finit	ils, elles	finissent

Strictness

ARMAND: Just a second. I'm finishing a talk with the landlady. (*He closes the door.*) FLORENCE: Are you succeeding in having the stereo in your (the) room? ARMAND: Yes . . . but under one condition: the landlady chooses all the records. FLORENCE: How ghastly! You and Marie-Hélène, how are you reacting? ARMAND: We're still thinking about the situation. FLORENCE: Come on, Armand, the solution is simple. (So) choose a new landlady.

Notice the addition of **-iss-** between the verb stem and the personal endings in the plural.

The **-is** and **-it** endings of the singular forms of **-ir** verbs are pronounced [i]. The double **s** of the plural forms is pronounced [s].

Other verbs conjugated like **finir** include: **agir** (*to act*), **réfléchir** (à) (*to reflect [upon], consider*), **choisir** (*to choose*), and **réussir** (à) (*to succeed [in]*).

J'**agis** toujours avec raison.	*I always act with reason.*
Nous **choisissons** des affiches.	*We're choosing some posters.*

The verb **réfléchir** requires the preposition **à** before a noun.

Elle **réfléchit aux** questions de Paul.	*She's thinking about Paul's questions.*

The verb **réussir** must be used with **à** before a verb in the infinitive and often in the expression **réussir à un examen.**

Je réussis toujours **à** trouver les réponses.	*I always succeed in finding the answers.*

A votre tour

A. A la résidence des étudiants. Substituez les mots entre parenthèses.

1. *Tu* réfléchis au problème. (nous, Marie, les professeurs, je) 2. *Marc* choisit un livre. (vous, je, les jeunes filles, nous) 3. *Je* réussis à trouver un disque intéressant. (Louise, les garçons, tu, vous) 4. *Nous* finissons le travail. (Nicole, tu, les étudiants, je)

B. Au choix. Complétez les phrases avec une forme d'*agir, choisir, finir, réfléchir* ou *réussir.*

1. Je _____ à une question difficile. 2. Claude _____ sans réfléchir, n'est-ce pas? 3. Ils _____ toujours le travail en deux heures. 4. Tu _____ souvent aux examens, Pierre. 5. Les jeunes filles _____ des cours intéressants.

C. Nous écoutons les étudiants. En français, s'il vous plaît.

1. *We are choosing a room.* 2. *I am finishing a difficult course.* 3. *Do you act without thinking?* 4. *Jean-Claude succeeds at everything* (**tout**). 5. *Lucie's friends always pass the exams.* 6. *Armand and Marie-Hélène, you're reacting well.*

D. Une interview. Inventez des questions avec les mots suivants et interviewez un(e) camarade de classe.

MODÈLE: réussir / examens $\longrightarrow$ Est-ce que tu réussis aux examens?

1. agir / souvent / sans / réfléchir 2. finir / exercice / français
3. choisir / cours (difficile, agréable...) 4. réfléchir / problèmes (politiques, des étudiants...) 5. choisir / camarade de chambre / patient (intelligent, calme....)

Maintenant, inventez d'autres questions avec les mêmes verbes.

Mise en pratique

DIALOGUE: Comment trouver un logement

A la porte d'un appartement. Annick cherche une chambre.

ANNICK:	Je suis bien° chez Monsieur et Madame Chaudier?	*Je... Am I (really)*
M. CHAUDIER:	Oui, Mademoiselle. Vous désirez?	
ANNICK:	Avez-vous encore une chambre à louer°?	*rent*
M. CHAUDIER:	Oui, vous avez de la chance. Entrez donc.... Voici la chambre. Il y a un lit confortable, un tapis, une armoire ancienne,° des étagères, un bureau.... Il y a aussi un lavabo, mais pas de douche.°	*very old* / *shower*
ANNICK:	Et la vue° est très agréable. Quel est le loyer°?	*view* / *rent*
MME CHAUDIER:	Êtes-vous étudiante?	
ANNICK:	Oui, pour trois ans encore. J'ai vingt ans.	
MME CHAUDIER:	Alors,° c'est trois cents francs par mois. Avez-vous un chat, un chien?	*Well*
ANNICK:	Non, je n'ai pas d'animaux.	
MME CHAUDIER:	Tant mieux.° Pas d'animaux ici... et surtout° pas de visiteurs le soir.	*Tant... So much the better.* / *especially*
ANNICK:	Y a-t-il une télévision dans la chambre?	
MME CHAUDIER:	Non, pas de télévision dans la chambre.	
ANNICK:	Y a-t-il d'autres locataires°?	*tenants*
M. CHAUDIER:	Trois, avec vous: un futur professeur et un étudiant américain.	
ANNICK:	Euh... je ne suis pas sûre. La chambre est charmante, mais elle est un peu chère. J'ai besoin de réfléchir.	

MME CHAUDIER: Vous avez tort, Mademoiselle. La chambre
est à côté de l'université, elle est agréable
et le quartier est tranquille.

ANNICK: Elle a l'air trop° calme peut-être°: sans   *too / perhaps*
animaux, sans télévision, sans visiteurs, la
vie d'une étudiante est bien° ennuyeuse!   *quite*

A. **Annick et les propriétaires.** Répondez aux questions suivantes.

1. Annick est-elle professeur?
2. Est-ce qu'elle cherche un appartement?

De la porte, la propriétaire d'un petit hôtel regarde la vie du village.

3. Quels meubles (*furniture*) y a-t-il dans la chambre?
4. Annick aime-t-elle la chambre des Chaudier? Pourquoi? Pourquoi pas?
5. Quel loyer est-ce que les propriétaires demandent?
6. Les propriétaires acceptent-ils des visiteurs? des animaux?
7. Annick a-t-elle des animaux? une télévision?
8. Y a-t-il d'autres locataires?
9. Annick choisit-elle la chambre chez les Chaudier?

B. Votre vie. Complétez le paragraphe suivant.

J'habite _____. Le quartier est _____. J'ai une chambre _____. Dans ma chambre, il y a _____, mais il n'y a pas _____. Le soir, j'aime _____. Parfois, j'ai _____. Je regarde _____, et j'écoute _____.

C. Création. Jouez le dialogue précédent avec des camarades de classe. Mettez les éléments suivants dans votre version du dialogue ou inventez d'autres détails.

Deux ami(e)s cherchent un appartement meublé (*furnished*).

Ages: 21 ans et 25 ans
Meubles: lits, tapis, armoires, rideaux, commodes, étagères, bureaux
Loyer: 800 F par mois
Animaux: un chat, mais pas de chien
Propriétaires: M. et Mme de la Prade
Distractions: une chaîne stéréo, mais pas de télévision
Autres locataires: une famille à côté
Décision: ?

Mots à retenir

VERBES

agir	*to act*	finir (de)	*to finish*
avoir	*to have*	louer	*to rent*
changer (de)	*to change*	réagir	*to react*
choisir (de)	*to choose*	réfléchir (à)	*to reflect, think about*
désirer	*to want, desire*	réussir (à)	*to succeed*
entrer (dans)	*to enter*		

EXPRESSIONS AVEC *AVOIR*

avoir l'air...	*to seem, look*	avoir chaud	*to be warm*
avoir (20) ans	*to be (20) years old*	avoir de la chance	*to be lucky*
avoir besoin de	*to need*	avoir envie de	*to want, feel like*

EXPRESSIONS AVEC *AVOIR*

avoir faim	*to be hungry*	avoir soif	*to be thirsty*
avoir froid	*to be cold*	avoir sommeil	*to be sleepy*
avoir raison	*to be right*	avoir tort	*to be wrong*

NOMS

l'affiche (f)	*poster*	le lit	*bed*
l'âge (m)	*age*	le/la locataire	*tenant; boarder*
l'armoire (f)	*(free-standing) closet*	le logement	*lodging; dwelling*
la chaîne stéréo	*stereo*	le meuble	*(piece of) furniture*
la chambre	*bedroom*	le miroir	*mirror*
le chat	*cat*	le mur	*wall*
le chien	*dog*	le/la propriétaire	*landlord; landlady*
la commode	*chest of drawers*	la revue	*magazine*
le désordre	*disorder; mess*	les rideaux (m pl)	*curtains*
le disque	*phonograph record*	le stylo	*pen*
l'étagère (f)	*shelf; bookcase*	le tapis	*rug*
la fleur	*flower*	le visiteur	*visitor*
la lampe	*lamp*	(la visiteuse)	
le lavabo	*washbasin; sink*		

ADJECTIFS

autre	*other*	semblable	*similar*
ennuyeux(euse)	*boring*	tranquille	*calm; quiet*

MOTS DIVERS

chez	*at the home of; at*	sans	*without*
donc	*so; thus; therefore*	tous (toutes) les deux	*both*

7

Les Saisons et les vêtements

De jeunes Parisiennes—et de très jeunes Parisiennes—regardent
la belle vitrine (store window) d'une parfumerie.

Prélude: Vocabulaire

Les Saisons et le temps: Quel temps fait-il?

En été...
il fait du soleil.
il fait beau.
il fait chaud.

En automne...
il pleut.
il fait mauvais.

En hiver...
il neige.
il fait froid.

Au printemps...
il fait du vent.
il fait frais.

Note the prepositions required with the seasons of the year:

	en été	*in (during) the summer*
	en automne	*in (during) the autumn (fall)*
	en hiver	*in (during) the winter*
but	**au** printemps	*in (during) the spring*

Note the special use of the verb **faire** in telling about the weather.

	Quel temps **fait-il?**	*What's the weather like?*
	Il fait mauvais.	*It's bad (out).*
but	Il **neige.**	*It's snowing.*
	Il **pleut.**	*It's raining.*

A. Fêtes. Suivez le modèle.

MODÈLE: Noël ⟶ C'est l'hiver et il fait froid.

1. Pâques (*Easter*) 2. le Thanksgiving 3. le jour de la Saint-Valentin 4. la Fête de l'Indépendance américaine 5. l'anniversaire (*birthday*) de Washington 6. votre anniversaire 7. la Fête du travail américaine (*Labor Day*) 8. la Fête des mères (*Mother's Day*)

B. Le climat de votre région. Répondez aux questions suivantes.

1. Quels sont les mois de l'été? de l'automne? de l'hiver? du printemps? 2. Quel temps fait-il en été? en automne? en hiver? au printemps? 3. Quel temps fait-il aujourd'hui ici? à New York? à Hawaii? à Paris? 4. Quelle saison préférez-vous? Pourquoi? 6. Quel mois préférez-vous? Pourquoi?

Couleurs

le drapeau américain   le drapeau français

bleu, blanc, rouge

rouge + blanc = rose
rouge + bleu = violet
bleu + jaune = vert
noir + blanc = gris
rouge + jaune = orange

le soleil   le chat   le café

jaune   noir   marron

A. Exercice d'imagination. Imaginez les couleurs des objets suivants.

MODÈLE: un chat ⟶ Il est gris, blanc et noir.

1. un rideau
2. un stylo
3. un disque
4. un mur
5. un taxi
6. un téléphone

B. Association. Quelles couleurs associez-vous avec…?

MODÈLE: Halloween? ⟶ le noir et l'orange

1. le ski?
2. l'écologie?
3. le pessimisme?
4. l'amour?
5. le jour de la Saint-Valentin?
6. Noël?
7. la religion?
8. la musique disco?

Vêtements

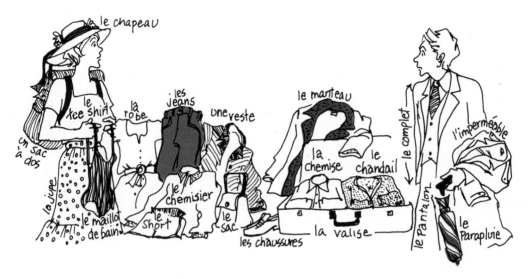

A. Voyages et saisons. Quels vêtements Annie porte-t-elle? (*What clothing does Annie wear?*) Quels vêtements Paul porte-t-il?

1. pour un voyage d'été sur la Côte d'Azur (*Riviera*)? 2. pour un voyage d'hiver dans les Alpes? 3. pour un voyage d'automne à Paris? 4. pour un voyage au printemps à Rome? 5. pour un voyage d'hiver à Hawaii?

B. Pour être dans le vent (*"with it"*). Quels sont les vêtements appropriés?

MODÈLE: pour une excursion en montagne —→
On porte un pantalon ou un short, un chapeau, un chandail, un sac à dos,...

1. à la plage (*beach*) 2. dans un grand restaurant 3. pour le ski alpin 4. pour une visite du Vatican 5. en ville quand il pleut 6. pour danser 7. en classe 8. pour jouer au football 9. au travail 10. à l'Opéra 11. à d'autres occasions?

C. Quel temps fait-il? La famille Duchamp est votre baromètre. Suivez le modèle.

MODÈLE: M. Duchamp porte un short. —→ Il fait chaud!

1. M. Duchamp porte un imperméable. 2. M. Duchamp cherche un manteau. 3. Sylvain Duchamp porte un chandail. 4. M. Duchamp a un chapeau et un parapluie aujourd'hui. 5. Mlle Duchamp porte un maillot de bain.

D. Et vous? Posez les questions suivantes à un(e) camarade.

1. Quels vêtements portes-tu aujourd'hui? 2. Quels vêtements portes-tu dans la salle des sports? en classe? le week-end? le samedi soir?

Grammaire

18 *Information questions*

Automne à Paris

MME MOUNIN:

Bonjour, Mademoiselle.

Comment allez-vous?

Qu'est-ce que vous cherchez?

Combien désirez-vous payer? Nous avons toutes sortes de parapluies.

Pour qui est le parapluie? Pour un homme ou pour une femme?

Quand est l'anniversaire?

Pourquoi?

YVETTE:

Bonjour, Madame.

Bien, merci.

Un parapluie, s'il vous plaît.

Entre soixante-quinze et cent francs.

Pour un homme. C'est pour l'anniversaire d'un camarade.

Au mois de juillet. Mais j'ai besoin du parapluie maintenant.

Parce qu'il pleut aujourd'hui!

Jouez les rôles de Mme (ou de M.) Mounin et d'Yvette (ou de Charles). Recréez la scène. Remplacez les expressions suivantes: *un parapluie, entre soixante-quinze et cent francs, juillet, il pleut.* (Par exemple: une raquette de tennis, cent vingt francs, décembre, il fait beau...)

Information questions ask for new information or facts.

Autumn in Paris

MME MOUNIN: Hello, Miss. YVETTE: Hello, Ma'am. MME MOUNIN: How are you? YVETTE: Fine, thank you. MME MOUNIN: What are you looking for? YVETTE: An umbrella, please. MME MOUNIN: How much do you wish to pay? We have all sorts of umbrellas. YVETTE: Between seventy-five and a hundred francs. MME MOUNIN: For whom is the umbrella, a man or a woman? YVETTE: For a man. It's for a friend's birthday. MME MOUNIN: When is the birthday? YVETTE: In July. But I need the umbrella now. MME MOUNIN: Why? YVETTE: Because it's raining today!

A. Information questions with interrogative words

Information questions often begin with interrogative words. Some of the most common interrogative words in French are:

où	*where*
quand	*when*
comment	*how*
pourquoi	*why*
combien de	*how much, how many*

These interrogative words are used in combination with yes/no questions formed with **est-ce que** or with a change in word order. The interrogative word is usually placed at the beginning of the question.

1. Information questions with **est-ce que**

   Statement: Michel étudie les arts.
   Yes/no question with **est-ce que:** Est-ce que Michel étudie les arts?
   Information questions with **est-ce que:**

   $$\left.\begin{array}{l} \textbf{Où} \\ \textbf{Quand} \\ \textbf{Comment} \\ \textbf{Pourquoi} \end{array}\right\} \text{est-ce que Michel étudie les arts?}$$

   Combien de langues est-ce que Michel étudie?

2. Information questions with a change in word order: pronoun subject[1]

   Statement: Il étudie les arts.
   Yes/no question with pronoun subject: Étudie-t-il les arts?
   Information questions with pronoun subject:

   $$\left.\begin{array}{l} \textbf{Où} \\ \textbf{Quand} \\ \textbf{Comment} \\ \textbf{Pourquoi} \end{array}\right\} \text{étudie-t-il les arts?}$$

   Combien de langues étudie-t-il?

---

[1] Remember that the pronoun **je** is seldom inverted with the verb. With the first-person singular, use the "long form" of the interrogative expressions containing **est-ce que: Pourquoi est-ce que** j'étudie les arts?

3. Information questions with a change in word order: noun subject

Statement: Michel étudie les arts.
Yes/no question with noun subject: Michel étudie-t-il les arts?
Information questions with noun subject:

$$\left.\begin{array}{l}\textbf{Où}\\\textbf{Quand}\\\textbf{Comment}\\\textbf{Pourquoi}\end{array}\right\}\text{Michel étudie-t-il les arts?}$$

Combien de langues Michel étudie-t-il?

When the question contains only a subject and verb, use of the subject pronoun is optional with **où, quand, comment,** and **combien de: Où étudie Michel?** However, the pronoun is required with **pourquoi: Pourquoi Michel étudie-t-il?**

B. Information questions with interrogative pronouns

To ask a question about the identity or nature of a person, thing, or idea, English uses the interrogative pronouns *who, whom,* and *what*. Some of the most common French interrogative pronouns are **qui, qu'est-ce que,** and **quoi.**

1. **Qui** (*who, whom*) refers to persons.

Qui porte un chapeau?	*Who is wearing a hat?*
Qui est-ce que vous regardez? } **Qui** regardez-vous?	*Whom are you looking at?*
A qui est-ce que Michel parle? } **A qui** Michel parle-t-il?	*Whom is Michel speaking to?*

2. **Qu'est-ce que** and **que (qu')** (*what*) both refer to things or ideas.

Qu'est-ce que vous portez? } **Que** portez-vous?	*What are you wearing?*
Que porte Armand?	*What is Armand wearing?*

3. **Quoi** (*what*) is used after a preposition to refer to things or ideas.

De quoi est-ce que vous parlez? } **De quoi** parlez-vous?	*What are you talking about?*
A quoi est-ce que Jeanne réfléchit? } **A quoi** Jeanne réfléchit-elle?	*What is Jeanne thinking about?*

A votre tour

A. Mme Harpagon n'aime pas beaucoup dépenser (*to spend a lot*). Posez les questions de Mme Harpagon avec *pourquoi*, selon le modèle.

MODÈLE: *M. Harpagon:* J'ai besoin de chaussures.
Mme Harpagon: Pourquoi as-tu besoin de chaussures?

1. Nous avons besoin d'une valise.   2. Monique a besoin d'un chandail.   3. Paul a besoin d'un complet.   4. J'ai envie de téléphoner à Gérard.

B. Préparatifs de voyage. Posez des questions avec *qui* selon le modèle.

MODÈLE: Richard désire un manteau. ⟶ Qui désire un manteau?

1. Marie cherche un chemisier pratique.   2. Mme Boucher a un parapluie.
3. Gervaise trouve une valise à utiliser.   4. Michel et René portent toujours des jeans.   5. Mlle Giroud a des tee-shirts fantastiques.   6. Nous avons besoin d'un sac à dos.

C. Une visite aux Galeries Lafayette. Posez des questions avec *qu'est-ce que* et avec *que* si possible.

MODÈLE: Martine porte un chandail vert. ⟶
Qu'est-ce qu'elle porte? Que porte-t-elle?

1. Marie-Claire admire une robe rouge.   2. Je regarde les pantalons d'été.   3. Il y a des vestes pratiques.   4. Nous désirons des robes légères (*light*).   5. Je trouve des chaussures d'été pas (*not*) chères.   6. Ils cherchent des chemises de Cardin.
7. Camille n'aime pas les mini-jupes.   8. Nous aimons bien les vêtements de sport.   9. Elles préfèrent les sacs blancs et noirs.   10. Vous essayez des jeans.

D. La curiosité. Posez les questions de plusieurs façons (*in several ways*) et inventez d'autres questions.

MODÈLE: Comment est-ce que Jean parle? ⟶
Comment Jean parle-t-il? Comment parle-t-il? Pourquoi Jean parle-t-il?

1. Quand Pierre travaille-t-il?   2. Où trouve-t-on des chaussures?   3. Combien de chemises avez-vous?   4. Pourquoi Suzanne n'a-t-elle pas de parapluie?
5. Combien d'imperméables Michel a-t-il?   6. Où est Jeanne?

E. Activités. Posez des questions avec *à quoi* ou *de quoi* selon les modèles.

MODÈLES: Il joue de la clarinette. ⟶
De quoi est-ce qu'il joue? (De quoi joue-t-il?)

Il réfléchit à la question. ⟶
A quoi est-ce qu'il réfléchit? (A quoi réfléchit-il?)

1. Elle joue au tennis.   2. Renée parle du concert.   3. J'ai besoin d'écouter la radio.   4. Tu réussis à trouver une affiche de cinéma.   5. Nous réfléchissons au problème.   6. Vous parlez des professeurs.   7. Pierre joue du piano.

F. Voici les réponses. Inventez des questions avec des expressions interrogatives.

MODÈLE: Dans la chambre de Pierre. $\longrightarrow$
Où y a-t-il des affiches de cinéma? Où sont les disques de Marcel?

1. C'est une revue française. 2. A l'université. 3. Parce que je n'ai pas envie d'étudier. 4. Au volley-ball. 5. Une affiche d'Elvis Presley. 6. Jacqueline. 7. Très bien. 8. Il a quarante-cinq ans. 9. Parce que j'ai faim. 10. Maintenant. 11. Elle porte une robe au travail.

G. Une interview. Interviewez un(e) camarade. Il/elle joue le rôle d'un(e) étudiant(e) français(e) qui visite votre université. Suivez le modèle.

MODÈLE: *What is (s)he studying?* $\longrightarrow$ *Vous:* Qu'est-ce que tu étudies?

1. *Where is (s)he from?* 2. *Where is (s)he living? With whom?* 3. *Is (s)he working? Where?* 4. *Does (s)he like the university?* 5. *Does (s)he like American students?* 6. *Why is (s)he studying in America* (**en Amérique**)? 7. *How many courses does (s)he have?* 8. *What do the French students wear?* 8. *What's the weather like in France?*

19 *Adjectives of color; adjectives that precede the noun*

Histoires d'éléphants

ODILE: Il est *gris,* il a un *long* nez, une *petite* queue, de *grandes* oreilles et de *gros* pieds. Qu'est-ce que c'est?

JEAN: C'est facile, c'est un éléphant!

ODILE: D'accord. Maintenant, écoute: il est *rouge,* il a un *petit* nez, une queue minuscule, de *petites* oreilles et de très *petits* pieds.

JEAN: Euh, je ne sais pas....

ODILE: C'est un *petit* éléphant *rouge!*

1. Décrivez un éléphant.
2. Décrivez un petit éléphant rouge.
3. Décrivez un autre animal avec le vocabulaire du dialogue.

Elephant stories
ODILE: It's gray, it has a long nose, a small tail, large ears, and big feet. What is it? JEAN: That's easy, it's an elephant! ODILE: Right. Now listen: it's red, it has a small nose, a very small tail, small ears, and very small feet. JEAN: Hmm, I don't know. . . . ODILE: It's a small red elephant!

A. Adjectives of color

1. Some adjectives of color have masculine and feminine forms.

   Masculine: un rideau **blanc   bleu   gris   noir   vert   violet**

   Feminine: une porte **blanche   bleue   grise   noire   verte   violette**

   Others have only one form for masculine and feminine: **jaune, marron, orange, rose, rouge.**

2. All adjectives of color take an **-s** in the plural, except the masculine plural **gris,** which is identical to the masculine singular, and **marron** and **orange,** which are invariable in both gender and number.

   les rideaux $\begin{cases} \textbf{gris} \\ \textbf{marron} \\ \textbf{orange} \end{cases}$ les portes $\begin{cases} \textbf{grises} \\ \textbf{marron} \\ \textbf{orange} \end{cases}$

3. Like most descriptive adjectives, adjectives of color follow the nouns they modify.

B. Adjectives that precede the noun

1. These adjectives usually precede the nouns they modify:

Regular		Irregular		Identical in Masculine and Feminine	
grand(e)	*big, tall; great*	**ancien(ne)**	*former; ancient*	**autre**	*other*
joli(e)	*pretty*	**bon(ne)**	*good*	**jeune**	*young*
mauvais(e)	*bad*	**gentil(le)**	*nice, kind*	**pauvre**	*poor; unfortunate*
petit(e)	*small, short, little*	**gros(se)**	*large; fat*		
		long(ue)	*long*		

   Marie est une **jolie** femme.   *Marie is a pretty woman.*

   Ils ont un **jeune** chien.   *They have a young dog.*

   C'est une **bonne** voiture.   *It's a good car.*

2. The adjectives **beau** (*beautiful, handsome*), **nouveau** (*new*), and **vieux** (*old*) also precede the nouns they modify. They have irregular forms.

Singular		
Masculine	*Masculine before vowel or mute* **h**	*Feminine*
un **beau** livre	un **bel** ami	une **belle** amie
un **nouveau** livre	un **nouvel** ami	une **nouvelle** amie
un **vieux** livre	un **vieil** ami	une **vieille** amie

Plural	
Masculine	*Feminine*
de **beaux** amis	de **belles** amies
de **nouveaux** amis	de **nouvelles** amies
de **vieux** amis	de **vieilles** amies

3. When an adjective precedes the noun in the plural form, the indefinite article **des** usually becomes **de.**

   Ce sont **des amis.** —→ Ce sont **de bons amis.**

   J'ai **des disques.**   —→ J'ai **de nouveaux disques.**

4. Some adjectives that usually precede nouns can also follow them, in which case there is a change in meaning.

   un **ancien** président   *a former president*
   une armoire **ancienne**   *an ancient (old, antique) cupboard*

   un **pauvre** garçon   *an unfortunate boy*
   un garçon **pauvre**   *a poor (not rich) boy*

A votre tour

A. Couleurs. Donnez la couleur selon le modèle.

MODÈLE: le drapeau américain —→
         Le drapeau américain est bleu, blanc et rouge.

1. une orange   2. une banane   3. une rose   4. le drapeau français   5. un éléphant   6. un lion   7. une violette   8. le drapeau canadien   9. un tigre   10. un zèbre   11. les plantes   12. les fleurs

B. La mode (*Fashion*). Qu'est-ce qu'il y a dans l'armoire de Jacqueline?

MODÈLE: robe   /   bleu —→ Il y a une robe bleue.

1. chapeau   /   noir
2. chemisier   /   rouge
3. chaussures   /   marron
4. imperméable   /   jaune
5. chandails   /   blanc
6. jupe   /   blanc
7. pantalon   /   vert

Arles en Provence:
Une jeune femme
choisit une jupe. Quel
temps fait-il ici?
Comment le voyez-vous
(How can you tell)?

C. La vie de Pierrette. Changez les noms du singulier au pluriel ou du pluriel au singulier.

MODÈLE: Voilà un nouveau chandail. ⟶ Voilà de nouveaux chandails.

1. Voilà une petite étagère.   2. Voilà de jeunes plantes.   3. Voilà une bonne revue.   4. Voilà de mauvais livres.   5. Voilà une autre étagère.   6. Voilà une nouvelle robe.   7. Voilà de jolies chaussures.   8. Voilà de beaux chapeaux. 9. Voilà un grand bureau.   10. Voilà de bons sacs.   11. Voilà une vieille valise.   12. Voilà un gros chat.   13. Voilà une gentille amie.   14. Voilà un nouvel ami.

D. Qu'est-ce que c'est? Donnez la description.

1. C'est un beau *complet.* (manteau, veste, chapeau, sac, valise)
2. C'est un nouveau *disque.* (tapis, revue, lampe, café, ami)
3. C'est un vieux *tapis.* (voiture, homme, cinéma, bureau, hôtel)

E. Descriptions. En français, s'il vous plaît.

1. *a tall boy* 2. *a new jacket* 3. *some old records* 4. *a black cat* 5. *the poor (unfortunate) man* 6. *a thick (fat) dictionary* 7. *a former English teacher* 8. *another raincoat* 9. *a bad movie* 10. *a great president* 11. *a good restaurant* 12. *a beautiful dress*

F. Qui est-ce? Décrivez les personnes selon le modèle. Attention à la place des adjectifs.

MODÈLE: Clara: Italienne / énergique / petit ⟶
C'est une petite Italienne énergique.

1. Mme Lefèvre: Parisienne / joli / dynamique 2. Carmen: Espagnole / grand / sportif 3. M. Cartier: touriste / naïf / autre 4. Mlle Barrault: professeur / patient / nouveau 5. M. Smith: ami / vieux / anglais 6. M. Roland: homme / beau / idéaliste 7. Claudette: femme / jeune / fier 8. Yvette: chatte / gros / blanc

G. Des Parisiens. Décrivez les personnes: la femme, le garçon, l'homme, le jeune homme, l'agent de police, la vieille dame (*lady*), etc. Décrivez aussi les vêtements.

H. Personnes et choses idéales. Complétez les phrases avec des adjectifs.

1. Le fiancé/La fiancée idéal(e) est _____. 2. Le/La camarade de chambre idéal(e) est _____. 3. La maison idéale est _____. 4. La voiture idéale est _____. 5. Le professeur idéal est _____. 6. Le livre de français idéal est _____. 7. En classe, je suis _____.

Mise en pratique

ACTIVITÉS: Personnalités

A. Un couple original. M. et Mme Magnan préparent un voyage. Décrivez les vêtements qu'ils emportent (*take along*). Quels vêtements aimez-vous porter en voyage? Ressemblez-vous aux Magnan? (Je ressemble [ne ressemble pas] aux Magnan parce que...)

à rayures

à pois

à carreaux

à fleurs

B. Test de personnalité. Certains psychologues affirment que les couleurs préférées des gens sont un reflet de la personnalité. Avec un(e) camarade de classe, décidez quels traits sont représentés par les couleurs suivantes: *vert, gris, bleu, violet, rouge, marron, noir* et *orange*.

Maintenant, voici l'opinion des psychologues:

vert:	solide, calme	rouge:	passionné, actif
gris:	sage, harmonieux	marron:	conservateur, fataliste
bleu:	sérieux, sobre	noir:	élégant, discret
violet:	compliqué, mystérieux	orange:	sociable, influençable

Les psychologues ont-ils raison? Quelle couleur préférez-vous?

C. Enquête. Vous interrogez un(e) camarade de classe pour répondre aux questions suivantes. Employez le pronom *tu*.

1. Quel âge a-t-il/elle? 2. Où habite-t-il/elle? dans un appartement? dans une résidence universitaire? dans une maison? en famille? 3. Habite-t-il/elle près d'un cinéma? près d'une bibliothèque? près d'un restaurant? 4. A-t-il/elle un(e) camarade de chambre? 5. A-t-il/elle des plantes? Combien? 6. A-t-il/elle une radio? une chaîne stéréo? une télévision? 7. A-t-il/elle des disques récents ou de vieux disques? Qu'est-ce qu'il/elle aime mieux écouter? 8. Qu'est-ce qu'il/elle aime regarder à la télévision? 9. Quelles revues aime-t-il/elle? 10. A qui téléphone-t-il/elle souvent? Pourquoi? 11. A quoi joue-t-il/elle? aux cartes? au football? au golf? au volley-ball? 12. De quoi joue-t-il/elle? de la guitare? du piano? de la flûte? 13. A-t-il/elle de bons amis/de bonnes amies? Qui téléphone souvent? 14. Qu'est-ce qu'il/elle porte aujourd'hui? Qu'est-ce qu'il/elle préfère porter? 15. Quelle est la couleur qu'il/elle préfère?

Maintenant, rapportez au professeur ou à un autre membre de la classe les réponses de votre camarade aux questions précédentes. (« Charles a dix-neuf ans. Il habite à l'université dans une résidence universitaire, » etc.)

D. Jeu de société. Attachez au dos (*back*) d'un(e) étudiant(e) un papier avec le nom d'un individu célèbre, réel ou imaginaire: le Président, Superman, Marie Curie, Mickey Mouse, Brooke Shields, etc. L'étudiant(e) pose des questions aux autres pour deviner (*guess*) le nom de l'individu qu'il/elle représente.

MODÈLE: Est-ce que je suis vivant (*alive*)? mort (*dead*)? jeune? un animal? américain? grand? célèbre? intelligent? Est-ce que je porte une robe? (un complet? des jeans? un uniforme? un maillot de bain? etc.)

Mots à retenir

VERBES

commencer (nous commençons)[2]	*to start, begin*	porter	*to wear; to carry*

QUEL TEMPS FAIT-IL?

Il fait beau (mauvais).	*It is nice (bad) weather.*	Il fait du soleil (du vent).	*It is sunny (windy).*
Il fait chaud (frais, froid).	*It is warm, hot (cool, cold).*	Il neige. (neiger)	*It's snowing.*
		Il pleut. (pleuvoir)	*It's raining.*

NOMS

l'anniversaire (*m*)	*birthday; anniversary*	le drapeau	*flag*
l'automne (*m*)	*autumn, fall*	l'été (*m*)	*summer*
le chandail	*sweater*	l'hiver (*m*)	*winter*
le chapeau	*hat*	l'imperméable (*m*)	*raincoat*
les chaussures (*f pl*)	*shoes*	la jupe	*skirt*
la chemise	*shirt*	le maillot de bain	*bathing suit*
le chemisier	*blouse*	le manteau	*coat*
le complet	*(man's) suit*	le pantalon	*(pair of) pants, trousers*
la couleur	*color*		

---

[2]Verbs whose infinitives end in **-cer** have an irregular first-person plural form: **nous prononçons.** The letter ç (with a cedilla) is pronounced [s]. For complete conjugations of these verbs see Section E on page 434.

NOMS

le parapluie	*umbrella*	le short	*shorts*
le printemps	*spring*	la valise	*suitcase*
la robe	*dress*	la veste	*jacket*
le sac (à dos)	*purse; bag (backpack)*	le vêtement	*(article of) clothing*
la saison	*season*		

ADJECTIFS

ancien(ne)	*former; ancient; old; antique*	marron (*inv*)	*chestnut brown*
		mauvais(e)	*bad*
beau (bel, belle)	*handsome, beautiful*	noir(e)	*black*
blanc(he)	*white*	nouveau (nouvel, nouvelle)	*new*
bleu(e)	*blue*		
bon(ne)	*good*	orange (*inv*)	*orange*
grand(e)	*great; tall; big*	pauvre	*poor; unfortunate*
gris(e)	*gray*	petit(e)	*small, little, short*
gros(se)	*large; fat*	rose	*pink*
jaune	*yellow*	rouge	*red*
jeune	*young*	vert(e)	*green*
joli(e)	*pretty*	vieux (vieil, vieille)	*old*
long(ue)	*long*	violet(te)	*violet*

MOTS DIVERS

où	*where*	quand	*when*
pourquoi	*why*	qu'est-ce que (que)	*what*
près (de)	*near*	quoi	*what (object of preposition)*

Les Français chez eux

Une famille française déjeune dans la salle à manger.

Prélude: Vocabulaire

Trois Générations d'une famille

Les grands-parents:
le grand-père, la grand-mère

Edouard Deschamps *le mari*

Marie Deschamps *la femme*

Les parents:
le père, la mère

Isabelle Deschamps

Maurice Deschamps *le frère*

Simone Lagrange *la sœur*

Pierre Lagrange

Les enfants:
le fils, la fille
le petit-fils, la petite-fille
l'oncle, la tante
le neveu, la nièce

Marie-France Deschamps

Robert Deschamps *le cousin*

Dominique Lagrange *la cousine*

Philippe Lagrange

A. Masculin, féminin. Donnez le contraire.

MODÈLE: le frère ⟶ la sœur

1. le mari   2. l'oncle   3. le père   4. le fils   5. le grand-père   6. le cousin

B. La parenté (*Relationship*). Décrivez les membres de la famille Deschamps selon le diagramme. Suivez le modèle.

MODÈLE: Philippe Lagrange (frère) ⟶ Philippe Lagrange est le frère de Dominique.

1. Maurice Deschamps (mari, frère, fils, père, oncle)   2. Marie Deschamps (femme, grand-mère, mère)   3. Simone Lagrange (femme, sœur, fille, mère, tante)   4. Marie-France (sœur, cousine, fille, petite-fille, nièce)   5. Edouard (mari, père, grand-père)   6. Pierre (mari, père, oncle)   7. Robert (frère, petit-fils, fils, neveu)

C. Conversation. Posez les questions suivantes à d'autres membres de la classe.

1. Avez-vous des frères? des sœurs? Combien? Comment s'appellent-ils/elles? (Ils/Elles s'appellent....)   2. Avez-vous des grands-parents? Combien? Habitent-ils avec la famille? dans un appartement? dans une maison? Habitent-ils près ou loin (*far*) de la famille?   3. Avez-vous des cousins ou des cousines? Combien?   4. Combien d'enfants désirez-vous avoir? Combien d'enfants y a-t-il dans la famille idéale?

La Maison des Lagrange

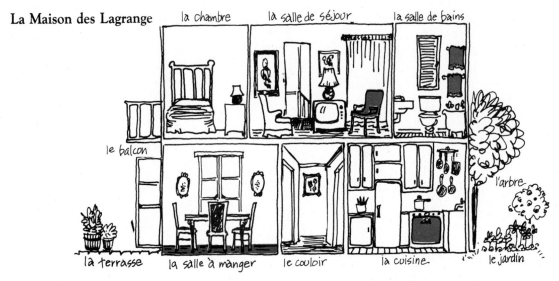

la chambre   la salle de séjour   la salle de bains

le balcon

l'arbre

la terrasse   la salle à manger   le couloir   la cuisine   le jardin

A LOUER - 6 pièces - cuisine - salle de bains

A. Les pièces de la maison. Trouvez les pièces selon les définitions suivantes.

   1. la pièce où il y a une table pour manger   2. la pièce où il y a un poste de
   télévision   3. la pièce où il y a un lavabo   4. la pièce où on prépare le dîner   5. un
   lieu de passage   6. la pièce où il y a un lit

B. Le plan de la maison. Décrivez la maison des Lagrange.

   MODÈLE: sous / salle de bains ⟶ La cuisine est sous la salle de bains.

   1. à côté de / salle de séjour   2. sous / salle de séjour   3. à côté de / salle à
   manger   4. sous / chambre   5. à côté de / maison

C. Conversation. Posez les questions suivantes à d'autres membres de la classe.

   1. Dans quelle pièce aimez-vous étudier?   2. Dans quelle pièce regardez-vous la
   télévision?   3. Dans quelle pièce aimez-vous dîner?   4. Avez-vous une terrasse? un
   balcon? un couloir?   5. Quelle est votre pièce préférée dans la maison? (Ma pièce
   préférée…)

D. Chez moi. Complétez le paragraphe suivant pour décrire votre maison et votre famille.

   La pièce que je préfère est _____ parce que _____. Je passe (spend) beaucoup de (a
   lot of) temps dans _____. Je suis très calme dans _____ parce que _____. Je
   travaille bien dans _____ et j'étudie dans _____ parce que _____. Je mange dans
   _____ et j'ai le téléphone dans _____. Ma famille passe beaucoup de temps dans
   _____ parce que _____.

Nombres ordinaux

Quel étage? (*Which floor?*)[1]

MODÈLE:  ⟶ C'est le troisième étage.

1.   2.   3.   4.   5.   6.

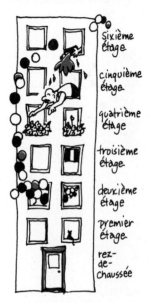

Ordinal numbers (in English, *first, second, third, fourth,* and so on) are based on cardinal numbers in French, with one exception: **premier (première)** (*first*). The ordinal numbers are: **le (la) premier (première), deuxième, troisième, quatrième, cinquième, sixième, septième, huitième, neuvième, dixième, onzième, douzième, treizième, quatorzième, quinzième, seizième, dix-septième, dix-huitième, dix-neuvième, vingtième, trentième, quatre-vingtième, centième.** The numbers **huitième** and **onzième** do not elide with their definite article: **le onzième étage.**

Arrondissements (*Districts*). La ville de Paris est divisée en vingt arrondissements. Dans quel arrondissement est-ce qu'on trouve les personnes et les choses suivantes? Suivez le modèle.

MODÈLE: le 13ᵉ: la maison de Jean-Marie ⟶
         La maison de Jean-Marie est dans le treizième arrondissement.

1. le 16ᵉ: l'appartement de Renée
2. le 6ᵉ: des cafés célèbres
3. le 14ᵉ: une cité universitaire
4. le 1ᵉʳ: Le Musée (*museum*) du Louvre
5. le 20ᵉ: les cousins de Didier
6. le 7ᵉ: la Tour Eiffel
7. le 17ᵉ: la grand-mère de Monique
8. le 5ᵉ: le Jardin des Plantes

---

[1]In French, building floors are counted beginning with the American second floor: **le premier étage.** The American ground floor is called **le rez-de-chaussée.**

Grammaire

20 Forms and uses of possessive adjectives

La maison, reflet d'une personnalité

Complétez les phrases.

1. La maison à l'air excentrique et riche s'appelle _____ .
2. La maison à l'air agréable s'appelle _____ .
3. La maison à l'air désordonné s'appelle _____ .

a. Mes problèmes
b. Ma folie
c. Mon plaisir

One way to indicate possession in French is to use the preposition **de: la maison de Claudine.** Another way to show possession is to use possessive adjectives. In English, possessive adjectives correspond to the possessor: *my, his, her,* and so on. In French, possessive adjectives correspond to the possessor and also agree in number and gender with the noun modified.

	Singular		Plural
English possessive	*Masculine noun*	*Feminine noun*	*Masculine or feminine noun*
my	**mon** père	**ma** mère	**mes** parents
your (**tu**)	**ton** père	**ta** mère	**tes** parents
his, her	**son** père	**sa** mère	**ses** parents
our	**notre** père	**notre** mère	**nos** parents
your (**vous**)	**votre** père	**votre** mère	**vos** parents
their	**leur** père	**leur** mère	**leurs** parents

Mon frère et **ma sœur** aiment le sport.

My brother and my sister like sports.

Voilà **notre maison.**

There's our house.

Habitez-vous avec **votre sœur** et **vos parents?**

Do you live with your sister and your parents?

The home, reflection of one's personality
My extravagance   My pleasure   My problems

Ils skient avec **leurs cousins** et **leur oncle.**

They're skiing with their cousins and their uncle.

Mon, ton, and **son** are also used before singular feminine nouns that begin with a vowel or mute **h:**

affiche (*f*) $\longrightarrow$ **mon affiche**
amie (*f*) $\longrightarrow$ **ton amie**
histoire (*f*) $\longrightarrow$ **son histoire**

Pay particular attention to the agreement of third-person singular possessive adjectives. While English has two possessives, corresponding to the sex of the possessor (*his, her*), French has three, corresponding to the gender and number of the noun possessed (**sa, son, ses**).

Il ⎱
Elle ⎰ aime **sa** maison.

He likes his house.
She likes her house.

Il ⎱
Elle ⎰ aime **son** chien.

He likes his dog.
She likes her dog.

Il ⎱
Elle ⎰ aime **ses** livres.

He likes his books.
She likes her books.

A votre tour

A. Transformation. Substituez les mots entre parenthèses.

1. De qui parlez-vous? $\longrightarrow$ Je parle de mon *cousin.* (sœurs, grand-mère, professeur, amis)
2. Qu'est-ce que Vincent regarde? $\longrightarrow$ Il regarde ta *revue.* (affiches, chat, disques, guitare)
3. Avec qui parle Claire? $\longrightarrow$ Elle parle avec votre *père.* (parents, oncle, cousins, grand-mère)
4. Avec qui habitent-ils? $\longrightarrow$ Ils habitent avec leurs *parents.* (frère, amis, mère, grands-parents)

B. Jacques change de maison. Avec un(e) camarade de classe, jouez les rôles de Jacques et de son ami(e). Suivez le modèle.

MODÈLE: poste de télévision / chaises $\longrightarrow$
  Jacques: Préfères-tu emporter (*to carry*) mon poste de télévision ou mes chaises?
  L'ami(e): Je préfère emporter tes chaises.

1. bureau / lampe 2. livres / étagère / 3. miroir / affiches
4. piano / commode 5. table / lit 6. dictionnaire / revues

C. Dimanche en famille. L'oncle Charles fait sa première visite chez les Lagrange. Répondez à l'oncle Charles selon le modèle.

MODÈLE: Est-ce la maison de Georges? ⟶ Oui, c'est sa maison.

1. Est-ce la chambre de Pierre? 2. Est-ce la chambre d'Yvonne? 3. Est-ce le frère de Pauline? 4. Est-ce le frère de Claude? 5. Est-ce que ce sont les oncles de Jean? 6. Est-ce que ce sont les oncles d'Annick? 7. Est-ce que ce sont les meubles d'Yvette? 8. Est-ce que ce sont les meubles de Jean-Pierre? 9. Est-ce que c'est le cousin de Marie-France? 10. Est-ce que c'est la cousine de Frédéric?

D. Casse-tête (*puzzle*) familial. Voici des questions sur Marie-France et sa famille. Trouvez la personne selon le modèle.

MODÈLE: Qui est le fils de son oncle? ⟶ C'est son cousin.

1. Qui est la mère de son père?
2. Qui est la fille de sa tante?
3. Qui est la femme de son oncle?
4. Qui est le père de son père?
5. Qui est le frère de sa mère?
6. Qui est la sœur de sa mère?

E. A qui est…? En français, s'il vous plaît.

1. *my parents*   2. *his house*   3. *your garden* (**tu**)   4. *their living room*   5. *our family*   6. *our cousins*   7. *his friends*   8. *her friends*   9. *your balcony* (**vous**)   10. *my bookcase*

Son premier anniversaire: Quel âge a la petite fille? Qui offre le cadeau?

21 *The verb* aller; aller + *infinitive*

Chez Gérard

LE CONDUCTEUR: Je *vais* à Grenoble. Comment arrive-t-on sur l'autoroute, s'il vous plaît?

GÉRARD: Vous *allez* vers la cuisine, vous *allez passer* par le couloir, vous *allez tourner* à gauche dans la salle de séjour et ensuite *vous allez* tout droit....

1. Où est la voiture? sur l'autoroute? dans la maison?
2. Où est le conducteur?
3. Où va le conducteur?
4. Est-ce que c'est un bon conducteur?
5. Est-ce que Gérard est calme?
6. La situation est-elle tragique? comique? impossible?

A. Forms of *aller*

The verb **aller** (*to go*) is irregular in form.

Present tense of **aller** *(to go)*

je **vais**	nous **allons**
tu **vas**	vous **allez**
il, elle, on **va**	ils, elles **vont**

Allez-vous chez votre famille à Grenoble?	*Are you going to your family('s home) in Grenoble?*
Comment **va-t-on** à Grenoble?	*How do you go to (get to) Grenoble?*

You have already used **aller** in several expressions:

Comment **allez-vous?**	*How are you?*

At Gérard's place

DRIVER: I'm going to Grenoble. How does one get to the expressway, please? GÉRARD: You go to the kitchen, you go through the hallway, you turn left in the living room, and then you go straight ahead. . . .

Salut, ça **va?**	*Hi, how's it going?*
Ça **va** bien.	*Fine. Things are going fine.*
Où **va-t-on?**	*Where do we go? Where are we going?* *(Where does one go?)*

B. *Aller* + infinitive: near future (*le futur proche*)

In French, **aller** + an infinitive is used to express a future event, usually something that is going to happen soon, in the near future. English also uses *to go* + an infinitive to express such actions or events.

Nous **allons téléphoner** à mon oncle.	*We're going to call my uncle.*
Il **va louer** un nouvel appartement.	*He's going to rent a new apartment.*

To form a question with **aller** + an infinitive, treat the verb **aller** as the main verb in the sentence. The form of the infinitive does not change.

Statement

Il **va louer** un nouvel appartement.

Questions

Va-t-il louer un nouvel appartement?
Il **va louer** un nouvel appartement, n'est-ce pas?
Est-ce qu'il **va louer** un nouvel appartement?
Où **va-t-il louer** un nouvel appartement?
Quand **va-t-il louer** un nouvel appartement?

In the negative, **ne** precedes the conjugated form of **aller** and **pas** follows it, preceding the infinitive. The form of the infinitive does not change.

Tu **vas téléphoner** à ton oncle.	$\longrightarrow$	Tu **ne vas pas** téléphoner à ton oncle.
Est-ce qu'il **va habiter** en France?	$\longrightarrow$	Est-ce qu'il **ne va pas** habiter en France?

A votre tour

A. Comment allez-vous? Répondez selon le modèle.

MODÈLE: Comment va ta mère? $\longrightarrow$ Ma mère va bien, merci.

1. Comment vas-tu?   2. Comment vont tes deux frères?   3. Comment va ton mari? 4. Comment vont tes fils?   5. Comment va votre fille?   6. Comment allez-vous, M. et Mme Dupont?

B. Où va-t-on? La solution est simple! Suivez le modèle.

MODÈLE: J'ai envie de regarder un film. ⟶ Je vais au cinéma.

à l'hôpital / dans la salle de séjour / à la bibliothèque / dans la cuisine / aux courts de tennis / à Paris / au café / dans la salle à manger / dans la chambre

1. Nous avons faim.
2. Il a envie de parler français.
3. Elles ont besoin d'étudier.
4. J'ai soif.
5. Tu as sommeil.
6. Vous avez envie de regarder la télévision.
7. Nous allons mal (*We don't feel well*).
8. Elle a envie de jouer au tennis.

C. Des projets pour demain (*tomorrow*). Suivez le modèle.

MODÈLE: M. Mercier / chercher / appartement ⟶
M. Mercier va chercher un appartement.

1. je / finir / travail
2. nous / écouter / disques de jazz
3. vous / jouer / guitare
4. Frédéric / trouver / livre de français
5. je / choisir / film préféré
6. Colette / regarder / revue

D. Transformation. Mettez les phrases précédentes à la forme interrogative. Ensuite mettez-les à la forme négative.

MODÈLE: M. Mercier va chercher un appartement. ⟶
M. Mercier va-t-il chercher un appartement? (Est-ce que M. Mercier va chercher un appartement?) ⟶
M. Mercier ne va pas chercher d'appartement.

E. Questions et réponses. En français, s'il vous plaît.

1. *How are you (**tu**)?* 2. *I'm fine, thanks.* 3. *How are the classes going?*
4. *They're going well, thanks.* 5. *Where are you (**vous**) going in August?* 6. *We're going to Nice.* 7. *François is going to love our new car!*

F. Quels sont vos projets pour le week-end? Interviewez un(e) camarade de classe.

MODÈLE: aller au cinéma ⟶
Vous: Vas-tu aller au cinéma?
Un(e) ami(e): Oui, je vais aller au cinéma. (Non, je ne vais pas aller au cinéma.)

1. rester à la maison 2. écouter la radio 3. écouter des disques 4. préparer un dîner 5. préparer les leçons 6. regarder un film 7. travailler à la bibliothèque 8. aller dans un restaurant extraordinaire 9. visiter un monument 10. visiter un parc 11. visiter une grande ville 12. étudier le français 13. finir un livre intéressant 14. travailler dans le jardin 15. regarder la télévision

22   *The verb* **faire;** *expressions with* **faire**

L'histoire de Cendrillon

LA BELLE-MÈRE: Cendrillon, d'abord tu *fais la vaisselle* et le *ménage,* ensuite tu *fais les courses* et *la cuisine.* Je vais *faire une promenade* avec tes sœurs.

CENDRILLON (qui réfléchit): Mais non! Ce n'est pas ça, mon histoire! D'abord, je *fais un* beau *voyage* et je *fais la connaissance* d'un jeune prince riche et intelligent, nous dansons toute la soirée et puis nous *faisons une* longue *promenade.* Et mes belles-sœurs et ma belle-mère *font le ménage* et *la cuisine....*

Complétez les phrases selon le dialogue.

1. La belle-mère commande à Cendrillon de _____ .
2. Cendrillon n'aime pas _____ .
3. Cendrillon désire _____ .
4. Les sœurs de Cendrillon vont _____ .
5. Le prince et Cendrillon vont _____ .

faire un voyage
faire une promenade
faire la vaisselle
faire la cuisine
faire le ménage
faire les courses

A. Forms of *faire*

The verb **faire** (*to do, to make*) is irregular in form.

Present tense of **faire** (*to make, to do*)

je	**fais**	nous	**faisons**
tu	**fais**	vous	**faites**
il, elle, on	**fait**	ils, elles	**font**

Cinderella's story

STEPMOTHER: Cinderella, first you (will) do the dishes and the housework, then you (will) do the shopping and the cooking. I'm going to take a walk with your sisters. CINDERELLA (who is thinking): No! That's not my story! First I take a nice trip and meet a rich and intelligent young prince, we dance all evening, and then we take a long walk. And my stepsisters and my stepmother do the housework and the cooking . . . .

Note the difference in the pronunciation of **fais/fait** [fɛ], **faites** [fɛt], and **faisons** [fəsɔ̃].

Je fais mon lit.	*I make the (my) bed.*
Nous faisons le café.	*We're making coffee.*

B. Expressions with *faire*

Some common expressions with **faire** include:

faire la connaissance (de)	*to meet (for the first time); to make the acquaintance (of)*
faire les courses	*to do errands*
faire la cuisine	*to cook*
faire les devoirs	*to do homework*
faire le marché	*to do the shopping; to go to the market*
faire le ménage	*to do the housework*
faire une promenade	*to take a walk*
faire la vaisselle	*to do the dishes*
faire un voyage	*to take a trip*

Le matin **je fais le marché**, l'après-midi **je fais une promenade** et le soir **je fais la cuisine.**	*In the morning I go to the market, in the afternoon I take a walk, and in the evening I cook.*

A votre tour

A. Faisons connaissance! Suivez le modèle.

MODÈLE: je / le professeur d'italien ⟶
Je fais la connaissance du professeur d'italien.

1. tu / la sœur de Louise 2. Thomas / un camarade de classe
3. nous / un cousin 4. Annick / une étudiante sympathique 5. les Levêque / les parents de Simone 6. je / la femme du professeur
7. vous / la jeune nièce de M. de La Tour 8. les enfants / un jeune garçon de dix ans

B. La solution est simple. Créez des phrases avec *je fais*.

MODÈLE: J'ai envie de visiter la France. Alors.... ⟶ Alors je fais un voyage.

1. J'ai faim. Alors.... 2. J'ai besoin d'exercice. Alors.... 3. J'ai envie d'avoir une chambre en ordre. Alors.... 4. J'ai besoin de café et de fruit. Alors....
5. J'ai besoin d'aller à la banque et au marché. Alors.... 6. J'ai besoin d'étudier. Alors....

C. Qu'est-ce qu'ils font? Faites des phrases complètes. Utilisez des expressions avec *faire.*

1.

M. Dupont....

2.

M. Henri... de Mlle Gervais.

3.

Ma grand-mère....

4.

M. Duval....

5.

Ma sœur....

D. Conversation. Chez vous...?

1. Qui fait le ménage?   2. Qui fait les courses?   3. Qui fait la cuisine?   4. Qui fait la vaisselle?   5. Qui fait le marché?   6. Que faites-vous?

E. Vive le week-end! Qu'est-ce que vous faites le week-end? Qu'est-ce que vous aimez faire? Qu'est-ce que vous êtes obligé(e) de faire? Complétez les phrases suivantes.

1. J'aime/Je n'aime pas _____.   2. J'ai envie de/Je n'ai pas envie de _____.
3. Je préfère _____.

Voici quelques suggestions.

Le travail: faire le ménage, faire les lits, faire les courses, faire la cuisine, faire la vaisselle....

Les distractions: jouer au Frisbee dans le jardin, jouer aux cartes au café, aller au cinéma, aller à un concert....

Mise en pratique

DIALOGUE: Un Dimanche en famille

Sophie, une étudiante de province,° va faire sa première visite chez la famille parisienne de son ami Claude. Elle sonne° à la porte de l'appartement.

the provinces (any French region outside metropolitan Paris)
rings

CLAUDE: Bonjour, Sophie! Entre donc.° Je vais appeler mes parents. (*Les parents de Claude arrivent dans la salle de séjour.*) Papa et Maman, je vous présente Sophie. Sophie, voici mes parents, M. et Mme Lebrun.

Come in.

SOPHIE: Bonjour, Monsieur. Bonjour, Madame. Je suis ravie° de faire votre connaissance. Voici un tout petit cadeau... pour la maison.

delighted

MME LEBRUN: Mais Sophie, c'est très gentil! Merci beaucoup. Asseyez-vous° donc. Faites comme chez vous.°

Sit down. / Faites... Make yourself at home.

CLAUDE: Nous sommes vraiment en famille aujourd'hui. Mon oncle, ma tante et leurs enfants vont bientôt arriver pour déjeuner.

M. LEBRUN: Excusez-nous. Claude, ta mère va faire les dernières° courses pour le déjeuner. Et moi, je vais faire la cuisine.

last

SOPHIE: Mais... j'aimerais vous aider°!

j'aimerais... I'd love to help you!

M. LEBRUN: Non, non, restez ici! Vous et Claude vous allez faire la vaisselle après le déjeuner. (*M. Lebrun quitte la pièce.*)

CLAUDE: Tu as l'air perplexe, Sophie. Nous sommes en effet° une famille assez° originale. Ma mère travaille dans l'administration de la ville. Elle est rarement à la maison pendant° la semaine. Mon père, par contre,° mène ses affaires° ici, dans notre appartement. Il est très souvent à la maison avant nous, et il adore faire la cuisine! Et son fils...

en... indeed, really / somewhat
during
par... on the other hand / mène... has his business

SOPHIE: Est-ce que tu fais aussi des travaux ménagers°?

travaux... household tasks

CLAUDE: Je fais mes études, mais j'habite encore à la maison. Dans ma vie personnelle, je suis indépendant. Pourtant,° j'essaie° de faire le ménage et la vaisselle tous les jours. C'est ainsi que° nous partageons° le travail, mes parents et moi.°

however / try
C'est... That's how / share
myself

SOPHIE: Vous partagez tous les trois les travaux ménagers? C'est difficile à comprendre.° Chez nous, à Bourg-en-Bresse, la famille est

understand

Dans sa cuisine, une mère de famille prépare des crêpes. Aimez-vous aussi faire la cuisine?

beaucoup plus traditionnelle. Le mari et les fils de la famille font un peu de bricolage,° mais le travail des hommes n'est pas en général dans la maison. Si mon père ou mon frère entrait dans° la cuisine de ma mère...

do-it-yourself

entrait... entered

CLAUDE: Mon amie, tu vas bientôt apprécier les grands avantages du système de la famille Lebrun! Le déjeuner est servi.

A. **Chez les Lebrun.** Complétez les phrases suivantes par les formes des verbes *aller* et *faire* ou par les pronoms possessifs logiques.

1. Sophie _____ passer le dimanche chez Claude et _____ famille.
2. Je _____ appeler _____ parents.
3. _____ oncle, _____ tante et _____ enfants _____ bientôt arriver.
4. _____ mère _____ faire les courses. Ensuite, je _____ _____ la cuisine.
5. Vous et Claude vous _____ la vaisselle après le déjeuner.
6. Est-ce que tu _____ aussi des travaux ménagers?
7. Je _____ _____ études. Pourtant, je _____ le ménage et la vaisselle tous les jours.
8. Les maris et les fils, ils _____ un peu de bricolage, mais _____ travail est hors de (*outside*) la maison.
9. _____ amie, tu _____ bientôt apprécier les grands avantages de _____ système.

B. Une visite. Répondez aux questions suivantes selon le dialogue.

1. Qu'est-ce que Sophie va faire aujourd'hui?
2. A qui est-ce que Claude présente Sophie?
3. Qu'est-ce que Sophie donne à Mme Lebrun?
4. Qui va bientôt arriver pour déjeuner?
5. Qui va faire les courses? Qui va préparer le déjeuner? Qui va faire la vaisselle?
6. Pourquoi Sophie a-t-elle l'air perplexe?
7. Que font Charles et ses parents dans la vie?
8. Quelle est la différence entre la famille de Claude et la famille de Sophie?
9. A votre avis, pourquoi Claude habite-t-il encore chez ses parents? Discutez les raisons possibles.
10. Votre famille est-elle « originale » ou « traditionnelle »? Pourquoi?

C. La maison et la famille idéales. Vous discutez avec un(e) ami(e) de votre habitation et de la famille idéales. Voici quelques questions comme guide.

1. Préférez-vous un château? un appartement? une maison?
2. Son style va-t-il être moderne? ancien? excentrique? personnel?
3. Quelles pièces allez-vous avoir au rez-de-chaussée? au premier étage?
4. Combien de chambres la maison va-t-elle avoir? Combien de salles de bains?
5. De quelles couleurs vont être les chambres?
6. La maison va-t-elle avoir un jardin? un balcon? une terrasse? une piscine (*swimming pool*)?
7. Qui va habiter la maison? Combien de générations vont habiter ensemble (*together*)? Allez-vous partager la maison avec des amis ou avec des parents?
8. Qui va faire les travaux ménagers? Quels travaux vont être nécessaires? (Nous allons avoir besoin de...) Comment allez-vous partager le travail? Quelles activités allez-vous faire ensemble? Qu'est-ce que vous allez faire seul(e)s (*alone*)?
9. Faites la description d'une famille heureuse (*happy*).

Mots à retenir

VERBES

aller	*to go*	faire	*to make; to do*
aller + *inf*	*to be going to (do something)*	partager	*to share*
		passer (par)	*to pass; to spend (time)*
appeler[2]	*to call*		
espérer	*to hope*	rester	*to stay, remain*
essayer[2] (de)	*to try (to)*		

[2]Verbs like **appeler** and verbs like **essayer** have spelling irregularities in all forms of the present tense except the first- and second-persons plural (**nous, vous**): **j'appelle, elles appellent; j'essaie, ils essaient.** For conjugation charts of these two groups of verbs, see Section E on page 434: Verbs with Spelling Changes.

EXPRESSIONS AVEC *FAIRE*

faire la connaissance (de)	*to meet, make the acquaintance of*	faire le ménage	*to do the housework*
		faire la vaisselle	*to do the dishes*
faire les courses	*to do errands*	faire une promenade	*to take a walk, go on an excursion*
faire la cuisine	*to cook*		
faire les devoirs	*to do one's homework*	faire un voyage	*to take a trip*
faire le marché	*to shop, to market*		

NOMS

l'arbre (*m*)	*tree*	le mari	*husband*
le cadeau	*gift, present*	la mère	*mother*
le couloir	*hallway*	le neveu	*nephew*
le cousin (la cousine)	*cousin*	la nièce	*niece*
la cuisine	*kitchen; cooking*	l'oncle (*m*)	*uncle*
le déjeuner	*lunch*	les parents (*m pl*)	*parents; relatives*
l'enfant (*m* or *f*)	*child*	le père	*father*
l'étage (*m*)	*floor (of building)*	la petite-fille	*granddaughter*
la femme	*wife*	le petit-fils	*grandson*
la fille	*daughter*	la pièce	*room; coin (money)*
le fils	*son*	le rez-de-chaussée	*ground floor*
le frère	*brother*	la salle à manger	*dining room*
la grand-mère	*grandmother*	la salle de bains	*bathroom*
le grand-père	*grandfather*	la salle de séjour	*living room*
les grands-parents (*m pl*)	*grandparents*	la sœur	*sister*
le jardin	*garden*	la tante	*aunt*

MOTS DIVERS

alors	*so, well, then*	ensemble	*together*
après	*after*	ensuite	*then, next*
avant	*before*	loin (de)	*far (from)*
bientôt	*soon*	pourtant	*however*
d'abord	*first (of all)*	seul(e)	*alone*
demain	*tomorrow*		

Les Repas quotidiens

Les Français adorent pique-niquer! Qui déjeune ici?
Que mangent-ils? Quels autres objets y a-t-il?

10

Les Délices de la table

Une Parisienne choisit ses provisions quotidiennes chez le marchand des fruits et légumes. Dans presque tous les quartiers de Paris—même le dimanche—il y a des marchés en plein air.

Les Repas quotidiens

Les Français adorent pique-niquer! Qui déjeune ici?
Que mangent-ils? Quels autres objets y a-t-il?

Les Repas de la journée

Le matin:
le petit déjeuner

Midi:
le déjeuner

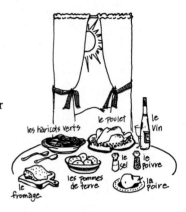

L'après-midi:
le goûter
(pour les enfants)

Le soir:
le dîner

A. Catégories. Trouvez d'autres éléments dans chaque catégorie.

MODÈLE: La mousse au chocolat est *un dessert.* ⟶
Le gâteau, la tarte aux pommes et les fraises sont aussi des desserts.

1. La bière est *une boisson.*
2. La pomme de terre est *un légume.*
3. Le porc est *une viande.*
4. La banane est *un fruit.*
5. Le gâteau est *un aliment (food) sucré* (avec du sucre).
6. L'omelette est *un aliment salé* (avec du sel).

B. Plats (*Dishes*). Faites une liste des ingrédients nécessaires à chaque plat.

MODÈLE: une mousse au chocolat ⟶ le chocolat, le sucre, les œufs

1. une soupe   2. un café au lait   3. une omelette   4. une salade de fruits   5. un sandwich   6. une salade verte

C. Trouvez l'intrus. Quel mot ne va pas avec les autres?

1. café / fraise / bière / thé / lait
2. haricots verts / laitue / carotte / œuf / pomme de terre
3. bifteck / porc / pain / jambon / poulet
4. sel / gâteau / poivre / sucre / beurre
5. vin / banane / pomme / orange / melon

D. Préférences. Préférez-vous...? (Je préfère...)

1. le café ou le thé? 2. la bière ou le vin? 3. le vin rouge ou le vin blanc? 4. le porc, le bœuf, le veau (*veal*), ou le poulet? 5. la viande ou le poisson (*fish*)? 6. les aliments sucrés ou les aliments salées? 7. le gâteau ou les fruits? 8. la glace (*ice cream*) ou la mousse au chocolat?

E. Conversation. Donnez une réaction personnelle.

1. Aimez-vous la bonne cuisine? Êtes-vous gourmet ou gourmand(e) (*glutton*)? Faites-vous un régime (*diet*)?
2. Le matin, quelle boisson préférez-vous? Aimez-vous le café noir? le café crème? le café au lait?
3. A midi, préférez-vous la viande? le poisson? Êtes-vous végétarien(ne)? Aimez-vous les pique-niques?
4. Quel est votre repas préféré? votre légume préféré? votre viande préférée? votre plat américain préféré? votre plat français préféré? votre fruit préféré? votre dessert préféré? votre boisson préférée?

A table

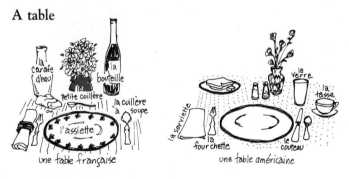

une table française   une table américaine

A. L'objet nécessaire. Suivez le modèle.

MODÈLE: le café ⟶ J'utilise une tasse pour le café.

1. le vin   2. la viande   3. la soupe   4. la salade   5. le thé   6. la glace

B. Les repas de la journée. Quels objets placez-vous sur la table au petit déjeuner? au déjeuner? au goûter? au dîner?

23 | *The partitive:* de + *definite article*

A votre santé!

Voici *l'eau*
minérale Perrier.

Voici *des eaux*
minérales: *une eau*
minérale française et
une eau minérale
américaine.

Voici *de l'eau* minérale.

1. Aimez-vous l'eau minérale?
2. Est-ce qu'il y a des eaux minérales célèbres en France? Est-ce qu'il y a une eau minérale célèbre aux États-Unis?
3. Est-ce que vous avez de l'eau minérale à la maison? Si oui, est-ce une eau minérale américaine ou française?

A. Uses of the definite, indefinite, and partitive articles

The definite article (**le, la, les**) is used to point out a specific person or object. It can also refer to a general class.

> Voici l'eau minérale Perrier.
> J'aime l'eau minérale.

To your health!
Here is (the) Perrier mineral water. Here are some mineral waters: a French mineral water and an American mineral water. Here is (some) mineral water.

The indefinite article (**un, une, des**) refers to someone or something that is not specific. The plural indefinite article **des** is used to refer to an indefinite number of distinct, countable nouns.

> Voici **une** eau minérale française.
> Voici **des** eaux minérales.
> Voici **des** étudiants intelligents.

In French, there is also a third article, the partitive, which is used to refer to a part of a measurable or divisible quantity:

> Voici **de l'**eau minérale.

The singular partitive article must be used when a noun is thought of as a mass rather than as a countable entity.

Il prépare **de la** viande.	*He is preparing (some) meat.*
Avez-vous **du** lait?	*Do you have (any) milk?*

Note that in English the concept of the partitive is usually expressed by the words *some* or *any* or, most frequently, by the absence of an article. In French, the partitive must be used when referring to a part of a whole, even if the whole is an infinitely large imaginary quantity.

Je désire **du** café.	*I want (some) coffee.*

B. Forms of the partitive

The partitive is a combination of the preposition **de** and the definite article (**le, la, l'**). The form of the partitive must correspond in gender to the noun that it precedes. Remember that **de** contracts with **le** to form **du**.

Commandez-vous { **du** jambon? / **de la** glace? / **de l'**eau? } — Are you ordering { *(some/any) ham?* / *(some/any) ice cream?* / *(some/any) water?* }

Remember that **des** is used to refer to an indefinite number of countable objects.

Commandez-vous { **des** carottes? / **des** cafés? } — Are you ordering { *(some/any) carrots?* / *coffees (some cups of coffee)?* }

C. The partitive in negative sentences and with expressions of quantity

In negative sentences, all partitive articles become **de (d').**

J'ai **du** vin.	⟶ Je n'ai **pas de** vin.
Tu as **de l'**eau.	⟶ Tu n'as **pas d'**eau.
Vous mangez **des** carottes.	⟶ Vous ne mangez pas **de** carottes.

Partitive articles also become **de (d')** after expressions of quantity.

Tant de vin![1]

Elle commande **du vin.**	**Combien de vin** commande-t-elle?	Elle commande **un peu de vin.**	Elle commande **beaucoup de vin.**	Elle commande **un verre de vin.**

Elle commande **plus de vin.**	Elle a **moins de** vin que son ami.	Elle a **assez de vin.**	Elle a **trop de vin.**	**Il n'y a plus de vin** dans la bouteille.

The expression **ne... plus** (*no more, not any more*) surrounds the conjugated verb, like **ne... pas.**

Je suis désolé, mais nous **n'**avons **plus de** vin.	*I'm sorry, but we have no more wine.*

D. The partitive versus the definite article

Verbs that convey preferences—**aimer, aimer mieux, détester,** and so on—often take the definite article because they express the like or dislike of all of something in general: all kinds of cheeses, for example.

---

[1]So much wine! some wine / how much wine / a little wine / a lot of wine / a glass of wine / more wine / less wine / enough wine / too much wine / there is no more wine

J'aime **le** fromage.

Je n'aime pas **les** petits pois.

Verbs like **manger, commander,** and **acheter** often take the partitive because you eat, order, or buy only a portion of something: not all cheese or kinds of cheese, just some cheese.

Je mange **du** fromage.

Je mange **des** petits pois.[2]

Nouns that refer to abstractions like courage or patience can be used either in a general sense, with the definite article, or as abstract quantities that a person may possess in some measure, with the partitive.

La patience et **le courage** sont des vertus nécessaires.	*Patience and courage are necessary virtues.*
Sylvain, tu as **du courage!**	*Sylvain, you have courage!*
Adèle a **de la patience.**	*Adele has patience.*

À votre tour

A. À table! Qu'est-ce qu'on mange? Suivez le modèle.

MODÈLE: le veau ⟶ On mange du veau.

1. la salade   2. les pommes de terre   3. le poisson   4. la viande   5. le pain
6. les fruits   7. le melon   8. les œufs   9. la soupe   10. l'omelette   11. la tarte
aux pommes   12. les sandwichs

---

[2]In Chapter 7 you learned that **de** (not **des**) is usually used before a plural adjective which precedes the noun (**J'achète de beaux fruits**). The expression **des petits pois** is an exception. Here, the adjective is seen as part of the noun.

Le jeune homme prépare du café au lait, la boisson préférée des Français au petit déjeuner. Qui attend la deuxième tasse?

B. Au marché. Vous faites le marché. Qu'est-ce que vous achetez?

MODÈLE: pain ⟶ On achète du pain.

1. thé   2. bière   3. sucre   4. eau minérale   5. fromage   6. fraises   7. œufs
8. sel   9. légumes   10. laitue   11. beurre   12. chocolat

C. Conversation à table. Suivez le modèle et posez les questions à un(e) autre étudiant(e).

MODÈLE: la salade (beaucoup) ⟶
        Vous: Philippe (Anne), as-tu de la salade?
    Un(e) ami(e): Oui, j'ai beaucoup de salade.

1. les carottes (assez)   2. la glace (trop)   3. la bière (un verre)   4. le poisson
(un peu)   5. les tomates (beaucoup)   6. le café noir (une tasse)   7. le melon
(trop)   8. les fraises (assez)   9. la mousse au chocolat (un peu)   10. les
croissants (beaucoup)   11. l'eau (une bouteille)   12. problèmes (tant)

D. Au restaurant. Faites des phrases complètes pour décrire la scène. Utilisez l'article partitif.

1. Thibaut / demander / poulet 2. nous / demander / lait 3. vous / commander / bière 4. Jean-Pierre et Anne / manger / tarte aux pommes 5. je / avoir / gâteau / avec / glace 6. le serveur / avoir / patience / avec nous

E. Désolé. Au restaurant vous commandez le dîner. Le serveur (La serveuse) n'a plus de vos plats et boissons préférés. Jouez les rôles avec un(e) camarade.

MODÈLE: *Vous:* Du poulet, s'il vous plaît.
            Un(e) ami(e): Je suis désolé(e), mais il n'y a plus de poulet.

1. jambon 2. salade de tomates 3. bière 4. vin rouge 5. omelette aux pommes de terre 6. veau 7. haricots verts 8. fromage 9. poires 10. tarte aux fraises 11. fruits 12. thé au lait

F. Un pique-nique réussi. Complétez avec l'article défini, indéfini ou partitif.

Aujourd'hui, nous allons pique-niquer. Mme Belleval prépare _____ repas froid avec _____ poulet, _____ haricots verts, _____ melon et _____ salade. Pour _____ dessert, il y a _____ fromage et _____ tarte aux fraises. M. Belleval choisit _____ vin: c'est _____ bon petit vin blanc du pays (*local*). La famille Belleval arrive à la rivière (*stream*). Les enfants préparent _____ table, on mange, on parle, _____ poulet est excellent, _____ melon est parfait. Quelle belle journée! Au dessert, on mange _____ tarte avec une tasse _____ café. Les enfants préfèrent _____ jus de fruits et ils adorent _____ tarte. Tout le monde mange bien, et même mange un peu trop… alors, après _____ repas, il reste une chose à faire: la sieste (*a nap*)!

G. Conversation et interview. Posez les questions suivantes à d'autres membres de la classe.

1. Est-ce que vous mangez beaucoup de viande? de poisson? de légumes? de fruits?
2. Qu'est-ce que vous aimez manger? Qu'est-ce que vous détestez manger?
3. Qu'est-ce que vous aimez manger au petit déjeuner? au déjeuner? au dîner?

Maintenant, choisissez des étudiants pour jouer les rôles de Mickey Mouse, Elizabeth Taylor, Superman, le Président des États-Unis, le comte Dracula, etc. Posez les mêmes questions aux personnages célèbres ou imaginaires. Le « personnage » va inventer des réponses logiques ou illogiques.

H. Et vous? Inventez des fins de phrase selon le modèle.

MODÈLE: J'ai trop _____. ⟶ J'ai trop d'examens!

1. J'aime commander _____. 2. J'adore _____. 3. J'ai trop _____.
4. J'ai envie d'un grand verre _____. 5. J'ai envie d'acheter _____. 6. Je déteste _____. 7. Les étudiants n'ont pas assez _____. 8. Aux États-Unis, on a beaucoup _____. 9. A l'université, il n'y a pas assez _____. 10. Dans la vie, il y a trop _____. 11. J'ai besoin de manger plus _____. 12. J'ai besoin de manger moins _____.

24 *Present tense of* -re *verbs*

Gourmandise

MME BRUNEAU: Vous *entendez*, les jeunes, il y a encore du poulet et des haricots verts.

MONIQUE: Euh, non merci. Je n'ai plus faim....

MME BRUNEAU: Tu *perds* vite ton appétit, Monique.

JEAN-MARIE: Ce n'est pas ça... nous *attendons* la tarte aux pommes!

Répétez le dialogue et substituez les expressions nouvelles aux expressions suivantes.

1. du poulet et des haricots verts ⟶ du thé et du café
2. faim ⟶ soif
3. ton appétit ⟶ ta soif
4. la tarte aux pommes ⟶ le champagne

A third group of French verbs have infinitives that end in **-re,** like **vendre.**

Present tense of **vendre** (*to sell*)

je vend**s**	nous vend**ons**
tu vend**s**	vous vend**ez**
il, elle, on vend	ils, elles vend**ent**

Other verbs conjugated like **vendre** include:

attendre	*to wait (for)*
descendre (de)	*to go down; to get down (from); to get off*
entendre	*to hear*
perdre	*to lose; to waste*
rendre	*to give back; to return*

A treat
MME BRUNEAU: Do you hear me, children? There's still some chicken and green beans left.
MONIQUE: Uh . . . no thanks, I'm not hungry anymore. MME BRUNEAU: You're losing your appetite quickly, Monique. JEAN-MARIE: That's not really it . . . we're waiting for the apple pie!

rendre visite à	*to visit (a person)*
répondre à	*to answer*
Elle attend le dessert.	*She's waiting for dessert.*
Nous descendons de l'autobus.	*We're getting off the bus.*
Le commerçant rend la monnaie à la cliente.	*The storekeeper gives change back to the customer.*
Je réponds à sa question.	*I'm answering his question.*
Perds-tu patience?[3]	*Are you getting impatient (losing your temper)?*

A votre tour

A. Au marché. Qu'est-ce qu'ils font?

1. *Le commerçant* vend du pain. (nous, vous, tu, Mme Bruneau)   2. *Les clients* attendent le commerçant. (les touristes, la jeune fille, vous, je)   3. *Ils ne perdent pas* patience. (le touriste, les jeunes filles, nous, tu)   4. *La commerçante* rend la monnaie aux clients. (M. Duval, tu, Patricia, vous)

B. Qu'est-ce qu'on fait maintenant? Changez du singulier au pluriel ou vice versa.

MODÈLE: Je vends ma vieille guitare. ⟶ Nous vendons notre vieille guitare.

1. Tu rends visite à ton amie Paulette.   2. Vous rendez un livre à la bibliothèque.   3. J'entends la voiture qui (*that*) arrive.   4. Nous descendons de la voiture.   5. Elles perdent du temps au café.   6. Il répond aux questions de sa sœur.

C. Nous faisons les courses. Complétez avec une forme conjuguée d'un des verbes suivants: *descendre, entendre, perdre, rendre, répondre, vendre.*

Aujourd'hui, je vais faire le marché avec mon amie Christiane. Nous _____ de l'autobus à la Place Masséna. Nous allons à un marché où les commerçants _____ des fruits et des légumes du pays. Ils parlent avec les clients et _____ à leurs questions. Je _____ toujours visite à mes commerçants préférés et j(e) _____ beaucoup de discussions intéressantes. Je ne _____ pas mon temps au marché.

D. Perdez-vous souvent patience? Utilisez les situations suivantes pour interviewer un(e) camarade de classe. Il/elle utilise: *souvent, pas souvent* ou *toujours* dans sa réponse. Décidez d'après ses réponses si le/la camarade est: *très patient(e), patient(e), normal(e), impatient(e), très impatient(e).*

MODÈLE: *Vous:* Tu attends l'autobus. Il n'arrive pas. Est-ce que tu perds patience?
  Un(e) ami(e): Oui, je perds souvent patience.

[3]**Perdre patience** is an idiom; no article is used.

1. Tu attends un coup (*call*) de téléphone. La personne ne téléphone pas.
2. Un(e) ami(e) ne répond pas à tes lettres.
3. Tu entends des mensonges (*lies*) à propos de ta famille.
4. Un(e) ami(e) ne rend pas ton livre préféré.
5. Tu perds les clefs (*keys*) de ta voiture ou de ton appartement.
6. Ta famille rend visite sans téléphoner.
7. Tu ne réponds pas bien à une question de ton professeur.
8. Tu attends tes amis au restaurant. Ils n'arrivent pas.

Mise en pratique

ACTIVITÉS: Bon appétit!

A. Vos plats préférés. Quels plats aimez-vous? Quels plats n'aimez-vous pas? Pourquoi? Faites des phrases complètes selon les modèles avec les verbes *avoir* ou *être*.

MODÈLE: J'aime les hot dogs parce qu'ils sont faciles à préparer.

Je n'aime pas le curry indien parce qu'il est épicé (*spicy*).

J'aime/Je n'aime pas...	parce que...
les « Big Mac »	difficile(s) à préparer
le bifteck et les pommes de terre	facile(s) à préparer
le jambon	beaucoup de calories
les soupes de légumes	peu de calories
les gâteaux au chocolat	beaucoup d'ingrédients
les hot dogs	des ingrédients chimiques
les spaghetti	exotique(s)
la pizza	dégoûtant(e/s) (*disgusting*)
les escargots	cher(s)/chère(s)
le curry indien	très sucré(e/s)
le canard mandarin (*Peking duck*)	nutritif(s)/nutritive(s)
le poulet frit à la Kentucky	très snob
les éclairs	très américain(e/s)
les fruits	trop épicé(e/s)
?	?

En France, les grandes réunions familiales se passent (happen) toujours autour d'une table. Est-ce un mariage, une naissance, une fête religieuse ou traditionnelle, ou bien, sommes-nous simplement dimanche?

B. Habitudes (*Habits*). Les Français contemporains des grandes villes commencent à préférer un déjeuner moins grand que par le passé (*in the past*). Le repas du soir en famille reste pourtant traditionnel. Le dîner, servi vers 7h30 ou 8h du soir, est souvent encore assez grand. Même à la maison, un repas de sept plats, servis l'un après l'autre, n'est pas exceptionnel. On mange généralement un hors-d'œuvre, une entrée (de la soupe, du poisson), un plat principal (de la viande, du poulet), des légumes, de la salade verte, du fromage et un dessert. Un café noir et parfois un peu de cognac arrivent après le repas. Le pain et le vin sont sur la table à midi et le soir. A table, on coupe (*cuts*) le pain avec les mains (*hands*) et sans couteau. On mange le pain généralement sans beurre et on le (*it*) place directement sur la table. Les adultes choisissent du vin rouge ordinaire ou de l'eau minérale avec le repas; les enfants choisissent de l'eau nature (*plain*) ou minérale. Les Français ont leur fourchette à la main gauche (*left*) et le couteau à la main droite (*right*). Les deux mains restent sur la table durant le repas.

Maintenant, écrivez un paragraphe sur vos habitudes culinaires. Employez les questions suivantes comme guide.

1. Combien de fois mangez-vous par jour? 2. Mangez-vous bien ou mal? 3. Que préférez-vous au petit déjeuner? 4. Où mangez-vous à midi? Faites-vous un repas complet à midi? 5. Mangez-vous l'après-midi? Qu'est-ce que vous mangez? 6. Qui prépare le dîner chez vous? Passez-vous beaucoup de temps à table? Quelle boisson choisissez-vous à dîner? 7. Quand invitez-vous vos amis ou vos parents à dîner à la maison? 8. Remarquez-vous certaines différences entre les habitudes françaises et les habitudes américaines?

C. Recettes de cuisine (*Recipes*). Décrivez un plat—votre plat préféré—à vos camarades. Ils vont deviner le nom du plat. Suivez le modèle.

MODÈLE: Mon plat est fait d'œufs et de fromage. Les Américains mangent mon plat au petit déjeuner ou au dîner. (Réponse: *une omelette*)

Mots utiles: la farine (*flour*), les champignons (*mushrooms*), les oignons, la sauce, les herbes

D. Menus. Préparez le menu idéal pour une occasion importante. Voici des suggestions.

1. une soirée d'études avant l'examen final
2. votre mariage
3. un pique-nique en France
4. l'anniversaire de Julia Child
5. un week-end d'hiver dans votre chalet
6. la première visite en Amérique d'un diplomate chinois

Mots à retenir

VERBES

acheter[4]	*to buy*	entendre	*to hear*
attendre	*to wait (for)*	perdre	*to lose*
commander	*to order*	rendre	*to give back, return*
descendre (de)	*to go down, to get down (from); to get off*	rendre visite à	*to visit (people)*
		répondre	*to answer*
		vendre	*to sell*

---

[4]Verbs like **acheter** have spelling irregularities in all forms of the present tense except the first- and second-person plural (**nous, vous**): **j'achète, elles achètent.** For the complete conjugation of **acheter** and related verbs, see Section E on page 434, Verbs with Spelling Changes.

NOMS

l'assiette (*f*)	*plate*	la laitue	*lettuce*
le beurre	*butter*	le légume	*vegetable*
la bière	*beer*	l'œuf[5] (*m*)	*egg*
le bifteck	*steak*	le pain	*bread*
le bœuf[5]	*beef*	le petit déjeuner	*breakfast*
la boisson	*beverage*	la petite cuillère	*teaspoon*
la bouteille	*bottle*	les petits pois	*peas*
le chocolat	*chocolate*	la poire	*pear*
le couteau	*knife*	le poisson	*fish*
le croissant	*breakfast roll made of flaky pastry*	le poivre	*pepper*
la cuillère à soupe	*soup spoon*	la pomme	*apple*
le dîner	*dinner*	la pomme de terre	*potato*
l'eau (minérale) (*f*)	*(mineral) water*	le poulet	*chicken*
la fois	*time, occasion*	le repas	*meal*
la fourchette	*fork*	le sel	*salt*
la fraise	*strawberry*	la serviette	*napkin; towel*
le fromage	*cheese*	le sucre	*sugar*
le gâteau	*cake*	la tarte	*pie, tart*
la glace	*ice cream; ice*	la tasse	*cup*
le goûter	*afternoon snack*	le thé	*tea*
les 'haricots verts	*green beans*	le veau	*veal*
le jambon	*ham*	le verre	*glass*
la journée	*day, daytime*	la viande	*meat*
le lait	*milk*	le vin (du pays)	*(local) wine*

MOTS DIVERS

assez de	*enough*	plus de	*more*
moins de	*less*	tant de	*so much; so many*
ne... plus (de)	*no more; any longer*	trop de	*too much; too many*

[5]The final **f** of **bœuf** and **œuf** is pronounced in the singular form [bœf], [œf], but not in the plural: **bœufs** [bø], **œufs** [ø].

Les Délices de la table

Une Parisienne choisit ses provisions quotidiennes chez le marchand des fruits et légumes. Dans presque tous les quartiers de Paris—même le dimanche—il y a des marchés en plein air.

Prélude: *Vocabulaire*

Les Magasins d'alimentation

A. Où sommes-nous? Trouvez le nom du magasin selon le modèle.

MODÈLE: du bœuf ⟶
    Nous achetons du bœuf. Nous sommes à la boucherie-charcuterie.

1. des boîtes de conserves 2. du saucisson 3. des soles fraîches 4. du pâté de campagne 5. des sardines à l'huile 6. du filet de bœuf 7. des baguettes de pain 8. du poisson frais 9. des éclairs 10. des huîtres 11. des croissants chauds 12. du rôti de bœuf

B. Au marché. Madeleine Dupont est propriétaire d'un restaurant. Chaque jour elle fait le marché. Qu'est-ce qu'elle achète _____ ?

1. à la boucherie-charcuterie?
2. à la poissonnerie?
3. à la boulangerie?
4. à l'épicerie?

---

[1]These are often separate stores: **la boulangerie, la pâtisserie, la boucherie, la charcuterie.**

Chez Madeleine

··· Menu à prix fixe: 75 francs ···[2]

HORS D'ŒUVRE
œufs à la mayonnaise
pâté de campagne
sardines à l'huile

ENTRÉES
soupe de poisson
escargots

PLATS PRINCIPAUX
filet de sole
veau à la crème
rôti de bœuf

LÉGUMES
* haricots verts
pommes frites

SALADE VERTE

BOISSON COMPRISE[3]

FROMAGES
Camembert
Brie

DESSERTS
tarte aux pommes
glace au chocolat
tarte aux fraises
mousse au chocolat

Au restaurant

Le serveur

Qu'est-ce que vous prenez (*What are you having*) comme hors-d'œuvre?
et comme entrée?
et comme plat principal?
et comme légume?
et comme fromage?
et comme dessert?
et comme boisson?
et pour finir?

La cliente

Je prends
le pâté de campagne,
la soupe de poisson,
le rôti de bœuf,
les haricots verts,
le camembert,
la mousse au chocolat,
le vin du pays,
une tasse de café... et l'addition (*bill*).

A. Qui est-ce? C'est un client, une cliente, un serveur ou une serveuse.

1. Il a faim. 2. Elle arrive avec le menu. 3. Elle prend (*takes*) le menu à quarante francs. 4. Il commande un repas. 5. Il prend la commande (*order*). 6. Il apporte (*brings*) les hors-d'œuvre. 7. Elle boit du vin. 8. Elle apporte l'addition. 9. Il paie l'addition et laisse (*leaves*) un pourboire (*tip*). 10. Elle prend le pourboire.

---

[2]In many French restaurants, a **menu à prix fixe** is offered in addition to the regular menu. It usually features a few economical chef's specialties.

[3]The beverage is often included (**comprise**) in the cost of the **menu à prix fixe.** When service is **compris**, tipping is not expected, although customers may leave some small change if the service has been especially good.

B. Une visite « Chez Madeleine ». Avec un(e) camarade, répétez le dialogue. Le (la) client(e) commence par la phrase: Je voudrais (*I would like*) commander, s'il vous plaît... Ensuite, avec un(e) autre camarade, utilisez le menu et commandez les plats que vous préférez.

C. Conversation. Quelles sont vos préférences?

1. Préférez-vous manger chez vous ou au restaurant? Toujours? Qu'est-ce que vous préférez: un restaurant simple ou un restaurant élégant?
2. Aimez-vous essayer la cuisine de différentes nationalités? De quelle nationalité? Aimez-vous la cuisine française? la cuisine chinoise? la cuisine italienne? la cuisine mexicaine? Est-ce que vous préférez la cuisine américaine?
3. Aimez-vous les escargots? les sardines à l'huile? les huîtres? le pâté de campagne?
4. Au restaurant, est-ce que la qualité du service est très importante ou peu importante pour vous? Aimez-vous parler avec le serveur ou la serveuse? Est-ce que vous laissez toujours un bon pourboire? Combien laissez-vous? (Je laisse _____ pour cent de l'addition.)
5. Préférez-vous « manger pour vivre (*to live*) »? ou « vivre pour manger »?

On déjeune bien et à des prix modérés à la terrasse d'une brasserie. Le menu du jour est sur la porte ou sur la vitrine; on prend généralement de l'eau minérale ou du vin ordinaire.

Grammaire

25. *Present tense of irregular -re verbs*

A ta santé!

JEAN-MICHEL: Je *prends* le poulet froid, et vous?

MARIANNE: Nous *prenons* le veau à la crème et les légumes.

JEAN-MICHEL: Et qu'est-ce que vous *buvez?*

THÉRÈSE: Oh, moi, je *bois* seulement du Château-La-Pompe![4]

Répétez le dialogue et substituez les expressions nouvelles aux expressions suivantes.

1. le poulet froid ⟶ une petite pizza
2. le veau et les légumes ⟶ un sandwich au fromage
3. du Château-La-Pompe ⟶ de la bière

A. *Prendre* and verbs like *prendre*

The verb **prendre** (*to take*) is irregular in its plural forms.

Present tense of **prendre** (*to take*)

je	prends	nous	pren**ons**
tu	prends	vous	pren**ez**
il, elle, on	prend	ils, elles	pren**nent**

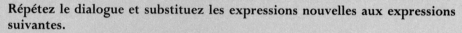

Cheers! (To your health!)

JEAN-MICHEL: I'm having the cold chicken, and you? MARIANNE: We're having the veal in cream sauce and the vegetables. JEAN-MICHEL: What are you drinking? THÉRÈSE: Oh, I'll just drink Château-La-Pompe!

---

[4]Many French wines bear the names of the **châteaux** where they are made. **Château-La-Pompe** (*Château the Pump*) is a colloquial way of referring to plain tap water.

Apprendre (*to learn*) and **comprendre** (*to understand*) are conjugated like **prendre.**

Qu'est-ce que **vous prenez?**	*What are you having?*
J'apprends l'espagnol.	*I'm learning (how to speak) Spanish.*
Est-ce que **tu comprends** ma question?	*Do you understand my question?*

When an infinitive follows **apprendre,** the preposition **à** must be used also.[5]

Ma sœur **apprend à danser.**	*My sister is learning (how) to dance.*
Apprenez-vous à skier?	*Are you learning (how) to ski?*

Some common expressions with **prendre** include:

prendre un repas / le petit déjeuner	*to eat a meal / breakfast*
prendre un verre	*to have a drink (usually alcoholic)*
prendre du temps	*to take time*

B. *Boire*

The verb **boire** (*to drink*) is also irregular in form.

Present tense of **boire** (*to drink*)

	je	**bois**	nous	**buvons**
	tu	**bois**	vous	**buvez**
il, elle, on		**boit**	ils, elles	**boivent**

Je bois de l'eau minérale.	*I'm drinking mineral water.*
Nous buvons de la bière.	*We're drinking beer.*

A votre tour

A. **A l'université.** Changez les phrases suivantes du singulier au pluriel ou vice versa.

   1. J'apprends le français.   2. Apprenez-vous votre leçon de russe?   3. Ils comprennent le professeur.   4. Nous prenons un livre à la bibliothèque. 5. Est-ce que tu bois du café au restaurant universitaire?   6. Elle prend beaucoup de sucre.

B. **La réponse est simple!** Trouvez des réponses aux problèmes suivants. Utilisez les verbes *boire, apprendre, comprendre* ou *prendre* ou des expressions avec *prendre.*

---

[5]See Appendix A for a summary of verb + (preposition +) infinitive constructions.

MODÈLE: Je désire parler avec un ami. ⟶ Avec mon ami, je prends un verre au café.

1. J'ai faim. 2. J'ai soif. 3. Je désire bien parler français. 4. Je désire étudier les mathématiques. 5. Je n'aime pas le vin.

C. Conversation. Donnez une réaction personnelle.

1. Combien de repas prenez-vous par jour? Prenez-vous votre repas principal le matin? à midi? le soir? Prenez-vous peu de temps pour manger? beaucoup de temps? Prenez-vous quelque chose entre les repas? Buvez-vous pendant (*during*) les repas ou entre les repas? Prenez-vous beaucoup de pain avec chaque repas?

2. Qu'est-ce que vous prenez au petit déjeuner? des œufs? des céréales? du jambon? du pain et du beurre? des croissants? Qu'est-ce que vous buvez au petit déjeuner? du café? du thé? du chocolat? Est-ce que vous prenez du sucre dans votre café ou dans votre thé? de la crème? du lait?

3. Qu'est-ce que vous apprenez à l'université? Apprenez-vous une autre langue étrangère (*foreign*)? Apprenez-vous un sport? Quel sport?

4. Est-ce que vous comprenez le français? le professeur de français? les exercices de grammaire? la personnalité des Français? Avez-vous des amis français? Comprenez-vous leur anglais? Comprennent-ils votre français?

26 *The imperative*

L'ennemi d'un bon repas

FRANÇOIS: Julie, *passe* le sel, s'il te plaît.... (Julie passe la salade.)

FRANÇOIS: Mais non, enfin! *Écoute* un peu... je demande le sel!

JULIE: François, *sois* gentil—*ne parle pas* si fort. Je n'entends plus la télé....

1. Est-ce que François demande la salade?
2. Est-ce que Julie passe le sel à François?
3. Est-ce que Julie écoute François?
4. Qu'est-ce que Julie entend?

The enemy of a good meal
FRANÇOIS: Julie, pass the salt, please.... (Julie passes the salad.) FRANÇOIS: No, come on! Listen... I'm asking for the salt! JULIE: François, be nice—don't speak so loudly. I can't hear the TV anymore....

A. Kinds of imperatives

The imperative or command form of the verb is used to give directions, make suggestions, or give orders. There are three forms of the imperative in French. Note that subject pronouns are not used with them.

tu form:	**Parle!**	*Speak!*
nous form:	**Parlons!**	*Let's speak!*
vous form:	**Parlez!**	*Speak!*

The **tu** form is used when you are speaking to a person whom you would normally address as **tu.** The **nous** form is used when you are speaking to a group that includes yourself. The **vous** form is used when you are speaking to several persons or to one person whom you don't know well or whom you normally address as **vous.**

B. Imperative forms of -*er* verbs

The imperatives of regular **-er** verbs are the same as the corresponding present tense forms, except that the **tu** form does not end in **-s.**

Infinitive	tu	nous	vous
regarder	Regarde!	Regardons!	Regardez!
entrer	Entre!	Entrons!	Entrez!

Regardez! Un restaurant russe.	*Look! A Russian restaurant.*
Entrons!	*Let's go in!*

The imperative forms of the irregular verb **aller** follow the pattern of regular **-er** imperatives: **va, allons, allez.**

C. Imperative forms of -*re* and -*ir* verbs

The imperative forms of the **-re** and **-ir** verbs you have learned—even most of the irregular ones—are identical to their corresponding present-tense forms.

Infinitive	tu	nous	vous
attendre	Attends!	Attendons!	Attendez!
finir	Finis!	Finissons!	Finissez!
faire	Fais...!	Faisons...!	Faites...!

Attends! Finis ton verre!	*Wait! Finish your drink!*
Faites attention!	*Pay attention! (Watch out!)*

D. **Irregular imperative forms**

The verbs **avoir** and **être** have irregular command forms.

Infinitive	tu	nous	vous
avoir	Aie...!	Ayons...!	Ayez...!
être	Sois...!	Soyons...!	Soyez...!

Sois gentil, Michel, et va au marché.   *Be nice, Michel, and go to the market.*

Ayez de la patience.   *Have patience.*

E. **Negative commands**

In negative commands, **ne** comes before the verb and **pas** follows it.

Ne vends pas ta guitare!   *Don't sell your guitar!*

Ne buvons pas trop de café.   *Let's not drink too much coffee.*

N'attendez pas le dessert.   *Don't wait for dessert.*

A votre tour

A. Préparatifs. Mettez les conseils (*advice*) de Pierre à l'impératif.

MODÈLE: Vous faites le marché. —→ Faites le marché.

1. Vous allez vite au marché.   2. Nous attendons l'autobus.   3. Tu descends de l'autobus.   4. Vous achetez du pain frais.   5. Nous choisissons un bon camembert.   6. Tu commandes un poulet chaud.   7. Nous faisons un bon dîner.   8. Tu prends ta fourchette.

B. Des conseils négatifs. Mettez les phrases précédentes à la forme négative de l'impératif.

C. Les bonnes manières à table. Vous parlez à un enfant. Suivez les modèles.

MODÈLE: ne pas être gourmand—→ Ne sois pas gourmand!
          être gourmet   —→ Sois gourmet!

1. attendre ton père   2. prendre ta serviette   3. finir ta soupe   4. manger tes carottes   5. ne pas jouer avec ton couteau   6. regarder ton assiette   7. boire ton eau minérale   8. ne pas manger ta salade avec ta cuillère à soupe   9. ne pas parler à table   10. ne pas demander le dessert

D. Un pique-nique. Suivez le modèle.

MODÈLE: faire un pique-nique $\longrightarrow$ Faisons un pique-nique!

1. aller au marché   2. acheter du pain et du fromage   3. choisir un bon melon
4. aller à la rivière   5. jouer au volley-ball   6. manger des sandwichs
7. prendre notre temps   8. oublier (*to forget*) nos problèmes   9. boire du vin
rouge   10. ne pas faire la vaisselle

E. Comment avoir un bon commerce. Donnez des recommandations à un(e) commerçant(e):

MODÈLE: faire attention aux clients $\longrightarrow$ Faites attention à vos clients.

1. être aimable   2. avoir de la patience   3. écouter les clients   4. répondre aux
questions   5. acheter de bons légumes   6. vendre de la bonne viande   7. ne pas
perdre de temps   8. rendre correctement la monnaie (*change*)

En France, on aime encore si possible faire chaque jour les courses dans les commerces du quartier. Le boucher prépare les achats de viande fraîche sur la commande des clients.

F. La réponse est simple! Utilisez les expressions suivantes: changer d'appartement / jouer au tennis / aller au lit / vendre sa voiture / faire un voyage / boire un verre d'eau / téléphoner à ses amis / chercher dans le dictionnaire / prendre un casse-croûte (*snack*)

MODÈLE: Henri a faim. ⟶ Henri, prends un casse-croûte!

Henri... 1. a besoin d'exercice 2. a besoin d'argent (*money*) 3. a envie d'aller en Espagne 4. a soif 5. a sommeil 6. n'aime pas son appartement 7. ne comprend pas un mot dans son livre d'anglais 8. cherche un camarade de chambre

G. Le robot. Vous avez un robot qui travaille chez vous. Donnez dix ordres en français à votre robot.

MODÈLES: Va faire les courses.

Rends mes livres à la bibliothèque.

Comparez vos ordres aux ordres de vos camarades de classe. Qui donne les ordres les plus (*the most*) intéressants?

Maintenant, la classe choisit un(e) étudiant(e) comme robot. Donnez cinq ordres en français au robot. Il/elle est obligé(e) d'obéir.

MODÈLES: Va au tableau.

Prends ton livre de français.

Regarde le mur.

Lis (*Read*) le dialogue à la page _____.

Écris (*Write*) « bonjour » au tableau.

Mise en pratique

LECTURE: La Table française: à la maison et au restaurant

Le matin, dans chaque ville de France, il y a un marché de produits locaux sur la place° principale. Là, on trouve des produits frais et de bonne qualité, bases essentielles d'une bonne cuisine.

    La France est un pays où beaucoup de boulangeries restent ouvertes le dimanche. Les magasins et les bureaux ferment souvent pendant deux heures au milieu° de la journée. Pourquoi? Parce que les repas sont sacrés. Les Français célèbrent° tout° à table: la naissance, le mariage et même

town square

middle

celebrate / everything

Dînez au moins une fois dans un grand restaurant! Le décor est élégant, la carte et la liste des vins font rêver et le service est attentif.

l'enterrement.° Le dimanche, la famille est réunie° pour le déjeuner. L'après-midi, après le long repas, on fait la promenade traditionnelle en famille.

    Mais on ne mange pas toujours à la maison. Comment est-ce qu'on choisit un restaurant? Pour les Français et pour les touristes français ou étrangers en Europe, les *Guides Michelin* (verts pour les endroits° à visiter, rouges pour les hôtels et les restaurants) sont une institution. Le guide célèbre, créé° par le grand producteur français de pneus,° a maintenant quatre-vingts ans. L'idée du fondateur° est bien sûr d'encourager l'automobilisme, mais aussi d'offrir aux automobilistes la liste des « bonnes tables ».

    Quelles tables le guide propose-t-il à Paris? Deux restaurants ont trois étoiles°: La Tour d'Argent, sur la Seine en face de Notre-Dame (250 à 300 francs), et Lasserre,

burial / gathered

places

created / tires
founder

stars

avenue Franklin Roosevelt (300 à 400 francs). Une
quinzaine° de restaurants parisiens ont deux étoiles et une   *Une... about fifteen*
centaine ont une étoile. D'autres établissements ont des
fourchettes, signe de qualité et d'un beau cadre,° mais ils ont   *setting*
rarement des prix inférieurs à° soixante francs.   *inférieurs... below*

Chaque° année on vend 500.000 exemplaires° du guide   *Each / copies*
rouge pour la France. Est-ce que tous les lecteurs° sont   *readers*
riches? Evidemment, pas toujours. Mais les guides—il y a
aussi le *Gault et Millau* et le *Guide Kléber*—donnent
l'impression que tous les restaurants en France sont très
chers... impression fausse.° Vous allez trouver sans difficulté   *false*
des restaurants plus modestes. Le menu est sur la porte.
Prenez le plat principal (la viande, le poisson), multipliez le
prix par deux. Voilà le total approximatif, boisson et service
inclus. Dans un self-service, additionnez° le prix de chaque   *add up*
plat pour avoir le total.

En voyage, si vous cherchez un « bon petit restaurant »
(traditionnel, pas cher), vous n'avez pas besoin de guides:
regardez le nombre de camions° devant certains restaurants   *trucks*
(« les routiers »). Voilà! Votre choix est fait.°   *made*

A. Vous faites du tourisme en France et... vous aimez manger. Répondez aux questions
suivantes.

1. Vous êtes au marché en plein air (*open air*) d'une petite ville. Que faites-vous?
Qu'achetez-vous?
2. C'est dimanche. Que faites-vous pour avoir du pain?
3. C'est mercredi. Il est une heure de l'après-midi. Faites-vous des courses? Allez-vous
à la banque? dans les magasins?
4. C'est dimanche. Vous déjeunez avec une famille française. Qu'est-ce qu'on fait après
le déjeuner?
5. Vous faites un voyage en voiture. Comment choisissez-vous un bon restaurant?
6. Pourquoi un grand producteur de pneus crée-t-il un guide des bonnes tables?
7. Qui achète les guides gastronomiques? Est-ce qu'il existe des guides semblables pour
l'Amérique? Avez-vous l'impression que ce sont seulement (*only*) les gens très riches
qui aiment bien manger?
8. En général, comment mangez-vous en voyage? Dans quelles sortes de restaurants?
Faites-vous des pique-niques? Faites-vous parfois la cuisine? Mangez-vous chez des
amis?

B. Une conversation au restaurant. Vous êtes au restaurant et vous entendez la
conversation d'une personne près de vous. Imaginez les réponses de son ami(e).

La personne près de vous   **Son ami(e)**

1. Et alors, mon ami(e), as-tu faim?   2. _____
Que prends-tu comme plat
principal?

3. Moi... je préfère le poisson. Et comme boisson? Que prends-tu?

4. _____

5. C'est une bonne idée. Le vin du pays est excellent. Tu prends des légumes?

6. _____

7. Ah oui? Je déteste cela. Et comme dessert, qu'est-ce que tu prends?

8. _____

9. Oui, ça va bien avec un bon dîner. Mais moi, je prends de la tarte aux pommes. Oh, je n'ai pas d'argent! Tu vas payer, n'est-ce pas?

10. _____

C. Au restaurant. Parlez d'une expérience récente au restaurant. « J'arrive au restaurant à six heures et demie avec deux amis. Nous commandons... La serveuse apporte... etc. »

D. Un bon restaurant. Comment est-ce qu'on trouve un bon restaurant dans votre ville? dans votre quartier? (Employez l'impératif.) Quelles sortes de restaurants y a-t-il dans votre quartier? dans le quartier universitaire? dans le centre-ville?

E. Recommandations. Recommandez aux autres membres de la classe un de vos restaurants préférés. N'oubliez pas de parler de l'atmosphère, de la cuisine, des spécialités, du prix, des heures et des jours d'ouverture (*opening*), etc.

F. Le Guide rouge. Regardez l'extrait suivant du *Guide rouge* (1982) et avec un(e) ami(e) faites des projets pour le week-end.

> MODÈLE: *Vous:* Regarde. Il y a un restaurant une étoile à Viry-Châtillon.
>   *Un(e) ami(e):* Prenons la voiture samedi soir et essayons le restaurant.
>   *Vous:* Je vais téléphoner pour réserver une table. Le feuilleté de St. Jacques a l'air très bonne...

Viry-Châtillon 91170 Essonne ▮0▮1 ⊛ – 32 490 h. alt. 36 – ✿ 6.
Paris 26 – Corbeil-Essonnes 11 – Évry 8,5 – Longjumeau 8,5 – Versailles 29.
XX ⊛ **La Dariole,** 21 r. Pasteur 🕾 944.22.40 – 📖. ⒶⒺ ⒼⒷ
    fermé août, sam., dim. et fêtes – SC : **R** carte 115 à 185
    Spéc. Poêlée de foie gras. Feuilleté de St Jacques (15 oct.-15 avril). Coupe "Jacqueline" (oct.-avril).

Sautéed goose liver pâté, Scallops in flaky pastry, Seasonal fruit bowl

D'après Guide FRANCE, Edition 1982 de pneu Michelin

Mots à retenir

VERBES

apporter	*to bring*	obéir (à)	*to obey*
apprendre	*to learn*	oublier	*to forget*
boire	*to drink*	payer[6]	*to pay*
comprendre	*to understand*	prendre	*to take*
laisser	*to leave (behind); to let, allow*		

NOMS

l'addition (f)	*bill (in restaurant)*	les *hors-d'œuvre (m pl)	*appetizers*
l'apéritif (m)	*aperitif, before-dinner drink*	l'huile (f)	*(cooking) oil*
		l'huître (f)	*oyster*
l'argent (m)	*money; silver*	le magasin	*store*
la baguette (de pain)	*loaf (of bread)*	le marché	*market*
la boîte (de conserves)	*can (canned food)*	la monnaie	*change, coins; currency*
la boucherie	*butcher shop*		
la boulangerie	*bakery*	la mousse au chocolat	*chocolate custard*
le casse-croûte	*snack*	le pâté (de campagne)	*(country) pâté*
la charcuterie	*pork butcher's shop*	la pâtisserie	*pastry; pastry shop*
le/la client(e)	*customer*	le plat	*dish; course*
le/la commerçant(e)	*merchant*	la poissonnerie	*fish store*
la crème	*cream*	le pourboire	*tip*
le début	*beginning*	le rôti (de bœuf, de porc, de veau)	*roast (beef, pork, veal)*
le dessert	*dessert*		
l'éclair (m)	*eclair*	la salade	*salad*
l'entrée (f)	*first course*	le saucisson	*sausage*
l'épicerie (f)	*grocery store*	le/la serveur(euse)	*waiter, waitress*
l'escargot (m)	*snail*	la soupe	*soup*
la fin	*end*		

ADJECTIFS

chaque	*each, every*
compris(e)	*included*
frais (fraîche)	*fresh; cool*
frit(e)	*fried*
obligé(e) de	*obliged to, have to*

MOTS DIVERS

à ta (votre) santé	*to your health, cheers*
comme	*as (a); like*
plat du jour	*special of the day*
Je voudrais...	*I would like...*

[6]Verbs whose infinitives end in -yer have spelling irregularities in all forms of the present tense except the first- and second-person plural (nous, vous): je paie, elles paient. For the complete conjugation of verbs whose infinitives end in -yer, see Section E on page 434, Verbs with Spelling Changes.

Achats et chiffres

Un client fait des achats dans une pharmacie traditionnelle.

Prélude: Vocabulaire

L'Argent français

Les pièces de monnaie

Les billets

1 franc (F) = 100 centimes (c)
1 franc français = 20 cents américains (approximation)
1 dollar = 5 francs français (approximation)

A. Dans votre porte-monnaie. Comptez vos pièces de monnaie françaises selon les modèles.

MODÈLE: 5F + 50c ⟶ cinq francs cinquante
10c + 5c + 1c ⟶ seize centimes

1. 50c + 20c + 10c + 5c + 1c
2. 50c + 20c + 20c + 5c + 1c
3. 50c + 10c + 1c
4. 20c + 10c + 5c + 1c + 1c

5. 5F + 1F + 50c + 20c + 5c
6. 5F + 1F + 1F + 50c + 10c
7. 1F + 1F + 1F + 10c + 10c + 5c + 1c
8. 5F + 5F + 1F + 20c + 5c

B. Salaires (*salaries*) français. Combien gagnent-ils (*earn*) par mois?

	Minimum	Maximum	En moyenne (average)
1. les cadres (*executives*) supérieurs	4.000F	17.000F	9.850F
2. les cadres moyens (*middle*)	2.000F	12.000F	4.850F
3. les fonctionnaires	750F	10.000F	3.800F
4. les employés	1.000F	9.000F	2.900F
5. les ouvriers (*blue-collar workers*)	500F	8.000F	2.750F

Le Bureau de change

« Quel est le cours (*rate*) du dollar aujourd'hui, s'il vous plaît?» Pour changer leur monnaie étrangère en francs français, ou pour toucher (*cash*) des chèques de voyage, les voyageurs vont au bureau de change.

A. Au bureau de change. Donnez le nombre approximatif de francs français que ces (these) touristes américains vont obtenir au bureau de change.

1. Jim va changer dix dollars.
2. Maria va toucher un chèque de cinquante dollars.
3. William a cinquante cents à changer.
4. Sylvia a un chèque de quatre-vingt-cinq dollars.
5. Peter va changer son salaire: deux cent vingt dollars.

B. Le budget d'un couple franco-américain. Chantal et son nouveau mari habitent maintenant à Paris. Michael est américain. Suivez le modèle.

MODÈLE: Chantal: Le bifteck coûte 50F le kilo.
Michael: Ça coûte 10 dollars le kilo?

1. un café / 4F la tasse
2. une voiture / 35.000F
3. le loyer / 7.500F par mois
4. un dîner au restaurant / 125F par personne
5. du fromage de brie / 12F le demi-kilo
6. des chaussures / 435F la paire

D'autres nombres

un million, deux millions *de* francs, deux millions trois cent mille francs...

Million is generally used with an indefinite article, as in English. Note the use of **de** when the word **million** is directly followed by a noun: **un million d'habitants.**

A. Statistiques. Voici la France en chiffres (*figures*). Donnez les statistiques en français. En 1980 il y avait en France....

1. 53.373.000 habitants
2. 27.000.000 de touristes étrangers
3. 20.000.000 de télespectateurs (*TV viewers*)
4. 38.908.917 citadins (*city dwellers*)
5. 8.895.500 habitants à Paris
6. 1.000.000 d'étudiants
7. 20.000.000 de voitures
8. 1.300.000 chômeurs (*unemployed workers*)

B. Quel est votre numéro? En groupes, donnez les numéros suivants.

1. votre numéro de sécurité sociale 2. le numéro d'une carte de crédit 3. votre adresse 4. le numéro de votre permis de conduire (*driver's license*) 5. votre code postal 6. le numéro de téléphone d'un(e) ami(e) 7. le numéro de votre carte d'étudiant 8. le numéro de votre passeport

C. Quelles pièces d'identité avez-vous aujourd'hui? Utilisez le vocabulaire de l'exercice précédent. « Aujourd'hui j'ai... »

Maintenant, décrivez l'argent (billets, pièces de monnaie) que vous avez sur vous aujourd'hui. Qu'avez-vous l'intention d'acheter aujourd'hui avec votre argent? Utilisez-vous parfois des chèques? des chèques de voyage? une carte de crédit? Dans quelles circonstances?

Les spécialités du traiteur ne sont pas bon marché, mais elles sont formidables! Vous pouvez servir ces plats à vos invités sans devoir faire la cuisine.

Grammaire

27 | *Demonstrative adjectives*

Un choix difficile

FERNAND: Bonjour, Madame. Est-ce qu'il est possible de goûter *ces* beaux fromages?

L'ÉPICIÈRE: Mais bien sûr, choisissez.

FERNAND: Merci bien. Alors, je vais goûter un peu de *cet* emmenthal, un peu de *ce* camembert, et un peu de *ce* fromage-*là*. C'est du brie?

L'ÉPICIÈRE: Oui, mais il est encore un peu jeune. Goûtez plutôt *ce* roquefort-*ci*. Il est excellent. Alors, vous êtes prêt à choisir?

FERNAND: Non, je n'ai pas le courage de choisir. Donnez-moi du brie... *cette* portion-*là* va bien... et puis *ce* morceau-*ci* d'emmenthal et un peu de *ce* roquefort, s'il vous plaît.

1. Qu'est-ce que Fernand va goûter?
2. Combien de fromages goûte-t-il?
3. Est-ce que Fernand aime ces fromages?
4. Est-ce qu'il choisit un fromage? Qu'est-ce qu'il fait?
5. A votre avis, qu'est-ce qu'il va acheter?

A. Forms of demonstrative adjectives

Demonstrative adjectives (*this, that, these, those*) are used to point out or to specify a particular person, object, or idea. In French, they precede the nouns they modify and agree with them both in gender and number.

A difficult choice

FERNAND: Hello, Ma'am. Is it possible to taste these beautiful cheeses? GROCER: But of course, choose (one). FERNAND: Thank you. Well, I'm going to taste some of this Emmenthal, some of this Camembert, and a little bit of that cheese over there. Is it a Brie? GROCER: Yes, but it's still a little young. Taste this Roquefort instead. It's excellent. So, are you ready to choose? FERNAND: No, I can't make up my mind. Give me some Brie . . . that piece is fine . . . and then this piece of Emmenthal and a little of this Roquefort, please.

	Singular		*Plural*	
Masculine	**ce** magasin	*this/that shop*	**ces** magasins	*these/those shops*
	cet homme	*this/that man*	**ces** hommes	*these/those men*
	cet escargot	*this/that snail*	**ces** escargots	*these/those snails*
Feminine	**cette** épicerie	*this/that grocery store*	**ces** épiceries	*these/those grocery stores*

Note that **ce** becomes **cet** before masculine nouns that start with a vowel or mute *h*.

B. Use of *-ci* and *-là*

In English, the contrast between *this/these* and *that/those* also indicates the relative distance of the person or object to the speaker. In French, distance to the speaker can be expressed by adding to the demonstrative adjectives the hyphenated tag words **-ci** (to indicate closeness), or **-là** (to indicate distance).

	Singular		*Plural*	
Masculine	ce magasin-**ci**	*this shop*	ces magasins-**ci**	*these shops*
	ce magasin-**là**	*that shop*	ces magasins-**là**	*those shops*
	cet homme-**ci**	*this man*	ces hommes-**ci**	*these men*
	cet homme-**là**	*that man*	ces hommes-**là**	*those men*
Feminine	cette épicerie-**ci**	*this grocery store*	ces épiceries-**ci**	*these grocery stores*
	cette épicerie-**là**	*that grocery store*	ces épiceries-**là**	*those grocery stores*

A votre tour

A. A l'épicerie. Qu'est-ce que vous achetez? Suivez le modèle.

MODÈLE: une bouteille d'huile → J'achète cette bouteille d'huile.

1. une boîte de sardines   2. un camembert   3. des tomates   4. un œuf   5. une bouteille de vin   6. des boîtes de conserves   7. une laitue   8. quatre poires   9. des escargots   10. un bon jus de fruit   11. une eau minérale   12. des pommes de terre

B. A la boulangerie-pâtisserie. Qu'est-ce que vous allez prendre? Suivez le modèle.

MODÈLE: tartes → Je vais prendre ces tartes.

1. éclair   2. gâteau   3. tarte aux pommes   4. baguette   5. pain   6. bonbons (*candies*)   7. glace au chocolat   8. croissants chauds

C. Exercice de contradiction. Vous allez faire un pique-nique. Vous faites des courses avec un(e) camarade, mais vous n'êtes pas souvent d'accord! Jouez les rôles selon le modèle.

MODÈLE: pain / baguette ⟶ *Vous:* On prend ce pain?
Un(e) ami(e): Non, je préfère cette baguette.

1. saucissons / jambon 2. pâté / poulet froid 3. filets de bœuf / rôti de veau 4. boîte de sardines / morceau de fromage 5. haricots verts / boîte de petits pois 6. pizza / sandwich 7. pommes / bananes 8. tarte / éclair 9. gâteau / glace 10. jus de fruit / bouteille de vin

D. Chez le traiteur (*At the deli*). Avec un(e) camarade, jouez les rôles du (de la) client(e) et du traiteur. Suivez le modèle.

MODÈLE: du poulet ⟶ *Le/la client(e):* Donnez-moi du poulet, s'il vous plaît.
Le traiteur: Ce poulet-ci ou ce poulet-là?

1. une salade 2. un rôti 3. des légumes 4. du pâté 5. une pizza 6. de la soupe 7. des gâteaux 8. une tarte 9. un éclair 10. de la glace

Une cliente se fait ouvrir (opens) *un compte en banque: « Avez-vous une pièce d'identité, Madame? »*

E. Au marché. Comparez les marchandises. Utilisez **-ci** et **-là,** selon le modèle.

MODÈLE: cher   /   bon marché[1] ⟶
Ces biftecks-ci sont chers; ces biftecks-là sont bon marché.

1. grosses   /   petites   2. pas belles   /   belles   3. vertes   /   rouges

4. fraîches / pas fraîches   5. longues / courtes   6. chères / bon marché

F. Conversations au marché. Vous allez au marché pour acheter des produits alimentaires. Avec un(e) camarade, demandez le prix et achetez les produits nécessaires. Utilisez les mêmes produits que dans l'Exercice E.

MODÈLE: *Vous:* Combien coûtent ces grosses tomates-ci et ces petites tomates-là?
            Le/la marchand(e): Ces tomates-ci coûtent 10F le kilo et ces tomates-là 8F le kilo.
                     Vous: Je prends un kilo de ces tomates-ci. Ça fait combien?
            Le/la marchand(e): Ça fait 10F.

---

[1]Note that the adjective **bon marché** (*inexpensive, cheap*) is invariable in form.

28 | *The verbs* vouloir, pouvoir, *and* devoir

Au Printemps[2]

MARIE-FRANCE: Tu *veux* un de ces beaux pulls?

JEANNE: Non, je ne *peux* pas acheter de vêtements cette semaine. C'est la fin du mois... et je *dois* faire attention à mon compte en banque.

PATRICK: Mais c'est à la fin du mois que vous *devez* faire des achats! Moi, j'adore utiliser ma carte de crédit.

Répétez le dialogue et substituez les expressions nouvelles aux expressions suivantes.

1. pulls ⟶ chaînes stéréo (*f*)
2. vêtements ⟶ tourne-disques (*record player, m*)
3. faire des achats ⟶ prendre des risques
4. utiliser ma carte de crédit ⟶ devoir de l'argent à mes parents

A. Present tense forms of *vouloir, pouvoir,* and *devoir*

The verbs **vouloir** (*to want*), **pouvoir** (*to be able to*), and **devoir** (*to owe; to have to, to be obliged to*) are all irregular in form.

	Vouloir (*to want*)	**Pouvoir** (*to be able to*)	**Devoir** (*to owe; to have to*)
je	veux	peux	dois
tu	veux	peux	dois
il, elle, on	veut	peut	doit
nous	voulons	pouvons	devons
vous	voulez	pouvez	devez
ils, elles	veulent	peuvent	doivent

At Printemps

MARIE-FRANCE: Do you want one of these beautiful pullovers? JEANNE: No, I can't buy any clothes this week. It's the end of the month . . . and I have to be careful with my bank account. PATRICK: But it's at the end of the month that you must do (your) shopping! Myself (As for me), I love to use my credit card.

[2]**Le Printemps** is a large, fashionable department store on the right bank in Paris.

Voulez-vous ces chaussures, Monsieur?	*Do you want these (those) shoes, sir?*
Est-ce que nous **pouvons** essayer ces vestes?	*Can we try on these (those) jackets?*
Je **dois** acheter plusieurs valises pour ce voyage.	*I must (have to) buy a few suitcases for this (that) trip.*

B. Uses of *vouloir* and *devoir*

1. **Vouloir** means *to want*. **Vouloir bien** means *to be willing to, to be glad to* do something. **Vouloir dire** expresses *to mean*.

Je **veux bien.**	*I'm willing. (I'll be glad to.)*
Il **veut bien** prêter son auto.	*He's willing to lend his car.*
Qu'est-ce que ce mot **veut dire**?	*What does this word mean?*

2. **Devoir** has several meanings.

   a. It can express necessity or obligation.

Vous **devez** emporter le paquet.	*You must take the package (yourself).*

   b. **Devoir** can also express probability or assumption.

Elles **doivent** aller en ville demain.	*They are supposed to go into town tomorrow.*
Marc n'est pas avec nous; il **doit** être malade.	*Marc isn't with us; he must be ill.*
Ils ont de beaux vêtements; ils **doivent** dépenser beaucoup.	*They have beautiful clothes; they probably spend a lot.*

   c. When not followed by an infinitive, **devoir** means *to owe*.

Combien d'argent est-ce que tu **dois** à tes amis?	*How much money do you owe (to) your friends?*
Je **dois** 87F à Henri et 99F à Georges.	*I owe Henri 87 francs and Georges 99 francs.*

A votre tour

A. Au centre commercial. Faites les substitutions.

1. Qu'est-ce que *vous* voulez acheter? (nous, Jeanne, les étudiantes, Paul et vous, tu)
2. *Tu* dois faire un choix maintenant. (Patrick et vous, ils, nous, elle, je)

3. *Elle* veut bien essayer ces chapeaux. (Jeanne et Claudine, nous, je, tu, Marc et Pierre)
4. *Vous* pouvez échanger vos achats. (nous, les étudiants, tu, il, je)
5. Combien est-ce que *je* dois? (vous, tu, nous, ils, elle)
6. Qu'est-ce que *tu* veux dire? (Patrick et Jeanne, vous, elles, Marie-France, nous)
7. *Elle* doit payer cent francs. (vous, je, mes amis, nous, les clients)

B. Des rêves (*dreams*). Racontez (*Tell*) les histoires suivantes. Utilisez les verbes *vouloir, devoir* et *ne pas pouvoir*[3] selon le modèle.

MODÈLE: Jacques: être riche / travailler / aller au cinéma →
        Jacques veut être riche. Il doit beaucoup travailler. Il ne peut pas aller au cinéma.

1. Pierre: être banquier / comprendre les chiffres / rêver au travail
2. les étudiants: réussir aux examens / écouter le professeur / parler en classe
3. Claudine: préparer une mousse au chocolat / employer du sucre, du chocolat et de la crème / employer des huîtres
4. l'épicier: avoir beaucoup de clients / être agréable / être désagréable

C. Conversation imaginaire. Parlez avec un(e) vendeur(euse) imaginaire. Utilisez les verbes *pouvoir, vouloir* et *devoir* et les adjectifs démonstratifs.

Expressions utiles: vouloir acheter, vouloir dire, devoir être bien fait(e), devoir essayer cette robe (ce complet, ces jeans), pouvoir choisir, pouvoir porter (ce pull à l'Opéra), devoir payer en espèces (*cash*) (avec des chèques de voyage, avec une carte de crédit)

Mise en pratique

ACTIVITÉS: Faisons des achats!

A. On fait des achats. Faites des phrases complètes.

1. Marc / vouloir / faire des achats 2. dans / quel / quartier / vouloir / il / aller? 3. on / ne... pas / pouvoir / passer / trop / temps / ville 4. nous / devoir / retourner / classe / une heure 5. vouloir / tu / laisser / ton / porte-feuille (*wallet*) / maison? 6. je / devoir / passer à / la pharmacie 7. quel / pharmacie / préférer / tu? 8. je / aimer / ce / pharmacie / là 9. pouvoir / tu / prêter / argent / à[4] / mon / amie? 10. je / ne... pas / devoir / emprunter (*to borrow*) / argent / à[4] / Bernard

---

[3]When **ne pas** negates an infinitive, both elements precede the infinitive: **Il dit au client de *ne pas* payer.** *He tells the customer not to pay.*

[4]The verbs **prêter** (*to lend*) and **emprunter** (*to borrow*) are always followed by the preposition à before an indirect noun object: **Je *prête* cinq dollars à ma sœur.** *I lend my sister five dollars.*

B. Dans une boutique. Composez un dialogue entre la vendeuse et le client.

La vendeuse	*Le client*

1. Demandez au client ce qu'il désire.

2. Répondez à la vendeuse que vous voulez un cadeau pour une amie.

3. Demandez au client quelle sorte de cadeau il veut regarder.

4. Répondez que vous cherchez un beau sac.

5. Demandez quel type de sac il cherche.

6. Répondez que vous ne devez pas dépenser beaucoup, mais que vous voulez un sac en cuir (*leather*) marron. Demandez s'il y a des sacs de cette sorte dans la boutique.

7. Répondez oui mais qu'ils ne sont pas très bon marché.

8. Demandez s'il existe des sacs à prix modérés. Demandez si elle peut pouvez montrer ces sacs-là.

9. Répondez « bien sûr ». Demandez au client s'il veut bien attendre un moment.

10. Répondez « bien sûr » et « merci bien ».

Maintenant, terminez la transaction d'une manière originale.

C. Notre budget. Complétez les phrases suivantes selon votre opinion personnelle. Utilisez *devoir, pouvoir* ou *vouloir* dans chaque phrase.

> MODÈLE: Les étudiants... ⟶ Les étudiants doivent faire attention à leur budget. Ils ne peuvent pas dépenser trop d'argent pour les vêtements.

1. Les étudiant(e)s... 2. Les parents... 3. Le professeur... 4. Les commerçants... 5. Je...

D. La publicité (*Advertising*). Faites de la publicité. Essayez de vendre ces produits à vos amis. Employez *devoir, pouvoir* ou *vouloir*. Voici les produits et quelques expressions utiles:

Des chocolats: aimer, désirer, manger, l'amour, l'anniversaire, bon, tout le monde devoir / vouloir goûter...

Une eau minérale: préférer, bonne, le prix, individualiste, la santé (*health*), avoir soif, boire, célèbre, ne pas coûter cher...

Une montre (*watch*): indiquer l'heure exacte, admirer, élégante, personne sportive, avoir de la chance...

Du cognac: excellent, soirée élégante, bons amis, grandes occasions...

Maintenant, choisissez un autre produit et faites de la publicité.

E. Questions personnelles. Répondez à ces questions et posez les mêmes questions à d'autres camarades.

1. Aimez-vous ou détestez-vous faire des achats? Qu'est-ce que vous aimez acheter? Qu'est-ce que vous n'aimez pas acheter?

2. Dans quelles sortes de magasins aimez-vous aller? Quand? Pourquoi?

3. Payez-vous toutes vos dépenses? Avez-vous une bourse (*scholarship*)? Empruntez-vous de l'argent à l'université? Partagez-vous les dépenses avec vos parents? avec votre mari/votre femme? avec des ami(e)s? Êtes-vous toujours d'accord avec ces personnes sur le budget et les dépenses?
4. Établissez-vous un budget? Pouvez-vous respecter votre budget? Si non, que faites-vous?
5. Êtes-vous un(e) consommateur(trice) impulsif(ive) ou raisonnable? Prenez-vous parfois des risques?
6. Travaillez-vous? Où? Gagnez-vous de l'argent? Votre salaire est-il suffisant?
7. Empruntez-vous parfois de l'argent? Pourquoi? A qui? Devez-vous de l'argent en ce moment (*now*)? Rendez-vous toujours l'argent que vous empruntez? Prêtez-vous parfois de l'argent? Dans quelles circonstances?

F. Une journée imaginaire. Imaginez que vous êtes très riche et que vous faites des achats (avec votre chauffeur, bien sûr). Décrivez votre journée: les magasins, les articles achetés (et pourquoi), les prix, votre déjeuner, etc.

Mots à retenir

VERBES

ajouter	*to add*	gagner	*to earn; to win*
coûter	*to cost*	goûter	*to taste*
changer de l'argent	*to exchange currency*	pouvoir	*to be able to*
dépenser	*to spend*	prêter (à)	*to lend*
devoir	*to owe; to have to, to be obliged to*	rêver	*to dream*
		toucher (un chèque)	*to cash (a check)*
emporter	*to take away, carry away*	vouloir	*to want*
		vouloir bien	*to be willing to; to be glad to*
emprunter (à)	*to borrow*		
faire les achats	*to shop*	vouloir dire	*to mean*

NOMS

la banque	*bank*	le centre-ville	*downtown*
la boutique	*(small) shop*	le compte	*account*
le (bureau de) change	*foreign exchange office*	la dépense	*expense; expenditure*
		la facture	*bill; statement*
le centime	*centime, 1/100th of a franc*	le franc	*franc*
		le grand magasin	*department store*
le centre commercial	*shopping center*	la montre	*wristwatch*

le morceau	piece (of food, of music)	la sorte	kind, sort
la nourriture	food	le traiteur	caterer, deli
le passeport	passport	le/la vendeur(euse)	salesperson
la pièce d'identité	identification	la vente	sales; selling
le porte-feuille	wallet	la vérité	truth

ADJECTIFS

bon marché (inv)	cheap, inexpensive	moyen(ne)	average, middle
court(e)	short	ouvert(e)	open
étranger (étrangère)	foreign	plusieurs	several
fermé(e)	closed		

MOTS DIVERS

à mon (votre, son) avis	in my (your, his/her) opinion	en ce moment	now, currently
bien sûr	of course, certainly	plutôt	instead, rather

12

La Communication et les médias

On trouve de quoi lire au kiosque:
des journaux, des revues, des magazines,
des livres de poche (paperbacks), des guides touristiques
et des plans de la ville.

Prélude: *Vocabulaire*

Pour communiquer

1. Nous écrivons...

2. Nous lisons...

3. Nous parlons...

4. Nous écoutons et nous regardons...

A. **Conseils** (*Advice*). Vous arrivez en France et vous êtes un peu perdu(e) (*lost*). Exposez votre problème et donnez des conseils, seul(e) ou avec un(e) camarade, selon le modèle.

MODÈLE: Je voudrais (*I'd like to*) trouver du travail. ⟶ Cherche un journal!

1. Je voudrais acheter un journal. 2. Je voudrais appeler un ami. 3. Je voudrais appeler une amie en Afrique et je n'ai pas son numéro. 4. Je voudrais acheter un timbre. 5. Je voudrais envoyer ma lettre. 6. Je voudrais regarder un bon film à la maison ce soir.

B. **La communication.** Répondez, s'il vous plaît.

1. *La correspondance.* Sur le dessin (*drawing*), où est la femme avec la lettre et la carte postale? Qu'est-ce qu'il y a sur l'enveloppe? Qu'est-ce qu'il y a dans la boîte aux lettres? Où sont les timbres? Comment commence une lettre formelle? une lettre à une amie? Comment terminez-vous une lettre à des amis?

2. *Au kiosque.* Où trouve-t-on des annonces? Où allez-vous pour acheter des journaux? Donnez le nom de quelques (*some*) journaux français. Est-ce que *Paris-Match* est un journal?

3. *Le téléphone.* Où allez-vous pour appeler vos amis? Où cherche-t-on un numéro? Est-ce que vous appelez souvent vos amis? Quelles pièces emploie-t-on pour appeler quelqu'un (*someone*) d'une cabine téléphonique? Quand le téléphone sonne (*rings*), comment répondez-vous?

4. *La télévision et la radio.* Comment choisissez-vous les émissions (*programs*) à la télévision ou à la radio? Quand aimez-vous mettre (*turn on*) votre radio ou votre poste de télévision? Pour écouter de la musique, préférez-vous la télé ou la radio? et pour écouter les nouvelles? Y a-t-il trop de publicité à la télévision américaine?

Dans les studios de Télévision Française 1, les speakers font le reportage des élections nationales françaises.

Quelques Verbes de communication

Dire bonjour

Lire un journal

Écrire une lettre

Mettre de l'argent

	Dire (to say, tell)	Lire (to read)	Écrire (to write)	Mettre (to place, put)
je	dis	lis	écris	mets
tu	dis	lis	écris	mets
il, elle, on	dit	lit	écrit	met
nous	disons	lisons	écrivons	mettons
vous	dites	lisez	écrivez	mettez
ils, elles	disent	lisent	écrivent	mettent

Another verb conjugated like **écrire** is **décrire** (*to describe*).

A. Au foyer (*student residence*) de la cité universitaire. Changez les phrases du singulier au pluriel et vice versa.

1. Ils disent bonjour au facteur (*mail carrier*). 2. Nous lisons les lettres de la famille. 3. Tu lis le télégramme de ton frère. 4. Il écrit une lettre à ses parents. 5. Vous écrivez dans votre journal. 6. Elles décrivent leur vie à l'université. 7. Je dis la vérité sur mes problèmes. 8. Tu décris tes professeurs. 9. Elle écrit l'adresse de ses parents sur l'enveloppe. 10. Ils lisent la carte postale de Jean.

B. Conversation. Donnez une réponse personnelle.

1. Qu'est-ce qu'on met sur les enveloppes? Qu'est-ce que nous mettons dans l'enveloppe? Qu'est-ce que vous écrivez à la fin d'une lettre à un(e) ami(e)?
2. Écrivez-vous souvent des lettres? des télégrammes? des romans (*novels*)?
3. Pour appeler quelqu'un d'une cabine téléphonique, qu'est-ce que vous mettez dans l'appareil?
4. Qu'est-ce que vous lisez tous les jours? Est-ce que vos amis lisent des journaux? Lisez-vous toujours les annonces (*ads*)?
5. Mettez-vous la télé tous les soirs? A quelle heure? Quelle émission mettez-vous d'abord? Qu'est-ce que vous dites de la télévision américaine?

Grammaire

29   *Affirmative and negative words and expressions*

Différences

Aux États-Unis...	En France...

Aux États-Unis...

Il y a *toujours* de la publicité pendant (*during*) les informations.

A une heure du matin, il y a *quelque chose* à la télé.

A une heure du matin, il y a *quelqu'un* devant la télé.
Il y a *encore* des émissions à quatre heures du matin.
Il y a *déjà* des téléspectateurs devant leur poste à six heures du matin.

   Avant dix heures, il y a des films *et* des feuilletons.

En France...

Il *n'*y a *jamais* de publicité pendant les informations.

A une heure du matin, il *n'*y a *rien* à la télé.

A une heure du matin, il *n'*y a *personne* devant la télé.
Il *n'*y a *plus* d'émissions à quatre heures du matin.
Il *n'*y a *pas encore* de télespectateurs devant leur poste à six heures du matin.

   Avant dix heures, il *n'*y a *ni* films *ni* feuilletons.

En France...?

1. est-ce qu'il y a de la publicité pendant les informations?
2. est-ce qu'il y a quelque chose à la télé à une heure du matin?
3. est-ce qu'il y a quelqu'un devant la télé à une heure du matin?
4. est-ce qu'il y a encore des émissions à quatre heures du matin?
5. est-ce qu'il y a déjà des téléspectateurs devant leur poste à six heures du matin?

A. Affirmative and negative expressions

Like **ne... pas,** other negative expressions combine **ne (n')** with another word. The particle **ne** precedes the conjugated verb, and the rest of the negative expression usually follows it. Affirmative adverbial expressions also follow the verb.

Affirmative expressions	*Negative expressions*
toujours (*always*), **parfois** (*sometimes*) Je regarde **toujours** (**parfois**) la télé.	**ne... jamais** (*never*) Je **ne** regarde **jamais** la télé.
quelque chose (*something*) Elle écrit **quelque chose** aujourd'hui.	**ne... rien** (*nothing*) Elle **n'**écrit **rien** aujourd'hui.
quelqu'un[1] (*someone*) Il y a **quelqu'un** ici ce matin.	**ne... personne** (*no one*) Il **n'y** a **personne** ici ce matin.
encore (*still*) J'ai **encore** envie de lire. J'ai **encore des** timbres.	**ne... plus** (*no longer, no more*) Je **n'ai plus** envie de lire. Je **n'ai plus de** timbres.
déjà (*already*) J'ai **déjà** des nouvelles de Pierre.	**ne... pas encore** (*not yet*) Je **n'ai pas encore** de nouvelles de Pierre.
ou (*or*) **et** (*and*) Il choisit le journal **ou** (**et**) la revue. Elle a des amis **et** de l'argent.	**ne... ni... ni** (*neither . . . nor*) Il **ne** choisit **ni** le journal **ni** la revue. Elle **n'a ni** amis, **ni** argent.

Differences
In the United States . . . There is always advertising during the news. At 1 A.M., there is something on TV. At 1 A.M., there is someone in front of the TV. There are still programs at 4 A.M. There are already TV viewers in front of their sets at 6 A.M. Before 10 A.M., there are movies and series. **In France . . .** There is never advertising during the news. At 1 A.M., there is nothing on TV. At 1 A.M., there is no one in front of the TV. There are no more programs at 4 A.M. There aren't yet any TV viewers in front of their sets at 6 A.M. Before 10 A.M., there are neither films nor series.

[1]**Quelqu'un** is invariable: the same form refers to both males and females.

B. Use of negative expressions

1. As with **ne... pas,** the indefinite article and the partitive article become **de (d')** when they follow negative expressions (exception: **ni... ni**). Definite articles do not change.

J'ai **encore des** lettres à écrire. Je **n'**ai **plus de** lettres à écrire.	*I still have some letters to write. I have no more letters to write.*
Elle a **déjà des** amis en France. Elle **n'**a **pas encore d'**amis en France.	*She already has some friends in France. She doesn't have any friends in France yet.*

but:

Nous admirons **encore le** système postal. Nous **n'**admirons **plus le** système postal.	*We still admire the postal system. We don't admire the postal system any longer.*

When **ni** in **ne... ni... ni** precedes a noun, the indefinite article as well as the partitive disappear altogether.

Je **n'**achète **ni** timbres **ni** enveloppes.	*I buy neither stamps nor envelopes.*

2. **Jamais, rien,** and **personne** may be used without **ne** when they answer a question.

Qu'est-ce qu'il y a à la télé? **Rien.**	*What's on TV? Nothing.*
Qui envoie des lettres? **Personne.**	*Who's sending some letters? No one.*
Quand vas-tu en France? **Jamais.**	*When are you going to France? Never.*

Jamais means *ever* when it is used in an affirmative question without **ne.**

Va-t-il **jamais** arriver?	*Will he ever arrive?*

Rien and **personne** can be used as the subject of a sentence, preceding **ne.** They can also be the object of a preposition.

Rien n'arrive aujourd'hui.	*Nothing is happening today.*
Il **ne** téléphone à **personne.**	*He doesn't call anyone.*

3. Negative and affirmative expressions with adjectives are formed with **quelque chose/quelqu'un/rien/personne** + **de (d')** + *a masculine singular adjective.*

quelque chose de bon	*something good*
quelqu'un d'intéressant	*someone interesting*
rien d'amusant	*nothing amusing*

| personne d'intelligent | *no one intelligent* |

Quelqu'un d'intéressant va parler.   *Someone interesting is going to speak.*

Je **n'**entends **rien d'amusant.**   *I don't hear anything funny.*

C. Ne... que

Ne... que and **seulement** both mean *only.* **Ne... que** is not a genuine negative expression, since it merely points out a limited quantity of something.

J'ai **seulement** une heure.   Je **n'**ai **qu'**une heure.   *I have only one hour.*

Il y a **seulement** trois chaînes.   Il **n'**y a **que** trois chaînes.   *There are only three channels.*

A votre tour

A. Mais si![2] Donnez une forme affirmative pour chaque phrase négative selon le modèle.

MODÈLE: Il n'y a personne à la porte. ⟶ Mais si! Il y a quelqu'un à la porte.

1. Il n'y a ni films ni informations à la télé.   2. Il n'y a rien dans ma boîte aux lettres.   3. Il n'y a jamais de nouvelles.   4. Il n'y a pas encore de nouvelles.   5. Il n'y a plus d'argent.

B. Une vie simple et une vie compliquée. Monique a une vie compliquée. Vous avez une vie plus simple. Donnez une forme négative pour chaque phrase affirmative, selon le modèle.

MODÈLE: Monique a toujours faim. ⟶ Je n'ai jamais faim.

1. Monique a des lettres et des cartes postales à écrire.   2. Monique a quelque chose à dire.   3. Monique a déjà des problèmes avec son nouveau poste de télé.   4. Monique a encore des examens à passer (*to take*).   5. Monique a quelqu'un à appeler.

C. Exercice de contradiction. Donnez le contraire des phrases suivantes.

MODÈLE: Le facteur passe toujours à huit heures. ⟶
        Le facteur ne passe jamais à huit heures.

1. Aujourd'hui il y a quelque chose d'intéressant à la télé.   2. Quelqu'un écrit une lettre.   3. Ils disent toujours la vérité dans les journaux.   4. Il y a un timbre et une adresse sur l'enveloppe.   5. Je voudrais *Paris-Match* ou *Le Monde*.   6. J'ai quelque chose d'intéressant à dire.

[2]**Si** means *yes* when used to contradict a negative statement.

« *Ouf! Quel monde fou* (crowd) *dans les rues! Moi, je ne descends que pour poster ma lettre.* »

D. Dans la rue (*street*). Vous entendez des fragments de conversation. Utilisez les expressions *quelque chose de, quelqu'un de, rien de* ou *personne de* dans les fragments pour remplacer les mots en italique.

MODÈLE: J'écris à *une personne* importante. ⟶
   J'écris à quelqu'un d'important.

1. Il y a *des événements* (*events*) nouveaux à l'université.   2. Tu n'envoies jamais *d'objet* intéressant.[3]   3. Je cherche *un objet* drôle pour son anniversaire.   4. Il y a *une* nouvelle *femme* dans le gouvernement.   5. Vous ne mettez jamais *d'ingrédient* salé dans une mousse.   6. Vous trouvez toujours *une personne* amusante dans cette émission.

E. Discussion. Répondez aux questions de votre ami(e) à la forme affirmative *et* à la forme négative.

1. Y a-t-il quelque chose d'intéressant à la télé aujourd'hui?   2. Veux-tu regarder les informations et le sport?   3. Va-t-on encore regarder un match de football?   4. Ne regardes-tu jamais les feuilletons?   5. Est-il déjà trop tard pour le film?   6. Est-ce qu'il y a parfois des émissions utiles?   7. Aimes-tu encore la télé?

F. Vos goûts (*Tastes*). Changez de **seulement** à **ne... que** selon le modèle.

MODÈLE: J'ai seulement une émission favorite. ⟶
   Je n'ai qu'une émission favorite.

1. Elle regarde seulement les informations.   2. Nous aimons seulement les films d'amour.   3. Tu choisis seulement les westerns.   4. Il y a seulement une personne importante dans cette émission.   5. Elle choisit seulement des programmes de musique.   6. Il aime seulement deux émissions.

---

[3]Note that a double negative is possible in French: **Elle ne dit jamais rien.** *She never says anything.*

G. Conversation. Quelle est votre réponse?

1. Est-ce que vous écrivez parfois des lettres philosophiques à quelqu'un? des lettres humoristiques? 2. Êtes-vous parfois devant la télé à trois heures de l'après-midi? à trois heures du matin? Qu'est-ce que vous regardez à ces heures-là? 3. Est-ce que vous lisez quelque chose d'intéressant cette semaine? 4. Dites-vous parfois quelque chose de passionnant (*fascinating*) en classe? 5. Le professeur dit-il quelque chose de passionnant aujourd'hui? 6. Avez-vous encore vos livres de l'école (*school*) primaire? de l'école secondaire? de l'année passée? 7. Est-ce qu'il y a quelqu'un d'important dans votre vie? dans votre classe de français? 8. Est-ce que vous avez déjà une maison? une voiture?

30 *Direct object pronouns*

Annick au téléphone

« Décrochez le récepteur. » Voilà, je *le* décroche.
« Mettez trois pièces de vingt centimes. » Je *les* mets... bon.
« Composez votre numéro. » Qu'est-ce que c'est, déjà? Ah! *Le* voilà.
Allô? allô? allô? Zut. Ça ne marche pas.
Bon, eh bien, ma bonne nouvelle, je vais *l'*envoyer par télégramme.

Trouvez la réponse correcte et complétez la phrase.

1. Qu'est-ce qu'Annick fait avec le récepteur?
2. Qu'est-ce qu'elle fait avec les pièces de vingt centimes?
3. Qu'est-ce qu'elle fait avec le numéro?
4. Qu'est-ce qu'Annick va faire de sa bonne nouvelle?

a. Elle _____ met.
b. Elle va _____ envoyer par télégramme.
c. Elle _____ décroche.
d. Elle _____ compose.

Annick on the telephone
"Pick up the receiver." OK, I pick it up. "Put in three twenty-centime pieces." I put them in . . . good. "Dial your number." What is it, now? Ah! Here it is. Hello? hello? hello? Darn. It doesn't work. Well, OK, as for my good news, I'll send it by telegram.

A. Direct object nouns and pronouns

Direct objects are nouns that receive the action of a verb. They usually answer the question *what?* or *whom?* For example, in the sentence *Robert dials the number,* the word *number* is the direct object of the verb *dials.*

Il me voit — He sees me.

Direct object pronouns replace direct object nouns: *Robert dials it.* In general, direct object pronouns replace nouns that refer to specific persons, places, objects, or situations—that is, nouns that have a definite article, a possessive adjective, or a demonstrative adjective, and proper nouns with no article.

J'admire **la France.** Je l'admire.	*I admire France. I admire it.*
Je regarde **ma sœur.** Je la regarde.	*I look at my sister. I look at her.*

B. Forms and position of direct object pronouns

Direct object pronouns

me (m')	me	nous	us
te (t')	you	vous	you
le (l')	him, it	les	them
la (l')	her, it		

Robert compose **le numéro.**
Robert **le** compose.

Usually, French direct object pronouns immediately precede the verb. Third-person direct object pronouns agree in gender and number with the nouns they replace: **le** replaces a masculine singular noun, **la** replaces a feminine singular noun, and **les** replaces plural nouns.

Pierre lit-il **le journal?** Oui, il **le** lit.	*Is Pierre reading the newspaper? Yes, he's reading it.*
Veux-tu **ma revue?** Oui, je **la** veux.	*Do you want my magazine? Yes, I want it.*
Vous postez **ces lettres?** Oui, je **les** poste.	*Are you mailing these letters? Yes, I'm mailing them.*

If the verb following the direct object pronoun begins with a vowel sound, the direct object pronouns **me, te, le,** and **la** become **m', t',** and **l'.**

J'achète **la carte postale.** Je l'achète.	*I'm buying the postcard. I'm buying it.*
Monique **t'**admire. Elle ne **m'**admire pas.	*Monique admires you. She doesn't admire me.*

If the direct object pronoun is the subject of an infinitive, it is placed immediately before the infinitive.

Annick va **chercher l'adresse.** Annick va **la chercher.**
Annick is going to look for the address. Annick is going to look for it.

Je vais **acheter les billets.** Je vais **les acheter.**
I'm going to buy the tickets. I'm going to buy them.

In negative sentences, the direct object pronoun always immediately precedes the verb of which it is the object.

Nous ne **regardons** pas **la télé.** Nous ne **la regardons** pas.
We don't watch TV. We don't watch it.

Je ne vais pas **acheter les billets.** Je ne vais pas **les acheter.**
I'm not going to buy the tickets. I'm not going to buy them.

The direct object pronouns also precede **voici** and **voilà.**

Le voici!
Here he (it) is!

Me voilà!
Here I am!

A votre tour

A. L'heure des nouvelles. Suivez le modèle.

MODÈLE: les nouvelles ⟶ Je les regarde.

1. la télévision   2. le journal   3. les informations   4. la revue   5. les petites annonces   6. l'annonce (*f*)   7. le documentaire (*film documentary*)   8. la publicité

B. Un coup de téléphone (*Phone call*). Suivez le modèle.

MODÈLE: Je cherche le bureau de poste. ⟶ Je le cherche.

1. Je cherche la cabine téléphonique.   2. Je regarde l'annuaire (*m*).   3. Je décroche le récepteur.   4. Je mets les pièces.   5. Je compose le numéro.
6. J'écoute mes amis.

C. Après le cours. Changez l'objet du singulier au pluriel.

MODÈLE: Il m'attend. ⟶ Il nous attend.

1. Il t'appelle.   2. Elle m'invite à dîner.   3. Il le cherche sur le campus.   4. Il me trouve devant la bibliothèque.   5. Elle t'invite à aller au cinéma.

D. **Des projets.** Christian fait toujours comme Christiane. Avec un(e) camarade, parlez de leurs projets selon le modèle.

> MODÈLE: choisir ce cours ⟶
> > *Vous:* Est-ce qu'elle va choisir ce cours?
> > *Un(e) ami(e):* Oui, et il va le choisir aussi.

1. acheter ces livres   2. chercher la salle de classe   3. étudier la philosophie
4. lire les romans de Flaubert   5. prendre le train pour Paris   6. visiter la France   7. écouter cette émission à la radio

E. **Deux conversations.** Avec un(e) camarade, jouez les rôles de deux personnes au téléphone.

> MODÈLE: *Vous:* Tu m'admires?
> > *Un(e) ami(e):* Non, je ne t'admire pas.

1. Tu m'écoutes?
2. Tu m'entends?
3. Tu m'aimes?
4. Tu me comprends?
5. Tu m'invites à dîner?
6. Tu m'appelles dimanche?

Maintenant, répétez la conversation précédente selon le modèle.

> MODÈLE: *Vous:* Vous m'admirez?
> > *Un(e) ami(e):* Oui, je vous admire.

Mise en pratique

DIALOGUE: Les Plaisirs du petit écran°

petit... *TV screen*

Samedi soir à la résidence universitaire: dans la salle de
séjour, Yvonne lit un journal, Guy feuillette° la liste des
programmes télévisés de la semaine. Alex entre, une pile de
livres et de papiers dans les bras.°

ALEX: (*avec énergie*) Alors, qu'est-ce qu'on fait? Moi,° je
vais étudier l'informatique° et préparer un exposé.°
Yvonne, toujours ce journal! Tu comprends, je le
lis parfois aussi. Mais ça° ne me satisfait plus. On
ne parle que des problèmes politiques, de
l'obstination des gouvernements et des mauvaises
décisions administratives.... Ces jours-ci, je n'aime
que la science!

is leafing through

arms

Me
computer programming / report

it (short form of **cela**)*

YVONNE: Alex, je te comprends. Mais pour moi, lire les nouvelles est indispensable. Je n'ai pas encore ta confiance en la science. Ni mes cours ni le cinéma ni le petit écran ne peuvent donner la variété d'opinions que° je trouve dans la presse internationale et dans les livres.

that

GUY: (*qui interrompt*°) Mes amis, c'est le samedi soir! Nous ne devons discuter ni politique ni informatique! Mettons plutôt la télé. Les trois chaînes ont toujours quelque chose de bon. Ce soir, par exemple, il y a un nouveau feuilleton, et puis° l'Orchestre des jeunes de l'Europe, et enfin° sur A2, « Les Hommes préfèrent les blondes » avec la grande Marilyn. (*Yvonne prend le guide.*)

interrupts

then

finally

YVONNE: Ah voilà, sur TF1 un reportage sur le Mexique, et une interview avec le directeur général d'IBM, et ensuite, une causerie° avec six grands écrivains de la gauche°... et puis...

chat

écrivains... leftist writers

ALEX: Ah oui, regarde. A 20h30,[4] « L'Odysée du futur » sur la robotisation, à 22h30, « L'Aventure des plantes », et puis on peut regarder « L'Informatique° et vous »...

data processing

(*Guy soupire,*° *va vers le téléphone et compose un numéro.*)

sighs

GUY: Christine? C'est Guy à l'appareil.° Je suis là avec Alex et Yvonne. Nous n'avons rien à faire et nous voulons aller ce soir dans une boîte° du quartier. Tu veux nous accompagner?... Bon, alors, on passe te chercher.°

C'est... It's Guy.

night club

on... we'll come by to pick you up

A. Désaccord. Répondez aux questions suivantes selon le dialogue.

1. Que font les étudiants à la résidence universitaire?   2. Qu'est-ce qu'Alex veut faire ce soir-là?   3. Qu'est-ce qu'Yvonne préfère faire?   4. Qu'est-ce qu'Alex préfère aux nouvelles politiques? Pourquoi?   5. Pourquoi Yvonne n'est-elle pas d'accord avec Alex?   6. Que fait Guy pour mettre fin (*put an end*) à leur discussion?   7. Selon Guy, qu'est-ce qu'il y a à la télé ce soir-là? Et selon Yvonne? Et selon Alex?   8. Les trois amis peuvent-ils regarder la télé ensemble ce soir-là?   9. Qui trouve la solution à leur problème? Quelle est cette solution? A votre avis, Alex et Yvonne vont-ils l'accepter?

B. Opinions. Que pensez-vous?

1. Qu'est-ce que vous aimez regarder à la télévision?   2. Qu'est-ce que vous aimez lire?   3. Lisez-vous quelque chose de bon en ce moment?   4. Y a-t-il souvent quelque chose d'intéressant à la télé?   5. Regardez-vous la télé seul(e) ou avec des ami(e)s? 6. Si vous ne trouvez rien d'intéressant, que faites-vous? Que font vos amis?

---

[4]8:30 P.M. In Europe, printed times are often listed according to a twenty-four-hour clock.

C. Une interview. Interviewez un(e) camarade de classe sur ses préférences. Votre camarade doit utiliser un pronom complément d'objet direct dans sa réponse affirmative ou négative.

1. Utilises-tu souvent le téléphone? 2. Appelles-tu souvent tes camarades de classe? tes professeurs? tes parents? 3. Est-ce que tes parents t'appellent souvent? tes amis? 4. Regardes-tu souvent la télé? 5. Aimes-tu regarder la publicité? 6. Aimes-tu écouter les nouvelles? les programmes de musique? 7. Préfères-tu apprendre les nouvelles dans le journal ou à la radio? à la radio ou à la télé? 8. Essaies-tu de comprendre la politique internationale? la philosophie existentialiste? 9. Achètes-tu le journal tous les jours? 10. Lis-tu les romans de Sartre? les romans de Bradbury? les romans de Michener?

D. Une semaine de télé. Étudiez le guide des programmes télévisés ci-dessous. Divisez la classe en groupes de trois personnes. Quelles émissions est-ce que chaque personne choisit? Vous devez essayer de persuader les autres de regarder vos émissions préférées.

MODÈLE: Regarde. Le 14 février, on passe « Borsalino ». Je vais regarder ce film parce que j'adore Jean-Paul Belmondo.

TELEVISION

LUNDI 8 FÉVRIER

15 h 25, TF1. Les couleurs de la vie. Francis Huster, Roger Frison-Roche, etc.
16 h 30, A2. Patinage artistique. Résumé filmé des meilleurs moments des championnats d'Europe.
18 h 30, A2. C'est la vie. Thème de la semaine : le bruit.
✻ **20 h 35, TF1. L'odyssée du futur.** Émission scientifique des frères Bogdanoff consacrée ce soir à la robotique : des grands mythes de l'imaginaire collectif aux réalités concrètes.
✻ **20 h 35, A2. La guerre de Troie n'aura pas lieu.** Pièce pacifiste admirablement écrite par Jean Giraudoux et mise en scène par Raymond Rouleau.
22 h 25, A2. Les rendez-vous. Magazine du théâtre.

MARDI 9

15 h, A2. Dunderklumpen. Film d'animation suédois réalisé en 1974 au terme de quatre années d'efforts.
20 h 30, TF1. La nouvelle malle des Indes. 6ᵉ épisode.
21 h 35, TF1. Les mercredis de l'information. Liverpool, la crise et la colère : enquête sur le chômage et sa fille la misère, en Angleterre.
✻✻ **22 h 30, TF1. L'aventure des plantes.** Remarquable série. 2ᵉ partie : la conquête de la terre.

MERCREDI 10

14 h, A2. Terre des bêtes. En direct de la SPA, à Gennevilliers, avec Brigitte Bardot. Autre star de l'émission : Edith Cresson.
17 h 25, A2. Les carnets de l'aventure. Compétition internationale de véliplanchistes à l'île Maurice.
20 h 30, FR3. Comme un roseau. Téléfilm français. Un quinquagénaire insouciant découvre l'idée de la mort. Avec Pierre Mondy.
20 h 35, TF1. Direct Paris-Lille. Variétés. Avec Marie-Paule Belle, Jacques Villeret, Roger Gicquel, etc.
20 h 35, A2. Chroniques martiennes. Série complètement ratée à partir des chefs-d'œuvre de Ray Bradbury.

JEUDI 11

14 h, A2. Aujourd'hui la vie. La médecine contre l'angoisse.
15 h, A2. Images d'une chirurgie. 1ʳᵉ partie : Michel Merle, spécialiste de la main.
16 h 45, A2. Une ferme de 45 000 hectares en Australie.
✻ **20 h 35, TF1. Une fine lame.** Série : « Julien Fontanes, magistrat ».
✻ **20 h 35, A2. Situations 82 : l'Espagne.** Émission de Pierre Dumayet et Igor Barrère.
21 h 40, A2. Les enfants du rock.
✻ **22 h 5, TF1. Lettres d'un bout du monde : le Mexique.** 1ʳᵉ partie.

VENDREDI 12

✻ **20 h 30, FR3. Le nouveau vendredi.** L'Allemagne, aujourd'hui.
✻ **20 h 35, TF1. L'intrus.** Téléfilm français, de François Moreuil, à la gloire de la marine nationale.
✻ **20 h 35, A2. Le chef de famille.** Nouveau feuilleton sentimental et décoratif de Nina Companeez, avec Edwige Feuillère, Fanny Ardant, etc.
21 h 30, FR3. Le Rhin. Évocation historico-culturelle rapide.
✻ **21 h 35, TF1. Le Mexique.** Suite de l'émission d'hier.

SAMEDI 13

✻ **20 h 30, FR3. Peines d'amour perdues,** de Shakespeare, en direct du Théâtre national de Strasbourg.
20 h 35, TF1. Droit de réponse.

DIMANCHE 14

16 h 35, FR3. Denis Manuel lit Jacques Rivière.
17 h 30, FR3. Les acteurs de bonne foi, de Marivaux, par les Comédiens-Français.
20 h 30, FR3. L'art et la décadence. Série : « Haute curiosité ».
20 h 35, A2. Gala du Midem.
✻ **21 h 40, A2. Moi, je...** Nouveau magazine de Pascale Breugnot et Bernard Bouthier.

DU GRAND AU PETIT ÉCRAN

MARDI 9

✻✻ **20 h 30, FR3. La grande illusion.** C'est grâce à de tels classiques que l'on peut soutenir la thèse que l'art et le spectacle populaire, c'est tout un. Avec Gabin, von Stroheim, Dalio, Fresnay. Durée : 1 h 50.
✻ **20 h 35, A2. Les hommes préfèrent les blondes.** La version française gâche cette pétillante comédie musicale d'Howard Hawks. On est obligé de s'en contenter. Avec Marilyn Monroe et Jane Russel. Durée : 1 h 28.

JEUDI 11

20 h 30, FR3. Les soleils de l'île de Pâques. Une histoire fondée sur l'impossible racontée par le plus matérialiste des cinéastes français : Pierre Kast. Avec Alexandra Stewart, Françoise Brion. Durée : 1 h 48.

DIMANCHE 14

✻ **20 h 30, TF1. Borsalino.** Delon et Belmondo, malfrats de charme dans un film volontairement suranné. Durée : 2 h 6.
✻ **22 h 35, FR3. Hommage à D.W. Griffith.** Sept courts métrages (1909-1910). Durée : 1 h 18.

Mots à retenir

VERBES

décrire	*to describe*	lire	*to read*
dire	*to say; to tell*	mettre	*to put; to place; to put on; to turn on (TV)*
écrire	*to write*		
employer	*to use*	poster	*to mail*
envoyer	*to send*	sonner	*to ring*

NOMS

l'annonce (les petites annonces)	*advertisement (want ads)*	le facteur	*mail carrier*
		le feuilleton	*TV series; serial*
l'annuaire (*m*)	*telephone book*	le goût	*taste*
l'appareil (*m*)	*telephone; piece of equipment*	les informations (*f*)	*TV news*
		le journal	*newspaper*
la boîte aux lettres	*mailbox*	le kiosque	*kiosk; newsstand*
le bureau de poste (la poste)	*post office*	la lettre	*letter*
		les nouvelles (*f*)	*news*
la cabine téléphonique	*telephone booth*	le poste de télévision (la télé)	*television set*
la carte postale	*postcard*		
la chaîne	*channel; chain*	le programme	*program*
le coup de téléphone	*phone call*	la publicité	*advertising*
l'émission (*f*)	*program*	le roman	*novel*
l'enveloppe (*f*)	*envelope*	la rue	*street*
l'événement (*m*)	*event*	le télégramme	*telegram*
		le timbre	*postage stamp*

ADJECTIFS

quelques	*some, several*

MOTS DIVERS

déjà	*already*	pendant	*during*
enfin	*finally, last*	peut-être	*perhaps, maybe*
ne... jamais	*never*	puis	*then, afterward*
ne... ni... ni	*neither . . . nor*	quelque chose	*something*
ne... pas encore	*not yet*	quelqu'un	*someone*
ne... personne	*no one*	Qui est à l'appareil?	*Who's calling?*
ne... que	*only*	seulement	*only*
ne... rien	*nothing*	vers	*toward; around, about*
par	*by, through*		

Vive les vacances!

Côte d'Azur: Deux vacancières
prennent le soleil sur une plage à Antibes.

Prélude: *Vocabulaire*

Vacances en France

A. Où passer les vacances? Quels sont les avantages touristiques des endroits (*places*) suivants?

1. Qu'est-ce qu'on peut faire dans les montagnes? 2. Dans les lacs? 3. Sur les plages (*beaches*) 4. Sur les routes de campagne (*country*)? 5. Sur les fleuves (*rivers*)? 6. Dans les forêts?

B. Activités de vacances. Qu'est-ce qu'ils font?

1. Que fait un nageur? Où trouve-t-on beaucoup de nageurs? 2. Que fait un campeur? 3. Que fait un skieur? 4. Que fait un cycliste?

C. Vos vacances et vous. Donnez une réponse personnelle.

1. Où préférez-vous passer vos vacances? à la mer (*sea*)? à la montagne? à la campagne?
2. Qu'aimez-vous faire pendant vos vacances? du sport? autre chose?
3. Quelle région de France trouvez-vous intéressante pour les vacances?

D. Venez aux États-Unis! Présentez votre région à des touristes français. Y a-t-il des lacs, des fleuves, des montagnes, des plages, des villes intéressantes? Pourquoi les touristes doivent-ils passer leurs vacances dans votre région?

Les Verbes du groupe *partir*

Elles sortent dans la rue. — Le train part à midi. — Il dort. — Elle sert le café. — Il sent le café. — Elle ment à son père.

Partir (*to leave, depart*) is not conjugated like the "regular" **-ir** verbs (**finir**, etc.).

Present tense of **partir** (*to leave, to depart*)

servir — to serve

je	pars	nous	partons
tu	pars	vous	partez
il, elle, on	part	ils, elles	partent

Je **pars** en voyage.	*I'm going on a trip.*
Nous **partons** pour Paris ce soir.	*We're leaving for Paris tonight.*

Verbs conjugated like **partir** include: **dormir** (*to sleep*), **mentir** (*to lie*), **sentir** (*to smell; to feel; to sense*), **servir** (*to serve*), **sortir** (*to go out*).

Partir, sortir, and **quitter** all mean *to leave,* but they are used differently. **Partir** is either used alone or is followed by a preposition.

Je **pars**.	*I'm leaving.*
Elle **part de (pour)** Cannes.	*She's leaving from (for) Cannes.*

Sortir can also mean *to leave.* It is used like **partir,** either alone or with a preposition, to imply leaving an enclosed space (such as a house or office).

Je **sors**.	*I'm going out.*
Je **sors du** bureau.	*I'm leaving (going out of) the office.*

Quitter requires a direct object, either a place or a person.

Je **quitte Paris**.	*I'm leaving Paris.*
Elle **quitte** son **ami**.	*She's leaving her friend.*

Les Verbes du groupe *venir*

Elle vient à bicyclette.
Le voyage devient difficile.

Il revient de vacances.
Il tient sa valise.

Nous obtenons notre passeport aujourd'hui.

The verbs **venir** (*to come*) and **tenir** (*to hold*) are irregular.

revenir — to comback

Venir (*to come*)				**Tenir** (*to hold*)			
je	viens	nous	venons	je	tiens	nous	tenons
tu	viens	vous	venez	tu	tiens	vous	tenez
il, elle,		ils,		il, elle,		ils,	
on	vient	elles	viennent	on	tient	elles	tiennent

Nous **venons** de Saint-Malo.	*We come from Saint-Malo.*
Voici ma mère. Elle **tient** une lettre à la main.	*Here's my mother. She's holding a letter in her hand.*

Venir de + infinitive means *to have just* done something.

Je **viens de** nager.	*I have just been swimming.*

Nous venons de

Tenir à + infinitive means *to be eager or anxious* to do something.

Nous **tenons** beaucoup **à camper** cet été.	*We're very anxious to go camping this summer.*

Verbs conjugated like **venir** and **tenir** include: **devenir** (*to become*), **revenir** (*to come back*), and **obtenir** (*to get, obtain*).

A. Le programme d'une journée. Faites les substitutions.

1. *Jean-Marie* part en classe. (les étudiants, nous, tu, Christine, vous)
2. *Je* sors du travail à six heures. (nous, vous, elle, ils, vous)
3. *Nous* servons le dîner à huit heures. (nos amis, je, Paul, vous)
4. *Ils* sentent un bon repas. (je, nous, Jean-Marie, vous)
5. Les enfants dorment déjà. (mon père, l'étudiante, nous, mes parents)

192

Je me serve

I use

B. Bon voyage! Remplacez les mots entre parenthèses.

1. *Les Dupont* viennent de Saint-Malo. (nous, Christine, tu, je, vous)
2. En juin *ils* obtiennent un visa. (mon ami Pierre, tu, vous, nous, je)
3. *Ils* tiennent à visiter New York. (nous, je, vous, François, tu)
4. Après deux semaines *ils* deviennent très américains. (vous, Jean-François, tu, nous, je)
5. Mais en septembre *ils* reviennent à Saint-Malo. (tu, Marc, vous, je, elle, nous)

C. En français, s'il vous plaît. Utilisez *partir, quitter* ou *sortir.*

1. *I'm leaving my family.* 2. *He's leaving New York.* 3. *We are leaving for Saint-Malo tomorrow at 9:45.* 4. *He is leaving the room.* 5. *She is leaving now.* 6. *Let's leave at 1:45 p.m.* 7. *Nathalie is leaving the house with Renaud.* 8. *Are you going out with Georges?*

D. Au bord de la mer. Jean-Jacques pose des questions à un autre vacancier (*vacationer*), M. Duchêne. Avec un(e) camarade, jouez les deux rôles.

MODÈLE: *Jean-Jacques:* Allez-vous jouer au tennis cet après-midi? (*jouer au football*)
M. *Duchêne:* Non, parce que je viens de jouer au football.

1. Votre femme va-t-elle appeler ses parents? (*écrire une lettre à sa mère*)
2. Allons-nous chercher le numéro de téléphone du nouveau restaurant? (*trouver l'adresse*) 3. Votre fils va-t-il partir bientôt? (*arriver*) 4. Vos filles vont-elles venir avec nous? (*quitter l'hôtel*) 5. Jacques va-t-il revenir ce soir? (*partir pour Paris*) 6. Allez-vous acheter des billets? (*changer de destination*) 7. Allez-vous sortir ce soir? (*passer la journée en ville*) 8. Allez-vous dormir sous votre tente ce week-end? (*la prêter à des amis*)

E. Conversation. Vous êtes assis(e) (*seated*) dans le train à côté d'un(e) autre étudiant(e). Le voyage est long: vous commencez à poser des questions. Vous répondez tous les deux. Utilisez *vous* ou *tu.*

1. Où allez-vous maintenant? D'où venez-vous? Que faites-vous? Qu'est-ce que vous venez de faire? 2. Venez-vous de parler avec un(e) ami(e)? Venez-vous de manger ou de boire? 3. Qu'est-ce que vous tenez à faire maintenant? 4. Partez-vous souvent en voyage? Où aimez-vous aller? Quel voyage est-ce que vous venez de faire? 5. Partez-vous souvent pendant le week-end? Où allez-vous généralement? 6. Quand vous ne partez pas le week-end, restez-vous à la maison ou sortez-vous avec des amis? Sortez-vous souvent pendant la semaine? 7. Dormez-vous tard pendant la semaine? et pendant le week-end? 8. Devenez-vous désagréable si quelqu'un fume à côté de vous? Sentez-vous une différence si un(e) ami(e) arrête (*stops*) de fumer? Devient-il/elle plus calme? plus nerveux(euse)? 9. Dites-vous toujours la vérité? Est-ce que vous mentez parfois? Quand? Pourquoi? Est-ce qu'il est parfois nécessaire de mentir?

Grammaire

31 | *The* passé composé *with* avoir

A l'hôtel: La propriétaire répond au client.

LA PROPRIÉTAIRE: Oui, nous *avons ajouté* une aile en 1981. Mon mari a beaucoup *travaillé* lui-même. Nous *avons changé* le décor des autres chambres et notre clientèle a *augmenté*.

LE CLIENT: L'année passée, j'*ai payé* quatre vingts francs et cette année je vais payer cent vingt francs. Le prix des chambres a *augmenté* aussi.

LA PROPRIÉTAIRE: Ah, vous *avez remarqué*.

LE CLIENT: Oui, le progrès coûte cher! Ne faites pas de travaux pour l'année prochaine, s'il vous plaît!

1. Qu'est-ce que la propriétaire dit à propos de la nouvelle aile et du décor des chambres?
2. Qu'est-ce que le propriétaire a fait?
3. Qu'est-ce que le client dit à propos du prix?
4. Quelles sont les deux choses qui ont augmenté?

A. The *passé composé*

In English, a number of different tenses are used to express the past. Here are examples of a few of them:

I noticed the hotel in the guidebook. Did you notice it too? We have stayed at this hotel before. I always used to stay here.

At the hotel: the owner answers the customer (guest).
OWNER: Yes, we added a wing in 1981. My husband worked a lot (did a lot of the work) himself. We changed the decor of the other bedrooms, and our clientele has increased. GUEST: Last year I paid eighty francs, and this year I'm going to pay one hundred twenty francs. The price of the rooms has increased, too. OWNER: Ah, you noticed. GUEST: Yes, progress is expensive! Don't do any more work for next year, please!

There are several past tenses in French, also. The **passé composé**, the compound past tense, is the most commonly used to indicate simple past actions. It describes events that began and ended at some point in the past. The **passé composé** of most verbs is formed with the present tense of the auxiliary verb **avoir** plus a past participle.[1]

Passé composé *of* **voyager** (*to travel*): **avoir** + **voyagé**

j'	ai voyagé	nous	avons voyagé
tu	as voyagé	vous	avez voyagé
il, elle, on	a voyagé	ils, elles	ont voyagé

The **passé composé** has several equivalents in English. For example, **j'ai voyagé** can mean *I traveled, I have traveled,* or *I did travel.*

B. Formation of the past participle

1.   To form regular past participles of **-er** and **-ir** verbs, the final **-r** is dropped from the infinitive. For **-er** verbs, an **accent aigu** (´) is added to the final **-e**. For regular past participles of **-re** verbs, the **-re** is dropped and **-u** is added.

acheter ⟶ **acheté**
   J'ai acheté de nouvelles valises pour les grandes vacances.

I bought some new suitcases for summer vacation.

choisir ⟶ **choisi**
   Tu **as choisi** la date de ton départ?

Have you chosen your departure date?

perdre ⟶ **perdu**
   Nous **avons perdu** nos clefs.

We lost our keys.

2.   Some verbs have irregular past participles.

Verbs with past participles ending in **-u:**

avoir:	**eu**	pleuvoir:	**plu**
boire:	**bu**	pouvoir:	**pu**
devoir:	**dû**	obtenir:	**obtenu**
lire:	**lu**	vouloir:	**voulu**

Nous **avons eu** chaud.

We were hot. (We got hot.)

Il **a plu** toute la semaine.

It rained all week.

Jeanne **a voulu** aller à la plage.

Jeanne wanted to go to the beach.

Ils **ont tenu** à camper avec nous.

They insisted on camping with us.

---

[1]Some verbs form the **passé composé** with **être** plus the past participle; these verbs will be studied in Chapter 15.

Verbs with past participles ending in -t:

décrire: **décrit**   dire: **dit**   écrire: **écrit**   faire: **fait**

Nous **avons dit** oui.   *We said yes.*

Tu **as écrit** à l'hôtel?   *Did you write to the hotel?*

Verbs with past participles ending in -s:

mettre: **mis**   prendre: **pris**

*Verbs like **prendre:** apprendre (**appris**), comprendre (**compris**)*

Hier nous **avons pris** le soleil au bord   *We sat in the sun (sunbathed) yesterday*
de la mer.   *at the seashore.*

J'**ai mis** une chemise rouge.   *I put on a red shirt.*

*The past participle of **être:** été*

Mes vacances **ont été** formidables.   *My vacation was wonderful.*

Provence: Ces jeunes voyageurs ont-ils trouvé l'auberge de jeunesse sur le plan de la ville d'Avignon?

C. Negative and interrogative sentences in the *passé composé*

In negative sentences, the negative words surround the auxiliary verb (**avoir**).

Nous **n'avons jamais** voyagé en Suisse.	*We have never traveled to Switzerland.*
Vous **n'avez pas** porté de chandail?	*Didn't you wear a sweater?*

In questions with inversion, only the auxiliary verb and the subject are inverted. In negative questions with inversion, the negative words (**ne... pas, ne... plus,** and so on) surround the inverted auxiliary and subject pronoun.

Marie **a-t-elle demandé** le prix du billet?	*Did Marie ask the price of the ticket?*
Pourquoi **n'as-tu pas apporté** notre valise?	*Why didn't you bring our suitcase?*

A votre tour

ai   avons
as   avez
a   ont

A. A l'hôtel. Faites les substitutions.

1. Vous allez dans les montagnes? Oui, *nous* avons trouvé un excellent hôtel. (je, Marc, il, les autres, elle)   2. Avez-vous choisi une chambre? Oui, *j'ai* choisi une chambre. (Marie, nos cousins, vous, nous, Michel et Paul, il)   3. Que cherchez-vous? *Marie* a perdu la clef. (Marc, nous, je, vous, Marc et Paul, tu)

B. Tourisme. Qu'est-ce qu'ils ont fait pendant les vacances? Faites des phrases complètes au passé composé.

1. Thibaut / faire / bicyclette   2. vous / prendre le soleil / au bord de la mer   3. nous / prendre / beaucoup / photo   4. je / dormir / à / hôtel   5. tu / nager / dans / fleuve   6. ils / perdre / clefs   7. Sylvie / camper / dans / forêt   8. Michèle et Vincent / finir par / visiter / Paris

C. Jours de pluie. Mettez ces phrases au passé composé. Commencez par *Hier...*

1. Certains week-ends, il pleut.   2. Alors, je lis un bon livre.   3. Paula écrit à ses amis.   4. Jean prend les journaux de la semaine.   5. Thierry et Jean-Claude boivent l'apéritif.   6. Chantal, tu fais la sieste.   7. Vous avez beaucoup de choses à faire.   8. Nous sommes contents de rester à la cité universitaire.

D. A Aix-en-Provence. Thierry donne des conseils à ses cousins Chantal et Jean-Claude... mais trop tard. Avec deux camarades, jouez les rôles selon le modèle.

MODÈLE: visiter Aix-en-Provence ⟶
   Thierry: Visitez Aix-en-Provence.
   Chantal ou Jean-Claude: Nous avons déjà visité Aix-en-Provence!

1. faire une promenade dans la vieille ville   2. prendre une photo de l'amphithéâtre romain   3. boire l'eau de la fontaine sur la place   4. dire bonjour au patron du Café Fleur   5. lire les inscriptions romaines sur les monuments   6. apprendre l'histoire de France   7. acheter des cartes postales   8. décrire la ville à vos parents

E. Une journée à la plage. Mettez cette histoire au passé composé.

Dimanche, Albert décide d'aller à la plage. Il prend l'autobus. Il met son maillot de bain. Il prend le soleil. Il nage. Il lit le journal. Il écrit une carte postale. L'après-midi il pleut. Il doit quitter la plage. Il attend dans un bar. Il a soif. Il boit une eau minérale.

32 *Agreement of the past participle*

Départ en vacances

HENRI: Voyons, les passeports... nous les avons emportés.

JOSETTE: L'appareil-photo, tu l'as mis dans la valise?

HENRI: Oui, il ne reste qu'une chose... et nous l'avons oubliée!

JOSETTE: Qu'est-ce que c'est? La valise... bien sûr!

1. Les passeports, est-ce qu'ils les ont emportés ou oubliés?
2. L'appareil-photo, l'ont-ils emporté ou oublié?
3. La valise, est-ce qu'ils l'ont emportée ou oubliée?

In the **passé composé,** the past participle is generally used in its basic form. However, when a direct object—noun or pronoun—precedes the auxiliary verb **avoir** plus the past participle, the participle agrees with the preceding direct object in gender and number.

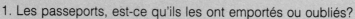

Going on vacation
HENRI: Let's see, the passports . . . we've brought them. JOSETTE: The camera, did you put it in the suitcase? HENRI: Yes, there's only one thing left . . . and we forgot it! JOSETTE: What is it? The suitcase . . . of course!

J'ai choisi l'endroit.　　　　　　　J'ai choisi **les** endroits.

Je l'ai **choisi**.　　　　　　　　　Je **les** ai **choisis**.

J'ai choisi **la valise**.　　　　　　J'ai choisi **les valises**.

Je l'ai **choisie**.　　　　　　　　Je **les** ai **choisies**.

Quels appareils avez-vous **achetés?**　　*Which cameras have you bought?*

Quelles amies avez-vous **rencontrées?**　*Which friends (f) did you meet?*

The agreement of the past participle is essentially a spelling rule. It can be heard only when the past participle ends in a consonant and the agreement is with a preceding feminine direct object: **Elle a mis** [mi] **la robe. Elle l'a mise** [miz].

A votre tour

A. Croisière (*Cruise*). Remplacez le mot en italique par un pronom complément d'objet direct. Attention à l'accord (*agreement*) du participe passé!

MODÈLE: J'ai choisi la *chambre*. ⟶ Je l'ai choisie.

1. J'ai acheté les *billets*. *Je l'ai acheté*
2. J'ai fait ma *valise*.
3. J'ai attendu les *voyageurs*. *J'ai les attendu*
4. J'ai quitté le *port*.
5. J'ai pris cette *photo*.
6. J'ai mangé le *poisson*.
7. J'ai admiré la *mer*.
8. J'ai décrit les *gens* dans mes lettres.
9. J'ai aimé le *voyage*.

B. En voyage. Remplacez les mots entre parenthèses.

1. Vous avez perdu votre *sac?* Oui, je l'ai perdu. (billets, parapluie, valises, manteau, clef, chandails)
2. Avez-vous écrit cette *lettre?* Oui, je l'ai écrite. (télégramme, adresses, numéros de téléphone, histoire)
3. As-tu loué la *chambre?* Oui, je l'ai louée. (appartements, voitures, skis, bicyclettes, maison)
4. Où as-tu mis la *clef?* Je l'ai mise sur la table. (passeport, valises, billets, carte, sac, lettres)

C. Vacances dans les Alpes. Jeanne va sortir. Il fait très froid. Sa mère l'interroge. Suivez le modèle.

MODÈLE: Ton manteau? ⟶ Oui, je l'ai mis.

1. Tes chaussures?
2. Ton pantalon?
3. Ton chapeau?
4. Ton tee-shirt?
5. Ta jupe?
6. Tes chandails?
7. Ton imperméable?
8. Tes chemisiers?

D. Préparatifs de départ. Répondez aux questions selon le modèle.

MODÈLE: Qui a fait les réservations? (je) ⟶ Je les ai faites.

1. Qui a envoyé le télégramme? (la patronne)   2. Qui a fait ta valise? (mon frère)   3. Qui a perdu vos clefs? (mes frères)   4. Qui a loué l'appartement? (Martine et Paul)   5. Qui a mis la chemise bleue dans ta valise? (nous)   6. Qui a trouvé les chapeaux? (elles)   7. Qui a écrit ton adresse sur la valise? (vous)   8. Qui a emporté ton passeport? (l'employé)   9. Qui a appelé les propriétaires? (tu)   10. Qui a appris les heures de départ et d'arrivée? (ils)

Mise en pratique

ACTIVITÉS: Partons en vacances!

A. Le week-end dernier. L'avez-vous passé chez vous ou en vacances? Quel temps a-t-il fait? Qu'est-ce que vous avez fait? Décrivez votre week-end et utilisez les suggestions suivantes.

dormir tard	faire de la bicyclette	finir les devoirs
faire du sport	nager	regarder un film
regarder la télévision	faire du bateau	danser
lire un livre	skier	dîner dans un grand
boire beaucoup de café	travailler	restaurant
prendre un petit	rendre visite à des amis	inviter des amis
déjeuner copieux	jouer aux cartes	passer la soirée
(*large*)	écrire des lettres	avec _____?
pique-niquer	étudier une leçon	

B. Un jeu. Qu'est-ce que vous avez mis dans la valise? Une première personne met un objet dans la valise. Une deuxième personne met un deuxième objet dans la valise sans oublier d'ajouter (*to add*) le premier objet... Faites attention! La personne qui oublie un objet a perdu le jeu.

MODÈLE: J'ai fait ma valise et j'ai mis *mon chapeau.* ⟶
J'ai fait ma valise et j'ai mis *mon chapeau et des billets.* ⟶ ???

C. Les voyages—plaisirs et problèmes. Avec un(e) ami(e), vous allez faire un voyage en France au mois de juin.

Préparatifs de départ. Écrivez une lettre à l'Hôtel Dupont, Paris, pour réserver une chambre. Vous voulez rester à l'hôtel pendant quatre jours. Commencez par: Chers Messieurs, J'arrive dans votre ville le...

Problèmes des touristes. Vous avez écrit à l'Hôtel Thibaud pour réserver une chambre à deux lits. Ils ont répondu qu'ils vous ont réservé une chambre pour deux avec douche, à un prix de cent francs, petit déjeuner compris. Mais à votre arrivée ils n'ont qu'une petite chambre à un lit, sans douche, qui sent la fumée et qui coûte quatre-vingt-dix francs, petit déjeuner compris. Jouez les rôles du touriste et du (de la) propriétaire de l'hôtel. Commencez par: Bonjour, Monsieur (Madame). Je suis _____ . J'ai réservé....

Plaisirs de voyage. Vous passez des vacances formidables en France. Écrivez une carte postale à vos amis.

Problèmes de voyage. A la fin de votre visite, vous n'avez plus d'argent. Envoyez un télégramme pour demander de l'argent à vos parents.

D. **Des vacances extraordinaires.** Avez-vous jamais passé des vacances extraordinaires? des vacances que vous n'allez jamais oublier? Quand? Avec qui? Pourquoi ces vacances ont-elles été extraordinaires? N'oubliez pas de parler des villes et curiosités que vous avez visitées, du temps qu'il a fait, des repas que vous avez pris, des aventures que vous avez eues, etc. Où avez-vous dormi? Qu'est-ce que vous avez emporté? Qu'est-ce que vous avez rapporté (*brought back*)? Qui avez-vous rencontré? Où allez-vous la prochaine fois?

Touraine, au bord de la Loire près du château de Chinon: Ces garçons font peut-être une excursion avec les autres membres de leur colonie (camp) de vacances.

Mots à retenir

VERBES

camper	*to camp*	remarquer	*to notice; to remark*
devenir	*to become*	rencontrer	*to meet; to encounter*
dormir	*to sleep*	revenir	*to come back; to return*
faire de la bicyclette (du bateau, du camping, du ski)	*to go bicycling (boating, camping, skiing)*	sentir	*to smell; to feel; to sense*
mentir	*to lie*	servir	*to serve*
nager	*to swim*	sortir	*to go out; to leave*
obtenir	*to obtain; to get*	tenir	*to hold*
partir	*to leave; to depart*	tenir à	*to be eager, anxious to (do something)*
prendre des photos	*to take pictures*	venir	*to come*
prendre le soleil	*to sun-bathe*	venir de	*to have just (done something)*
quitter	*to leave*		
raconter	*to tell, relate*		

NOMS

l'appareil-photo (m)	*(still) camera*	le lac	*lake*
l'arrivée (f)	*arrival*	la mer	*sea; ocean*
l'avion (m)	*airplane*	la montagne	*mountain*
la caméra	*movie camera*	la neige	*snow*
la campagne	*country; rural area*	le/la patron(ne)	*boss; owner*
la clef	*key*	la plage	*beach*
le départ	*departure*	la pluie	*rain*
l'endroit (m)	*place*	la route	*road*
le fleuve	*river*	les vacances (f)	*vacation*
la forêt	*forest*	le/la voisin(e)	*neighbor*

ADJECTIFS

dernier (dernière)	*last; past*	prochain(e)	*next*
passé(e)	*last; past*		

MOTS DIVERS

à l'étranger	*abroad*	hier	*yesterday*
à propos de	*about*	tard	*late*
au bord de	*at the edge; at the shore*	tôt	*early*

14

Régions de France

Une fête de village à Maillane en Provence

Prélude: Vocabulaire

Les Provinces françaises: régions traditionnelles

La France métropolitaine[1] est aujourd'hui un pays divisé en 95 départements administratifs, mais les Français—et leurs visiteurs étrangers—sont surtout conscients de la *province* qu'ils habitent ou qu'ils visitent. Il y a plus de trente anciennes divisions climatiques, géographiques, culturelles et même linguistiques. Cette carte montre les provinces les plus (*most*) célèbres.

A. Habitants de province. Trouvez sur la carte la province où habitent les Français(es) suivant(e)s.

MODÈLE: Jean est auvergnat. —> Il habite l'Auvergne.

1. Guy est savoyard. 2. Josette est limousine. 3. Mireille est provençale.
4. Marie-Élise est languedocienne. 5. Loïc est breton. 6. Cyrille est bourguignon.
7. Jacqueline est champenoise. 8. Henri est alsacien. 9. Antoinette est normande. 10. Louis est corse.

---

[1] « **La France métropolitaine** » refers to European France. There are in addition four overseas departments: Martinique, Guadeloupe, Réunion, and French Guiana. In 1964 France was also divided into 21 official entities that bear the names of the larger traditional provinces.

B. Souvenirs de voyage. Vous avez passé vos vacances en France. Vous avez visité les différentes régions et vous parlez de vos expériences. Utilisez la carte à la page 204. Voici des expressions utiles: la bière, la quiche, les crêpes, la tour Eiffel, la porcelaine, un château, un château fort, le vin, les fleurs, le champagne, le poisson, la vache.

MODÈLE: La Flandre ⟶ Nous avons bu de la bonne bière.

1. La Savoie   2. La Lorraine   3. La Provence   4. La Touraine   5. La Normandie
6. L'Île de France   7. La Bourgogne   8. La Bretagne   9. La Champagne   10. Le Limousin

Les Verbes *voir* et *croire*

The verbs **voir** (*to see*) and **croire** (*to believe*) are irregular in form.

Voir (*to see*)				
je	vois	nous	voyons
tu	vois	vous	voyez
il, elle, on	voit	ils, elles	voient
Past participle: vu			

Croire (*to believe*)				
je	crois	nous	croyons
tu	crois	vous	croyez
il, elle, on	croit	ils, elles	croient
Past participle: cru			

Nous **voyons** souvent nos amis.

We often see our friends.

J'**ai vu** Michèle à la plage la semaine passée.

I saw Michele at the beach last week.

Est-ce que tu **crois** cette histoire?

Do you believe this story?

Revoir (*to see again*) is conjugated like **voir**: Je les **revois** au mois d'août. *I'm seeing them again in August.*

Croire à means *to believe in* a concept or idea: Nous **croyons à** la chance. *We believe in luck.*

A. Une rencontre. Transformez les phrases suivantes.

1. *Je* vois une jeune fille sur la plage. (nous, tu, Paul, elles, vous, mon frère)   2. *Je* crois à la chance. (nous, elles, vous, tu, Marie et Paul, ma mère)   3. *Je* la revois demain. (ma sœur, nous, tu, ils, vous, Marie)   4. Et maintenant *je* ne vois qu'elle. (elle, ils, nous, mes frères et sœurs, tu)

B. Excursion dans les Alpes. Changez les phrases du singulier au pluriel ou vice versa.

1. Tu vois cette montagne?   2. Je ne la vois pas mais je te crois.   3. Croyez-vous la carte?   4. Non, mais nous croyons le guide.   5. Le guide ne voit pas de problèmes.   6. Il ne croit pas la carte non plus?   7. Tu as vu le guide?   8. Non, je ne crois pas...

C. Conversation avec une Française. Jacqueline a visité les États-Unis. Elle parle de son voyage. Imaginez comment elle a terminé les phrases suivantes.

J'ai vu _____.
Je voudrais revoir _____.
Les Américains croient à _____. Ils ne croient pas à _____.

Et vous? Avez-vous fait des voyages aux États-Unis? Comment terminez-vous ces phrases?

A gauche: la belle ville de Chamonix-Mont-Blanc, dans les Alpes françaises, centre touristique et de sports d'hiver; à droite: ces dames de Bretagne portent un costume traditionnel.

Grammaire

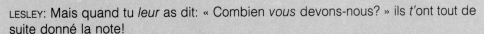

33 Indirect object pronouns

A l'hôtel: problèmes d'accents

JIM: Je *lui* ai dit « bonjour », elle *m'*a répondu « non merci ».

BILL: Nous *leur* avons demandé l'heure, ils *nous* ont répondu « demain ».

LESLEY: Mais quand tu *leur* as dit: « Combien *vous* devons-nous? » ils *t'*ont tout de suite donné la note!

Retrouvez la phrase correcte dans le dialogue.

1. J'ai dit « bonjour » à la patronne.
2. Nous avons demandé l'heure au patron et à la patronne.
3. Tu as dit au patron et à la patronne: « Combien vous devons-nous? »

A. Indirect objects

As you know, direct object nouns and pronouns answer the question *what?* or *whom?* Indirect object nouns and pronouns usually answer the questions *to whom?* or *for whom?* In English the word *to* is frequently omitted: I gave the book *to Paul.* —→ I gave *Paul* the book. In French, the preposition **à** is always used before an indirect object noun.

J'ai donné le livre à Paul.	*I gave the book to Paul.*
Elle a écrit une lettre à son ami.	*She wrote a letter to her friend.*
Nous montrons le château **aux** touristes.	*We show the chateau to the tourists.*
Elle prête de l'argent **à** sa famille.	*She lends money to her family.*

Je lui donné le livre - I gave it to him.

Je le lui donné - I gave it to him

At the hotel: problems with accents
JIM: I said "hello" to her, and she answered me "No thank you." BILL: We asked them for the time, and they answered us "Tomorrow." LESLEY: But when you said to them "How much do we owe you?" they gave you the bill right away!

If a sentence has an indirect object, it usually has a direct object also. Some French verbs, however, take only an indirect object. These include: **téléphoner à, parler à,** and **répondre à.**

Je téléphone (parle) à mes amis.   *I telephone (speak to) my friends.*

Elle a répondu à ma lettre.   *She has answered my letter.*

Je lui téléphone a lui.
Je elle appelle.

B. Indirect object pronouns

1. Indirect object pronouns replace indirect object nouns. They are identical in form to direct object pronouns, except for the third-person forms, **lui** and **leur.**

Indirect object pronouns

me	*(to/for) me*	**nous**	*(to/for) us*
te	*(to/for) you*	**vous**	*(to/for) you*
lui	*(to/for) him, her*	**leur**	*(to/for) them*

2. The placement of indirect object pronouns is identical to that of direct object pronouns. They immediately precede the conjugated verb or infinitive of which they are the indirect object. In the **passé composé,** they precede the auxiliary verb, just as direct object pronouns do. However, the past participle does not agree with a preceding indirect object.

Je **lui** ai montré la réception.   *I showed him (her) the (front) desk.*

On **m'**a demandé l'adresse de l'auberge de jeunesse.   *They asked me for the address of the youth hostel.*

Marcel **nous** a envoyé une carte postale.   *Marcel sent us a postcard.*

Nous n'allons pas encore **leur** téléphoner.   *We're not going to telephone them yet.*

Je **leur** ai emprunté la voiture.   *I borrowed the car from them.*

Il **m'**ont prêté de l'argent.   *They loaned me some money.*

3. In negative sentences, the object pronoun immediately precedes the conjugated verb.

Je **ne** t'ai **pas** donné les billets.   *I didn't give you the tickets.*

Elle **ne** lui a **pas** téléphoné.   *She hasn't telephoned him.*

A votre tour

A. Échanges. Jean-Michel et ses amis échangent souvent leurs affaires (*belongings*). Transformez les phrases suivantes pour décrire ces échanges.

1. A qui Jean-Michel prête-t-il son vélo (*bike*)? Il *me* prête son vélo. (te, nous, leur, vous, lui)
2. A qui donne-t-il sa carte? Il *me* donne sa carte. (nous, leur, vous, lui, te)
3. A qui vend-il ses skis? Il *me* vend ses skis. (lui, te, vous, nous, leur)

B. De grands voyageurs. Changez les phrases selon le modèle. N'oubliez pas que *téléphoner* prend un objet indirect et qu'*appeler* prend un objet direct.

MODÈLE: En hiver je les appelle à Chamonix. ⟶
En hiver je leur téléphone à Chamonix.

1. Au printemps je l'appelle en Bretagne.   2. En été je l'appelle sur la Côte d'Azur.   3. Quand il fait froid je les appelle à la maison.   4. En automne je les appelle à Paris.   5. Quand il pleut je l'appelle dans son appartement.
6. Pendant les vacances je les appelle sur leur yacht.

C. Retour de Provence. Qu'est-ce que Marc a fait pendant ses vacances en Provence? Suivez le modèle.

MODÈLE: J'ai parlé à un cycliste. ⟶ Je lui ai parlé.

1. J'ai montré des photos à des amis.   2. J'ai trouvé une belle chambre pour Claudine et moi.   3. J'ai prêté mon appareil-photo à Paul et à vous.   4. J'ai montré le paysage à Claudine et à Paul.   5. J'ai envoyé des cartes postales à ma mère.   6. J'ai emprunté une bicyclette à des amis.

D. Recommandations. Imaginez le dialogue entre Jean-Michel et ses parents avant son départ en Corse. Jouez les rôles selon le modèle.

MODÈLE: devoir / rendre / livres / Simon ⟶
Les parents: Tu dois rendre les livres à Simon.
Jean-Michel: Non, je ne vais pas lui rendre les livres.

1. devoir / téléphoner / ton professeur de français 2. devoir / parler / ta propriétaire 3. devoir / dire au revoir / nos voisins 4. ne... pas / devoir / emprunter / l'argent / tes amis 5. devoir / rendre visite / nous 6. devoir / écrire / nous

E. En français, s'il vous plaît. Marc parle de ses vacances en Normandie.

1. My French friends and I are spending our vacation at the beach.   2. I showed them the countryside.   3. I spoke to them about the region.   4. I sent postcards to my parents.   5. I explained (**expliquer**) the trip to them.   6. I telephoned a friend (**une amie**).   7. I talked to her about my vacation.   8. I bought her a gift.   9. I sent her a telegram, too.   10. My friends needed money, so I lent them some francs.
11. They lent me some clothes.   12. I haven't yet had the time to go (**le temps d'aller**) to the beach!

F. Êtes-vous communicatif(ve)? Employez un pronom complément d'objet indirect dans votre réponse.

1. Aimez-vous écrire à vos ami(e)s?
2. Aimez-vous envoyer des cartes postales à vos ami(e)s?
3. Répondez-vous très vite à vos ami(e)s quand ils (elles) vous écrivent?
4. Décrivez-vous souvent vos activités à vos amie(s)?
5. Téléphonez-vous parfois à votre frère? à votre sœur? à votre ami(e)? à vos ami(e)s?
6. Téléphonez-vous toujours à votre hôte (*host*) ou à votre hôtesse pour accepter une invitation? à vos ami(e)s pour leur anniversaire?
7. Envoyez-vous toujours un mot (*note*) à votre hôte ou à votre hôtesse après une invitation?
8. Est-ce que ces mêmes personnes vous écrivent? Vous téléphonent-elles? Vous envoient-elles des cartes postales? de petits cadeaux? Dans quelles circonstances?

Comparez vos réponses avec les réponses de vos camarades. Êtes-vous communicatif(ve)?

34 *Adverbs*

Différences régionales?

« Chez nous, on travaille *beaucoup*, on mange *très rapidement*, on marche *vite*, on parle *constamment*, on aime *à la folie* et on bouge *avec énergie*. »

Donnez le monologue de la tortue (*tortoise*) en substituant les adverbes nouveaux aux adverbes suivants.

Chez nous,

1. beaucoup⟶ peu
2. rapidement⟶ tranquillement
3. vite⟶ lentement

4. constamment⟶ rarement
5. à la folie⟶ avec prudence
6. avec énergie⟶ doucement

Et chez vous?

Regional differences?
Among us (In our family), we work a lot, we eat very quickly, we walk fast, we talk constantly, we love passionately, and we move (about) energetically.

A. Adverbs: function and position

Adverbs qualify a verb, another adverb, or an adjective: She learns *quickly*. He is *very* hard-working. You have already used a number of French adverbs, such as **souvent, bien, mal, beaucoup, trop, peu, très, vite,** and so on. When adverbs qualify adjectives, they usually precede them. Adverbs follow verbs, coming after **pas** in negative constructions.

Elle est **très intelligente.**	*She is very intelligent.*
J'aime **beaucoup** les langues étrangères.	*I like foreign languages a lot.*
Elle **ne** l'explique **pas bien.**	*She doesn't explain it well.*

Adverbs of time and place usually come at the beginning or end of a sentence.

Je vais à Lyon **demain. (Demain** je vais à Lyon.)	*I'm going to Lyon tomorrow.*
Ici on dîne **tard.** (On dîne **tard ici.**)	*Here we eat late.*

In the **passé composé,** short adverbs usually follow the auxiliary, coming after **pas** in a negative construction.

J'ai **trop** marché aujourd'hui!	*I've walked too much today!*
Jean **a vite** répondu.	*Jean answered quickly.*
Elle **ne m'a pas beaucoup** parlé de cette région.	*She didn't say much to me about that area.*
Tu **as mal** expliqué l'affaire.	*You explained the situation badly.*

B. Formation of adverbs

Many adverbs are formed from adjectives by adding the ending **-ment,** which often corresponds to *-ly* in English.

1. If the masculine form of the adjective ends in a vowel, **-ment** is usually added directly to the masculine adjective.

Masculine adjective	*Adverb*	
admirable	**admirablement**	*admirably*
absolu	**absolument**	*absolutely*
poli	**poliment**	*politely*
vrai	**vraiment**	*truly, really*

2. If the masculine form of the adjective ends in a consonant, **-ment** is usually added to the feminine form of the adjective.

Masculine adjective	Feminine adjective	Adverb	
actif	active	**activement**	*actively*
franc	franche	**franchement**	*frankly*
heureux	heureuse	**heureusement**	*happily, fortunately*
lent	lente	**lentement**	*slowly*

3. If the masculine form of the adjective ends in **-ent** or **-ant,** the corresponding adverbs have the endings **-emment** and **-amment,** respectively.

Masculine adjective	Adverb	
différent	**différemment**	*differently*
évident	**évidemment**	*evidently, obviously*
constant	**constamment**	*constantly*
courant	**couramment**	*fluently*

4. Adverbs ending in **-ment** usually follow a verb in the present tense. They follow the past participle when the verb is in the **passé composé.**

Tu **parles couramment** français.   *You speak French fluently.*

Il **est vraiment** travailleur.   *He is really hard-working.*

Paul a **répondu intelligemment.**   *Paul responded intelligently.*

À votre tour

A. Ressemblances. Donnez l'équivalent adverbial de chacun des adjectifs suivants.

1. heureux	4. vrai	7. certain	10. admirable
2. actif	5. différent	8. constant	11. poli
3. long	6. rapide	9. absolu	12. courant

B. Ambitions. Complétez les paragraphes suivants avec les adverbes logiques.

Un Breton

1. **Adverbes:** bien, ensuite, couramment, bientôt, naturellement, probablement.

Loïc est de Brest, en Bretagne. Il a habité en Angleterre (*England*). Il a étudié à une école secondaire anglaise, et il a très ___bien___ appris la langue pendant son séjour (*stay*). Il parle ___couramment___ l'anglais et ___nature___, à son université française il a choisi la section langues étrangères. Il va ___probable___ passer sa licence (*B.A.*) d'anglais. Il doit ___bientôt___ choisir entre la recherche et l'enseignement (*teaching*). Ses parents sont professeurs et je crois qu'il va ___ensuite___ choisir d'être professeur.

Une Marseillaise

2. **Adverbes:** exactement, beaucoup, évidemment, seulement, constamment, souvent, très, absolument, fréquemment

Mireille est de Marseille, en Provence. Elle va à l'université de Montpellier. Elle veut _____ être médecin (*physician*). Elle doit _____ travailler. En général, le matin, elle arrive à l'hôpital à six heures _____ et elle est là _____ jusqu'à neuf heures du soir. Pendant la journée, elle travaille _____ et prend _____ quinze minutes pour déjeuner. _____, elle est _____ fatiguée le soir. Mais je crois qu'elle va réussir parce qu'elle est _____ travailleuse et ambitieuse.

C. **Histoire collective.** Décrivez au présent un voyage en France fait par des étudiant(e)s pendant les grandes vacances. Chaque membre de la classe donne une phrase de l'histoire. Son voisin (sa voisine) répète la phrase avec un nouvel adverbe, et donne ensuite une nouvelle phrase.

MODÈLE:

Vous: Le dimanche matin, nous partons de chez nous à huit heures...

Votre voisin(e): Le dimanche matin, nous partons de chez nous à huit heures exactement. Ensuite, nous quittons la ville en voiture...

Le(la) suivant(e): Ensuite, nous quittons rapidement la ville en voiture...

Mise en pratique

LECTURE: La France: un mélange de cultures

Que voit-on lorsqu°'on voyage à travers° la France? Des monuments historiques, des châteaux, des cathédrales, le paysage rural, même des ruines romaines, il est vrai. Mais le voyageur va certainement remarquer quelque chose de très fascinant: la grande diversité culturelle de la France. Par sa situation physique et sa configuration géographique, la France continue à refléter° son histoire mouvementée° ainsi que° l'influence des pays qui l'entourent.°

La cuisine française est en effet plusieurs cuisines. La géographie et le climat de la France ont déterminé ses traditions culinaires: dans le nord° on fait la cuisine au beurre et à la crème. Dans une auberge° normande on sert des potages° à la crème, et les célèbres fromages de brie et de camembert. Le pâté de foie gras,° garni° de truffes°—des champignons rares—est la spécialité du Périgord dans le

when / à... through, across

reflect / eventful / ainsi... as well as
surround

north
inn
soups
pâté... goose liver pâté / garnished / truffles

centre du pays. Dans le Midi,° la cuisine est faite à base d'huile d'olive, de tomates et d'ail.° Les plats « à la provençale » sont bien connus.° En Alsace, vous allez goûter un des meilleurs° plats de style allemand: la choucroute° garnie de saucisses° et de porc fumé.

south of France
garlic
known
best / sauerkraut
sausages

Les gens de nationalité française parlent des langues autre que le français. La France est à la fois° un pays atlantique et un pays méditerranéen, un pays alpin, un pays rhénan° et le pays des Celtes. Le français est évidemment la langue officielle, mais on entend encore d'autres dialectes: le flamand en Flandre, l'alsacien en Alsace-Lorraine, le provençal dans le Midi, et dans les Pyrénées, le catalan et le basque.[2] En Bretagne, les habitants parlent breton, une vieille langue celte, et se considèrent° plus bretons que français. En Corse, département français dans une île de la mer Méditerranée, les habitants parlent leur propre langue. Certains Corses, comme certains Bretons ou Basques, ne cessent pas° d'espérer qu'un jour leur pays va devenir indépendant de la France.

à... at the same time
of the Rhine (river)
se... consider themselves
ne... don't stop

Les différences régionales sont réelles. Mais dans la France de nos jours, on commence à apercevoir° certains changements. On croit maintenant que l'administration et l'économie du pays, toujours centralisées à Paris, doivent aussi faire partie° de la vie de province. On a vu ces dernières décennies° les débuts du développement économique et industriel des villes provinciales. Ce développement—ainsi que l'influence indéniable des mass-médias—va sans doute servir à relier° et peut-être à transformer les régions françaises.

notice
faire... be a part
decades
link

A. Aperçus (*glimpses*) régionaux. Répondez aux questions suivantes selon la lecture.

1. Qu'est-ce qu'on voit pendant un voyage en France? Qu'est-ce qu'on remarque encore?
2. Quels facteurs affectent la nature de la cuisine française? Quelles sont les bases de la cuisine dans le nord de la France? et dans le sud?
3. Quelles nationalités ont fait partie du développement de la France?
4. Quelles langues peut-on entendre si on voyage dans les Pyrénées?
5. Que vont vous répondre certains Basques et Bretons si vous leur demandez leur nationalité?
6. Quelles sortes de changements aperçoit-on de nos jours?
7. Pourquoi dit-on que la France est un pays centralisé?

---

[2]Flemish is a Dutch dialect; Alsatian is a German dialect. Catalan, Corsican, and Provençal are derived, like French, from Latin. Breton, like Gaelic, is an ancient Celtic language. Basque is also spoken in the Basque provinces of Spain; its exact relationship to other modern languages has not yet been established.

Bourgogne: Dans le village de Tonnerre, la Fosse (pool) Dionne, avec ses eaux d'un bleu-vert profond, est une curiosité naturelle utilisée encore aujourd'hui comme lavoir (washing place).

8. A votre avis, est-il nécessaire de relier les diverses régions d'un pays? Pourquoi? Pourquoi pas? Quels sont les avantages et les inconvénients de la décentralisation pour la France? Pour d'autres pays?

B. **Expériences de voyage.** Parlez de vos vacances. Répondez aux questions suivantes ou interviewez un(e) camarade de classe.

1. Où avez-vous passé vos vacances? 2. Avez-vous choisi la campagne, la mer, la montagne ou la ville? 3. Avez-vous pris une chambre d'hôtel? 4. Quelle sorte de chambre avez-vous trouvée? 5. Avez-vous campé? Avez-vous loué une maison? Avez-vous logé chez des parents? chez des amis? 6. Qu'est-ce que vous avez fait pendant la journée? 7. Quels vêtements avez-vous mis? 8. A-t-il fait chaud? froid? A-t-il plu? 9. Avez-vous vu quelque chose d'intéressant? 10. Avez-vous acheté des choses intéressantes? Expliquez. 11. Retournez-vous au même endroit l'année prochaine? Pourquoi ou pourquoi pas? 12. Avez-vous parlé une autre langue pendant le voyage? Quelle langue? Avez-vous parlé avec les habitants? 13. Avez-vous remarqué des particularités régionales? Expliquez.

C. **Mon pays natal.** Écrivez deux ou trois paragraphes ou faites un rapport oral sur la ville, la région ou le pays où vous avez grandi (*grew up*). Est-ce que cette région a changé depuis (*since*) votre enfance? Si oui, comment a-t-elle changé? Si non, pourquoi n'a-t-elle pas changé?

Mots à retenir

VERBES

croire (à)	*to believe (in)*	ressembler à	*to resemble*
expliquer	*to explain*	revoir	*to see again*
faire partie de	*to be a part of, belong*	voir	*to see*

NOMS

l'auberge (*f*)	*inn*	l'hôte (*m*)	*host; guest*
l'auberge de jeunesse	*youth hostel*	l'île (*f*)	*island*
le bonheur	*happiness*	le mélange	*mixture*
la cathédrale	*cathedral*	la mode	*fashion, style*
le champagne	*champagne*	le mot	*note*
le château	*chateau; mansion; castle*	le pays	*country, nation*
le département	*department; French administrative unit*	la province	*province, traditional French region*
		le retour	*return*
la ferme	*farm*	le séjour	*stay*
l'habitant(e) (*m* or *f*)	*inhabitant, native*	le souvenir	*memory*
		la vache	*cow*

ADJECTIFS

célèbre	*famous*	européen(ne)	*European*
connu(e)	*well-known*	heureux(euse)	*happy*
culturel(le)	*cultural*	lent(e)	*slow*
doux (douce)	*soft; sweet; smooth; gentle*		

MOTS DIVERS

à cause de	*because of, due to*	mal	*badly, bad*
à la folie	*madly, passionately*	non plus	*neither, either*
autour de	*around*	surtout	*especially, above all*
couramment	*fluently*	tout de suite	*immediately*
environ	*around, approximately*	vite	*quickly, rapidly*
jusque	*up to, until*		

Transports

Cette jeune fille et son père passent par le village provençal d'Uzès.

Prélude: Vocabulaire

Le Monde en avion

A. A votre service. De quelle nationalité est le personnel des compagnies aériennes suivantes?

1. une hôtesse de l'air d'Air France   2. un steward de British Airways   3. un pilote de Pan American   4. un steward d'Air Canada   5. une hôtesse de l'air d'Ibéria

B. Vols internationaux. Quels sont les pays de départ et d'arrivée des vols suivants?

MODÈLE: Rabat—Paris → C'est un vol entre le Maroc et la France.

1. Pékin—New York
2. Alger—Moscou
3. Rio—Ottawa
4. Chicago—Paris
5. Mexico—Tokyo
6. Montréal—Acapulco

C. A l'aéroport. De quels pays arrivent les vols suivants?

MODÈLE: vol n° 93 / Rabat →
   Le vol numéro quatre-vingt-treize arrive du[2] Maroc.

1. vol n° 81 / Moscou
2. vol n° 31 / Brasilia
3. vol n° 88 / Pékin
4. vol n° 61 / Tokyo
5. vol n° 74 / Washington, D.C.
6. vol n° 66 / Alger
7. vol n° 99 / Acapulco
8. vol n° 79 / Ottawa

---

[1]Note the prepositions used in the following expressions: **en avion, en train, en voiture, en bateau, à pied** (*on foot*), **à bicyclette, à motocyclette.**

[2]To express *from*, use **du** with masculine countries and **de** with feminine countries.

L'Europe en train

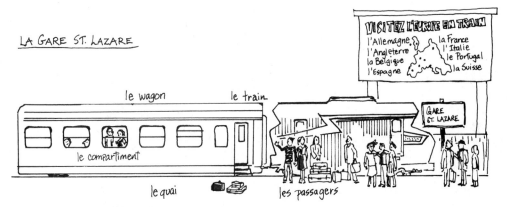

LA GARE ST. LAZARE

le wagon
le train
le compartiment
le quai
les passagers

VISITEZ L'EUROPE EN TRAIN
l'Allemagne   la France
l'Angleterre   l'Italie
la Belgique   le Portugal
l'Espagne   la Suisse

GARE
ST. LAZARE

A. Définitions. Répondez aux questions suivantes.

    1. Quel véhicule de transport trouve-t-on dans une gare? 2. Comment s'appelle chaque voiture d'un train? 3. Comment s'appellent les personnes qui voyagent? 4. Comment s'appelle la partie du wagon où les passagers sont assis (*seated*)? 5. Où est-ce que les passagers attendent l'arrivée d'un train?

B. Capitales. Les villes suivantes sont des capitales. Quels sont les pays? Suivez le modèle.

    MODÈLE: Paris ⟶ Paris est la capitale de la France.

    1. Londres 2. Madrid 3. Bruxelles 4. Berne 5. Bonn 6. Rome 7. Lisbonne

« Il commence à pleuvoir. Prenons l'autobus! »

Grammaire

35 | *The* passé composé *with* être

Accident de voiture

JEAN-FRANÇOIS: ... et tout à l'heure, je *suis arrivé* au carre-four Magnan, et un camion *est passé* au feu rouge juste devant moi. Je n'ai pas pu l'éviter: je *suis rentré* dedans. Alors, avec l'autre conducteur, nous *sommes descendus* de voiture et nous avons... euh... discuté de priorité....

MICHÈLE: Mais Jean-François, pourquoi n'*es*-tu pas encore *reparti?*

JEAN-FRANÇOIS: Parce que les automobilistes derrière nous *sont restés* aussi pour donner leur avis et puis... eh bien, il y a un petit embouteillage ici maintenant.

Retrouvez la phrase correcte dans le dialogue.

1. Je viens d'arriver au carrefour.
2. Le camion vient de passer au feu rouge.
3. Je viens de rentrer dedans.
4. Nous venons de descendre.
5. Les automobilistes derrière nous sont encore ici.

A. The auxiliary verb *être*

Most French verbs use a form of **avoir** as an auxiliary verb in the **passé composé**. However, the **passé composé** of some verbs is generally formed with **être;** many of these are verbs of motion.

Automobile accident
JEAN-FRANÇOIS: . . . and a moment ago I got to the Magnan crossroad, and a truck went through the red light in front of me. I couldn't avoid it: I bumped into it. So, with the other driver, we got out of our cars and we . . . well . . . discussed the right of way.   MICHÈLE: But Jean-François, why haven't you left yet?   JEAN-FRANÇOIS: Because the drivers of the cars behind us also stayed to give their opinions, and then . . . well, there is a small traffic jam here now.

Passé composé *of* **aller** (*to go*): **être** + **allé(e)(s)**

je	suis allé(e)		nous	sommes allé(e)s
tu	es allé(e)		vous	êtes allé(e)(s)
il, on	est allé		ils	sont allés
elle	est allée		elles	sont allées

In the **passé composé** with **être,** the past participle always agrees with the subject in gender and number. The following verbs take **être** in the **passé composé.** They are grouped according to meaning. The drawing on this page also shows these verbs, organized around the "house of **être.**"

aller: allé	*to go*		**partir: parti**	*to leave, depart*
sortir: sorti	*to go out*		**passer (par): passé**	*to pass (by)*
venir: venu	*to come*		**entrer: entré**	*to enter*
arriver: arrivé	*to arrive*		**retourner: retourné**	*to return, go back*
revenir: revenu	*to come back*		**rentrer: rentré**	*to return, go home*
monter: monté	*to go up; to climb*		**descendre: descendu**	*to go down; to get off*
tomber: tombé	*to fall*		**devenir: devenu**	*to become*
naître: né	*to be born*		**rester: resté**	*to stay*
mourir: mort	*to die*			

Je suis né aux États-Unis.

Mme Bernard **est née** en France.	*Mrs. Bernard was born in France.*
Elle **est allée** aux États-Unis en 1940.	*She went to the United States in 1940.*
Elle **est arrivée** à New York.	*She arrived in New York.*
Elle **est partie** en Californie.	*She left for California.*
Elle **est restée** dix ans à San Francisco.	*She stayed in San Francisco for ten years.*
Ensuite elle **est rentrée** en France.	*Then she returned to France.*
Elle **est morte** à Paris en 1952.	*She died in Paris in 1952.*

Mil neuf cing deux

B. Negative and interrogative sentences in the *passé composé*

Word order in negative and interrogative sentences in the **passé composé** with **être** is the same as that for the **passé composé** with **avoir: ne... pas** surround the auxiliary verb, **être** and the subject are inverted in questions, and **ne... pas** surround the inverted auxiliary and pronoun in negative questions.

Je **ne suis pas** allé(e) en Allemagne.	*I did not go to Germany.*
Sont-ils arrivés à l'heure?	*Did they arrive on time?*
Ne sont-ils pas arrivés à l'heure?	*Didn't they arrive on time?*

A votre tour

A. Une bonne soirée. Faites les substitutions.

sont / êtes / es / suis   *sommes / etennet / e*

1. *Jean-Pierre* est arrivé à sept heures. (des copines, vous, tu, je, nous)
2. *Marie-Louise* est passée dire bonjour. (des amis, je, vous, tu, des copines, nous)
3. *René et Annie* sont venus à huit heures. (Monique, nous, tu, vous, je)   4. *Nous* sommes sortis. (je, tu, Patrick et René, Annie, vous)   5. *Nous* sommes allés au restaurant. (Madeleine, mes parents, Paul, vous, je, tu)   6. *Nous* sommes rentrés tard. (tu, mes amies, Frédéric, je, vous)

B. Voyage en train. Mettez les phrases au passé composé.

MODÈLE: Vous allez à Toulouse. ⟶ Vous êtes allés à Toulouse.

1. Le train arrive à la gare.   2. Les passagers viennent de Lyon.   3. Vous montez dans le train.   4. Je monte après vous.   5. Deux passagères descendent.   6. Une passagère tombe sur le quai.   7. Je descends pour l'aider.   8. Elles sortent de la gare.   9. Nous entrons dans le compartiment.   10. Le train part.   11. Claude et Jacques vont dans le couloir.   12. Nous allons au wagon-restaurant.   13. Tu retournes dans le compartiment.   14. Claude et Jacques, revenez-vous plus tard?   15. Le contrôleur (*ticket collector*) passe.   16. Le paysage (*landscape*) devient pittoresque.   17. Nous arrivons tôt le matin.

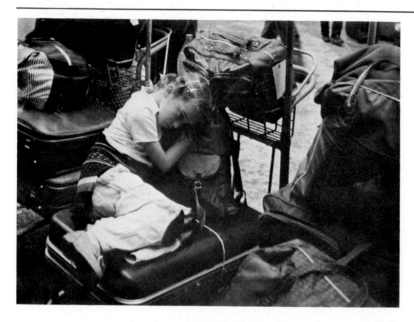

Paris: Dans la salle d'attente de la Gare du Nord une jeune passagère attend le départ de son train.

C. Départ en vacances. Les Dupont, vos voisins, sont partis en vacances ce matin. Vous les avez vu partir et vous racontez maintenant la scène à vos amis (au passé, bien sûr!). Commencez par: *Ce matin, mes voisins les Dupont sont partis en vacances...*

Mes voisins, les Dupont, partent en vacances. Aujourd'hui ils vont au bord de la mer. A huit heures M. Dupont et son fils montent chercher les valises. Ils entrent et sortent de la maison plusieurs fois. Mme Dupont retourne cinq fois dans la maison pour des objets oubliés. Enfin, trois heures plus tard, toute la famille monte dans la voiture et ils partent. Bien sûr une des valises tombe de la galerie (*rack*) de la voiture. Ils reviennent la chercher et repartent. Moi, je rentre à la maison et je décide de rester en ville cet été.

D. Projets de voyage. Alice prépare un voyage en Europe. Elle vous pose des questions sur les activités de vos amis. Répondez à la forme négative.

1. Marianne est-elle jamais montée dans le Concorde? 2. Son vol n'est-il pas arrivé à l'heure? 3. Sont-ils déjà partis en vacances en train? 4. Êtes-vous allé(e) en France récemment (*recently*)? 5. Sont-ils restés longtemps en Espagne? 6. Es-tu passé(e) par la Suisse? 7. N'es-tu pas rentré(e) en bateau? 8. Ne sont-elles pas revenues à San Francisco en septembre?

E. Une visite agréable. En français, s'il vous plaît.

*Mathieu and Carinne arrived last night. They passed through Paris and came to our house. They stayed with us. I came down with their suitcases this morning at eight o'clock. My sister came down at nine. She went out with her friends, and Mathieu and Carinne left. I went up to my room to (**pour**) study.*

36 *Prepositions with geographical names*

A l'aéroport Charles de Gaulle, *à Paris*

LA VOIX: Attention, attention! Embarquement immédiat pour les passagers en transit *de Rabat* et à destination *de Washington,* vol Air France n° 82.

JEAN-LUC: Voilà, c'est pour nous.

MARYVONNE: Tu es sûr?

JEAN-LUC: Mais oui, elle vient de parler de nous: nous venons *d'Afrique, du Maroc;* nous sommes restés en transit *en France* quelques heures et nous partons maintenant *en Amérique du Nord, aux États-Unis!*

Répondez aux questions selon les indications.

1. D'où viennent Jean-Luc et Maryvonne? (continent, pays)
2. Où sont-ils en transit? (pays, ville)
3. Quelle est leur destination? (continent, pays)

o/ Mexique if masculine
a/ for a city,

A. Gender of geographical names

In French, most place names that end in **-e** are feminine; most others are masculine. One important exception is **le Mexique.** The names of most states in the United States are masculine: **le Kentucky, le Connecticut.** The names of eight states that end in **-e** in French are feminine: **la Californie, la Caroline du Nord et du Sud, la Floride, la Géorgie, la Louisiane, la Pennsylvanie,** and **la Virginie.**

The choice of which preposition to use with a place name depends in large part on its gender.

B. *To* and *in* with geographical names

The equivalent of *to* or *in* with geographical names is **à, au,** or **en. A** is used with the names of cities.

At Charles de Gaulle Airport, in Paris
VOICE: Attention, attention! Immediate boarding for passengers going from Rabat to Washington, Air France flight number 82. JEAN-LUC: Listen (there), it's for us. MARYVONNE: Are you sure? JEAN-LUC: Of course, she just talked about us: we're coming from Africa, from Morocco; en route, we stayed in France for a few hours; and now we're leaving for North America, for the United States!

Avant – before
Après – after

Mlle Dupont habite à **Paris.**

Miss Dupont lives in Paris.

Ils vont à **New York.**

They're going to New York.

Au is used for masculine countries and often for masculine states[3] except those starting with a vowel sound. The plural form **aux** is used with plural nouns: **aux États-Unis.**

Vous allez faire un voyage **au Portugal?**

Are you going to take a trip to Portugal?

Ils habitent **au Connecticut.**

They live in Connecticut.

En is used for feminine countries[4] and states and for masculine countries and states starting with a vowel sound.

Nous avons passé l'été **en France.**

We spent the summer in France.

J'habite **en Californie.**

I live in California.

Elle voyage **en Israël.**

She is traveling to Israel.

Portland est **en Oregon.**

Portland is in Oregon.

C. *From* with geographical names

The equivalent of *from* with geographical names is **de (d')** or **du.**

de (d') : with city names

du: with masculine countries and states, except those starting with a vowel sound

de (d') : with feminine countries and states and with masculine countries and states starting with a vowel sound

The following examples contrast the uses of prepositions with place names:

de = *from*

Ils sont **de Carcassonne.**

du = *from*

Ils sont partis **du Portugal.**
Ils ont envoyé des cartes postales **du Nevada.**
Ils sont revenus **des États-Unis.**

à = *to/in*

J'ai trouvé un hôtel **à Carcassonne.**

au = *to/in*

Je suis allé **au Portugal.**
Cette semaine elles sont **au Nevada.**
Beaucoup de touristes vont **aux États-Unis.**

---

[3]Masculine states are frequently referred to with **dans le: dans le Texas.** If you are unsure of the "gender" of a state, use the expression **dans l'état de: dans l'état de Maryland, dans l'état de Virginie.**

[4]The names of all continents are feminine. They follow the rules for feminine countries: **en Australie, d'Australie.**

de = *from*

Je viens **de Belgique.**
Nous sommes partis **de Californie.**
Les Smith viennent **d'Oregon.**

en = *to/in*

Je suis allé **en Belgique.**
Elle a voyagé **en Californie.**
Je suis né **en Oregon.**

A votre tour

A. Avez-vous le sens de l'orientation? Dans quelle partie des États-Unis est-ce que ces touristes voyagent? Suivez le modèle avec un(e) camarade.

MODÈLE: Gainesville $\longrightarrow$
  Un(e) ami(e): Ils vont à Gainesville?
    Vous: Oui, ils voyagent dans le sud-est, en Floride.

1. Buffalo	3. Little Rock	5. Minnéapolis	7. Mobile
2. San Francisco	4. New Haven	6. Portland	8. Miami

B. Un jeune globe-trotter. Jean-Paul fait le tour du monde. Vous discutez de ses destinations avec un(e) camarade. Suivez le modèle.

MODÈLE: l'Asie / la Chine $\longrightarrow$ *Un(e) ami(e):* Jean-Paul va-t-il en Asie?
      Vous: Oui, il va en Chine.

1. l'Afrique / le Maroc
2. l'Amérique du Nord / le Mexique
3. l'Europe / la Norvège
4. l'Asie / l'Inde
5. l'Amérique du Sud / le Brésil
6. l'Europe / la Grèce
7. l'Afrique / l'Égypte
8. l'Amérique du Nord / les États-Unis

C. Les cartes postales. D'où viennent les cartes postales de Jean-Paul?

MODÈLE: Afrique / Maroc $\longrightarrow$
    Un(e) ami(e): Cette carte-ci vient-elle d'Afrique?
      Vous: Oui, elle vient du Maroc. Jean-Paul est au Maroc.

1. Asie / Japon
2. Amérique du Nord / Mexique
3. Asie / Russie
4. Afrique / Égypte
5. Europe / Norvège
6. Asie / Inde
7. Amérique du Sud / Brésil
8. Europe / Suisse

D. Où est-il? Où est Jean-Paul quand il écrit les cartes suivantes?

MODÈLE: « On parle allemand ici. » $\longrightarrow$ Il doit être en Suisse ou en Allemagne.

1. « On parle anglais ici. »
2. « Je parle espagnol avec les habitants. »
3. « On parle français dans ce pays. »
4. « Les gens parlent portugais ici. »
5. « On parle japonais. »
6. « J'ai entendu beaucoup de grec. »
7. « J'ai essayé de parler italien aujourd'hui. »

E. Par excellence. Chaque pays du monde excelle dans un ou plusieurs produits. A votre avis, quels sont les pays qui excellent dans les produits suivants?

> MODÈLE: les grandes marques (*great brands*) de chocolat →
> Les grandes marques de chocolat viennent de Suisse.

1. les grands vins — France
2. les grandes marques de voiture — Allemagne, Japan
3. les grandes marques de vêtements — France, Italy
4. la grande musique — Austria
5. les grandes marques de café — Colombia, P. Rico
6. les grandes marques d'appareils-photo — Japanese
7. le grand art — Italy
8. les grandes marques de motocyclette — Japanese

moi-même

Mise en pratique

ACTIVITÉS: Voyages à l'étranger

A. A quelle heure…? Des touristes américains écoutent le haut-parleur (*loudspeaker*) annoncer les départs et les arrivées des trains. Suivez les modèles.

> MODÈLE: Le train pour Rome part à treize heures. →
> Mon train part à une heure de l'après-midi.
> Le train de Bruxelles arrive à vingt heures. →
> Mon train arrive à huit heures du soir.

1. Le train pour Paris part à quatorze heures. 2. Le train de Berlin arrive à vingt et une heures. 3. Le train pour Florence part à vingt-deux heures. 4. Le train pour Madrid part à quinze heures. 5. Le train de Paris part à dix-sept heures. 6. Le train pour Moscou part à vingt-trois heures. 7. Le train de Genève arrive à seize heures.

B. A la gare. Vous êtes à Paris. Vous avez trois semaines de vacances et vous voulez voyager en train. Avec un(e) camarade…

1. choisissez une ou plusieurs destination(s): « Je voudrais aller… » Dites pourquoi vous avez choisi cet endroit.
2. choisissez la date et l'heure de votre départ. Quand avez-vous besoin de rentrer à Paris?
3. achetez un billet aller-retour (*round trip*) ou un billet aller simple (*one way*), ou bien, achetez un Eurailpass. Dites pourquoi vous avez fait ce choix.
4. demandez s'il y a un wagon-restaurant ou un snack-bar dans le train. Combien de repas allez-vous prendre dans le train?
5. décidez où vous voulez dormir dans le train: sur votre siège (*seat*)? Ou bien dans le wagon-lit, sur une couchette? Demandez combien de temps le voyage va durer.
6. inventez d'autres questions.

C. Êtes-vous un grand voyageur? Où allez-vous pour voir les choses suivantes?

MODÈLE: les fontaines de Tivoli —→
> On va à Rome en Italie pour voir les fontaines de Tivoli.

1. Carnac
2. le Pont-du-Gard
3. les Pyramides
4. Big Ben
5. l'Amazone
6. le Mont Everest
7. le Sahara
8. le Danube
9. la Grande Muraille (*wall*)

a. la Bretagne (France)
b. l'Égypte
c. Londres
d. l'Afrique
e. l'Asie
f. l'Amérique du Sud
g. l'Allemagne, l'Autriche (*Austria*)
h. la Provence (France)
i. la Chine

Vérifiez vos réponses en bas de la page et faites le total des réponses correctes. Dans quelle catégorie êtes-vous?

9–8   Très bien! Vous êtes très bien informé(e) et vous aimez les voyages.
7–5   Pas mal, mais vous n'êtes pas un(e) voyageur(euse) très passionné(e).
4–0   Restez à la maison et lisez un livre de géographie avant de partir en voyage.

Maintenant, nommez d'autres choses à voir dans d'autres pays et demandez à vos camarades de classe de les situer.

D. A la douane (*customs office*). Vous rentrez de voyage. Répondez oralement ou par écrit aux questions du douanier ou de la douanière (*customs official*).

1. Où êtes-vous allé(e)? Quand?   2. Combien de temps êtes-vous resté(e) là? Quand êtes-vous reparti(e)?   3. A quelle heure êtes-vous arrivé(e) aujourd'hui?   4. Qu'est-ce que vous avez acheté? Combien avez-vous payé ces articles? Où les avez-vous achetés? 5. Quand les avez-vous achetés? Combien de temps les avez-vous utilisés?   6. Avez-vous quelque chose d'autre à déclarer?

E. Une interview. Posez les questions à vos voisins de droite et de gauche.

1. D'où viens-tu? de quelle ville? de quel état? et tes parents?   2. Où habitent tes parents? et le reste de ta famille?   3. Dans quels états as-tu voyagé?   4. Est-ce qu'il y a un état que tu préfères? Pourquoi?   5. Est-ce qu'il y a un état que tu n'aimes pas? Pourquoi?   6. Dans quel état est-ce qu'il y a de beaux parcs? de beaux lacs? de belles montagnes? de grandes villes? de grands déserts?   7. A ton avis, où dans le monde y a-t-il de jolies montagnes? de belles plages? des villes pittoresques? d'excellentes autoroutes?   8. Tu es riche. Où vas-tu passer tes vacances?   9. Tu n'as pas d'argent. Où vas-tu passer tes vacances?

D'où viennent la majorité des étudiants de la classe? Quels sont leurs états et leurs pays préférés?

Réponses à l'exercice C: 1a, 2h, 3b, 4c, 5f, 6e, 7d, 8g, 9i.

Mots à retenir

VERBES

être assis(e)(s)	*to be seated*	rentrer	*to return, go home*
être debout	*to be standing*	repartir	*to leave again*
monter (dans)	*to go up, to climb*	retourner	*to return, go back*
mourir	*to die*	tomber	*to fall*
naître	*to be born*		

NOMS

l'aéroport (*m*)	*airport*	l'ouest (*m*)	*west*
l'an (*m*)	*year*	le passager (la passagère)	*passenger*
le bateau	*boat, ship*	le (la) pilote	*pilot*
les bagages (*m pl*)	*baggage*	la place	*space; town square*
la consigne	*baggage room*	le quai	*platform; (river) bank*
la douane	*customs office or desk*	le siège	*seat*
l'est (*m*)	*east*	le steward	*steward, airline host*
l'état (*m*)	*state*	le sud	*south*
la gare	*train station*	le train	*train*
l'hôtesse de l'air (*f*)	*stewardess*	le vol	*flight*
le monde	*world*	le wagon	*(train) car*
le nord	*north*		

PAYS

l'Algérie (*f*)	*Algeria*	la France	*France*
l'Allemagne (*f*)	*Germany*	l'Italie (*f*)	*Italy*
l'Angleterre (*f*)	*England*	le Japon	*Japan*
la Belgique	*Belgium*	le Maroc	*Morocco*
le Brésil	*Brazil*	le Mexique	*Mexico*
le Canada	*Canada*	le Portugal	*Portugal*
la Chine	*China*	la Russie	*Russia*
l'Espagne (*f*)	*Spain*	la Suisse	*Switzerland*
les États-Unis (*m pl*)	*United States*		

MOTS DIVERS

à l'heure	*on time*	ne... pas du tout	*not at all*
en avance	*early*	presque	*almost*
en retard	*late*	tout à l'heure	*later; in a little while; a short while ago*

bijux – jwerly

16

La France en voiture

Le conducteur de la Citroën ne peut pas partir sans payer une grosse amende (fine): Les agents de police ont posé un appareil spécial qui immobilise les roues (wheels) de devant.

Prélude: Vocabulaire

Toutes les routes mènent à Paris

il conduit sa voiture

la moto

la route nationale

le camion

l'autoroute

l'autobus

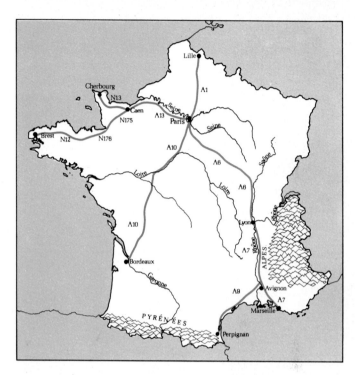

A. Itinéraire. Trouvez la route selon le modèle.

MODÈLE: de Paris à Cherbourg ⟶
Je peux prendre l'autoroute A13 jusqu'à Caen et la route nationale N13 jusqu'à Cherbourg.

1. de Paris à Perpignan
2. de Caen à Bordeaux
3. de Marseille à Lyon
4. de Cherbourg à Lille
5. d'Avignon à Caen
6. de Paris à Avignon

B. Moyens de transport. Quel véhicule conduit-on[1] dans les situations suivantes?

1. Votre famille déménage (*moves*). 2. La classe fait une excursion. 3. Vous êtes sportif. 4. Vous aimez conduire vite. 5. Vous passez le week-end avec votre famille. 6. Vous arrivez à l'aéroport d'une ville.

---

[1]The verb **conduire** (*to drive*) is irregular in form: **conduis, conduis, conduit, conduisons, conduisez, conduisent;** past participle: **conduit.** Other verbs in this group include: **produire** (*to produce*) and **réduire** (*to reduce*).

C. Conversation. Donnez des réponses personnelles.

1. Avez-vous une bicyclette? une moto? une voiture? Préférez-vous voyager en autobus ou conduire une voiture? Faites-vous souvent de l'auto-stop (*hitchhiking*)?   2. Comment venez-vous en classe? à pied (*on foot*)? en voiture? en autobus?   3. Aimez-vous les voitures de sport? les camions? Aimez-vous conduire vite? Aimez-vous voyager en voiture?   4. Quel est à votre avis un moyen de transport très économique? très rapide? très dangereux? très polluant? très agréable?   5. Êtes-vous pour ou contre la limitation de vitesse à cinquante-cinq miles à l'heure? Est-ce qu'elle permet d'économiser l'essence (*gas*)? Est-ce qu'en général les gens respectent cette limitation?   6. Êtes-vous pour ou contre les petites voitures? Sont-elles confortables? Permettent-elles d'économiser l'essence? Sont-elle sûres (*safe*)?   7. A votre avis, est-il nécessaire de développer les transports publics (autobus, métro, trains)?

Paris: Cet agent de police règle la circulation de la place devant le Palais de Chaillot.

Grammaire

37 Uses of y

[handwritten: I go there – Je vas y]

Une autre solution

PHILIPPE: Marianne, je dois aller au Quartier Latin. Comment fait-on pour y aller en voiture?

MARIANNE: Vas-y plutôt en métro: Tu prends la ligne Vincennes-Neuilly dans la direction Château de Vincennes. Tu descends au Châtelet et tu y prends la ligne quatre dans la direction Porte d'Orléans. Tu descends à la station Saint-Michel et tu y es!

PHILIPPE: Cela doit être simple d'y aller comme ça. Mais tu vois, j'ai déjà essayé, et je n'y suis jamais arrivé!

Retrouvez la phrase correcte dans le dialogue.

1. Comment fait-on pour aller au Quartier Latin en voiture? *[handwritten: On vas-y.]*
2. Va plutôt au Quartier Latin en métro. *[handwritten: Va y en métro]*
3. Au Châtelet, tu prends la ligne quatre. *[handwritten: y prends]*
4. Tu es au Quartier Latin! *[handwritten: Tu y es]*
5. Cela doit être simple d'aller au Quartier Latin comme ça. *[handwritten: Cela doit être d'y aller.]*
6. Je ne suis jamais arrivé au Quartier Latin comme ça!
   [handwritten: Je n'y suis jamais arrivé comme ça.]

The word **y** can refer to a place that has already been mentioned. It replaces a prepositional phrase, and its English equivalent is *there*.

[handwritten: Je n'y ve pas – I don't go there.]

Jean est-il né **en France**?	*Was Jean born in France?*
Oui, il y est né.	*Yes, he was born there.*
Martine est-elle allée **à la station-service**?	*Did Martine go to the service station?*
Non, elle n'y est pas allée.	*No, she didn't (go there).*

[handwritten: take place of the station-service]

An alternative

PHILIPPE: Marianne, I have to go the the Latin Quarter. How do you get there by car? MARIANNE: Take the metro there instead. You take the Vincennes-Neuilly line toward Château de Vincennes. You get off at Châtelet and there you take line four toward Porte d'Orléans. You get off at the Saint-Michel station, and you're there! PHILIPPE: It must be simple to get there that way. But you see, I've already tried, and I've never arrived (gotten) there!

On va **chez les Martin?**   *Are we going to the Martins' house?*

Oui, on **y** va.   *Yes, we are (going there).*

The placement of **y** is identical to that of object pronouns: it precedes a conjugated verb, an infinitive, or an auxiliary verb in the **passé composé.**

Nice? Nous **y cherchons** une maison.   *Nice? We're looking for a house there.*

Pierre va **y arriver** jeudi.   *Pierre will arrive there on Thursday.*

Tu **y es allé** en train ou en voiture?   *Did you go there by train or by car?*

A votre tour

A. Sorties. Qui accompagne Brigitte? Suivez le modèle.

  MODÈLE: *Brigitte* fait du ski à Grenoble. (*Marc*) ⟶ Marc y fait du ski aussi.

  1. *Brigitte* voyage aux États-Unis. (Jean, nous, Claudine, elles, je)
  2. *Brigitte* va en Espagne. (Paul et Sylvie, je, nous, tu, elles)
  3. *Brigitte* est allée au Danemark. (nous, je, Carine et Bruno, vous, ses voisins)
  4. *Brigitte* a fait de l'alpinisme dans les Alpes. (son frère, ses amies, nous, tu, vous, je)

B. Vacances. Remplacez les expressions introduites par une préposition par le mot **y.**

  1. Gérard est parti pour l'Espagne.   2. Le nageur est allé nager dans la rivière.
  3. Elle adore faire des promenades dans la forêt.   4. Le cycliste aime circuler sur les routes de campagne.   5. Le campeur n'aime pas beaucoup camper en montagne.   6. L'étudiante est restée longtemps au musée.

C. Le détective. Paul Marteau est détective. Il file (*trails*) une suspecte, Pauline Dutour. Doit-il aller partout (*everywhere*) où elle va?

  MODÈLE: Pauline Dutour va à Paris. ⟶ Marteau y va aussi. (Marteau n'y va pas.)

  1. La suspecte entre dans un magasin de vêtements.   2. Elle va au cinéma.
  3. Elle entre dans une cabine téléphonique.   4. Pauline reste longtemps dans un bistro.   5. La suspecte monte dans un taxi.   6. Elle retourne au magasin.
  7. Elle va chez le coiffeur (*hairdresser*).   8. Elle entre dans un hôtel.   9. La suspecte va au bar de l'hôtel.   10. Maintenant elle va en prison.

  Maintenant, racontez les actions de Marteau au passé composé.

D. Énigme. Décrivez à vos camarades un pays où vous désirez passer vos vacances. Ils doivent deviner le nom du pays. Suivez le modèle.

  MODÈLE: *Vous:* Je veux y aller parce qu'il y fait du soleil. On y trouve la mer, des oranges et des danseurs de Flamenco.
        Un(e) ami(e): Tu veux aller en Espagne! Tu penses à l'Espagne.

38 *Relative pronouns*

Au carrefour

SYLVIANE: Pardon, Monsieur, est-ce que c'est la route *que* je dois prendre pour aller à Toulon?

UN VILLAGEOIS: Mais non, Mademoiselle, ce n'est pas la route *dont* vous avez besoin! Vous devez prendre d'abord la route *qui* va à Marseille, là-bas, la 81. Bonne chance!

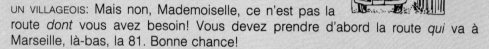

1. Quelle route Sylviane cherche-t-elle?
2. De quelle route a-t-elle besoin, selon le villageois?
3. Pourquoi doit-elle prendre d'abord la 81?

A relative pronoun (*who, that, which, whom, whose*) links a relative (dependent) clause to an independent clause. A dependent clause is one that cannot stand by itself, for example, the italicized parts of the following sentences: The suitcase *that he is carrying* is mine; There is the store *in which we met.* In French, there are two sets of relative pronouns: those used as the subject or direct object of a relative clause and those used after a preposition.

A. Relative pronouns used as subject or direct object of a relative clause

The relative pronoun used as the subject of a relative clause is **qui** (*who, that, which*). The relative pronoun used as the direct object of a relative clause is **que** (*who, whom, that, which*). Both can refer to people and to things.

sujet: Je cherche la route. **La route** va à Cannes. Je cherche la route **qui** va à Cannes.

objet: L'autobus vient de Paris. Je prends **l'autobus.** L'autobus **que** je prends vient de Paris.

At the crossroads

SYLVIANE: Excuse me, sir. Is this the road that I should take to go to Toulon? VILLAGER: No, miss, that's not the road (that) you need! First you should take the road going to Marseilles, over there, Number 81. Good luck!

Qui replaces the subject (**la route**) in the dependent clause in the first sentence above. Since it is the subject of the clause, **qui** will always be followed by a conjugated verb (**qui arrive**).

Que replaces the direct object (**l'autobus**) in the second sentence above. **Que** is not followed by a conjugated verb, but rather by a subject plus verb (**que je prends**).

qui + *conjugated verb*	**que** + *subject* + *verb*
Les voyageurs **qui sont arrivés** à huit heures viennent de la route nationale.	Les voyageurs **que j'ai vus** à la douane vont en Allemagne.
Les villes **qui sont** près de la mer sont touristiques.	Les villes **que les touristes préfèrent** ont souvent de belles plages.

Note the agreement of the past participle in relative clauses containing the **passé composé:** in the sentence with **être,** it agrees with the plural subject **qui,** and in the sentences with **avoir,** the past participle agrees with the preceding plural direct object **que.**

B. Relative pronouns used as objects of prepositions.

1. The relative pronoun **qui** can be used as the object of a preposition to refer to people.

La personne **avec qui** je voyage est agréable.	*The person with whom I am traveling is pleasant.*
L'amie **à qui** j'écris cette lettre rentre demain.	*The friend to whom I'm writing is going back home tomorrow.*

2. The word **dont** is used to replace **de** plus an object.[2] It can refer to both people and things and is also frequently used instead of **de qui. Dont** means *of whom, of which,* or *whose.*

C'est l'automobiliste. Ses valises sont à la douane.	*That's the driver. Her (His) suitcases are at the customs office.*
C'est l'automobiliste **dont** les valises sont à la douane.[3]	*That's the driver whose suitcases are at the customs office.*
Où est la carte? J'ai besoin de la carte.	*Where is the map? I need the map.*

---

[2] The relative pronoun **lequel (laquelle, lesquels, lesquelles)** is also used as an object of a preposition to refer to things. Its use is treated in Chapter 25.

[3] Note that the possessive (**ses**) is replaced by the definite article (**les**) in the sentence with **dont.** The sense of possession is conveyed by **dont** (*whose*).

Où est la carte **dont** j'ai besoin?

Where is the map that I need (of which I have need)?

3. **Où** is the relative pronoun of time and place. It means *in, on, when, which,* or *where.*

Le bureau **où** vous demandez votre permis est là-bas.

The office where you request your license is over there.

Juin—c'est le mois **où** je suis arrivé.

June—that's the month (when) I arrived.

Le carrefour d'**où** vous êtes venus est maintenant inondé.

The crossroads (where) you came from is now flooded.

Voilà le village **où** nous avons eu une panne de moteur.

There's the village where our engine broke down.

A votre tour

A. Promenade en voiture. Jean-Claude raconte son week-end. Reliez (*link*) les phrases suivantes avec le pronom relatif *qui.*

1. Dimanche, je suis sorti avec une amie américaine. Elle adore la campagne française.
2. Nous sommes montés dans ma voiture. C'est une très vieille voiture.
3. Nous avons décidé de prendre une petite route. La route va de Marseille à Cassis.
4. Mon amie a cherché notre chemin sur une carte. La carte montre les routes de la Côte d'Azur.
5. Vers deux heures de l'après-midi, nous avons eu une panne de moteur. Cette panne a terminé notre promenade.
6. Nous avons parlé à une villageoise. Elle n'a pas le téléphone.
7. Nous avons fini par aller à pied jusqu'à la gare. Elle est loin de ce village.

B. A Deauville. Vous travaillez au bureau des objets trouvés (*Lost and Found*) de Deauville. Avec un(e) camarade, imaginez un dialogue avec les touristes. Suivez le modèle.

MODÈLE: *Le/la touriste:* Je cherche ma valise.
Vous: Est-ce que c'est la valise que vous cherchez?
Le/la touriste: Ah oui, voilà la valise que je cherche.
(Non, ce n'est pas la valise que je cherche.)

Voici les phrases des touristes:
1. Je cherche mes clefs. 2. J'ai perdu ma valise. 3. Avez-vous trouvé un sac de voyage? 4. Avez-vous une grande enveloppe beige? 5. Je cherche mes billets de train pour Cologne. 6. Avez-vous trouvé mes bagages? 7. J'ai perdu mon parapluie. 8. Avez-vous trouvé un passeport?

C. Une pilote de course (*race car driver*). Les Dubois sont très fiers de leur fille Carole, qui est pilote de course automobile. Ils montrent des photos à des amis. Transformez les phrases selon le modèle.

MODÈLE: Voilà la voiture de course. Carole la conduit. ⟶
   Voilà la voiture que Carole conduit.

1. Voilà le circuit (*track*). Nous le visitons souvent.   *Voilà le circuit que nous visitons*
2. Regardez son casque (*helmet*). Carole le porte.
3. Regardez cette photo. Carole l'a prise de sa voiture.
4. Voilà un livre sur les courses automobiles. Nous l'avons acheté.
5. Voilà les autres pilotes. Carole les admire beaucoup.

D. Promenade au bord de la Seine. Jim vient d'arriver à Paris. Il fait une promenade avec son amie sur les quais de la Seine. Complétez leurs commentaires avec *que* ou *qui*.

JIM: Isabelle, quels sont ces bâtiments (*buildings*) _que_ je vois là-bas?

ISABELLE: C'est la Conciergerie, _qui_ a été une prison.

JIM: Et là, cette cathédrale _que_ les touristes regardent?

ISABELLE: C'est Notre-Dame. Tu vois cette statue _qui_ ressemble à la Statue de la liberté? C'est l'original de la statue _que_ la France a donnée aux Américains.

JIM: J'aime bien le bateau _qui_ cet homme pilote.

ISABELLE: Tu as vu les vêtements _que_ il porte? Il ressemble à un cow-boy!

JIM: Et ici, qui est ce jeune homme _qui_ on filme? C'est un artiste _que_ tu as vu au cinéma?

ISABELLE: Je ne l'ai pas bien vu. C'est possible. Les quais de la Seine sont pleins (*full*) de gens _qui_ viennent de partout.

JIM: Regarde ces jeunes _qui_ jouent de la guitare. Ce sont sans doute des étudiants _qui_ viennent de la Sorbonne entre les cours... comme nous.

E. Présentations. Jeannine présente ses amis à ses parents. Suivez le modèle.

MODÈLE: Voici une jeune femme. Son mari est pilote. ⟶
   Voici la jeune femme dont le mari est pilote.

Voici un étudiant dont vu sa photo.
1. C'est un étudiant. Vous avez vu sa photo.   2. Ce sont des voisins. Nous vous avons parlé de ces voisins.   3. Michel est un jeune poète. J'aime beaucoup ses livres.   4. Voici un professeur. J'aime ses cours.   5. M. Dupont est un ami. Son fils est en France.   6. Voici le propriétaire. Je suis son amie.   7. Voici une commerçante. Son magasin est à côté d'ici.

F. Photos de voyage. Transformez les phrases selon le modèle.

MODÈLE: Nous sommes arrivés à ce port. ⟶
   Voici le port où nous sommes arrivés.

1. Nous sommes allés dans ces pays.   2. Nous avons visité des musées dans ces villes.   3. On nous a attendus dans cet hôtel.   4. Nous sommes restés dans ce
Voici les pays où nous sommes allés,

village.   5. Nous avons fait des courses dans ces boutiques.   6. Nous avons mangé dans ces restaurants.   7. Nous avons fait des promenades dans cette forêt.   8. Nous avons voyagé tout l'après-midi sur cette route nationale.

G. **Énigme.** Décrivez un objet, une personne ou un endroit à vos camarades. Utilisez des pronoms relatifs. Vos camarades vont essayer de trouver la chose dont vous parlez.

> MODÈLE: *Vous:* Je pense à un gâteau qui est français et dont le nom
>   commence par un *e.*
>   *Un(e) ami(e):* C'est un éclair!

Catégories suggérées: une ville, un pays, un plat, une personne, un livre, une classe, un moyen de transport, une voiture

Mise en pratique

DIALOGUE: Un Coup de téléphone, un coup de chance°

coup... stroke of luck

Trois jeunes gens, un Français (Michel) et deux Américains (Cathy et Carlos) sont partis en voiture pour une station de ski dans les Alpes. Malheureusement, c'est le mois de février, et beaucoup de gens ont eu la même idée! Les trois amis sont enfin assez exaspérés: les routes sont pleines d'embouteillages, nos voyageurs n'ont pas encore pu réserver de chambres d'hôtel pour leur semaine de vacances. De plus, ils ont eu une panne d'essence°... et ensuite, un pneu crevé.° Quel voyage désastreux!

ont... ran out of gas / pneu... flat tire

  Heureusement, ils sont encore sur une autoroute, en face d'une de ces énormes stations-service où on vous offre de l'essence, des services de réparation, des toilettes, de la nourriture, des revues et journaux, des jouets pour les enfants, etc., etc. Ils quittent la voiture et entrent dans la station-service. Quelques minutes plus tard° ils reviennent avec un mécanicien.

plus... later

> CARLOS: Alors, voilà ce pneu! Et puis après, pouvez-vous faire le plein,° de super s'il vous plaît?
> LE MÉCANICIEN: Tout de suite.
> CARLOS: Pouvez-vous nous dire où est le téléphone?
> LE MÉCANICIEN: Là-bas, tout droit, au bout° du couloir.
> CARLOS: Merci bien.

faire... fill it up

end

Ce n'est pas un simple poste d'essence, mais une grande station-service où le service est très rapide... excepté au début du mois d'août quand la majorité des Français partent en vacances!

MICHEL: Voilà le numéro de l'hôtel qu'on nous a recommandé. *(Michel met des jetons° et compose un numéro.)* — tokens

LA PROPRIÉTAIRE: Allô? Ici l'Hôtel Beauséjour.

MICHEL: Bonjour, Madame. Nous avons vu le nom de votre hôtel dans notre guide. Avez-vous encore de la place par hasard°? — par... by chance

LA PROPRIÉTAIRE: Je regrette,° Monsieur, l'hôtel est presque complet.° Au mois de février, il y a toujours beaucoup de monde.° Vous êtes combien? — sorry / full / people

MICHEL: Trois. Nous avons besoin de deux chambres pour une semaine.

LA PROPRIÉTAIRE: Je ne peux pas vous donner deux chambres, mais voulez-vous une grande chambre avec un grand lit et un lit à une place°? — lit... single bed

MICHEL: Euh, je ne crois pas... notre amie aimerait° probablement une chambre à part.° — would like / à... separate

LA PROPRIÉTAIRE: Pour la semaine, je peux lui offrir une chambre chez nous, pour soixante francs la nuit.

MICHEL: Parfait. Et l'autre chambre fait combien?

LA PROPRIÉTAIRE: Cent francs la nuit, petit déjeuner et service compris... Voyons,° un client que nous attendions° n'est pas arrivé. Votre grande chambre est donc du côté jardin — Let's see / were waiting for

avec vue sur les montagnes. Est-ce que cela
vous convient°?

Est-ce... Does that suit you?

MICHEL: Oui, Madame. Ça va très bien! Nous
prenons les deux chambres et nous espérons
arriver vers six heures.

A. Un voyage mouvementé. Répondez aux questions suivantes selon le dialogue.

1. Quelle est la destination des trois amis? Comment sont-ils partis? En quelle saison ont-ils fait leur voyage?   2. Est-ce que ce voyage a été facile? Pourquoi? Pourquoi pas?   3. Les amis ont-ils un autre problème? Quel problème? Pourquoi y a-t-il tant de monde sur les routes?   4. Comment Michel, Cathy et Carlos sont-ils sortis de leurs difficultés avec la voiture? Qui les a aidés?   5. De quelle sorte de logement les amis ont-ils besoin? A quel hôtel Michel téléphone-t-il? Pourquoi ont-ils choisi cet hôtel? 6. La propriétaire a-t-elle réussi à leur trouver quelque chose de convenable (*suitable*)? Comment? Est-ce que ce sont les chambres dont ils ont envie?   7. Pourquoi les trois amis ont-ils eu un coup de chance?   8. Racontez au passé un moment désastreux ou difficile que vous avez eu pendant un voyage.

B. Création. Relisez (*reread*) le dialogue ci-dessus. Divisez la classe en groupes de trois ou quatre personnes. Créez un nouveau dialogue basé sur les aventures de Michel, Cathy et Carlos. Vous devez y mettre une des situations suivantes ou inventer une autre situation.

1. Ils ont une panne d'essence ou de moteur loin d'une station-service.
2. Cathy réussit la réparation d'un pneu crevé.
3. Michel téléphone à l'hôtel, mais il n'y a plus de chambres.
4. Ils vont faire du ski, mais il n'y a pas de neige.
5. Il y a une grosse tempête (*storm*) de neige.

MODÈLE: *Carlos:* Fais attention, je crois que le pneu gauche est crevé!
Michel: Quel désastre! Nous sommes si loin du village!
Cathy: J'ai une idée. Regarde dans la voiture, Carlos, tu vois cette petite trousse (*tool kit*)? etc.

C. Vos moyens de transport. Écrivez quelques paragraphes sur les moyens de transport. Employez les questions suivantes comme guide.

1. Préférez-vous le métro ou le bus pour circuler dans une grande ville? Pourquoi? Aimez-vous prendre le taxi? Expliquez pourquoi.
2. Prenez-vous souvent le train? Combien de fois avez-vous pris le train? Où êtes-vous allé(e)? Combien de temps y êtes-vous resté(e)?
3. Avez-vous souvent pris l'avion? Pourquoi avez-vous pris l'avion? Où êtes-vous allé(e) en avion? Quelle ligne aérienne préférez-vous? Pourquoi?
4. Quelle marque de voiture préférez-vous? Quelle marque de voiture avez-vous?
5. Conduisez-vous bien ou mal? A quel âge avez-vous eu votre permis de conduire? Combien d'accidents avez-vous eus? combien de contraventions (*traffic tickets*)?
6. Sommes-nous devenus, dans un sens, victimes de nos voitures? Voyez-vous une autre solution?

Mots à retenir

VERBES

avoir une panne (d'essence, de moteur)	*to break down (be out of gas, have motor trouble)*	économiser	*to save*
		marcher	*to walk; to run (machine)*
		mener	*to lead; to guide*
conduire	*to drive*	penser (à)	*to think (about)*
déménager	*to move (house)*	permettre (de)	*to permit, allow (to)*
deviner	*to guess*	stationner	*to park*

NOMS

l'autobus (m)	*bus*	le/la mécanicien(ne)	*mechanic; attendant*
l'automobiliste (m or f)	*motorist*	le métro	*subway*
l'autoroute (f)	*freeway, highway*	la motocyclette (la moto)	*motorcycle*
le camion	*truck*	le moyen (de transport)	*means (of transportation)*
le carrefour	*crossroads; intersection*		
la circulation	*traffic*	le piéton (la piétonne)	*pedestrian*
le conducteur (la conductrice)	*driver*	le pneu (crevé)	*(flat) tire*
l'embouteillage (m)	*traffic jam*	la station-service	*service station*
l'essence (f)	*gas, gasoline*	la vitesse	*speed*

ADJECTIFS

plein(e)	*full, filled*	vide	*empty*
sûr(e)	*safe; sure*		

MOTS DIVERS

à droite	*right*	où	*in, on, when, which, where*
à gauche	*left*		
à pied	*on foot*	partout	*everywhere*
dont	*of whom, of which, whose*	que	*who, that, which (object)*
Faites le plein (de super, d'ordinaire), s'il vous plaît.	*Fill it up (with super, with regular), please.*	qui	*who, that, which (subject)*
		sens interdit	*one way*
là-bas	*over there*	tout droit	*straight ahead*
		y	*there*

17

Villes et villages

*Marseille, deuxième ville de France, port ancien et
moderne: On peut encore y descendre sur les quais,
acheter du poisson frais.*

Prélude: Vocabulaire

Une Petite Ville

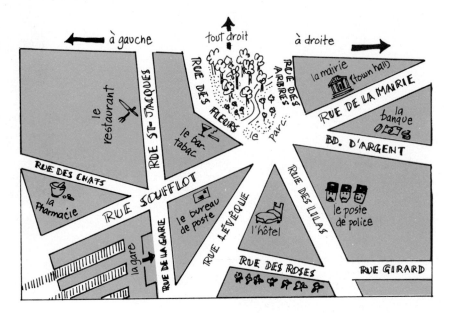

A. Trouvez votre chemin (*way*). Regardez le plan de la ville. Imaginez que vous êtes à la gare. Un(e) touriste vous demande où est le bureau de poste; vous lui indiquez la direction selon le modèle.

MODÈLE: *Le/la touriste:* Excusez-moi, voulez-vous bien me dire où est le bureau de poste?
Vous: Vous tournez à gauche, vous prenez la rue Soufflot à droite et vous y êtes.
Le/la touriste: Je tourne à gauche, je prends la rue Soufflot à droite et j'y suis.

1. le bar-tabac 2. le Restaurant du Cheval Blanc 3. l'Hôtel des Roses 4. la Banque Nationale 5. le poste de police 6. le parc 7. la mairie 8. la pharmacie

B. Arrivée en ville (*in town*). Vous arrivez dans cette ville française et vous voulez faire plusieurs choses. Où allez-vous pour

1. dîner? 2. toucher un chèque? 3. faire une promenade? 4. poster une lettre?
5. dormir? 6. acheter de l'aspirine? 7. prendre le train? 8. prendre un café?
9. chercher la date de naissance de votre grand-mère qui est née dans cette ville?

Dans quelle rue est-ce que ces endroits sont situés?

Grammaire

39 *The pronoun* en

Les trésors du bouquiniste[1]

JEAN-MARC: Tu as de vieilles cartes postales? J'*en* fais collection aussi.

ANDRÉE: J'*en* ai trouvé de très belles chez un bouquiniste du quai du Louvre.

JEAN-MARC: Tu crois qu'il lui *en* reste?

ANDRÉE: Oh oui, je pense... il n'*en* avait pas beaucoup mais elles étaient hors de prix!

1. Est-ce qu'Andrée fait collection de vieilles cartes postales?
2. Où est-ce qu'Andrée a trouvé de belles cartes?
3. Est-ce que le bouquiniste avait beaucoup de cartes postales?
4. Est-ce qu'elle pense qu'il reste des cartes chez le bouquiniste?

1. The pronoun **en** can replace a noun that is preceded by a partitive article (**du, de la, de l'**) or by the plural indefinite article **des**. **En** is then equivalent to English *some* or *any*. Like other object pronouns, **en** is placed directly before the verb of which it is the object.

Sert-on **du thé** au bar-tabac?	*Do they serve tea at the bar (tabacconist)?*
Oui, on **en** sert.	*Yes, they serve it.*
Y a-t-il **des musées intéressants** à Avignon?	*Are there any interesting museums in Avignon?*

The bookseller's treasures

JEAN-MARC: Do you have (some) old postcards? I collect them too. ANDRÉE: I found some very beautiful ones at a bookstall (bookseller's) on the Louvre quay. JEAN-MARC: Do you think he has any left? ANDRÉE: Oh yes, I think so . . . he didn't have many (of them), but they were outrageously expensive.

---

[1]**Les bouquinistes** are booksellers who set up their stalls along the Seine in Paris and in some other French and Swiss towns along the quays bordering rivers.

Oui, il y **en** a.	*Yes, there are (some).*
Avez-vous **des tickets de métro?**	*Have you any subway tickets?*
Non, je n'**en** ai pas.	*No, I don't have any.*

2. **En** can also replace a noun that is modified by a number or by an expression of quantity, such as **beaucoup de, un kilo de, trop de, deux,** and so on. The noun is dropped, but the number or expression of quantity (minus **de**) remains. The English equivalent of **en** in this case is *of it* or *of them.* While these phrases are often omitted in English, **en** cannot be omitted in French.

Avez-vous **une chambre?**	*Do you have a room?*
Oui, j'**en** ai **une.**[2]	*Yes, I have one.*
Y a-t-il **beaucoup de parcs?**	*Are there many parks?*
Oui, il y **en** a **beaucoup.**	*Yes, there are many (of them).*
Combien **de places** voulez-vous?	*How many seats would you like?*
J'**en** voudrais **cinq.**	*I would like five (of them).*

3. **En** is also used to replace **de** plus a noun and its modifiers (unless the noun refers to people) in sentences with verbs or expressions that use **de: parler de, avoir envie de,** and so on.

Avez-vous **besoin de ce guide?**	*Do you need this guide?*
Oui, j'**en** ai besoin.	*Yes, I need it.*
A-t-elle parlé **des ruines?**	*Did she talk about the ruins?*
Oui, elle **en** a parlé.[3]	*Yes, she talked about them.*

4. Finally, **en** replaces **de** plus a geographical expression or place.

Le train sort-il **de la gare?**	*Is the train leaving the station?*
Oui, il **en** sort.	*Yes, it's leaving (it).*
Je viens **de Grenoble.**	*I come (am arriving) from Grenoble.*
Quelle coïncidence! J'**en** viens aussi.	*What a coincidence! I come (am arriving) from there too.*

---

[2]In a negative answer to a question containing **un(e),** the word **un(e)** is not repeated: Avez-vous une chambre? Non, je n'en ai pas.

[3]In the **passé composé,** there is no agreement of the past participle with **en:** Nous avons vu *des maisons.* ⟶ Nous *en* avons *vu.*

A votre tour

A. Aix-en-Provence. Avec un(e) camarade, posez les questions et donnez les réponses avec **en.**

MODÈLE: des églises ⟶   *Vous:* Est-ce qu'il y a des églises?
    Un(e) ami(e): Oui, il y en a.

1. des boulevards   2. un bon théâtre   3. des ruines celtes   4. une bibliothèque célèbre   5. des bâtiments anciens   6. des statues

B. Un dîner chez la Mère Brazier à Lyon. Un(e) ami(e) vous interroge sur votre choix.

MODÈLE: d'un apéritif (oui) ⟶ *Un(e) ami(e):* Tu as envie d'un apéritif?
    Vous: Oui, j'en ai envie.

1. de hors-d'œuvre (oui)   2. de soupe (non)   3. de crêpes (oui)   4. de poulet (oui)   5. de légumes (oui)   6. de vin (oui)   7. de dessert (non)   8. de café (non)

C. Villes debout, villes assises. Avec un(e) camarade, imaginez un dialogue selon le modèle.

MODÈLE: ta maison (2) ⟶ *Un(e) ami(e):* Combien d'étages a ta maison?
    Vous: Elle en a deux.

1. l'école de Paul (1)   2. l'Hôtel de Ville (*city hall*) (5)   3. la Tour Montparnasse (30)   4. le poste de police (2)   5. le musée (3)   6. l'immeuble (*apartment building*) (16)   7. la Tour Eiffel (3)   8. les grands magasins (4)

D. Au bar-tabac. Avec un(e) camarade, jouez les rôles selon le modèle.

MODÈLE: revues (3) ⟶ *L'employé(e):* Combien de revues voulez-vous?
    Vous: J'en veux trois. (J'en ai besoin de trois.)

1. cartes postales (2)
2. timbres (6)
3. films (*rolls of film*) (2)
4. tasses de café (4)

5. verres de vin (3)
6. glaces (2)
7. journaux (1)
8. cigares (3)

E. Correspondance. Debbie va visiter la France. Dans une lettre, elle pose des questions aux amis qui l'ont invitée. Répondez *oui* aux questions, selon le modèle.

MODÈLE: Est-ce qu'on vend de la bonne moutarde (*mustard*) à Dijon? ⟶
    Oui, on en vend à Dijon.

1. Est-ce qu'ils mangent beaucoup de pizza à Nice?   2. Est-ce qu'on trouve des ruines romaines à Arles?   3. Est-ce que les gens de Toulouse ont un accent du sud?   4. Est-ce qu'on trouve des châteaux près de Tours?   5. Est-ce que nous pouvons faire du bateau à Quimper?   6. Est-ce qu'on fait du vin à Bordeaux?

F. Conversation. Répondez aux questions suivantes, ou utilisez ces questions pour interviewer une autre personne de la classe. Employez *en* dans les réponses.

1. Louez-vous une chambre? un appartement? une maison? un studio?   2. Y a-t-il un ascenseur (*elevator*)? un garage privé? Combien d'étages y a-t-il?   3. Avez-vous une bicyclette? une moto? une voiture? des skis?   4. Combien de personnes y a-t-il dans votre famille? dans votre maison? dans votre classe de français? dans votre école? dans votre ville?   5. Combien de disques français avez-vous? Combien de livres français avez-vous lus?

G. En ville. Remplacez les noms par un complément d'objet direct ou indirect, ou par *y* ou *en*. Répondez *oui* et ensuite *non*.

MODÈLE: Allez-vous *en ville*? ⟶ Oui, j'y vais aujourd'hui. Non, je n'y vais pas.

1. Visitez-vous *le centre-ville*?   2. Visitez-vous *des musées*?   3. Habitez-vous *en banlieue* (*suburbs*)?   4. Y a-t-il beaucoup *d'autobus*?   5. Y a-t-il *des pharmacies* en ville?   6. Voyez-vous *l'agent de police*?   7. Avez-vous envie de voir *de grands bâtiments*?   8. Allez-vous *en ville* ce soir?

Strasbourg: Située au bord du Rhin, c'est la plus grande ville d'Alsace. Sa cathédrale et son université sont bien connues. C'est à Strasbourg que siège (meets) le Conseil de l'Europe.

40 | *The* imparfait

Dans la banlieue de Tours

VINCENT: Michèle, j'aime bien ton nouveau studio. Où *habitais*-tu avant?

MICHÈLE: J'*habitais* avec Paul dans une mansarde du Vieux Tours. Nous la *trou-vions* si romantique!

VINCENT: Pourquoi changer, alors? Vous n'*aimiez* plus vivre sous les toits?

MICHÈLE: Qu'est-ce que tu veux, nos amis ne *venaient* plus nous voir. Il n'y *avait* pas d'ascenseur et nous *vivions* au huitième étage!

Retrouvez la phrase correcte dans le dialogue.

1. Où étais-tu avant?
2. Nous vivions dans une mansarde.
3. Je la croyais si romantique.
4. Vous n'étiez plus contents de vivre sous les toits?
5. Nos amis ne nous rendaient plus visite.
6. L'immeuble n'avait que des escaliers (*stairs*).
7. Nous habitions au huitième étage.

The **passé composé** is used for actions or situations that began and ended in the past. In contrast, the **imparfait** is used for continuous or habitual past actions or situations.

A. Formation of the *imparfait*

The formation of the **imparfait** is identical for all French verbs except **être.** To find the regular imperfect stem, drop the **-ons** ending from the present tense **nous** form. Then add the imperfect endings.

nous parl~~ons~~ ⟶ **parl-**   nous vend~~ons~~ ⟶ **vend-**
finiss~~ons~~   ⟶ **finiss-**   nous av~~ons~~   ⟶ **av-**

In the suburbs of Tours

VINCENT: Michèle, I really like your new studio. Where were you living before? MICHÈLE: I lived (used to live) with Paul in a garret in Old Tours. We found it so romantic! VINCENT: Why change then? Didn't you like living under the roof(tops) any more? MICHÈLE: You see, our friends no longer came to see us. There was no elevator, and we lived on the eighth floor!

Imparfait *of* **parler** (*to speak*): **parl-** + *imperfect endings*

je	parl**ais**	nous	parl**ions**
tu	parl**ais**	vous	parl**iez**
il, elle, on	parl**ait**	il, elles	parl**aient**

Le guide **parlait** de la Vieille Ville.	*The guide was talking about the old part of town.*
Le week-end, nous **aimions** bien pique-niquer à la campagne.	*On weekends, we loved to picnic in the country.*
Hier à dix heures je **t'attendais** sur la place.	*Yesterday at ten o'clock, I was waiting for you on the town square.*
Avant, vous **habitiez** en banlieue.	*You lived in the suburbs before.*
Beaucoup d'ouvriers y **habitaient** aussi.	*A lot of workers also lived there.*

Verbs with an imperfect stem that ends in **-i** (**étudier: étudi-**) have a double **i** in the first- and second-person plural of the **imparfait: nous étudiions, vous étudiiez.** The **ii** is pronounced as a long *i* sound [i:], to distinguish the **imparfait** from the present tense forms **nous étudions** and **vous étudiez.**

Verbs with stems ending in **ç** [s] or **g** [ʒ] have a spelling change when the **imparfait** endings start with **a: je mangeais, nous mangions; elle commençait, nous commencions.** (See Section E on page 434, Verbs with Spelling Changes.)

The **imparfait** has several equivalents in English. For example, **je parlais** can mean *I talked, I was talking, I used to talk,* or *I would talk.*

Des logements modernes sur la Côte d'Azur aux environs de Cannes

B. *Imparfait of être*

The verb **être** has an irregular stem in the **imparfait: ét-.** The endings used, however, are the regular **imparfait** endings.

Imparfait *of* **être** (*to be*)

	j'	étais		nous	étions
	tu	étais		vous	étiez
il, elle, on		était	ils, elles		étaient

J'**étais** très heureux quand j'**habitais** à Lyon.

I was very happy when I lived in Lyons.

Mon appartement **était** dans la rue Sébastien, près de l'université.

My apartment was on Rue Sébastien, near the university.

C. Uses of the *imparfait*

In general, the **imparfait** is used to describe continuous actions or situations that existed for an indefinite period of time in the past. There is usually no mention of the beginning or end of the event. The **imparfait** is used:

1. in descriptions, to set a scene:

C'**était** une nuit tranquille à Strasbourg.

It was a quiet night in Strasbourg.

Il **pleuvait** et il **faisait** froid.

It was raining and (it was) cold.

M. Cartier **lisait** le journal.

Mr. Cartier was reading the newspaper.

Mme Cartier **regardait** la télévision, et Achille, le chat, **dormait.**

Mrs. Cartier was watching television, and Achille, the cat, was sleeping.

2. for habitual or repeated past actions:

Quand j'étais jeune j'**allais** chez mes grands-parents tous les dimanches.

When I was young, I went to my grandparents' home every Sunday.

Nous **faisions** de belles promenades sur la place Kléber.

We would take (used to take) lovely walks on Place Kléber.

3. to describe feelings and mental or emotional states:

Claudine **était** très
heureuse—elle **avait**
envie de chanter.

*Claudine was very
happy—she felt like
singing.*

4. to tell time of day or to express age in the past:

Il **était** cinq heures et
demie du matin.

It was 5:30 A.M.

C'était son
anniversaire; il **avait**
douze ans.

*It was his birthday; he
was twelve years old.*

5. to describe an action or situation that was happening when
another event (usually in the **passé composé**) interrupted it:

Jean **lisait** le journal
quand le téléphone a
sonné.

*Jean was reading the
paper when the phone
rang.*

À votre tour

A. Activités urbaines. Faites les substitutions.

1. Qui avait la voiture hier? *Je l'avais.* (Marie-Thérèse, nous, Henri, tu, vous,
Michelle et Philippe)   2. Qui parlait à l'agent de police dans l'ascenseur ce matin?
Monique lui parlait. (Jean-Pierre, je, elles, vous, tu, nous)   3. Qui visitait les
petites villes le week-end? *Patrice* visitait les petites villes. (tu, nous, ma sœur, je)

B. Métro, boulot, dodo.[4] Une journée chez les Dufour. Faites des phrases complètes
selon le modèle.

MODÈLE: les Dufour / habiter en banlieue →
        Les Dufour habitaient en banlieue.

1. le matin, Mme Dufour / sortir à sept heures pour aller au travail
2. M. Dufour / préparer le petit déjeuner   3. il / manger avec ses deux fils
et sa fille   4. M. Dufour et ses enfants / prendre le bus   5. son fils
Paul / être mécanicien en ville   6. sa fille Marie / travailler au poste
de police   7. son jeune fils / aller à l'école   8. Mme Dufour / faire les
courses après le travail   9. le soir, les autres / rentrer en bus
10. ils / manger tous devant la télévision

---

[4]This phrase—which literally means *subway, work, sleep*—is the French equivalent of the English expression *the rat
race.*

C. **Une ville de Bourgogne.** L'an dernier à Dijon, vous sortiez régulièrement avec des ami(e)s. Faites des phrases complètes selon le modèle.

MODÈLE: dîner ensemble ⟶ Nous dînions ensemble.

1. jouer aux cartes au café   2. aller au parc de la Colombière   3. faire des promenades sur le quai Saint-Pierre   4. pique-niquer à la campagne   5. visiter la Vieille Ville   6. écouter de la musique symphonique   7. faire du bateau sur le lac Kir   8. visiter les vignobles (*vineyards*)

D. **Créez une atmosphère.** Imaginez que vous êtes romancier(ière) (*novelist*) et que vous commencez un nouveau livre. Vous avez d'abord composé le paragraphe suivant: « Il est huit heures du matin. De ma fenêtre, je vois la place Daudet. Un groupe d'hommes attend l'autobus. Dans le café de la place, les garçons servent du café et des croissants chauds. Les trottoirs (*sidewalks*) sont pleins de gens qui vont au travail. Il fait chaud; la journée commence. Je suis heureux(euse). »

Mais non! vous n'êtes pas satisfait(e). Recommencez. D'abord, mettez le paragraphe à l'imparfait: « Il était…. » Mais vous n'êtes toujours pas satisfait(e). Essayez encore une fois. Toujours à l'imparfait, créez une atmosphère sombre et mystérieuse. Commencez par: « Il était onze heures du soir…. »

Mise en pratique

ACTIVITÉS: La Vie urbaine

A. **Conversation.** Posez ces questions à des camarades de classe. Employez *vous* ou *tu* et l'imparfait.

Quand vous aviez huit ans…
1. Habitiez-vous à la campagne? dans une petite ville ou dans une grande ville?
2. Avec qui habitiez-vous?   3. Comment était votre maison (*what was your house like*) ou votre appartement?   4. Aviez-vous beaucoup d'ami(e)s?   5. Quelles étaient vos activités favorites?   6. Alliez-vous à l'école? Qu'est-ce que vous étudiiez?   7. Où jouiez-vous? dans les rues de votre ville? dans votre jardin? dans le parc? A quoi aimiez-vous jouer?   8. Faisiez-vous de la bicyclette? Nagiez-vous en été? Faisiez-vous un autre sport?

Maintenant, répondez aux questions suivantes posées par un(e) camarade avec les adverbes *peu, assez, souvent, beaucoup, trop* ou un numéro. Utilisez **en** dans chaque réponse.

Quand vous aviez huit ans…
1. Voyiez-vous des films?   2. Y avait-il des animaux à la maison? des chats? des chiens?   3. Aviez-vous des ami(e)s? Invitiez-vous vos ami(e)s à la maison?   4. Lisiez-vous des livres?   5. Faisiez-vous des devoirs après les cours?   6. Aviez-vous de bonnes notes à l'école?   7. Jouiez-vous d'un instrument de musique?

B. Votre ville. Complétez le paragraphe suivant et décrivez la ville où vous habitez maintenant ainsi que la ville où vous habitiez dans votre enfance.

J'habite _____. C'est une ville _____. La vie y est _____. Les gens sont _____. J'aime/je n'aime pas habiter cette ville parce que _____ .

Maintenant, décrivez la ville ou le village où vous habitiez dans votre enfance. Employez l'imparfait.

C. La vie de banlieue. La banlieue est dépendante de la ville. Dans la banlieue française on ne trouve pas beaucoup de maisons privées; on trouve de gros immeubles. Interviewez un(e) camarade de classe sur ses préférences. Employez les questions suivantes comme guide.

1. Habiter en banlieue plutôt (*rather*) qu'en ville, est-ce un avantage ou un inconvénient?

   _____ avantage   _____ inconvénient   _____ sans opinion

2. Quels sont les avantages de la vie en banlieue? Expliquez.

   Mots utiles: le calme, un jardin, la proximité de la campagne, moins de pollution, un logement plus grand, le prix des logements moins élevé (*lower*), les voisins plus agréables, la possibilité de faire plus de sport

3. Quels sont les inconvénients de certaines banlieues françaises? Expliquez.

   Mots utiles: du temps et de l'argent perdus en transport, la distance des commerces et des services, peu de distractions et de spectacles, la difficulté de trouver un travail sur place (*nearby*), problèmes de violence et de sécurité (*safety*), la solitude des individus, les visites rares, les gens moins agréables, les bâtiments monotones

4. Aimez-vous le quartier où vous habitez? Pourquoi?

   _____ beaucoup   _____ assez   _____ pas beaucoup   _____ pas du tout

D. Une ville modèle. En groupes de trois ou quatre personnes, faites le plan d'une ville idéale et présentez ensuite vos idées à la classe. Les questions suivantes peuvent vous servir de guide.

1. Où cette ville est-elle située? Comment s'appelle-t-elle? 2. Quelle est l'industrie principale de cette ville? 3. Comment est-elle organisée? 4. Où habitent les gens? 5. Où travaillent les habitants? Où font-ils leurs achats? Quelles sont leurs distractions préférées? 6. Décrivez certains bâtiments importants. 7. Votre ville a-t-elle des problèmes urbains? Quels problèmes?

Mots à retenir

VERBES

chanter	*to sing*	tourner	*to turn*
inviter	*to invite*		

NOMS

l'agent de police (*m*)	*police officer*	la mairie	*city, town hall*
l'ascenseur (*m*)	*elevator*	le(la) marchand(e)	*merchant, storekeeper*
la banlieue	*suburbs*	le parc	*parc*
le bar-tabac	*bar-tobacconist*	la pharmacie	*pharmacy, drugstore*
le bâtiment	*building*	le plan	*plan; city map*
le chemin	*way; path*	le poste de police	*police station*
l'école (*f*)	*school*	le toit	*roof*
le guide	*guide; guidebook*	le trottoir	*sidewalk*
l'immeuble (*m*)	*apartment building*	la vieille ville	*old town; the old part of the city*

ADJECTIFS

content(e)	*happy, content*	privé(e)	*private*
favori (favorite)	*favorite*	propre	*clean; own*
grave	*serious, grave*	satisfait(e)	*satisfied*
neuf (neuve)	*(brand) new*	situé(e)	*located, situated*
nombreux(euse)	*numerous, many*		

MOTS DIVERS

ainsi que	*as well as*	hors de	*outside of*
au pied de	*at the foot of*	Il reste...	*There remain(s)...*
en (*pron*)	*of him, of her, of it, some*	plutôt que	*rather than*

18

Paris et sa banlieue

Vus de haut: la Place Charles de Gaulle-Étoile, l'Arc de Triomphe et le rayonnement (branching) *des grands boulevards*

Prélude: Vocabulaire

Les Arrondissements de Paris

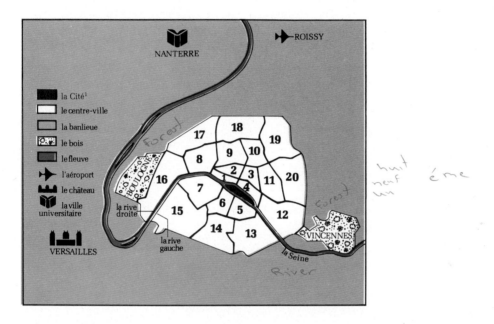

A. Les arrondissements de Paris. Répondez aux questions.

MODÈLE: Quel arrondissement touche au Bois de Boulogne? ⟶ le seizième

1. Quels arrondissements trouve-t-on sur la rive (*bank*) gauche de la Seine? sur la rive droite?   2. Quels arrondissements constituent (*make up*) le centre-ville?   3. Les beaux quartiers résidentiels de Paris sont dans l'ouest. Quels sont ces arrondissements?
4. Quels arrondissements constituent le quartier des affaires (*business*) sur la rive droite, dans le centre-ville?   5. Quels arrondissements constituent Paris-Est?

B. Le plan de Paris. Suivez le modèle.

MODÈLE: Versailles ⟶ C'est un château. Il est dans la banlieue de Paris.

1. Roissy
2. la Seine
3. Boulogne
4. Vincennes
5. Nanterre
6. la Cité

---

[1]The **Cité** is the historical center of Paris, on the **Île de la Cité** in the **Seine.**

41 *The* passé composé *versus the* imparfait

Retour de Paris

ALAIN: Dites-moi, à Paris, *avez*-vous *trouvé* une différence entre la ville et la banlieue?

FRANÇOISE: Oh oui. Dans les nouveaux quartiers de la banlieue, les rues *étaient* très propres et très tranquilles. Il n'y *avait* presque personne dans la rue.

JEAN-PIERRE: Quand nous *sommes arrivés* en ville, surtout au Quartier Latin, il nous *a semblé* que les gens *passaient* leur vie dans la rue!

FRANÇOISE: Alors, nous *avons fait* comme les autres... et nous *avons passé*[2] des heures à la terrasse des cafés et à flâner sur le Boul'Mich et le boulevard Saint-Germain.

Complétez les phrases pour retrouver le sens du dialogue.

1. A Paris, _____.
  - a. Jean-Pierre et Françoise n'ont pas trouvé de différence entre la banlieue et la ville.
  - b. Jean-Pierre et Françoise ont trouvé une différence entre la banlieue et la ville.

2. Dans la banlieue, _____.
3. En ville, _____.
  - a. les rues n'étaient pas propres.
  - b. les rues étaient très propres.
  - c. les gens ne vivaient pas dans la rue.
  - d. les gens ne faisaient que passer.
  - e. les gens vivaient dans la rue.

Back from Paris

ALAIN: Tell me, in Paris, did you find a difference (in the way of life) in the city and in the suburbs? FRANÇOISE: Oh yes. In the new suburban areas, the streets were very clean and very quiet. There was almost no one in the street. JEAN-PIERRE: When we arrived in the city, especially in the Latin Quarter, it seemed that the people lived (spent their lives) in the street! FRANÇOISE: So we did as they do . . . and we spent hours on the terraces of the cafés and strolling along Boul'Mich (Boulevard Saint-Michel) and Boulevard Saint-Germain.

---

[2]**Passer** is conjugated with **avoir** when it has an object.

When speaking about the past in English, you choose which past tense forms to use in a given context: *I wrote letters, I did write letters, I was writing letters, I used to write letters,* and so on. Usually only one or two of these choices will convey exactly the meaning you want to express. Similarly in French, the choice between the **passé composé** and the **imparfait** depends on the speaker's perspective: how does the speaker view the action or state of being?[3]

The **passé composé** is used to indicate a single completed action, something that began and ended in the past. *It does not consider the duration of that action.*

The **imparfait** usually indicates an ongoing or habitual action in the past. It does not consider the end of that action, but *it does place emphasis on the duration of that action.* Compare these sentences:

J'**écrivais** des lettres.	*I was writing letters. (ongoing action)* ~imperfect~
J'**ai écrit** des lettres. ~passé composé~	*I wrote (have written) letters. (completed action)*
Je **commençais** mes devoirs.	*I was starting my homework. (ongoing)*
J'**ai commencé** mes devoirs.	*I started (have started) my homework. (completed)*
Elle **allait** au parc le dimanche.	*She went (used to go) to the park on Sundays. (habitual)*
Elle **est allée** au parc dimanche.	*She went to the park on Sunday. (completed)*

Contrast the basic difference between the two tenses by translating the following sentences.

Imparfait	*Passé composé*
1. *Ongoing action with no specific end*	*Completed action with no specific duration*
Je **visitais** des monuments.	J'**ai visité** des monuments.
J'**étais** en France.	J'**ai été** en France.
2. *Habitual or repeated action*	*A single event*
Je **visitais** souvent Beaubourg.	Un jour j'**ai visité** Beaubourg.
J'**allais** en France tous les ans.	Je **suis allée** en France l'année dernière.

---

[3]Note, for example, the difference between **j'ai eu faim** *I got hungry* and **j'avais faim** *I was hungry.*

3. *Description: background information, how things were or what was happening when . . . a single event occurred*

Je **visitais** Beaubourg...   quand j'**ai vu** mon ami Charles.

J'**étais** à Paris...   quand une lettre **est arrivée.**

Time expressions such as **souvent, parfois, de temps en temps** (*once in a while*), **d'habitude** (*usually*), **toujours,** and **le lundi (le mardi,...)** are frequently used with the **imparfait: Nous étudiions toujours à la bibliothèque.**

Time expressions such as **lundi (mardi,...), hier, l'année passée, ce jour-là,** and **soudain** (*suddenly*) are frequently used with the **passé composé: Ce jour-là nous avons étudié à la bibliothèque.**

A votre tour

A. Changement d'habitudes. Quand Marc Dufort était votre voisin à Neuilly, il faisait certaines choses régulièrement. Mais un jour, il a changé d'habitudes. Faites des phrases pour décrire ses activités.

MODÈLE: le samedi / aller danser ⟶ Le samedi, Marc allait danser.
            un samedi / aller au cinéma ⟶ Mais un samedi, il est allé au cinéma.

1. souvent / aller au musée
   un jour / aller au théâtre
2. parfois / regarder le match de football à la télévision
   un jour / aller voir un match au stade (*stadium*)
3. d'habitude le dimanche / rendre visite à des amis en banlieue
   dimanche dernier / rester à la maison
4. chaque été / aller à la plage
   l'été dernier / faire du camping
5. le soir / étudier les maths
   hier soir / jouer aux cartes

B. La vie urbaine. Annie était dans sa chambre hier soir. Elle essayait de faire plusieurs choses. Mais il y a eu toutes sortes d'interruptions. Décrivez ces interruptions selon le modèle.

MODÈLE: étudier / le français... téléphone / sonner ⟶
            Annie étudiait le français quand le téléphone a sonné.

1. écouter / disques... son voisin / commencer à faire / bruit (*noise*)
2. lire / journal... la propriétaire / venir demander / argent
3. étudier / leçon de chinois... un ami / arriver
4. regarder / informations... son frère / changer / chaîne
5. dormir... téléphone / sonner de nouveau (*again*)

C. Séjour à Nanterre. L'an dernier, Mark a étudié à Nanterre dans la banlieue parisienne. Il raconte son histoire au passé. Donnez le temps correct du verbe, *imparfait* ou *passé composé.*

Je (*étudier*) tous les jours à la bibliothèque. Les cours (*être*) le matin de huit à onze heures. Chaque dimanche nous (*avoir*) des réunions. En octobre nous (*faire*) une excursion aux châteaux de la Loire. A Noël je (*rendre*) visite à des amis parisiens. En février je (*aller*) faire du ski dans les Alpes. De temps en temps je (*manger*) chez les Levergeois. Le jeudi je (*perfectionner*) mon français avec un groupe d'étudiants. Finalement, un jour de mai je (*devoir*) quitter Nanterre.

D. Rencontre. En français, s'il vous plaît.
1. *It was late and it was raining.* 2. *There was nobody on (dans) the streets.* 3. *We were going home, along (le long de) Saint-Michel Boulevard.* 4. *Suddenly we heard a noise on our right.* 5. *Someone was coming (arriver).* 6. *We couldn't see anything.* 7. *Then I saw a friend from the office.* 8. *He gave me my lost keys.* 9. *We were so happy that (que) we invited him to dinner.*

E. Au marché des oiseaux (*birds*). Marie a visité le marché des oiseaux qui a lieu (*takes place*) le dimanche dans l'Île de la Cité. Mettez au passé l'histoire de Marie.

Le marché des oiseaux a lieu tous les dimanches. Hier je (*arriver*) à deux heures. Il y (*avoir*) beaucoup de monde. La place du marché (*être*) très animée. Les marchands (*vendre*) des oiseaux de toutes sortes. Je (*ne pas acheter*) un oiseau, mais je (*prendre*) des photos et je (*voir*) des choses intéressantes. Les gens (*être*) gentils; le marché (*être*) charmant. Je (*être*) contente de ma visite.

F. Séjour à Paris. Imaginez que vous venez de passer un an à Paris. Racontez votre histoire. Employez des éléments de chaque groupe dans vos phrases.

MODÈLE: Le matin je prenais le petit déjeuner dans ma chambre.

1. **Expressions temporelles:** le samedi soir, un jour, souvent, le dernier jour, le premier jour, tous les soirs, au début de mai, en hiver, à cinq heures du matin, de temps en temps, d'habitude, parfois
2. **Verbes:** étudier, visiter, voir, admirer, manger, aller voir, danser, monter, regarder, prendre le petit déjeuner, dîner, dormir, partir
3. **Endroits:** le centre-ville, Beaubourg, Chez Maxim's, le Louvre, les boîtes de nuit, la Tour Eiffel, la Sorbonne, Notre-Dame, le Bois de Boulogne, la Seine, les Champs-Élysées, Versailles, ma chambre, un petit restaurant, la banlieue, Roissy, l'Île de la Cité

G. La grande ville. Formez des phrases complètes et mettez les verbes au *passé composé* ou à *l'imparfait.* Discutez vos choix avec votre professeur et vos camarades de classe.

1. je / aimer / la grande ville / quand / je / être / jeune 2. il y avoir / toujours / beaucoup de choses / à voir 3. les gens / être / intéressant / et / les bâtiments / être / impressionnant
4. un jour / je / être / la banque / et je / voir / un hold-up
5. le voleur (*robber*) / avoir / un revolver / et il / le / montrer / gens 6. nous / avoir peur (*to be frightened*) / et nous / ne... pas /

pouvoir bouger (*to move*)   7. le voleur   /   prendre   /   argent   8. il   /   dire   /
que nous   /   ne... pas   /   devoir bouger   /   pendant dix minutes
9. il   /   partir   10. enfin quelqu'un   /   téléphoner   /   à la police
11. la police   /   trouver   /   voleur   /   en dix minutes   /   parce qu'il   /
avoir   /   difficultés   /   avec   /   voiture

H.   Conversation. L'année dernière...?

1.   Où étiez-vous? Que faisiez-vous? Qui avez-vous rencontré? Où avez-vous étudié?
     Qu'est-ce que vous avez étudié?
2.   Qu'est-ce que vous faisiez de votre temps libre (*free*)? Avez-vous fait un voyage
     intéressant? Êtes-vous allé(e) à l'étranger? en France? Comment était le voyage?
3.   Et vos amis? Où étaient-ils l'année dernière? Qu'est-ce qu'ils ont fait?

Maintenant, posez des questions à votre tour!

I.   Une histoire. Racontez une histoire originale au passé. Utilisez les questions
     suivantes comme guide. Attention au choix entre l'imparfait et le passé composé.

1.   Dans votre histoire, quel est le mois?   2.   Quelle heure est-il?   3.   Quel temps
fait-il?   4.   Où êtes-vous? Avec qui?   5.   Qui arrive? Décrivez la personne.
6.   Que fait cette personne? Que faites-vous?   7.   Comment réagit votre
camarade?   8.   Décrivez la fin de votre histoire.

Le bassin des Jardins du Trocadéro par un bel après-midi d'été: Connaissez-vous cet aspect de Paris?

42 *The verbs* savoir *and* connaître

Labyrinthe

MARCEL: Taxi! Vous *connaissez* la rue Vaucouleurs?

LE CHAUFFEUR: Mais bien sûr, je *sais* où elle est! Je *connais* Paris comme ma poche!

MARCEL: Je ne *sais* pas comment vous faites. Je me suis perdu hier dans l'Île de la Cité.

LE CHAUFFEUR: Je *connais* mon métier et puis, vous *savez*, avec un plan de Paris, ce n'est pas si difficile!

Faites des phrases complètes pour décrire les personnes du dialogue.

Marcel	sait	la rue Vaucouleurs
le chauffeur	ne sait pas	où est la rue Vaucouleurs
	connaît	Paris
	ne connaît pas	comment le chauffeur fait son métier

The irregular verbs **savoir** and **connaître** both correspond to the English verb *to know*, but they are used differently.

Savoir (*to know*)		**Connaître** (*to know*)	
je sais	nous savons	je connais	nous connaissons
tu sais	vous savez	tu connais	vous connaissez
il, elle, on sait	ils, elles savent	il, elle, on connaît	ils, elles connaissent
Past participle: su		*Past participle:* connu	

Savoir means *to know* or *to have knowledge of* a fact, *to know by heart*, or *to know how to* do something. It is frequently followed by an infinitive or by a subordinate clause introduced by **que, quand, pourquoi,** and so on.

Sais-tu l'heure qu'il est?   *Do you know what time it is?*

Labyrinth

MARCEL: Taxi! Are you familiar with Vaucouleurs Street? DRIVER: But of course, I know where it is! I know Paris like the back of my hand (like my pocket). MARCEL: I don't know how you do it. I got lost yesterday on the Île de la Cité. DRIVER: I know my job and, besides, you know, with a map of Paris, it's not all that difficult!

Sait-elle parler français?   *Does she know how to speak French?*

Je **sais** qu'il va en France   *I know that he's going to France*
cet été.   *this summer.*

In the **passé composé, savoir** means *to learn* or *to find out.*

J'ai su hier qu'il allait   *I found out yesterday that he was going*
à Paris.   *to Paris.*

Connaître means *to know* or *to be familiar (acquainted) with* someone or something.
Connaître—never **savoir**—means *to know a person.* **Connaître** is always used with a
direct object; it cannot be followed directly by an infinitive or by a subordinate clause.

Connais-tu Marie-Françoise?   *Do you know Marie-Françoise?*

Non, je ne la **connais** pas.   *No, I don't know her.*

Ils **connaissent** très bien Paris.   *They know Paris very well.*

In the **passé composé, connaître** means *to meet for the first time.* It is the equivalent of
faire la connaissance de.

J'ai connu Jean à la Sorbonne.   *I met Jean at the Sorbonne.*

A votre tour

A. Qui est-ce? Suivez le modèle.

   MODÈLE: je ⟶ *Je ne sais pas son nom. Je ne le connais pas.*

   1. tu   2. Paul   3. nous   4. Marianne   5. vous   6. mes amis

B. Questions d'un automobiliste étranger. Utilisez *connaître* ou *savoir.*
   1. ~~Savez~~ [Connaissez]-vous Paris, Monsieur?   2. Je [sais] seulement que c'est la capitale.
   3. ~~Connaissez~~ [Savez]-vous quelle est la distance entre Paris et Marseille?   4. Non, mais je
   [connais] une agence de voyages où on doit le [savoir]. Ils [connaissent] très bien le
   pays.   5. [Savez]-vous s'il y a d'autres villes intéressantes à [connaître]?   6. Comme
   j'ai dit, je ne [connaissais] pas bien ce pays, mais hier j'ai [connu] [connais] un homme qui
   [savait] où aller pour passer de bonnes vacances.   7. Je voudrais [connaître] cet
   homme. [Savez]-vous où il travaille?

C. Une ville. Donnez le nom d'une ville que vous connaissez bien et des détails sur
   cette ville selon le modèle.

   MODÈLE: Je connais New York. Je sais qu'il y a d'immenses[4] gratte-ciel (*skyscrapers*).

---

[4]Note that the adjective may precede the noun for special emphasis.

D. Vos connaissances (*knowledge*). Utilisez ces phrases pour interviewer quelqu'un.

1. Nommez trois choses que vous savez faire.   2. Nommez trois choses que vous voulez savoir un jour.   3. Nommez trois domaines où vous êtes plus ou moins incompétent(e). (*Je ne sais pas...*)   4. Nommez trois domaines où vous êtes particulièrement fort(e). (*Je sais très bien...*)   5. Nommez trois individus célèbres que vous voulez connaître.   6. Nommez trois endroits que vous connaissez bien. 7. Nommez trois villes que vous rêvez de connaître.

Mise en pratique

LECTURE: Le Métropolitain

C'est au dix-neuvième siècle qu'on a commencé à mettre en place les grands systèmes de transport souterrains°: à Londres° en 1863, à Boston en 1898 et à Paris en 1900. *underground / London*

En 1900, Paris ne ressemblait pas beaucoup à la ville que nous connaissons aujourd'hui. La vie et certains problèmes urbains y étaient moins intenses; il y avait certainement moins d'automobiles. Mais il était déjà possible d'y voyager en métro.

Aujourd'hui, le métro de Paris est vieux. D'accord! Mais il est propre. Et il est sûr. Excepté juste avant° la fermeture° (une heure du matin) quand les voyageurs y sont rares et que les employés commencent à partir. *juste... right before / closing*

Pour les Parisiens, qui sont fiers de leur métro avec ses stations « art nouveau »,[5] le métro fait partie de la vie quotidienne.° Comme le réseau° est dense° et les stations nombreuses, on dit souvent, « Où habitez-vous? Quel métro? » *daily / system / very complete*

Seuls° les touristes utilisent le plan. Les Parisiens connaissent leur métro. Pas de problème: le voyageur doit seulement faire attention à la dernière station, la « porte ». Il change de direction en suivant ces lignes. *Only*

Une fois que° le voyageur est entré dans le métro, un ticket suffit° pour tout le réseau. Comme il existe maintenant des boutiques souterraines et même un Centre Commercial complet, il est possible de passer toute la journée sous terre.° *Une... Once / is enough / underground*

Mais pour les personnes qui veulent voir la ville, nous conseillons° de prendre la carte orange. Elle donne droit à un nombre illimité de voyages (en métro et en bus) dans toute la ville. *advise*

---

[5]Artistic style popular at the turn of the century.

Donc avec le métro, Paris est à vous°! Mais attention aux heures d'affluence.° Alors, n'oubliez pas qu'il existe deux classes: la première classe est située au centre du train. Elle est moins encombrée,° mais plus chère.

à... *yours*

heures... *rush hours*

crowded

A. Comprenez-vous?

1. Quelles sont les caractéristiques du métro français?
2. Qu'est-ce que le métro représente pour les Parisiens?
3. Comment trouve-t-on sa destination dans le métro?
4. Combien de temps peut-on voyager en métro avec un seul ticket?
5. Pourquoi doit-on faire attention aux heures d'affluence?
6. Y a-t-il un métro dans votre ville? Où y en a-t-il aux États-Unis?
7. Quel moyen de transport public utilisez-vous régulièrement?

B. Un journal du passé. Un jour vous trouvez le journal de votre tante. Elle avait dix-huit ans à ce moment-là. Mettez l'extrait suivant au passé. Utilisez le *passé composé* ou *l'imparfait,* selon le cas.

le 15 mars 1955

Je travaille à la boulangerie comme d'habitude. Je veux rentrer tôt parce que je vais sortir avec Catherine. Mon trajet maison-travail (*commute*) est long et fatigant, comme toujours.

Un Parisien sort du métro à la Porte Dauphine. Le style « art nouveau » de ces bouches (exits) de métro date du début du vingtième siècle.

Catherine et moi nous allons au cinéma et nous voyons un film d'Yves Montand. On me dit que ce film est excellent. Nous prenons le métro—c'est plus rapide. Je veux aller au café après le film. J'espère y connaître des gens intéressants.

C. Un deuxième extrait du journal. Imaginez que votre oncle a écrit un journal. Il a fait la connaissance de votre tante au café après le film. Qu'est-ce qu'il a écrit?

Mots à retenir

VERBES

avoir lieu	*to take place*	constituer	*to constitute, make up*
avoir peur (de)	*to be frightened (of)*	construire	*to construct*
bâtir	*to build*	couper	*to cut (off)*
bouger	*to move, move about*	flâner	*to stroll*
connaître	*to know, be acquainted with*	grandir	*to grow (up)*
		savoir	*to know (how)*

NOMS

les affaires (f pl)	*business; personal belongings*	le gratte-ciel (inv)	*skyscraper*
l'arrondissement (m)	*district; (city) ward*	l'habitude (f)	*habit*
l'avenue (f)	*avenue*	l'heure d'affluence (f)	*rush hour*
le bois	*forest; wood*	le monument	*monument*
le boulevard	*boulevard*	le musée	*museum*
le bruit	*noise*	la rive	*(river) bank*
la Cité	*historical center of Paris*	le siècle	*century*
la connaissance	*knowledge; acquaintance*	la tour	*tower*
l'église (f)	*church*	le trajet	*trip, distance*

ADJECTIFS

animé(e)	*lively, animated*	impressionnant(e)	*impressive*
fort(e)	*strong; loud*	libre	*free*

MOTS DIVERS

à ce moment-là	*then, at that time*	d'habitude	*usually*
à l'origine	*originally, in the beginning*	de nouveau	*again, once more*
autrefois	*formerly, in earlier times*	le long de	*along(side)*
de temps en temps	*occasionally, once in a while*	lorsque	*when*
		soudain	*suddenly*

19

L'Enseignement

Des élèves du lycée Jeanne d'Arc à Rouen (Normandie)

Prélude: Vocabulaire

Next Test

Les Études en France

Les écoles

l'école primaire
high school le lycée ⟶
l'université ⟶

Les diplômes

le baccalauréat *bachelors' degree*
la licence *licenciature*
la maîtrise ⟶ *Master*
le doctorat - *doctornds*

Les disciplines

 les sciences humaines

 les lettres

 la pharmacie

 la médecine

 les sciences naturelles

les sciences physiques

 le droit

 la technique et la mécanique

A. Quelle école? Répondez aux questions suivantes.

1. Françoise a huit ans. A quelle école va-t-elle?   2. Jean a dix-sept ans. A quelle école va-t-il?   3. Marie-Pierre a vingt-quatre ans. A quelle école va-t-elle?

B. Matières (*Subjects*). Suivez le modèle.

MODÈLE: l'anglais ⟶ L'anglais est une des matières de la section lettres.

1. l'anatomie   2. la biologie   3. la sociologie   4. les sciences politiques   5. le génie civil (*civil engineering*)   6. la littérature   7. l'hygiène   8. l'astronomie   9. la géologie   10. l'électronique

C. Définitions. Trouvez la catégorie correcte selon le modèle.

MODÈLE: médecine ⟶ La médecine est une discipline.

1. la pharmacie
2. le doctorat
3. la maîtrise
4. les sciences humaines

5. le baccalauréat
6. le droit
7. la licence
8. le lycée

269

Les Verbes *suivre* et *vivre*

Suivre (*to follow*)

je	suis	nous	suivons
tu	suis	vous	suivez
il, elle, on	suit	ils, elles	suivent
Past participle: suivi			

Vivre (*to live*)

je	vis	nous	vivons
tu	vis	vous	vivez
il, elle, on	vit	ils, elles	vivent
Past participle: vécu			

Suivre (*to follow*) and **vivre** (*to live*) have similar conjugations in the present tense. **Suivre un cours** means *to take a course.*

Combien de cours **suis**-tu?	*How many courses are you taking?*
Suivez mes conseils!	*Follow my advice!*

Vivre means *to live* in a general sense. **Habiter,** which also means *to live,* is most often linked to a place; **vivre** may also be used in this sense.

On **vit** bien en France.	*One lives well in France.*
Nous **habitons** à la cité universitaire.	*We live in the dormitory.*

A. Études ou vacances? Faites les substitutions.

1. Qui suit le cours de sociologie? *Jean* le suit. (nous, Marie, vous, tu, je, nos amies)
2. Qui ne vit que pour les vacances? *Chantal* ne vit que pour les vacances. (ils, je, vous, tu, Jacques et moi, ton frère)

B. Conversation. Répondez aux questions suivantes.

1. Quels cours suivez-vous ce semestre? Avez-vous suivi d'autres cours de langue avant ce cours-ci? Quels cours?
2. Où habitez-vous maintenant? Avez-vous toujours vécu dans cette ville? dans ce pays? dans ce type de logement? Où viviez-vous avant de venir à l'université?

L'Année scolaire

septembre:
{ On prend une inscription (*registers*).
{ On établit son horaire (*schedule*).

octobre à mai:
{ On suit les cours.
{ On assiste aux conférences (*lectures*).

décembre, mars, juin:
{ On prépare (*study for*) les examens.
{ On révise (*reviews*).
{ On passe (*takes*) les examens.

juin:
{ On réussit. On obtient un diplôme.
{   *ou*
{ On échoue. On n'obtient pas de diplôme.

juillet:
{ On part en vacances.
{   *ou*
{ On prépare un deuxième examen.

septembre:
{ On reprend (*resumes*) les études.
{   *ou*
{ On passe le deuxième examen et si on réussit,
{ on continue ses études.

A. Calendrier. Répondez aux questions.

1. Que fait-on avant de suivre les cours? avant de préparer les examens? avant de réussir aux examens? avant de préparer le deuxième examen? avant de partir en vacances?   2. Que fait-on en septembre?

B. Conversation. Donnez des réponses personnelles.

1. Est-ce qu'il y a un diplôme à la fin des études au lycée en France? aux États-Unis? Quel est son nom? Quel est l'équivalent américain de la licence? de la maîtrise? du doctorat? Quel diplôme doit-on avoir aux États-Unis pour devenir professeur? 2. Quelle est votre discipline? Quelles sont vos matières préférées? Avez-vous jamais échoué à un examen?   3. Avez-vous déjà un diplôme? Quel diplôme? Quel diplôme voulez-vous obtenir? Combien d'années sont nécessaires pour l'obtenir? Quelle carrière voulez-vous poursuivre (*pursue*)?   4. Avez-vous déjà passé un examen ce semestre? Dans quelle matière? Avez-vous bien préparé cet examen? Avez-vous beaucoup révisé? Quel était le sujet de l'examen? Y avez-vous réussi?   5. Avez-vous dû passer un deuxième examen? Pendant quel semestre ou trimestre avez-vous passé cet examen? En général, que pensez-vous des examens? Les aimez-vous? Pourquoi?   6. Aimez-vous assister aux conférences?

Grammaire

43 *Stressed pronouns*

Un classique à lire: Astérix

MIREILLE: *Moi,* j'adore lire Astérix... pas *toi?*

SIMON: Chez *nous,* on ne lit que ça!

MIREILLE: Par contre, Paulette et René ne l'ont jamais lu, *eux.*

SIMON: Remarque, *elle,* je la comprends, elle étudie trop. Mais *lui,* quand même, il n'a pas d'excuse.

MIREILLE: Eh oui... ne pas lire Astérix... quel trou dans une culture!

1. Est-ce que Mireille lit Astérix?
2. Est-ce que Simon lit Astérix, lui?
3. Est-ce que la famille de Simon lit Astérix?
4. Est-ce que Paulette et René lisent Astérix, eux?
5. Est-ce que Paulette a une excuse, elle?
6. Est-ce que René a une excuse, lui?
7. D'après Mireille, pourquoi est-il nécessaire de lire Astérix?

Stressed pronouns are used as objects of prepositions and for clarity or emphasis.

A. Forms of stressed pronouns

The forms of the stressed pronouns are:

A classic to read: Astérix

MIREILLE: I love to read Astérix . . . don't you? SIMON: At our house, that's all we read! MIREILLE: On the other hand, Paulette and René have never read it. SIMON: Mind you, in *her* case, I can understand why. She studies too much. But really, *he* doesn't have any excuse. MIREILLE: That's right . . . not to read Astérix . . . what a gap in anyone's culture!

moi	*I, me*	nous	*we, us*
toi	*you*	vous	*you*
lui	*he, him, it*	eux	*they, them (m pl)*
elle	*she, her, it*	elles	*they, them (f pl)*

[handwritten annotations: "(fami lici)" next to toi; "he + she — he dominates" to the right of the table]

Note that several of the stressed pronouns (**elle, nous, vous, elles**) are identical in form to subject pronouns.

B. Use of stressed pronouns

Stressed pronouns are used

1. as objects of prepositions

   Nous allons étudier chez **lui** ce soir.

   We're going to study at his house tonight.

   Le prof de chimie parlait de **toi** hier.

   The chemistry prof mentioned you yesterday.

2. as part of compound objects

   Martine et elle[1] ont eu une bonne note à l'interrogation écrite.

   Martine and she got a good grade on the written test.

   Claude et moi avons vécu un an à la cité universitaire.

   Claude and I spent a year living in the student residence.

3. with subject pronouns, to emphasize the subject

   Lui, a-t-il un doctorat?

   He has a doctorate?

   Eux, ils ont de la chance.

   They are lucky.

   Tu es brillant, **toi.**

   You are brilliant.

   The stressed pronouns can be placed at the beginning or the end of the sentence.

4. after **ce** + **être**

   C'est **vous**, M. Lemaître? Oui, c'est **moi.**

   Is it you, Mr. Lemaître? Yes, it is I.

   C'est **lui** qui faisait le cours de philosophie.

   It's he who was teaching the philosophy course.

---

[1]The plural subject is sometimes expressed in addition to the compound subject: **Martine et elle, elles ont eu une bonne note.**

5. in sentences without verbs, such as one-word answers to questions and tag
    questions

Qui a échoué à l'examen? **Toi!**	*Who failed the exam? You!*
As-tu pris mon livre? **Moi?**	*Did you take my book? Me?*
Nous allons au théâtre. **Et lui?**	*We're going to the theater. What about him?*

6. in combination with **même(s)** for emphasis.

Préparent-ils la conférence **eux-mêmes?**	*Are they preparing the lecture by themselves?*
Allez-vous donner les résultats **vous-même?**	*Are you going to give the results yourself?*

Note that the stressed pronouns plus **même(s)** are the equivalent of English pronouns
plus *self/selves*.

A la sortie des classes: « Nous,
on a des devoirs à faire ce soir,
mais ne rentrons pas trop
vite... »

A votre tour

A. **Des secrets.** Savais-tu qu'il n'a pas réussi aux examens? Réponds selon le modèle.

MODÈLE: tu / je —→ Oui, mais c'est entre toi et moi.

1. il / elle	3. vous / ils	5. il / je
2. elle / je	4. nous / elles	6. ils / tu

B. **Mauvais temps.** Il neigeait hier soir et les personnes suivantes ont dû rester chez elles. Décrivez leurs activités selon le modèle.

MODÈLE: vous —→ Vous faisiez des devoirs chez vous.

1. nous   2. je   3. Marie et toi   4. Pierre et Marie   5. tu   6. mon ami Marc
7. les étudiantes en médecine   8. les étudiants de mon cours

C. **Bachotage** (*Cramming*). On étudie pour les examens qu'on va passer le jour après. Décrivez les personnes qui travaillent en suivant le modèle.

MODÈLE: nous / occupé —→ Nous, nous sommes occupés.

1. je / fatigué	5. elle / travailleur
2. tu / attentif	6. elles / paresseux
3. ils / bavard (*talkative*)	7. il / calme
4. vous / sérieux	8. ils / content

D. **Un exposé** (*presentation*) **sur Sartre.** Remplacez les mots en italique par des pronoms qui correspondent aux mots entre parenthèses.

1. Qui doit préparer un exposé sur Sartre? C'est *moi* qui dois le faire. (il, elles, Marc et son ami, nous, tu, ton amie et toi)
2. Vous faites l'exposé vous-même? Oui, *je* le fais moi-même. (elle, ils, Annick et son amie, nous, tu, ton ami et toi)

E. **Panne d'électricité** (*Blackout*). Tout d'un coup (*Suddenly*), il n'y a plus d'électricité à la bibliothèque. On n'y voit plus rien. Chacun essaie de trouver ses camarades dans le noir. En français, s'il vous plaît.

THÉRÈSE: *Nicole, is that you?*
NICOLE: *Yes, it's me. Where are you?*
THÉRÈSE: *Me? I'm here, next to Jean-Michel.*
UNE VOIX: *I'm not Jean-Michel!*
JEAN-MICHEL: *I'm near the window. Where's Christophe?*
NICOLE: *I don't know. Is that him over there next to the door?*
THÉRÈSE: *I think that's him. Claude is next to him, isn't he?*
JEAN-MICHEL: *No, that's not Claude. It's a coatrack* (un portemanteau). *He was studying with Marlène.*
NICOLE: *With her? Why is he studying with her?*
JEAN-MICHEL: *You know why. She always passes the exams.*

44 *The comparative and superlative*

Problèmes d'un ménage estudiantin

JEAN-LUC: Tu sais, Camille, *la plus grande* de nos dépenses en ce moment, ce sont les livres!

CAMILLE: Eh bien, achetons nos livres d'occasion chez Gibert. Leurs prix sont *les meilleurs*.

JEAN-LUC: Et si nous achetons *moins souvent* des romans...

CAMILLE: ...nous allons peut-être pouvoir manger *mieux*.

JEAN-LUC: Oui... servir par exemple *plus de viande qu'avant!*

1. Quelle est la plus grande de leurs dépenses?
2. Où est-ce que les prix des livres sont les meilleurs?
3. Comment peuvent-ils réduire (*reduce*) leurs dépenses?
4. Que vont-ils pouvoir faire s'ils diminuent (*lower*) leur budget littéraire?

A. Comparisons with adjectives and adverbs

In French, the following constructions can be used with adverbs or adjectives to express a comparison. It is not necessary to state both elements being compared.

1. **plus... que** (*more . . . than*)

   Les étudiants de la classe de français parlent **plus lentement** (**que** leur professeur).   *The students in the French class speak more slowly (than their teacher).*

2. **moins... que** (*less . . . than*)

   Gisèle écrit **moins bien** (**que** Louis).   *Gisèle writes less well (than Louis does).*

Problems of a student couple

JEAN-LUC: You know, Camille, our greatest expense right now is for books.   CAMILLE: Well, let's buy our books second-hand at Gibert's. Their prices are the best.   JEAN LUC: And if we buy novels less frequently . . . CAMILLE: . . . maybe we'll be able to eat better.   JEAN-LUC: Yes . . . for example (we can) serve more meat than before!

3. **aussi... que** (*as . . . as*)

Nous assistons aux conférences **aussi souvent que** possible.	*We attend the lectures as often as possible.*
Jean-Paul suit des cours **aussi intéressants que** les cours de sa sœur.	*Jean-Paul takes classes as interesting as his sister's classes.*

When a pronoun is required, a stressed pronoun is used after **que.**

Elle est **plus ambitieuse que lui.**	*She is more ambitious than he is.*

B. Comparisons with nouns

Plus de... que, moins de... que, and **autant de... que** express comparisons with nouns.

Ils ont **plus de travail** (**que** nous), mais nous avons **moins de soucis** (**qu'**eux).	*They have more work (than we do), but we have fewer worries (than they do).*
J'ai **autant d'examens que** toi.	*I have as many exams as you do.*

C. Superlative form of adverbs

To form the superlative of an adverb, place **le** in front of the comparative adverb. Since there is no direct comparison, **que** is not used.

Pierre arrive **tard.**   Louis arrive **plus tard.**

Michel arrive **le plus tard.**

D. **Superlative form of adjectives**

To form the superlative of an adjective, use the appropriate definite article (agreeing with the modified noun in gender and number) with the comparative adjective.

Monique est **frisée** (*curly-haired*).   Solange est **plus frisée** que Monique.

Alice est **la plus frisée** des trois.

Superlative adjectives normally follow the nouns they modify, and the definite article is repeated.

Alice est l'étudiante **la plus frisée** des trois.	*Alice is the student with the curliest hair of the three.*
Bernard a le caractère **le moins patient** de la classe.	*Bernard has the least patient temperament in the class.*

Adjectives that usually precede the nouns they modify can either precede or follow the noun in the superlative construction. If the adjective follows the noun, the definite article must be repeated.

la plus grande classe	*ou*	**la** classe **la** plus grande
les plus longs examens	*ou*	**les** examens **les** plus longs
le plus petit livre	*ou*	**le** livre **le** plus petit

The preposition **de** used with the definite article expresses *in* or *of* in a superlative construction.

Voilà le professeur le plus jeune **du** lycée.	*There's the youngest instructor in the school.*
Ce sont les conférences les plus intéressantes **de la** semaine.	*These (Those) are the most interesting lectures of the week.*

I'll go without you
Je vais sans toi.

E. Irregular comparative and superlative forms

Some adjectives and adverbs have irregular comparative and superlative forms.

		Comparative	*Superlative*
Adjective	bon(ne)	meilleur(e)	le (la) meilleur(e)
Adverb	bien mal	mieux pire	le mieux le pire

Ma traduction est **bonne,** mais ta traduction est **meilleure.**

My translation is good, but your translation is better.

Elle parle italien **mieux que** lui.

She speaks Italian better than he (does).

Mme Bianco parle **le mieux** l'italien.

Mrs. Bianco speaks Italian (the) best.

I have my work to do
J'ai beacoup de (essayer) do
faire

A votre tour

A. Esprit de contradiction. Juliette et Claude parlent des qualités des autres. Avec un(e) camarade, jouez les rôles selon le modèle.

MODÈLE: *Claude:* Anne est si compétente! (Denise)
Juliette: Oui, mais Denise est plus compétente qu'elle.

1. Ton frère est vraiment intelligent. (Pierre)   2. Tes professeurs sont très sympathiques. (mes étudiants)   3. Michèle est extrêmement sérieuse. (ta sœur)
4. Catherine et Suzanne sont très ambitieuses. (Marie)   5. Pierre est si curieux. (Jean-Jacques)   6. Paul et Vincent sont vraiment intéressants. (ton ami)
7. Marie-Thérèse est travailleuse. (Paul)

B. Comparaisons. Comparez selon le modèle.

MODÈLE: arriver tard (Françoise, Bill, Henri) —→
Françoise arrive tard. Bill arrive plus tard. Henri arrive le plus tard.

1. réussir souvent (l'étudiant intelligent, l'étudiant travailleur, l'étudiant brillant)
2. parler français couramment (l'étudiant de deuxième année, l'étudiante de troisième année, le professeur)   3. écrire mal (Paul, Marie, Jeanne)   4. écrire bien (je, mon professeur, Balzac)   5. lire rapidement (tu, Nathalie, le directeur de l'école)   6. étudier longtemps (l'élève, l'étudiant, le philosophe)

C. Georges et ses amis. Georges a toujours tendance à exagérer. Que dit-il au sujet de ses amis? Suivez le modèle. (> = plus < = moins)

MODÈLE: Nathalie / étudiante / > / brillante / classe —→
Nathalie est l'étudiante la plus brillante de la classe.

I speak to the professor
Je parle au professeur

1. Jean-Paul / ami / > / fidèle / monde
2. Anne-Marie / camarade / < / sympathique / section
3. Mlle Lebrun / l'assistante / > / sympathique / faculté (*department*)
4. M. Leroux / professeur / > / indifférent / université
5. Brigitte / l'étudiante / < / bonne / classe
6. M. Michaux / homme / < / bavard / monde

D. Qui est-ce? Considérez vos camarades de classe et décidez...

1. qui a les cheveux les plus longs de la classe. 2. qui est la personne la plus petite de la classe. 3. qui a le nom le plus long. 4. qui arrive en classe le plus tôt. 5. qui va au lit le plus tard. 6. qui sort le plus souvent. 7. qui voyage le plus. 8. qui est le plus jeune.

Mise en pratique

DIALOGUE: Une Discussion entre étudiants

Deux étudiants, Olivier et Claire, voyagent en train. Ils reprennent leurs études à la fin des vacances de Noël. Olivier est étudiant en sociologie dans une université plutôt contestataire.° Claire est élève° à l'École nationale des travaux publics° de l'état.

radical / student
public works

CLAIRE: Tu es étudiant?

OLIVIER: Oui, en sociologie. Tu es étudiante, toi aussi? Tu as des cours intéressants?

CLAIRE: Moi, je suis élève-ingénieur.° Disons que les profs sont compétents plutôt qu'intéressants. Nous écrivons des pages de devoirs et de projets. J'en ai un pour la semaine prochaine. Je le leur prépare depuis longtemps.°

engineering student

depuis... for quite a while

OLIVIER: L'un de nos profs est épouvantable°; il récite constamment son cours par cœur,° le même depuis dix ans. Il ne connaît ni le nom ni le visage° de ses étudiants. Heureusement nous avons des polycopiés,° alors je ne vais même plus à son cours. Les autres profs sont bien, non seulement ils savent beaucoup de choses mais ils savent aussi enseigner!

terrible
par... by heart
face

photocopies (of lectures)

CLAIRE: Alors tu fais de la sociologie, toi? Cela t'intéresse? Moi, je trouve que c'est un bon moyen d'être au chômage.°

au... unemployed

OLIVIER: Possible, mais moi, l'argent ne m'intéresse pas.

CLAIRE: Moi, par contre,° entre le chômage des jeunes et le chômage des femmes j'ai préféré choisir un métier° bien défini.

par... on the other hand
craft

OLIVIER: Tu dis que tu es élève-ingénieur? En effet, toi, tu es tranquille. Mais moi, ce ne sont pas les études à l'université qui vont me donner du travail.

CLAIRE: Dis-moi alors pourquoi tu as choisi d'y étudier.

OLIVIER: Je t'explique. Les sociologues sont vraiment indispensables—ce sont eux qui réfléchissent à votre place! Nous vivons malheureusement dans une société de technocrates. Sans des gens comme nous, le progrès est impossible. Je refuse de vivre au service des patrons, tout en suivant° l'indice° de productivité.

tout... while following / *index*

CLAIRE: Je te trouve bien prétentieux, mon vieux.° Reconnais que mon travail à moi aussi est utile: construire° des routes sûres, rapides, faciliter la circulation: tout cela fait partie de la qualité de la vie. Je vais être, comme toi, au service du public.

mon... my friend

build

OLIVIER: Bon, nous faisons chacun° notre devoir. C'est peut-être ça, le bonheur...

each (one)

A. La vie d'étudiant. Répondez selon le dialogue.

1. Où Olivier est-il étudiant? et Claire? 2. Décrivez un des professeurs d'Olivier. 3. Quel est le travail des sociologues selon Olivier? 4. Selon Claire, le travail d'un ingénieur est-il important pour la société? 5. Avec qui êtes-vous d'accord, avec Olivier ou avec Claire? 6. Vos professeurs sont-ils compétents? Sont-ils intéressants? 7. Est-ce que l'argent est important dans le choix d'une profession? 8. Est-ce que vous allez choisir une profession qui fait progresser la qualité de la vie? Quelle profession?

B. Mes études. Complétez les phrases pour décrire vos études.

J'étudie maintenant _____. Je suis un cours de français parce que _____. Ce trimestre, je suis des cours de _____. Je préfère mon cours de _____ parce que _____. Après l'université, je vais _____.

C. Le rôle de l'université. Quel est le rôle de l'université? Choisissez les quatre rôles les plus importants. Classez-les dans l'ordre de vos préférences.

L'université est _____

_____ 1. un centre de promotion sociale
_____ 2. un centre de recherche scientifique
_____ 3. un centre de formation professionnelle
_____ 4. un centre de développement personnel
_____ 5. une institution qui permet aux diplômés (*graduates*) de gagner de l'argent
_____ 6. ?????

Qui n'est pas d'accord avec vous? Discutez les différents rôles et essayez de définir la fonction principale d'une université aux États-Unis. Croyez-vous qu'il existe des différences fondamentales entre les universités américaines et les universités en France?

D. Les diplômes et les débouchés (*job openings*). Il y a très peu de débouchés en France pour les gens diplômés en lettres. Répondez aux questions et écrivez une composition au sujet des diplômes et des débouchés aux États-Unis.

1. Étudiez-vous une matière qui va vous permettre de trouver du travail? L'avez-vous choisie pour cette raison? Pourquoi l'avez-vous choisie? Êtes-vous content(e) de votre choix?   2. Connaissez-vous des gens qui ont un diplôme et qui travaillent dans un domaine très différent? Que font-ils? Sont-ils contents?   3. Est-ce que les étudiants américains qui ont des diplômes de lettres trouvent du travail?   4. Quelle est la meilleure discipline si on veut trouver du travail?

E. Création. Imaginez une rencontre d'Olivier et de Claire dans dix ans. Avec un(e) camarade, répondez aux questions suivantes.

1. Olivier et Claire ont-ils terminé leurs études?   2. Poursuivent-ils la carrière dont ils ont parlé?   3. Travaillent-ils maintenant? Où? Que font-ils?   4. Où vivent-ils?
5. Ont-ils toujours les mêmes idées sur les études et sur la vie?   6. Qui est le plus content? le moins content?   7. Gagnent-ils leur vie? Qui gagne le plus d'argent? Est-ce que l'argent leur est important?   8. Cherchent-ils un autre poste (*position*)? un meilleur poste? Pourquoi?   9. Est-ce que leurs études les ont bien préparés?

Deux étudiants au laboratoire de sciences naturelles

Mots à retenir

VERBES

assister (à)	*to attend*	réduire	*to reduce, diminish*
continuer	*to continue*	reprendre	*to continue; to take up again, resume*
enseigner	*to teach*	réviser	*to review*
intéresser	*to interest*	suivre	*to follow; to take (a course)*
prendre une inscription	*to register (at school)*	traduire	*to translate*
préparer (passer, réussir à, échouer à) un examen	*to study for (to take, to pass, to fail) an exam*	vivre	*to live*

NOMS

le baccalauréat (le bac, le bachot)	*high school diploma*	la licence	*bachelor's degree*
la bourse	*scholarship, fellowship*	le lycée	*high school, secondary school*
le calendrier	*calendar*	la maîtrise	*master's degree*
la chimie	*chemistry*	la matière	*subject (in school)*
la conférence	*lecture*	la médecine	*medicine*
le diplôme	*diploma, degree*	la pharmacie	*school of pharmacy; pharmacology*
la discipline	*subject area; discipline*	les sciences humaines (f)	*social sciences*
le doctorat	*doctorate, Ph.D.*	les sciences naturelles (f)	*natural sciences*
le droit	*law (studies)*	les sciences physiques (f)	*physical sciences*
l'école primaire (f)	*elementary school*	le souci	*worry, care*
l'élève (m or f)	*student, pupil*	le sujet	*subject, topic*
l'enseignement (m)	*teaching, education*	la technique	*engineering*
l'étude (f)	*study (of a subject)*	la traduction	*translation*
l'exposé (m)	*report, oral presentation*		
l'horaire (m)	*schedule*		
les lettres (f)	*arts; liberal arts*		

ADJECTIFS

bavard(e)	*talkative, chatty*	meilleur(e) (adj)	*better*

MOTS DIVERS

au sujet de	*about, on*	moins (de)... que	*less . . . than*
aussi... que	*as . . . as*	pire (adv)	*worse*
autant (de)... que	*as much (many) . . . as*	plus (de)... que	*more . . . than*
mieux (adv)	*better*	tout d'un coup	*suddenly*

Arts et artisans

*La Cathédrale Notre-Dame de Paris, commencée en
1163*

Prélude: Vocabulaire

Arts anciens, arts modernes

L'ancien et le moderne. L'art est-il éternel? Quels arts sont anciens (d'avant 1850)? Quels arts sont modernes (de nos jours)? Quels arts sont anciens *et* modernes? Classez les formes artistiques suivantes selon le modèle.

MODÈLE: le dessin (*drawing*) ⟶ Le dessin est ancien et moderne.

Formes artistiques: la poésie, le ballet, les vitraux (*stained glass windows*), les affiches, les châteaux, les chants grégoriens, la danse folklorique, le collage, la sculpture, le théâtre, le cinéma, la peinture (*painting*) préhistorique, la peinture à l'huile, la comédie musicale américaine, la symphonie, la céramique, la cathédrale gothique, le rock, le roman, l'opéra, la photographie, la musique électronique, la chanson (*song*), la tapisserie (*tapestry*), l'art à l'aide des ordinateurs (*computers*)

Dans quelle catégorie avez-vous mis la majorité des arts? Pouvez-vous expliquer pourquoi? Les arts ont-ils tendance à changer avec le temps? Pourquoi est-ce que les formes artistiques générales ne changent guère (*hardly*) avec le temps? Pourquoi plusieurs formes ont-elles disparu (*disappeared*)? Qu'est-ce que les formes artistiques les plus modernes ont en commun?

Le Centre national d'Art et de Culture Georges Pompidou (Centre Beaubourg), ouvert en 1977

Le Corps humain

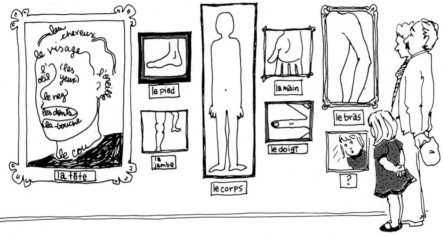

A. Caractéristiques. Quelle est la caractéristique essentielle des personnages suivants?

MODÈLE: un géant ⟶ Il a un très grand corps.

1. un vampire 2. une girafe 3. un cyclope 4. Pinocchio 5. un éléphant
6. Rapunzel 7. le loup (wolf) du Petit Chaperon Rouge

B. Énigme. Trouvez la partie ou les parties du corps définie(s) par chaque phrase.

1. Elle sert à parler. 2. Elles servent à écouter. 3. Ils servent à faire une promenade. 4. Ils servent à regarder. 5. Elles servent à toucher. 6. Elles servent à manger. 7. Il sert à sentir. 8. Ils servent à jouer du piano.

C. Exercice d'imagination. A quelles parties du corps ont-ils mal (do they hurt)?

MODÈLE: On passe des disques de rock chez Martine. ⟶ Elle a mal à la tête!

Je vais chez le dentiste ce matin. ⟶ J'ai mal aux dents!

1. Vous portez des sculptures très lourdes (heavy). 2. Les nouvelles chaussures d'Henri sont trop petites. 3. J'ai mangé trop de sucre. 4. Vous apprenez à jouer de la guitare. 5. Patricia a dansé toute la nuit. 6. La cravate (tie) de Patrice est trop serrée (tight). 7. Ils développent des photos dans une chambre noire (darkroom). Ils ne peuvent guère voir. 8. Il fait extrêmement froid et vous n'avez pas de gants (gloves).

D. Auto-portrait. Décrivez-vous selon le modèle.

MODÈLE: Je suis de (petite, grande) taille (size) (moyenne). J'ai les yeux (bleus, gris, verts, bruns) et les cheveux (courts, longs) et (roux [reddish], blonds, bruns, noirs).

Grammaire

45   *Order of object pronouns*

Une invitation à voir les peintures de Michèle

MARIE: Et Bernard, tu *le lui* as dit?

JEAN: Oui, nous *lui en* avons parlé hier.

CATHERINE: Et il *m'en* a reparlé ce matin.

MARIE: Bon, alors si vous *l'y* avez invité, je le marque sur la liste... Zut! On a oublié d'inviter Michèle!

When several object pronouns are used in a declarative sentence, they occur in a fixed sequence. If the sentence has both a direct object pronoun and an indirect object pronoun, the direct object pronoun is usually **le, la,** or **les.** The indirect object pronouns **me, te, nous,** and **vous** precede **le, la,** and **les. Lui** and **leur** follow them. The pronouns **y** and **en,** in that order, come last.

Indirect object	Direct object	Indirect object	Y/en	
me te nous vous	le la les	lui leur	y / en	verb

Le professeur vous a-t-il expliqué le classicisme? Oui, il **nous l'**a expliqué.

Did the professor explain classicism to you? Yes, he explained it to us.

Avez-vous montré l'affiche aux autres? Oui, je **la leur** ai montrée.

Did you show the poster to the others? Yes, I showed it to them.

An invitation to see Michèle's paintings
MARIE: And Bernard, did you tell him about it? JEAN: Yes, we talked to him about it yesterday. CATHERINE: And he talked about it again to me this morning. MARIE: Fine, then if you've invited him there (to it), I'll put him down on the list . . . Oh darn! We've forgotten to invite Michèle!

Y a-t-il de belles œuvres dans ce musée? Oui, il **y en** a.	*Are there some beautiful works in that museum? Yes, there are (some).*
Est-ce qu'il a donné les photos à ses amis? Oui, il **les leur** a données.	*Has he given the photos to his friends? Yes, he has given them to them.*

In negative sentences with object pronouns, **ne** precedes the object pronouns and **pas** follows the conjugated verb or inverted verb/subject.

Je **ne** le leur décris **pas** maintenant.	*I'm not describing it to them now.*
Les catalogues? **Ne** nous les ont-ils **pas** envoyés?	*The catalogues? Didn't they send them to us?*

Donnec le moi
moi ne la donnee

A votre tour

A. **Réussite.** Frédéric a réussi une sculpture remarquable. A qui montre-t-il sa statue? Répondez selon le modèle.

MODÈLE: sa sœur ⟶ Il la lui montre.

1. ses parents   2. moi   3. son amie   4. nous   5. son frère   6. toi   7. son camarade de chambre   8. vous

B. **Itinéraire artistique.** Gisèle aide ses camarades de chambre, Christine et Yvonne, à décider quels musées elles vont visiter. Transformez les phrases selon le modèle.

MODÈLE: Gisèle donne son guide vert à Christine. ⟶ Elle le lui donne.

1. Gisèle prête des catalogues récents à Christine.   2. Elle prête des diapositives (*slides*) à Christine et à Yvonne.   3. Elle donne ses notes sur le cours d'architecture à ses camarades de chambre.   4. Elle donne ses livres d'art à Yvonne.   5. Elle explique la sculpture à Christine.   6. Elle explique les œuvres de Degas à Yvonne.

C. **La vie culturelle.** Marc, qui est étudiant en art, fait le tour de son école avec un visiteur, ami de ses parents, qui lui pose des questions. Donnez les réponses de Marc avec *oui* ou *non* en utilisant deux pronoms compléments d'objet.

MODÈLE: *Le visiteur:* Achetez-vous vos billets de théâtre ici? ⟶
  Marc: Oui, je les y achète. (Non, je ne les y achète pas.)

1. Achetez-vous vos affiches dans cette librairie?   2. Passez-vous (*Do you play*) vos disques dans votre chambre?   3. Obtenez-vous votre billet de cinéma dans la salle?   4. Suivez-vous vos cours d'art dans cet amphithéâtre?   5. Étudiez-vous les beaux-arts (*fine arts*) à l'université?   6. Faites-vous ces sculptures dans cet atelier (*workshop*)?   7. Rencontrez-vous vos amis au concert?

D. **Orientation.** Éric vient d'arriver à l'École des Beaux-Arts. Il pose des questions à son camarade Jérôme. Répondez *oui* ou *non*, selon le modèle.

MODÈLE: *Éric:* Trouve-t-on beaucoup de livres d'art à la bibliothèque?

   Jérôme: Oui, on y en trouve beaucoup. (Non, on n'y en trouve pas beaucoup.)

1. A-t-on besoin d'une carte d'étudiant à la bibliothèque?   2. Doit-on avoir des tickets de repas au restaurant universitaire?   3. Discute-t-on souvent des arts au restaurant universitaire?   4. Voit-on de belles œuvres aux expositions (*exhibits*)? 5. Doit-on faire beaucoup de dessins au crayon en classe?   6. Achète-t-on des couleurs (*paints*) dans les magasins du quartier?   7. Passe-t-on (*Do they show?*) de bons films au ciné-club de l'école?

46 *Commands with object pronouns*

A la frontière

Alors, expliquez-les-moi!

A. Negative commands with one or more object pronouns

The order of object pronouns in a negative command is the same as the order in declarative sentences. The pronouns precede the verb.

Ne **me le donnez** pas.	*Don't give it to me.*
Ne **le leur dites** pas.	*Don't tell it to them.*
Ne **m'en parle** pas.	*Don't talk to me about it.*
N'**y allons** pas.	*Let's not go there.*

At the border
Explain them to me!

B. Affirmative commands with one object pronoun

In affirmative commands, object pronouns follow the verb and are attached with a hyphen. The stressed forms **moi** and **toi** are used instead of **me** and **te**.

La peinture? **Expliquez-la!**	*(The) painting? Explain it!*
Les écrivains que tu admires? **Écris-leur!**	*The writers you admire? Write (to) them!*
Voici du papier. **Prends-en.**	*Here's some paper. Take some.*
Parlez-moi des photos.	*Tell me about the photos.*

As you know, the final **-s** is dropped from the **tu** form of regular **-er** verbs and of **aller** to form the **tu** imperative: **Parle! Va tout de suite!** However, to avoid pronouncing two vowels together, the **-s** is not dropped before **y** or **en** in the affirmative imperative: **Parles-en!** [parl zã], **Vas-y** [va zi] **tout de suite!**

C. Affirmative commands with more than one object pronoun

When there is more than one pronoun in an affirmative command, all direct object pronouns precede indirect object pronouns, followed by **y** and **en,** in that order. All pronouns follow the command form and are attached by hyphens. The stressed pronouns **moi** and **toi** are used except before **y** and **en,** where **m'** and **t'** are used.

	Direct object	*Indirect object*		Y/en
	le	moi (m')	nous	y/en
verb	la	toi (t')	vous	
	les	lui	leur	

Voulez-vous mon catalogue?	*Do you want my catalogue?*
Oui, **donnez-le moi.**	*Yes, give it to me.*
Je t'apporte du papier?	*Shall I bring you some paper?*
Oui, **apporte-m'en.**	*Yes, bring me some.*
Est-ce que je dessine ces fleurs pour vous?	*Am I drawing these flowers for you?*
Oui, **dessine-les-nous.**	*Yes, draw them for us.*
Est-ce que je dis aux autres que le concert est à vingt heures?	*Shall I tell the others that the concert is at eight o'clock?*
Oui, **dites-le-leur.**	*Yes, tell them (it).*

Musée du Louvre: Un étudiant copie le célèbre portrait du roi François 1ᵉʳ, par François Clouet.

À votre tour

A. Une carrière artistique? Solange vient de terminer ses études à l'école des beaux-arts. Elle a besoin de conseils (*advice*) pour l'an prochain. Vous hésitez. D'abord vous donnez une réponse positive et ensuite une réponse négative. Suivez le modèle.

MODÈLE: continuer les études de peinture et de dessin ⟶
Solange: Est-ce que je dois continuer les études de peinture et de dessin?
Vous: Oui, continue-les. Ah, non, ne les continue pas.

1. entrer à l'université?   2. entrer dans une école d'artisanat (*crafts*)[1]?   3. étudier les lettres?   4. préparer une exposition?   5. faire un voyage en Italie?   6. passer ma licence de français?   7. commencer les études de sciences physiques? 8. choisir des matières qui m'intéressent?   9. suivre les cours de photographie? 10. louer un atelier?

B. Pour devenir un amateur d'art. Dans les phrases suivantes remplacez les mots en italique par un ou deux pronoms.

MODÈLE: Ne vendez pas *la belle collection héritée (inherited) de votre oncle.* ⟶
Ne la vendez pas.

---

[1]The word **artisanat** also refers to the trades of skilled workers (carpenters, masons, etc.).

1. Ne manquez pas *les expositions importantes.*   2. Ne parlez pas *à vos amis dans la salle de concert.*   3. Ne posez pas *de questions inutiles au guide.*   4. N'achetez pas *de reproductions laides (ugly) au musée.*   5. Ne mettez pas *les affiches au mur* sans cadre (*frame*).   6. Ne jouez pas *du trombone chez des amis.*   7. Étudiez *les œuvres de votre artiste préféré.*   8. Empruntez *des livres de poésie.*   9. Visitez *les galeries de votre ville.*   10. Donnez *de l'argent* aux fondations artistiques.

C. Pour jouer on doit bien manger. Jean-Paul et Étienne répètent (*rehearse*) leurs rôles un soir chez Jean-Paul. Mais les jeunes acteurs ont faim... Avec un(e) camarade, jouez les rôles selon le modèle.

MODÈLE: *Jean-Paul:* Voilà une portion de fromage... la veux-tu?
    Étienne: Oui, bien sûr, donne-la-moi.

1. Voilà un peu de gâteau...   2. Ah, j'ai trouvé une banane!   3. Il y a trois pommes dans le frigo ("*fridge*").   4. Cette glace à la vanille est formidable!   5. Il y a un peu de poulet froid.

Maintenant, les deux jeunes gens n'ont plus faim. Donnez leurs réponses à la forme négative.

D. Un artiste cherche du travail. Pour gagner un peu d'argent, Jean-Luc cherche du travail comme gardien dans un musée. Demain il va voir le directeur du musée. Donnez-lui des conseils pour cette entrevue. Avec un(e) camarade, jouez les deux rôles.

MODÈLE: arriver au musée en avance ⟶
    Jean-Luc: Est-ce que je dois arriver au musée en avance?
        Vous: Oui, arrives-y en avance. (Non, n'y arrive pas en avance.)

1. donner son curriculum vitae au directeur   2. porter des vêtements bizarres   3. dire bonjour à tous les employés du bureau   4. apporter des fleurs pour la femme du directeur   5. inventer des histoires fausses sur son expérience professionnelle   6. inviter la secrétaire du directeur à dîner   7. critiquer la collection du musée   8. demander au directeur combien coûte sa cravate   9. lui parler de son expérience et de ses études   10. lui dire qu'il est très sympathique

E. Situations. Vous entendez des fragments de conversation. Imaginez la situation.

MODÈLE: N'y touche pas! ⟶
        André arrive dans son studio. Sa fille Georgette, qui a cinq ans, touche au[2] tableau qu'il vient de terminer.

1. Vas-y!
2. N'y touche pas!
3. Ne m'en donne pas!
4. Explique-le.

5. Donne-la-lui.
6. Ne lui parle pas si fort!
7. Montre-les-moi!
8. Ne le lui dis pas!

---

[2]When it means *to handle* or *to meddle with*, the verb **toucher** is used with the preposition **à**.

Mise en pratique

ACTIVITÉS: Nous sommes tous artistes!

A. Êtes-vous amateur d'art? Répondez aux questions suivantes ou discutez-les avec un(e) camarade.

1. Aimez-vous l'art? Quelles formes artistiques préférez-vous?
2. Allez-vous de temps en temps voir des expositions? dans de petites galeries? à des expositions organisées à votre école? Quelles œuvres avez-vous vues récemment? Les avez-vous aimées?
3. Lisez-vous des livres ou des articles sur les artistes et leur travail? Connaissez-vous des artistes parmi (*among*) vos amis? Avez-vous des reproductions ou des œuvres d'art chez vous? des affiches? des livres d'art? Quelles sont vos réactions personnelles devant une œuvre que vous aimez beaucoup? que vous détestez?
4. Et la musique? L'aimez-vous? En avez-vous écouté aujourd'hui? Où écoutez-vous de la musique? Quelle sorte de musique préférez-vous? Avez-vous assisté à un concert ces dernières semaines? De quelle sorte? Qu'est-ce qu'on y a joué? Avez-vous aimé ce concert?

B. Expositions et concerts idéaux. Vous êtes très riche et vous connaissez des gens partout dans le monde.

1. Organisez une exposition qui va comporter (*include*) vos œuvres d'art préférées. Où cette exposition va-t-elle avoir lieu? Quelles œuvres vont y être incluses? Qui allez-vous inviter?
2. Organisez un concert qui va comporter votre musique ou vos chansons préférées. Où ce concert va-t-il avoir lieu? Qui va jouer? Qu'est-ce qu'on va jouer?

C. Êtes-vous artiste? Interviewez un(e) camarade.

1. Participez-vous ou avez-vous participé à des activités artistiques? Dessinez-vous? Faites-vous de la peinture à l'huile? Des activités artisanales? Quelles activités? Les avez-vous aimées? Pourquoi avez-vous laissé tomber (*drop*) ces activités? Les avez-vous reprises ou continuez-vous à les faire?
2. Jouez-vous d'un instrument de musique? En jouiez-vous autrefois? Avez-vous jamais joué dans un orchestre? dans un autre groupe?
   Mots utiles: le violon, le piano, la clarinette, la guitare, la trompette, la flûte
3. Jouez-vous parfois dans des pièces de théâtre (*plays*)? Faites-vous partie d'un groupe théâtral? Est-ce que vous y chantez ou dansez? Rêvez-vous ou avez-vous jamais rêvé d'être acteur ou actrice professionnel? Qu'est-ce que vous aimez particulièrement dans cette activité? Admirez-vous des acteurs ou actrices célèbres?
4. Êtes-vous un artiste en secret? Dessinez-vous, faites-vous de la peinture, ou écrivez-vous des histoires ou de la poésie sans montrer vos œuvres? A qui les montrez-vous parfois? à vos meilleurs amis? aux membres de votre famille? à vos professeurs? à d'autres artistes?
5. Avez-vous suivi des cours de musique ou d'art? Avez-vous (ou avez-vous jamais eu) l'intention de poursuivre une carrière artistique?

D. Une salle extraordinaire. Étudiez le tableau ci-dissous. Ensuite, répondez aux questions suivantes.

1. Chaque élément de cette salle peut être nommé de deux façons. Complétez les phrases suivantes.

Les deux tableaux au mur sont aussi _____.
Les rideaux sont aussi _____.
Le mur et le plancher (*floor*) sont aussi _____.
L'escalier (*stairway*) est aussi _____.
Le foyer (*fireplace*) est aussi _____.
Le sofa est aussi _____.
Toute la salle est aussi _____.

Pouvez-vous trouver vous-même d'autres ambiguïtés?

2. C'est le portrait de la célèbre actrice américaine Mae West fait par Salvador Dali vers 1935. L'image vous a-t-elle choqué(e)? Pourquoi? Pourquoi pas? Est-ce qu'elle ressemble à cette actrice? Pourquoi l'artiste a-t-il choisi cette sorte de représentation? Les salles ont-elles aussi une personnalité? Cette sorte de représentation est-ce une insulte ou un hommage (*tribute*) à la personne?

Mae West *(1934–36) par Salvador Dali. Gouache. Don de Mrs. Gilbert W. Chapman, Art Institute, Chicago.*

E. Des expatriés. De nombreux artistes étrangers ont vécu et travaillé en France pendant une grande partie de leur vie. La liste suivante vous présente quelques-uns de ces artistes.

Nom	Dates	Pays d'origine	Activité principale
Léonard de Vinci	(1452–1519)	Italie	artiste, homme de science; *La Joconde (Mona Lisa)*
Vincent Van Gogh	(1853–1890)	Pays-Bas (Holland)	artiste; *Les Tournesols (Sunflowers)*
James Joyce	(1882–1941)	Irlande	écrivain, poète; *Ulysse*
Gertrude Stein	(1874–1946)	États-Unis	écrivain, poète; « Une rose c'est une rose »
Pablo Picasso	(1881–1973)	Espagne	artiste, sculpteur; *Guernica*
Henry Miller	(1891–1980)	États-Unis	écrivain; *Tropique du Cancer*
Salvador Dali	(1904–)	Espagne	artiste, le surréalisme; *Persistance de la mémoire*
Eugène Ionesco	(1912–)	Roumanie	auteur dramatique; *La Cantatrice chauve (The Bald Soprano)*

Maintenant, regardez les deux colonnes suivantes en mettant le numéro (ou les numéros) des éléments associés avec chaque personne.

Dali _____
Miller _____
Stein _____
Ionesco _____
De Vinci _____
Picasso _____
Joyce _____
Van Gogh _____

1. le surréalisme
2. *Ulysse*
3. le théâtre de l'absurde
4. *La Joconde*
5. des romans scandaleux
6. la Renaissance
7. « Une rose c'est une rose. »
8. les paysages (*landscapes*)
9. *La Cantatrice chauve*
10. la poésie moderne
11. *Guernica*
12. l'Espagne

Finalement, avec des camarades de classe, discutez les questions suivantes.

1. Pourquoi un artiste choisit-il de quitter son pays pour vivre à l'étranger? pour vivre en France? pour des raisons personnelles? familiales? historiques?
2. Connaissez-vous des artistes étrangers qui ont choisi d'émigrer aux États-Unis? Savez-vous pourquoi?
3. Et vous? Êtes-vous attiré(e) (*attracted*) par la vie dans un continent autre que l'Amérique du Nord? Est-ce que votre carrière va vous permettre de vivre à l'étranger? Voulez-vous le faire si possible?

Mots à retenir

VERBES

avoir mal à	*to hurt, have pain (in)*	faire de la peinture	*to paint*
dessiner	*to draw*	toucher (à)	*to touch, handle*
disparaître	*to disappear*		

NOMS

l'artisan(e) (m or f)	*artisan, craftsperson, skilled worker*	l'écrivain (m)	*writer*
		l'exposition (f)	*exhibit, exposition*
l'artisanat (m)	*crafts; trades*	la galerie	*gallery*
l'artiste (m or f)	*artist; performer*	la jambe	*leg*
l'atelier (m)	*workshop, studio*	la main	*hand*
l'auteur (m)	*author*	le nez	*nose*
les beaux-arts (m)	*fine arts*	l'œil (les yeux) (m)	*eye*
la bouche	*mouth*	l'œuvre (f)	*(artist's) work*
le bras	*arm*	l'oreille (f)	*ear*
le cadre	*frame; framework*	le papier	*paper*
la céramique	*ceramics*	le paysage	*landscape*
la chanson	*song*	la peinture (à l'huile)	*(oil) painting*
le chef-d'œuvre	*masterpiece*	le personnage	*character (in a play), personage*
les cheveux (m pl)	*hair*		
le conseil	*advice*	la pièce de théâtre	*play*
le corps	*body*	le pied	*foot*
le cou	*neck*	le tableau	*picture, painting*
les dents (f)	*teeth*	la taille	*size*
le dessin	*drawing; design*	la tête	*head*
le doigt	*finger*	le visage	*face*

ADJECTIFS

laid(e)	*ugly*
lourd(e)	*heavy*

MOTS DIVERS

ne… guère	*hardly, scarcely*

C'est la vie!

Un matin ordinaire: La famille se prépare.

Prélude: Vocabulaire

La Vie de tous les jours

Ils se réveillent et ils
se lèvent.

Ils se brossent les dents;
ils se lavent.

Ils s'habillent.

Ils s'en vont au travail.

Ils s'amusent.

Ils se couchent.

A. Et votre journée? Décrivez-la. Employez le vocabulaire du dessin.

MODÈLE: A _____ heures, je me _____. —→ A sept heures, je me réveille.

B. Habitudes quotidiennes (*daily*). Dites dans quelles circonstances on utilise les objets suivants.

MODÈLE: un savon (*soap*) —→ On se lave.

1. un réveil (*alarm clock*)   2. une brosse à dents   3. des vêtements   4. le métro
5. une chaîne stéréo   6. un lit   7. une voiture   8. un pyjama

298

L'Amour et le mariage

Ils se rencontrent.

Les amoureux: le coup de foudre[1]

Ils se marient.

Le couple: la lune de miel (*honeymoon*)

Ils s'installent.

Les nouveaux mariés: parfois, une petite scène de ménage

A. Ressemblances. Quels verbes de la colonne de droite correspondent aux différentes étapes (*stages*) d'un mariage?

1. la rencontre
2. le coup de foudre
3. les rendez-vous (*dates*)
4. les fiançailles (*engagement*)
5. la cérémonie
6. le premier voyage
7. l'installation

a. Ils partent en lune de miel.
b. Ils se marient.
c. Ils sortent ensemble.
d. Ils tombent amoureux.
e. Ils se rencontrent.
f. Ils s'installent.
g. Ils se fiancent.

B. Seul ou ensemble? D'après vous, quels sont les avantages et les inconvénients des fiançailles? du mariage? du célibat (*bachelorhood*)? du divorce?

Mots utiles: être indépendant(e), solitaire, en sécurité, responsable, irresponsable, bourgeois(e), ennuyeux(se), patient(e), libre, scène de ménage

C. Conversation. Donnez une réponse personnelle.

1. Sortez-vous souvent seul(e)? avec un(e) ami(e)? avec d'autres couples? 2. Êtes-vous déjà tombé(e) amoureux(se)? Tombez-vous souvent amoureux(se)? 3. Est-ce que le coup de foudre est une réalité? Qui en a fait l'expérience? 4. Est-ce que tout le monde doit se marier? Pourquoi? Quand? 5. Les scènes de ménage sont-elles, à votre avis, utiles? stupides? Est-il possible de les éviter (*to avoid*)?

---

[1]Literally, *the clap of thunder* = *love at first sight.*

Grammaire

47 | *Reflexive verbs*

Rencontre

DENIS: Madeleine! Comment vas-tu?

VÉRONIQUE: Vous *vous trompez*, je ne *m'appelle* pas Madeleine.

DENIS: Excusez-moi, je *me demande* si je ne vous ai pas déjà rencontrée....

VÉRONIQUE: Je ne *me souviens* pas de cette rencontre. Mais ça ne fait rien... je *m'appelle* Véronique. Comment *vous appelez*-vous?

Retrouvez la phrase correcte dans le dialogue.

1. Vous avez tort, mon nom n'est pas Madeleine.
2. Pardon, je pense que je vous ai déjà rencontrée.
3. J'ai peut-être oublié cette rencontre. Mon nom est Véronique. Quel est votre nom?

A. The reflexive construction

In reflexive constructions, the action of the verb "reflects back" to the subject. For example: The child dressed *himself.* Did you hurt *yourself?* She talks to *herself!* I bought *myself* a new coat. In these English examples, the subject and the object are the same person. The object pronouns shown in italics are called reflexive pronouns. They can be either direct object pronouns (as in the first two sentences) or indirect object pronouns (as in the last two sentences).

In French, the reflexive pronouns are **me, te, se, nous, vous,** and **se.** They precede the verb.

Meeting
DENIS: Madeleine! How are you? VÉRONIQUE: You're mistaken, my name isn't Madeleine. DENIS: I'm sorry, I wonder if I haven't met you before . . . VÉRONIQUE: I don't remember that meeting. But it doesn't matter . . . my name is Véronique. What's yours?

Se réveiller (*to awaken, wake up*)

je **me** réveille	nous **nous** réveillons
tu **te** réveilles	vous **vous** réveillez
il, elle, on **se** réveille	ils, elles **se** réveillent

S'amuser (*to have a good time, have fun*)

ie **m'**amuse	nous **nous** amusons
cu **t'**amuses	vous **vous** amusez
il, elle, on **s'**amuse	ils, elles **s'**amusent

A quelle heure te réveilles-tu?

Nous nous amusons au café avec des amis.

What time do you get up?

We have fun with our friends at the café.

B. Reflexive verbs

Some common reflexive verbs include:

s'appeler	*to be called, to be named*	se laver	*to wash oneself*
s'arrêter de	*to stop*	se lever	*to get up*
se baigner	*to bathe; to swim*	se marier	*to get married*
se brosser	*to brush*	s'occuper de	*to be busy with*
se coucher	*to go to bed*	se promener	*to take a walk*
s'endormir	*to fall asleep*	se rappeler	*to remember*
s'ennuyer	*to be bored*	se rencontrer	*to meet*
s'habiller	*to get dressed*	se reposer	*to rest*
s'installer	*to settle down*	se souvenir de	*to remember*

Je **m'appelle** Mimi.

L'autobus ne **s'arrête** pas devant sa maison.

Pierre **se brosse** les cheveux.

Vont-ils **se marier** la semaine prochaine?

My name is Mimi.

The bus doesn't stop in front of her/his house.

Pierre is brushing his hair.

Are they getting married next week?

Note that word order in the negative, infinitive, and question forms follows the usual word order for pronouns: the reflexive pronoun precedes the verb.

Many reflexive verbs can also be used nonreflexively, but they often take on a different meaning.

J'appelle ma fiancée au téléphone.	*I'm calling my fiancée to the (on the) phone.*
Le bruit **réveille** tout le monde.	*Noise wakes up everyone.*
Pierre **lave** la voiture.	*Pierre is washing the (his) car.*

However, the verb **se souvenir de** can only be used reflexively.

Je **me souviens de** notre première rencontre.	*I recall our first meeting.*

C. Reflexive verbs with two objects

Some reflexive verbs can have two objects, one direct and one indirect. This frequently occurs with the verbs **se brosser** and **se laver** plus a part of the body. The definite article—not the possessive article, as in English—is used with the part of the body.

Chantal **se brosse les dents.**	*Chantal is brushing her teeth.*
Je **me lave les mains.**	*I'm washing my hands.*

D. Idiomatic reflexives

When some nonreflexive verbs are used reflexively, their meaning changes.

aller	*to go*	→	s'en aller	*to go away*
demander	*to ask*	→	se demander	*to wonder*
entendre	*to hear*	→	s'entendre	*to get along*
mettre	*to place, put*	→	se mettre à	*to begin*
tromper	*to deceive*	→	se tromper	*to be mistaken*
trouver	*to find*	→	se trouver	*to be located*

Les jeunes mariés **s'en vont** bientôt en lune de miel.	*The newlyweds are soon going away on their honeymoon.*
Véronique va bientôt **se mettre à** chercher un appartement.	*Véronique is going to start looking for an apartment soon.*
Tu **te trompes!** Elle en a déjà trouvé un.	*You're wrong! She's already found one.*
Où **se trouve**-t-il?	*Where is it located?*

E. Imperative of reflexive verbs

Reflexive pronouns follow the rules for the placement of object pronouns. In the affirmative imperative, they follow and are attached to the verb with a hyphen. The stressed form **toi** is used instead of **te**. In the negative imperative, reflexive pronouns precede the verb.[2]

Habillez-**vous.** Ne **vous** habillez pas.	*Get dressed. Don't get dressed.*
Lève-**toi.** Ne **te** lève pas.	*Get up. Don't get up.*

A votre tour

A. **La famille Martin.** Tous les membres de la famille se couchent à une heure différente. A quelle heure se couchent-ils?

MODÈLE: Sylvie Martin / 8 h. 30 —→
   Sylvie Martin se couche à huit heures et demie.

1. les grands-parents / 10 h.
2. vous / 9 h. 30
3. tu / 10 h. 45
4. je / 11 h.
5. nous / 11 h. 15
6. Mme Martin / 11 h. 30
7. M. Martin / minuit
8. Bernard Martin / 1 h. du matin

B. **Habitudes matinales.** Chaque membre de la famille a ses habitudes le matin. Faites des phrases complètes pour les décrire.

1. Sylvie / se regarder / longtemps / dans / le miroir 2. tu / se brosser / dents 3. nous / se lever / du pied gauche[3] 4. je / se réveiller / toujours / très tôt 5. Bernard et M. Martin / s'habiller / très rapidement 6. vous / se préparer / tard / le matin

C. **Lune de miel à Tahiti.** Racontez l'histoire de Mireille et de Max. Où vont-ils? Que font-ils? Employez les verbes *s'endormir, s'amuser, se réveiller, se préparer, se coucher, se baigner, s'en aller* et *s'installer.*

1.

2.

3.

4.

---

[2]Note the imperative forms of **s'en aller: Va-t-en! Ne t'en va pas! Allez-vous-en!** and **Ne vous en allez pas!**
[3]**Se lever du pied gauche** is the equivalent of *to get up on the wrong side of the bed.*

5.   6.   7.   8.

Maintenant imaginez que vous êtes seul(e) à Tahiti. Décrivez une journée typique.

D. **Synonymes.** Racontez l'histoire suivante. Remplacez l'expression en italique par un verbe pronominal (*reflexive*).

A sept heures du matin, Sylvie *ouvre les yeux*, elle *sort de son lit*, *fait sa toilette* et *met ses vêtements*. A huit heures, elle *quitte la maison*. Au bureau, elle *commence à* travailler. Sylvie *finit de* travailler vers six heures; elle *fait une promenade* et parfois ses amies et elle vont *nager à la piscine* (*pool*). Le soir, elle *va au lit* et elle *trouve le sommeil* très vite!

E. **Une journée normale.** Décrivez une journée typique de votre vie. Employez les verbes *se réveiller, se lever, s'habiller, se laver, se brosser les cheveux, s'en aller, s'amuser, s'ennuyer* et *se coucher*. Comparez votre journée typique avec la journée d'un(e) de vos camarades.

F. **Une journée de vacances.** En vacances vous essayez autant que possible de ne pas suivre la même routine quotidienne (*daily*). Décrivez les choses que vous ne faites pas en vacances. Employez des verbes de l'Exercice E à la forme négative.

G. Il est l'heure d'aller se coucher! Papa et Maman essaient de mettre les enfants au lit. Suivez les modèles.

MODÈLES: Je ne me couche pas! ⟶ Couche-toi immédiatement!

Nous ne nous lavons pas! ⟶ Lavez-vous immédiatement!

1. Nous ne nous arrêtons pas de jouer!   2. Nous ne nous déshabillons pas!   3. Je ne me lave pas!   4. Je ne me brosse pas les dents!   5. Nous ne nous couchons pas!   6. Je ne m'endors pas!

H. **Un rendez-vous difficile.** Réagissez! Utilisez l'impératif du verbe et les éléments donnés.

MODÈLE: Je ne *me suis* pas *préparé(é)*. (vite) ⟶ Prépare-toi vite!

1. A quelle heure est-ce que je dois *me trouver* chez elle? (à cinq heures)   2. J'ai envie de *m'habiller*. (ne... pas encore)   3. Je ne *me souviens* pas de la rue. (rue Mirabeau)   4. J'ai peur de *me tromper*. (ne... pas)   5. Je dois *m'en aller* vers six heures. (ne... pas)   6. Je *me demande* si je vais y arriver. (ne... pas)   7. Je veux *me lever* tard demain matin. (ne... pas)

48 *The reciprocal reflexive*

Des bruits qui courent

Se voient-ils souvent?　　　　　Oui, ils *se voient* souvent.
S'écrivent-ils?　　　　　　　　Oui, ils *s'écrivent.*
S'aiment-ils?　　　　　　　　　Oui, je crois...
Vont-ils *se marier?*　　　　　　Hélas, oui! Lui qui est si charmant...

1. Jouez ces deux rôles avec un(e) camarade.
2. Devinez qui parle et qui répond. Se connaissent-ils/elles? Se comprennent-ils/elles? Se parlent-ils/elles souvent?

The plural reflexive pronouns **nous, vous,** and **se** can be used with first-, second- or third-person plural verbs, respectively, to show that an action is reciprocal or mutual. Grammatically these reciprocal reflexives act like other reflexives. The difference is that almost any verb that can take a direct object—and some that take an indirect object—can be used reciprocally with **nous, vous,** and **se,** whereas the regular reflexives are independent verbs with their own special meaning.

Ils **s'aiment.**	*They love each other.*
Nous **nous détestons.**	*We detest each other.*
Ils ne **se quittent** pas.	*They are inseparable (never leave each other).*
Vous **vous écrivez.**	*You write to one another (each other).*
Nous **nous téléphonons tous les jours.**	*We telephone each other every day.*

Rumors are flying
Do they see each other often? Yes, they see each other often. Do they write (to) each other? Yes, they write (to) each other. Do they love each other? Yes, I believe so . . . Are they going to be married? Alas, yes! *He,* who is so charming . . .

A votre tour

A. De grands amis. Racontez l'amitié des Marnier et des Chabot.

1. *Nous* nous voyons surtout pendant les vacances. (les enfants, nos filles, vous)
2. *Pierre et Marcel* se connaissent depuis longtemps. (Denise et Eugénie, nous, vous) 3. Est-ce que *Denise et Eugénie* s'entendent très bien? (vous, les enfants, Martine et Béatrice) 4. *Nous* nous retrouvons chaque jour à la plage. (les deux familles, vous) 5. *Nos enfants* ne se quittent pas. (vous, nous, nos filles) 6. *Yves et Gérard* se rencontrent tous les jours. (vous, Denise et moi, les filles) 7. *Pierre et toi* vous vous téléphonez souvent pendant l'année. (les fils, nous, les enfants) 8. *Nous* nous écrivons aussi régulièrement. (Martine et Béatrice, les enfants, vous)

B. Une brève rencontre. Racontez au temps présent l'histoire un peu triste (*sad*) d'un jeune homme et d'une fille qui ne sont peut-être pas le couple idéal. Dites quand et où chaque action a lieu.

MODÈLE: Ils se voient pour la première fois en janvier en classe de physique, etc.

1. se voir 2. se rencontrer 3. s'admirer 4. se donner rendez-vous 5. se téléphoner 6. s'écrire souvent 7. se revoir 8. se disputer (*to quarrel*) 9. ne... plus / se comprendre 10. se détester 11. se quitter

Maintenant, racontez la même histoire du point de vue d'un des personnages. « Nous nous voyons pour la première fois... »

Se parlent-elles de leur voyage? de leurs études? du jeune homme d'à côté?

49 *Reflexive verbs in the* passé composé

Un mariage d'amour

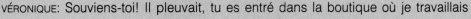

MARTINE: Comment *vous êtes-vous rencontrés?*

DENIS: *Nous nous sommes vus* pour la première fois à Concarneau.

VÉRONIQUE: Souviens-toi! Il pleuvait, tu es entré dans la boutique où je travaillais et....

DENIS: Et voilà, le coup de foudre! *Nous nous sommes mariés* cette année-là.

1. Véronique et Denis se sont-ils rencontrés par hasard (*by chance*)?
2. Où Véronique et Denis se sont-ils vus pour la première fois?
3. Quand se sont-ils mariés?

Passé composé of reflexive verbs

All reflexive verbs are conjugated with **être** in the **passé composé.** The past participle usually agrees with the preceding direct object (the reflexive pronoun), which agrees with the subject.[4]

Passé composé *of* **se baigner** (*to bathe; to swim*)

je me suis baigné(e)	nous nous sommes baigné(e)s
tu t'es baigné(e)	vous vous êtes baigné(e)(s)
il s'est baigné	ils se sont baignés
elle s'est baignée	elles se sont baignées
on s'est baigné(e)	

A love match

MARTINE: How did you two meet? DENIS: We saw each other for the first time in Concarneau.
VÉRONIQUE: Remember! It was raining, you came into the shop where I worked, and . . . . DENIS: And it was love at first sight! We got married that same year.

---

[4]This rule does not apply to verbs that always take an indirect object or to verbs that have two objects. Note the following examples: **Elles se sont dit bonjour. Élisabeth s'est lavé les mains.**

Nous **nous sommes mariés** en octobre.	*We got married in October.*
Se sont-ils promenés?	*Did they go for a walk?*
Ils ne se sont pas rencontrés par hasard.	*They did not meet by chance.*

A votre tour

A. Avant la soirée. Hier, il y avait une soirée dansante à la Maison des Jeunes. Décrivez les préparatifs de ces jeunes gens. Faites des phrases complètes au passé composé.

1. Christine / se reposer
2. Roger / s'habiller / avec soin (*care*)
3. Gérard / se préparer / pendant longtemps
4. Valérie / s'amuser / à passer des disques
5. Sylvie / s'endormir / sur son lit
6. Christian / s'installer / devant la télévision

B. Le jour suivant. Chacun (*Each person*) s'est réveillé à une heure différente. Suivez le modèle.

MODÈLE: Sylvie / 11 h. —→ Sylvie s'est réveillée à onze heures.

1. vous / 11 h. 30
2. nous / 10 h. 45
3. tu / 12 h.
4. Gérard / 12 h. 15
5. Christine / 12 h. 35
6. je / 8 h.
7. Roger et Christian / 1 h. 20
8. Valérie et Michèle / 9 h. 45

C. Souvenirs. Racontez cette histoire au passé composé.

1. Elle s'installe pour regarder son album de photos.   2. Elle s'arrête à la première page.   3. Elle se souvient de son premier amour.   4. Elle ne se souvient pas de son nom.   5. Elle se trompe de personne.   6. Elle se demande où il est aujourd'hui.   7. Est-ce qu'il s'en va au Brésil?   8. Elle s'endort sur la page ouverte.

D. Les choses de la vie. Racontez une brève histoire d'amour au *passé composé* et à *l'imparfait*. Quels personnages avez-vous choisis? Est-ce une histoire véritable?

Verbes utiles: se rencontrer, se regarder, se parler, se voir, se téléphoner, s'aimer, se donner des cadeaux, se quitter, s'écrire, se revoir, s'embrasser (*to kiss*), se disputer, (ne... pas) s'entendre, se retrouver, se réconcilier, se fiancer...

Racontez votre histoire aux autres membres de la classe qui vont ensuite vous poser des questions. (Pourquoi se sont-ils disputés? Se sont-ils jamais mariés? etc.)

E. Monologues. Faites des phrases complètes. Choisissez le temps du verbe selon les indications.

1. Le dimanche, nous / se réveiller / tard. Mais le week-end passé, nous / se lever / assez tôt / et nous / se promener / le parc.
2. Autrefois ma sœur / se coucher / avant minuit. Maintenant elle / se préparer / pour / examen. Elle / se mettre / travailler / semaine passée / et maintenant / elle / travailler / tout le temps.
3. Tu / se brosser / cheveux / ce matin? Préparer / toi / plus vite. Tu / s'habiller / trop lentement. Rappeler / toi / l'entrevue / neuf heures.
4. Je / se demander / si les voisins / s'amuser / hier chez nous. Ils / partir / vers dix heures / soir. Ils / se regarder / plusieurs fois / avant de partir.

F. Hier. Racontez votre journée d'hier. Utilisez autant de verbes réfléchis et réciproques que possible.

Mise en pratique

DIALOGUE: Une Interview avec un jeune couple

Une journaliste fait une enquête° pour une revue sur les jeunes ménages français. Elle interroge Denis, vingt et un ans, et sa femme, Véronique, vingt ans. Ils habitent à Lyon.

opinion poll

LA JOURNALISTE: Quel âge aviez-vous, Véronique, lorsque vous avez rencontré Denis?

VÉRONIQUE: J'avais dix-huit ans. Denis, lui, avait dix-neuf ans et demi. Nous nous sommes mariés l'été dernier.

LA JOURNALISTE: Comment vous êtes-vous rencontrés?

DENIS: Nous nous sommes vus pour la première fois à Concarneau, en Bretagne.

LA JOURNALISTE: Que faisiez-vous à Concarneau, Véronique?

VÉRONIQUE: J'allais encore au lycée. En juillet et août, j'aidais ma mère; elle tient une boutique d'objets d'art contemporains.

DENIS: Oui, je me souviens, je suis entré dans cette boutique par hasard, parce qu'il pleuvait. Et voilà! Le coup de foudre!

VÉRONIQUE: Quelle blague!° Pas le premier jour!

joke

DENIS: Disons la deuxième fois, si tu veux. En tout cas,° nous nous sommes revus.

En... in any case

LA JOURNALISTE: Travaillez-vous tous les deux?

VÉRONIQUE: Pour le moment, Denis travaille comme

chauffeur de taxi. C'est lui qui paie mes
études: je prépare un diplôme de secrétariat°   *secretarial skills*
dans une école privée.

LA JOURNALISTE: Est-ce que la famille compte° beaucoup pour   *count*
vous?

VÉRONIQUE: Ma famille est loin et chez nous on n'aime
pas les grandes réunions familiales.

DENIS: Moi, au contraire, je ne peux pas me passer
de° la famille et la famille ne peut pas se   *me... to get along without*
passer de moi! Nous allons déjeuner chez
mes parents le dimanche.

LA JOURNALISTE: Sortez-vous beaucoup?

VÉRONIQUE: Pas beaucoup. Avant notre mariage, nous
sortions plus. Tu te rappelles, Denis, en
Bretagne, le cinéma et les crêpes?

LA JOURNALISTE: Est-ce que vous équilibrez° votre budget sans   *balance*
difficulté?

VÉRONIQUE: Heu°... disons sans grande difficulté. Les   *Well...*
premières années d'un mariage sont souvent
difficiles. Avant, Denis était apprenti-
plombier°: un jour nous allons peut-être   *apprentice plumber*
avoir notre propre affaire.° Ne vous   *business*
inquiétez pas° pour nous!   *Ne... don't worry*

LA JOURNALISTE: Bonne chance, Véronique et Denis, et
merci.

« *Samedi dernier, ma
tante et son fiancé se
sont mariés. Nous nous
sommes bien amusés ce
soir-là!* »

A. Avez-vous compris? Répondez aux questions suivantes.

1. D'où viennent Denis et Véronique?   2. Comment se sont-ils connus?   3. Quel type de travail font-ils?   4. Qui passe le plus de temps avec sa famille?   5. Que font Denis et Véronique maintenant pour s'amuser? et avant leur mariage, que faisaient-ils?   6. Qu'est-ce que Denis et Véronique espèrent avoir un jour? Sont-ils généralement optimistes ou pessimistes?

B. Maintenant la journaliste vous pose des questions. Elle vous demande:

1. Comment avez-vous rencontré un(e) bon(ne) ami(e) pour la première fois?
2. Avez-vous un emploi? Où travaillez-vous?   3. Est-ce que la famille compte beaucoup pour vous?   4. Sortez-vous souvent?   5. Est-ce que vos amis vivent comme vous?   6. Est-ce que vous équilibrez votre budget sans difficulté?

C. Denis et Véronique. Mettez l'histoire suivante au passé. Employez le *passé composé* ou l'*imparfait* selon le cas pour chaque verbe entre parenthèses.

Après plusieurs années, Denis et Véronique (se décider à) _____ aller vivre à Paris. Ils (être) _____ encore jeunes; ils (ne pas avoir) _____ d'enfants; ils (commencer à) _____ s'ennuyer un peu dans la banlieue de Lyon. La vie parisienne leur (sembler) _____ meilleure. A Paris, ils (s'installer) _____ dans un petit studio sur la Rive Droite. Véronique (prendre) _____ un poste de secrétaire dans une société commerciale (*corporation*) internationale; Denis (trouver) _____ un emploi dans une quincaillerie (*hardware store*).

Le jeune couple (se mettre à) _____ sortir plus souvent le soir. Véronique et Denis (connaître) _____ d'autres jeunes. Leur vie (devenir) _____ plus complexe; ils (se fatiguer) _____. Ils (ne pas s'entendre) _____ aussi bien qu'avant. Enfin, ils (se séparer) _____. Véronique (aller) _____ vivre chez des amis. Denis (continuer) _____ son travail, mais sans grand intérêt. Pour lui, les choses (ne pas aller) _____ mieux.

Un jour, Denis et Véronique (se retrouver) _____ par hasard dans la rue. Après quelques jours, ils (se revoir) _____. Ils (se téléphoner) _____. Ils (se souvenir de) _____ leur ancien rêve d'établir leur propre affaire de plomberie en province. Cette fois, ils (choisir) _____ Concarneau où Véronique (avoir) _____ encore quelques parents. Ils (devoir) _____ emprunter de l'argent pour leur installation. Aujourd'hui, ils ont encore des soucis, bien sûr, mais ils s'occupent de leur affaire et forment un couple heureux.

D. Débat. Discutez les idées suivantes. Dites si vous êtes d'accord ou si vous n'êtes pas d'accord.

1. L'union libre (*living together*) est la meilleure manière de se préparer au mariage.
2. Le divorce est une institution nécessaire.

Mots utiles: pratiquer, le mariage à l'essai (*trial marriage*), la famille, la fidélité, le bonheur, s'entendre bien/mal, les enfants, les difficultés, aimer, se disputer, rendre quelqu'un(e) malheureux(euse)/heureux(euse), vivre avec quelqu'un(e), partager

Mots à retenir

VERBES

s'amuser	to have a good time; have fun	se fiancer	to become engaged
s'appeler	to be called, to be named	s'habiller	to get dressed
		s'installer	to settle down, in
s'arrêter (de)	to stop	se laver	to wash oneself
se baigner	to bathe; to swim	se lever	to get up
se brosser (les dents, les cheveux)	to brush (one's teeth, hair)	se marier (avec)	to get married
		se mettre à	to begin
		s'occuper de	to be busy with
se coucher	to go to bed	se préparer (à)	to get ready
se demander	to wonder, ask oneself	se promener	to take a walk
se décider (à)	to make up one's mind	se rappeler	to remember, recall
se disputer	to argue, quarrel	se rencontrer	to meet
divorcer	to divorce	se reposer	to rest, take a rest
s'embrasser	to kiss each other	se réveiller	to awaken, wake up
s'en aller	to go away	se souvenir de	to remember
s'endormir	to fall asleep	tomber amoureux(euse) (de)	to fall in love (with)
s'ennuyer (de)	to be bored		
s'entendre (avec)	to get along (with)	se tromper	to be mistaken
éviter	to avoid	se trouver	to be located
s'excuser (de)	to excuse oneself		

NOMS

le coup de foudre	love at first sight	le mariage	marriage; wedding
les fiançailles (f pl)	engagement	le réveil	alarm clock
les jeunes (nouveaux) mariés	newlyweds	le savon	soap
		la scène de ménage	domestic quarrel
la lune de miel	honeymoon		

ADJECTIFS

quotidien(ne)	daily
triste	sad

MOTS DIVERS

d'après	according to
en tout cas	in any case
par hasard	by chance, by accident

Choisissons une carrière

L'architecte discute les plans avec un membre de l'équipe (crew) de construction.

Prélude: Vocabulaire

Les Français au travail

un agriculteur   un ouvrier agricole
(une agricultrice) (une ouvrière agricole)

1. La profession agricole: 3 millions de Français

un agent   une douanière   un facteur   une institutrice
de police   (un douanier)   (un instituteur)

2. Les fonctionnaires: 4 millions de Français

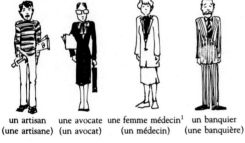

un artisan   une avocate   une femme médecin[1]   un banquier
(une artisane) (un avocat)   (un médecin)   (une banquière)

3. Les travailleurs indépendants: 4 millions de Français

Autres: les architectes, les peintres

une employée   un cadre   un ouvrier
(un employé)   (une femme cadre)   (une ouvrière)

4. Les travailleurs salariés: 11 millions de Français

Autres: les ingénieurs, les femmes ingénieurs, les interprètes, les comptables, les infirmiers(ières)

A. **Nombres.** Il y a trois millions d'agriculteurs en France. Combien y a-t-il de fonctionnaires? de travailleurs indépendants? de travailleurs salariés?

Quels sont les travailleurs les plus nombreux? Quels sont les travailleurs les moins nombreux?

B. **Études.** Qu'ont-ils étudié?

MODÈLE: Qui a étudié le droit? ⟶ Les avocats ont étudié le droit.

---

[1]Since many occupations traditionally associated with males do not have a feminine form, the word **femme(s)** is often used to indicate gender.

1. la médecine?   3. la finance?   5. les beaux-arts?
2. l'architecture?   4. la technique?   6. les langues étrangères?

C. Définitions. Quelle est la profession des personnes suivantes?

MODÈLE: Elle enseigne à l'école primaire. —→ C'est une institutrice.

1. Elle vend des bijoux (*jewelry*) qu'elle a faits elle-même.   2. Il travaille à la campagne.   3. Il règle (*directs*) la circulation automobile.   4. Elle vérifie les valises à la douane.   5. Il s'occupe de la santé de ses patients.   6. Il distribue les lettres.

D. Ressemblances. Trouvez la profession. Vérifiez vos réponses en bas de la page.

MODÈLE: la pompe —→ le pompier (*firefighter*)   coiffer —→ le coiffeur

1. la banque   3. la douane   5. pêcher (*to fish*)   7. danser
2. le jardin   4. la cuisine   6. sculpter   8. chanter

E. Où travaillent-ils? Trouvez le lieu de travail de chacune des personnes suivantes.

MODÈLE: Juliette est infirmière. —→ Elle travaille à l'hôpital.

1. Jean-Pierre est libraire.   2. Eugénie est serveuse.   3. Serge est cadre.   4. Denise est banquière.   5. Claude est bibliothécaire.   6. Francine est ouvrière agricole.

F. Embauche (*Hiring*). Vous embauchez des travailleurs pour les activités suivantes. Suivez le modèle.

MODÈLE: pour ouvrir (*open*) une banque —→
Je cherche des secrétaires, des comptables (*accountants*), un directeur.

1. pour construire une maison   2. pour créer une entreprise (*company*)   3. pour installer une ferme   4. pour publier un journal   5. pour donner un spectacle dramatique   6. pour ouvrir un restaurant   7. pour ouvrir une école

G. Conversation. Répondez aux questions.

1. Qu'est-ce que vous vouliez devenir quand vous étiez enfant? Pourquoi?   2. Que voulez-vous devenir maintenant? Pourquoi?   3. Quelle est votre profession?
4. Quelle qualité est essentielle dans la profession que vous avez choisie? Pensez-vous avoir cette qualité?   5. Quelles études poursuivez-vous? Combien d'années d'études vous reste-t-il à faire? (Il me reste à faire...)   6. Cherchez-vous du travail? Quel genre?   7. Quelles sont les professions que vous admirez particulièrement? Pourquoi?
8. Y a-t-il des professions qui ne vous intéressent pas? Pourquoi?   9. Selon vous, est-ce que l'ambition est une bonne chose? Justifiez votre réponse.

---

1. le banquier (la banquière)   2. le jardinier (la jardinière)   3. le douanier (la douanière)   4. le cuisinier (la cuisinière)   5. le pêcheur   6. le sculpteur   7. le danseur (la danseuse)   8. le chanteur (la chanteuse)

Grammaire

The future tense

Son avenir

LE PÈRE: Il *sera* écrivain. Il *écrira* des romans. Nous *serons* célèbres.

LA MÈRE: Il *sera* homme d'affaires. Il *dirigera* une société. Nous *serons* riches.

L'ENFANT: On *verra*... je *ferai* ce que je *pourrai*...

1. D'après son père, quelle sera la profession de l'enfant? Que fera-t-il?
2. D'après sa mère, quelle sera la profession de l'enfant? Que fera-t-il?
3. D'après l'enfant, quelle sera sa profession? Que fera-t-il?

A. The future tense

In English, the future is a compound tense, formed with *shall/will* plus the base form of the verb: *to write* ⟶ *I shall/will write.* In French, the future is a simple tense, formed with the infinitive as the stem plus the endings **-ai, -as, -a, -ons, -ez, -ont**—the same as the present-tense endings of **avoir.** The final **-e** of the infinitive of **-re** verbs is dropped.

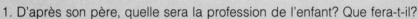

Parler (*to speak*)

je	parlerai
tu	parleras
il, elle, on	parlera
nous	parlerons
vous	parlerez
ils, elles	parleront

Finir (*to finish, end*)

je	finirai
tu	finiras
il, elle, on	finira
nous	finirons
vous	finirez
ils, elles	finiront

Vendre (*to sell*)

je	vendrai
tu	vendras
il, elle, on	vendra
nous	vendrons
vous	vendrez
ils, elles	vendront

His future

FATHER: He'll be a writer. He'll write novels. We'll be famous.   MOTHER: He'll be a businessman. He'll direct a company. We'll be rich.   CHILD: We'll see . . . I'll do what I can . . . .

Demain nous **parlerons** avec le conseiller d'orientation.	*Tomorrow we will talk with the job counselor.*
Il te **donnera** des conseils.	*He will give you some advice.*
Ces conseils t'**aideront** peut-être à choisir un métier.	*Maybe this advice will help you to choose a trade (line of work).*

B. Verbs with irregular future stems

The future endings are always regular. Some verbs, however, have either minor spelling changes in the future stem or have entirely irregular future stems.

1. Verbs with spelling changes:
   Most verbs that have spelling changes in the present tense—for example, **acheter: j'achète**—have the same spelling change in the stem of all persons of the future.[2]

   a. **E** becomes **è** when a mute **e** is the final vowel of the future stem: **acheter** —> **j'achèterai**. b. **Y** becomes **i** before a mute **e** that is the final vowel of the future stem: **payer** —> **je paierai**. c. A consonant is doubled before a mute **e** that is the final vowel of the future stem: **appeler** —> **j'appellerai**.

Il t'appellera demain.	*He'll call you tomorrow.*
Elle le **jettera** dehors s'il ne paie pas le loyer.	*She'll throw him out if he doesn't pay the rent.*

2. Verbs with completely irregular future stems include:

aller: **ir-**	faire: **fer-**	venir: **viendr-**
avoir: **aur-**	pleuvoir: **pleuvr-**	voir: **verr-**
devoir: **devr-**	pouvoir: **pourr-**	vouloir: **voudr-**
être: **ser-**	savoir: **saur-**	

J'aurai un poste bientôt.	*I will have a position soon.*
On **devra** leur demander une brochure d'information.	*We will have to ask them for an information brochure.*
Croyez-vous qu'il **pleuvra**?	*Do you think it will rain?*

C. Uses of the future tense

In most cases, the use of the future tense in French parallels that of English. Note that in time clauses (dependent clauses following words like **quand, lorsque, dès que** [*as soon as*], or **aussitôt que** [*as soon as*]), the future tense is used in French if the action is expected to occur at a future time. The present tense is used in English in this case.

---

[2]Verbs like **préférer** and **espérer** are an exception. Although they have changes in accents in the present tense, they are regular in the future: **préférerai, préféreras,** and so on. See page 434 for complete conjugations.

Je te **téléphonerai** dès que j'**arriverai.**	*I'll phone you as soon as I arrive.*
Nous **pourrons** en discuter lorsque l'avocat **sera** là.	*We'll be able to discuss it when the lawyer arrives.*
La construction **commencera** dès que les ingénieurs **seront** prêts.	*Construction will begin as soon as the engineers are ready.*

D. The future perfect (*le futur antérieur*)

The future perfect is frequently used to express a future action that will already have taken place when another future action (always expressed by the simple future) occurs.

The future perfect is expressed by the future of the auxiliary verbs **avoir** or **être** + *the past participle of the main verb:* **j'aurai parlé, elle sera partie.**

Quand j'**aurai terminé** mes études, je **chercherai** du travail.	*When I've finished my studies, I'll look for work.*
Aussitôt que nos visiteurs **seront partis,** je m'**occuperai** des problèmes du bureau.	*As soon as our visitors have left, I'll take care of the office problems.*

À votre tour

A. Au bureau d'orientation professionnelle. Faites les substitutions.

1. *Je* passerai une série de tests d'aptitude. (toi et moi, Henri, les étudiants, tu, vous)   2. *Tu* discuteras avec le conseiller. (nous, Michel et Pascale, vous, je, mon père)   3. *Vous* lirez les brochures d'information. (tu, elle, nous, je, ils)   4. *Nous* essaierons de choisir un métier. (vous, Pierre et Henri, tu, Pascale, je)

B. Carrières. Ces étudiants parlent de leur avenir.

1. J'aurai une profession intéressante. (Thierry, nous, Jeannine et Suzanne) 2. *Juliette* sera avocate. (tu, je, Jean-Pierre et Francis)   3. *Tu* iras travailler en France. (nous, je, Claudine)   4. *Nous* devrons beaucoup travailler. (vous, je, elles)

C. La boule de cristal. Savez-vous prédire (*predict*) l'avenir? Suivez le modèle.

MODÈLE: Je veux devenir médecin. (non) $\longrightarrow$ Non, tu ne deviendras pas médecin.

1. Nous voulons avoir beaucoup d'argent. (oui)   2. Pascal veut faire de grands voyages. (oui)   3. Tu veux devenir un avocat célèbre. (non)   4. Vous voulez être agriculteurs. (non)   5. Nous voulons obtenir notre licence. (oui)   6. Francine veut pouvoir réussir en tout. (non)

D. Conversation. Répondez aux questions suivantes seul(e) ou avec un(e) camarade de classe.

Ce soir...

1. qu'est-ce que vous allez manger? 2. qu'est-ce que vous allez étudier? 3. à quelle heure allez-vous vous coucher?

L'été prochain...

4. qu'est-ce que vous écrirez? 5. qu'est-ce que vous lirez? 6. qu'est-ce que vous achèterez? 7. qui verrez-vous? 8. où irez-vous? 9. quel temps fera-t-il?

E. **Rêves d'avenir.** Complétez les phrases. (N'oubliez pas que le deuxième verbe de chaque phrase sera au futur simple.)

1. Dès que j'aurai terminé mes études, je _____. 2. Lorsque j'aurai examiné toutes les carrières possibles, je _____. 3. Quand j'aurai trouvé du travail, je _____. 4. Aussitôt que nous aurons terminé ce cours, nous _____. 5. Dès que je me serai marié(e), je _____. 6. Quand les gens du monde auront appris à vivre ensemble, le monde _____.

51 *Demonstrative pronouns*

Un test décisif

LE CHEF DU PERSONNEL: Monsieur le Directeur, voici la liste des candidats: *ceux-ci* ont été appelés; *ceux-là* ont reçu une réponse négative.

LE DIRECTEUR: *Celui* de Nîmes a un excellent dossier.

LE CHEF DU PERSONNEL: Oui, mais *celle* de l'École des Mines est plus qualifiée.

LE DIRECTEUR: Après les entrevues nous choisirons *celui*—ou *celle*—qui sera le moins impressionné par nous.

Retrouvez la phrase correcte dans le dialogue.

1. Ces candidats-ci ont été appelés.
2. Ces candidats-là ont reçu une réponse négative.
3. Le candidat de Nîmes a un excellent dossier.
4. La candidate de l'École des Mines est plus qualifiée.
5. Nous choisirons le candidat ou la candidate qui sera le moins impressionné par nous.

A decisive test

PERSONNEL MANAGER: Boss, here's the list of applicants. These have been called; those have received a negative answer. DIRECTOR: The one from Nîmes has an excellent dossier. PERSONNEL: Yes, but the woman from the School of Mines is more qualified. DIRECTOR: After the interviews, we'll choose the one—male or female—who is the least impressed by us.

A. Forms of the demonstrative pronouns

Demonstrative pronouns such as *this one, that one,* and so on, refer to a person, thing, or idea that has been mentioned previously. In French, they agree in gender and number with the nouns they replace.

	Singular	*Plural*
Masculine	**celui** *this one, that one, the one*	**ceux** *these, those, the ones*
Feminine	**celle** *this one, that one, the one*	**celles** *these, those, the ones*

B. Uses of demonstrative pronouns

Demonstrative pronouns cannot stand alone. They must be used in one of the following ways:

1. with the suffix **-ci** (to indicate someone or something located fairly close to the speaker) or **-là** (for someone or something that is more distant from the speaker)

Il y a plusieurs bureaux libres. Préférez-vous **celui-ci** ou **celui-là?**	*There are several empty offices. Do you prefer this one or that one?*
Quel document veut-il? **Celui-ci** ou **celui-là?**	*Which document does he want? This one or that one?*

2. followed by a prepositional phrase (often a construction with **de**)

Quel secteur t'intéresse? **Celui de** l'informatique ou **celui de** l'aéronautique?	*Which sector is interesting to you? That of data processing or that of aeronautics?*
Notre entreprise désire embaucher de jeunes cadres dans deux branches: **celle de** la finance et **celle du** marketing.	*Our company wishes to hire young executives in two fields: that of finance and that of marketing.*

3. followed by a dependent clause introduced by a relative pronoun.

J'ai trois sœurs. **Celle qui** est interprète habite à Lyon; **celles qui** vivent à Paris sont femmes d'affaires.	*I have three sisters. The one who is an interpreter lives in Lyons; the ones who live in Paris are businesswomen.*
Cet ingénieur est très intelligent, mais **celui que** je préfère est plus inventif.	*That engineer is very intelligent, but the one I prefer is more inventive.*

Deux imprimeurs se consultent. Celui-ci explique-t-il un problème mécanique à celui-là?

C. Indefinite demonstrative pronouns

Ceci (*this*), **cela** (*that*), and **ça** (*that*, informal) are indefinite demonstrative pronouns; they refer to an idea or thing with no definite antecedent. They do not show gender or number.

Cela (**ça**) n'est pas important.	*That's not important.*
Regarde **ceci** de près.	*Look at this closely.*
Qu'est-ce que c'est que **ça**?	*What's that?*

À votre tour

A. Après l'entrevue. Monsieur Legrand et Mademoiselle Chabot parlent des candidats. Jouez les rôles selon le modèle.

MODÈLE: secrétaire ⟶ M. *Legrand:* Je préfère ce secrétaire-ci.
Mlle *Chabot:* Je crois que celui-là est plus qualifié.

1. interprète 2. avocat 3. cadre 4. infirmières 5. comptable
6. ingénieurs 7. ouvrière 8. employées

B. Un nouveau décor. Monsieur Renaud choisit des meubles pour son bureau. Il compare les prix. Jouez les rôles selon le modèle.

MODÈLE: ce bureau / 2.400F / 3.000F ⟶ Le *vendeur:* Ce bureau-ci coûte 2.400F.
M. *Renaud:* Et celui-là?
Le *vendeur:* Celui-là coûte 3.000F.

1. ces chaises / 1.800F / 2.100F
2. ce téléphone / 1.150F / 800F
3. ces tapis / 4.310F / 9.000F
4. ces étagères / 2.050F / 1.201F
5. cette machine à écrire / 3.200F / 1.720F
6. cette corbeille à papier (*wastepaper basket*) / 70F / 110F

C. **Dans vingt ans.** Pouvez-vous imaginer la société de l'avenir? Comparez les choses suivantes selon le modèle. Utilisez une variété d'adjectifs.

MODÈLE: les avions ⟶
      Les avions seront beaucoup plus rapides que ceux d'aujourd'hui.

1. les universités
2. les ordinateurs
3. la nourriture
4. la connaissance scientifique
5. les robots
6. les villes
7. le métro
8. le travail

D. **La banque Goujon.** Monsieur Goujon compare ses agences. Jouez les rôles selon le modèle.

MODÈLE: le chef de service (*department head*) (de Nîmes, d'Arles) / sérieux ⟶
    Le comptable: Le chef de service de Nîmes est très sérieux.
      M. Goujon: Celui qui vient d'Arles est encore plus sérieux.

1. la directrice (de Paris, de Bordeaux) / consciencieuse
2. les employés (du Nord, du Midi) / travailleurs
3. les bureaux (à Nice, à Lille) / modernes
4. le comptable (de Grenoble, de Lyon) / compétent
5. les clients (des villes, de la campagne) / nombreux
6. l'atmosphère (à Paris, à Marseille) / agréable

E. **Fragments entendus au bureau.** En français, s'il vous plaît.

1. *Do this! Don't do that!* 2. *This is going to be important some day.* 3. *I can't understand this.* 4. *This is only (**ne... que**) the beginning.* 5. *That's not true!* 6. *That will never happen to me.*

F. **Prédictions: dans cinquante ans.** Utilisez ces prédictions pour interviewer un(e) camarade de classe, selon le modèle.

MODÈLE: *Vous:* Tout le monde aura un écran (*screen*) attaché au téléphone qui permettra de voir la personne qui appelle.
    Un(e) ami(e): Cela est (c'est) bien possible (logique, ridicule, impossible, etc.).

1. L'énergie nucléaire sera la principale source d'énergie de l'avenir. 2. La recherche médicale réussira à trouver un remède définitif contre le cancer. 3. Les aérotrains remplaceront les trains. 4. L'ordinateur dominera la vie quotidienne de tous les Américains. 5. Nous n'aurons plus besoin d'argent. 6. Le progrès médical nous assurera une vie sans maladies. 7. Personne ne mourra plus. 8. Nous coloniserons la lune.

Mise en pratique

LECTURE: La Française et son travail

Le MLF (Mouvement de la Libération de la Femme) français a maintenant plus de dix ans. En dix ans la Française a obtenu certains droits importants, par exemple, celui de travailler (théoriquement) au même salaire que l'homme. En 1982, l'État° lui a ouvert l'accès à tous les emplois de la Fonction publique° et a établi un quota de 30% de candidates féminines aux élections municipales et régionales.

government
Fonction… civil service

    Mais voici la Française contemporaine décrite par une journaliste de l'*Express*: « Un enfant dans les bras, un attaché-case au bout d'une main, un panier° à l'épaule,° un bloc-notes° dans la tête, des chaussures de jogging aux pieds, une marguerite° au cœur° et le sourire maquillé de frais aux lèvres. »° A-t-elle vraiment tout réussi, cette femme « complète »?

shopping basket / shoulder
notepad
daisy / heart
sourire… a freshly made-up smile on her lips

Les livres de Simone de Beauvoir ont eu une très grande influence sur le mouvement féministe de notre époque.

Écoutons quelques représentantes de la génération
actuelle°:   *present-day*

Une sociologue: « Nous travaillons deux heures de plus
que les hommes, chaque jour. »

Une femme cadre brillante qui vient de refuser un poste de
directeur: « J'ai vraiment dû choisir. Entre le travail, la
responsabilité morale des enfants et de la maison, le livre que
j'ai mis quatre ans à écrire… ».

Une jeune femme d'affaires célibataire°: « Si j'ai un enfant,   *single*
je lâche° tout… Du travail, on en retrouve toujours, un   *drop*
enfant, c'est unique… ».

Une journaliste: « L'essentiel pour une femme, c'est
d'arriver à concilier toutes ses vies… aussi bien et même
mieux que l'homme. »

Une femme médecin généraliste: « Comme j'envie les
hommes qui rentrent chez eux pour mettre les pieds sous la
table! »

Une jeune étudiante en médecine: « Quand ils sont
jeunes, ils sont d'accord pour tout partager, mais dès qu'ils se
marient, ils se mettent à ressembler à leur père! »

Cette « double journée » de la femme porte des
conséquences: l'absentéisme chez les travailleuses est plus
élevé° que chez leurs collègues masculins; les salaires des   *plus… higher*
femmes sont donc moins élevés que ceux des hommes: 33%
de moins en moyenne.° Pour cette raison aussi les   *de… at least on the average*
progressions de carrière° à l'intérieur de l'entreprise ont   *progressions… promotions*
souvent été lentes ou inexistantes pour les femmes.

En dix ans la Française a gagné des droits légaux que sa
mère à elle° ne croyait jamais possible, mais que pourra-t-elle *sa… her (own) mother*
faire aujourd'hui et à l'avenir pour résoudre les conflits
profonds sur le plan° personnel?   *level*

Adapté en partie de Sylviane Stein, « Femmes: les conquêtes inachevées»
l'*Express*, 19 mars 1982, pp. 54–58.

A. **Et chez nous?** Discutez les questions suivantes avec vos camarades.

1. Le portrait de la femme contemporaine (au deuxième paragraphe) est-il exact ou
   inexact?
2. Voyez-vous des difficultés fondamentales à cette caricature?
3. La femme a-t-elle la possibilité de changer certains éléments de ce portrait? Quels
   éléments?
4. Tous les hommes ressemblent-ils vraiment à ceux décrits par la femme médecin et
   l'étudiante en médecine?
5. Jouez le rôle du patron (*boss*) ou du mari d'une de ces femmes et répondez-lui.
   Existe-t-il un désaccord fondamental entre l'employée et son patron ou entre la
   femme et son mari? Avec qui êtes-vous d'accord?

6. Comment sera la vie de ces femmes dans dix ans? Comment sera la vie de leurs enfants dans trente ans?
7. Cette situation est-elle particulière à la France?
8. Pouvez-vous offrir une solution personnelle à ce problème social? Qu'est-ce que les hommes devront faire? Qu'est-ce que les femmes devront faire?

Mots utiles: aider, de l'aide, les crèches (*day-care centers*), partager, le ménage, l'État, les allocations familiales (*family allowances*), l'emploi à temps partiel, le congé (*leave of absence*) maternel ou paternel, le taux de natalité (*birth rate*), le divorce, le célibat, les droits, le féminisme, se lever tôt, se marier tard, le travail domestique, le travail rémunéré, s'occuper des enfants

B. Un job³ ou une carrière? Vous parlez avec le conseiller d'orientation. Expliquez quelles sont les trois raisons les plus importantes pour vous dans le choix d'une carrière et pourquoi.

Mots utiles: l'argent, le temps libre, l'aspect social, la sécurité, le respect des autres, la puissance (*power*), la possibilité de trouver du travail, les débouchés, le service rendu aux autres, l'aspect créatif, l'intérêt, la difficulté

Maintenant, jouez le rôle du conseiller. Quels sont les avantages et les inconvénients des métiers suivants? (Utilisez le temps futur: « Si vous êtes journaliste, vous voyagerez beaucoup; vous ne serez pas riche, mais... »

artiste	avocat(e)	comptable	commerçant(e)
écrivain	coiffeur(euse)	chanteur(euse)	professeur
interprète	pompier	journaliste	médecin/femme médecin

C. Carrières: un débat. Qu'en pensez-vous?

1. Quelle carrière pensez-vous poursuivre? Est-ce une carrière utile surtout pour la société? ou utile surtout pour vous? Est-ce une carrière qui stimule le progrès? Justifiez votre choix et parlez-en à la classe.
2. Qui n'est pas d'accord avec votre choix? Demandez-lui ses raisons et quel choix de carrière il/elle a fait. Est-elle meilleure que celle que vous avez choisie? Commencez un débat et essayez de rallier des camarades de classe à votre point de vue.

D. Les Américains et les professions. Écrivez un paragraphe sur les attitudes des Américains dans leur vie professionnelle. Employez les questions comme guide.

1. Quelle profession les Américains admirent-ils? Pourquoi? 2. Et vous, quelle profession admirez-vous? Pourquoi? 3. Quelle profession admirez-vous le moins? Expliquez. 4. En Amérique, dans quelles professions gagne-t-on le plus d'argent? 5. Dans quelles professions ne gagne-t-on pas beaucoup d'argent? 6. Est-ce que les Américains prennent leur travail au sérieux (*take their work seriously*)? 7. Est-ce que la majorité des Américains travaillent beaucoup? Pourquoi ou pourquoi pas? 8. Est-ce que le chômage (*unemployment*) est un problème ces jours-ci dans la profession que vous avez choisie? dans votre ville? Y a-t-il en général beaucoup de chômeurs (chômeuses)? Comment l'expliquez-vous? Voyez-vous des solutions à ce problème?

---

³The word **job** in French is the equivalent of an odd job or a temporary job, such as a student might have.

Mots à retenir

VERBES

aider	*to help, assist*	embaucher	*to hire, employ*
conseiller	*to advise, counsel*	jeter[4]	*to throw (out)*
diriger	*to direct*	poursuivre	*to pursue*

NOMS

l'avenir (*m*)	*future*	l'informatique (*f*)	*data processing*
la carrière	*career*	la machine à écrire	*typewriter*
le chômage	*unemployment*	le métier	*trade, profession*
le débouché	*job opening*	l'ordinateur (*m*)	*computer*
l'emploi (*m*)	*job; use*	le poste	*position, job*
l'entreprise (*f*)	*business, firm, company*	le salaire	*salary*
		la société	*corporation; society*

TRAVAILLEURS ET TRAVAILLEUSES

l'agriculteur(trice) (*m, f*)	*farmer*	le/la fonctionnaire	*civil servant*
l'architecte (*m* or *f*)	*architect*	l'infirmier(ière) (*m,f*)	*nurse*
l'avocat(e) (*m, f*)	*lawyer*	l'ingénieur/la femme ingénieur	*engineer*
le/la banquier(ière)	*banker*	l'instituteur(trice) (*m,f*)	*school teacher*
le cadre/la femme cadre	*executive, manager*	l'interprète (*m* or *f*)	*interpreter*
le/la chanteur(euse)	*singer*	le médecin/la femme médecin	*physician*
le/la chômeur(euse)	*unemployed person*	l'ouvrier(ière) (*m,f*)	*blue-collar worker*
le/la comptable	*accountant*	le peintre	*painter*
le/la conseiller(ère)	*counselor*	le pompier	*firefighter*
le/la directeur(trice)	*director*	le/la secrétaire	*secretary*
le/la douanier(ière)	*customs officer*	le/la travailleur(euse)	*worker*
l'employé(e) (*m,f*)	*employee*		

MOTS DIVERS

aussitôt que	*as soon as*
dehors	*outside, outdoors*
dès que	*as soon as*

---

[4]Please see page 434, Verbs with Spelling Changes for the conjugation of **jeter** and similar verbs.

Loisirs et détente

Dans une discothèque: « Vive le samedi soir! Nous ne
travaillons pas dimanche. »

Prélude: Vocabulaire

Les Loisirs préférés des Français

Les spectacles

La chanson de variété[1]

Les activités de plein air

Le pique-nique

La pêche et la chasse

Les jeux

Les jeux de hasard, les
jeux de société

Le bricolage

Le jardinage, les
réparations (*repairs*)

Autres passe-temps

Les collections, la lecture,
la peinture

A. Catégories. La chanson de variété est un spectacle. Dans quelle catégorie de
distractions classez-vous…?

1. le bridge? 2. une collection de timbres? 3. la fabrication de nouvelles étagères?
4. une pièce de théâtre? 5. la loterie nationale? 6. la lecture? 7. la pêche et la
chasse? 8. le cinéma? 9. la réparation de votre bicyclette? 10. un pique-nique?
11. un concert de jazz? 12. une promenade sur les Champs-Élysées?

---

[1]**Une chanson de variété** is a popular song, frequently associated with a particular singer—Édith Piaf, Jacques
Brel—and sung in a stadium such as **l'Olympia** or in a small nightclub.

B. Conversation. Posez les questions suivantes à vos camarades.

1. Quelles sortes de chansons aimez-vous? les chansons d'amour? les chansons folkloriques? les chansons politiques? A quels autres spectacles allez-vous souvent? Quelle sorte de spectacle préférez-vous?   2. Aimez-vous la vie de plein air? Faites-vous souvent des pique-niques? Jouez-vous au Frisbee? Aimez-vous vous promener? camper?   3. Aimez-vous jouer aux cartes? Quand? Avec qui? Avez-vous jamais joué à un jeu de hasard? aux jeux électroniques? Avez-vous gagné?   4. Aimez-vous bricoler? Savez-vous réparer une machine? des objets cassés (broken)? Avez-vous un atelier chez vous? Aimez-vous faire du jardinage?   5. Comment vous occupez-vous les jours de pluie? Quel est votre passe-temps favori?   6. Collectionnez-vous quelque chose?   7. Aimez-vous aller à la pêche? Pourquoi?   8. Êtes-vous jamais allé(e) à la chasse?

Les Verbes *courir, rire* et *offrir*

Courir (*to run*)	**Rire** (*to laugh*)	**Offrir** (*to offer, give*)
je cours	je ris	j' offre
tu cours	tu ris	tu offres
il, elle, on court	il, elle, on rit	il, elle, on offre
nous courons	nous rions	nous offrons
vous courez	vous riez	vous offrez
ils, elles courent	ils, elles rient	ils, elles offrent
Past participle: couru	ri	offert
Future stem: courr-	rir-	offrir-

Ouvrir (*to open*) is conjugated like **offrir.**

A. Courses, humour, fêtes. Répondez aux questions suivantes.

1. Que fait-on quand on fait du jogging?   2. Avez-vous déjà couru dans un marathon?   3. Courez-vous parfois pour arriver à l'heure en classe?   4. Dans quelle(s) profession(s) les travailleurs courent-ils un danger?   5. Riez-vous facilement? Quand? Pourquoi?   6. Vos amis et vous, riez-vous souvent ensemble? Vos amis rient-ils de (*at*) vos plaisanteries (*jokes*)?   7. Avez-vous ri pendant un film que vous avez vu récemment?   8. Quand vos amis vous offrent-ils des cadeaux? Qu'est-ce que vous faites quand vous les ouvrez? Quelle est votre réaction?   9. Que vous a-t-on offert cette année pour votre anniversaire?   10. Qu'offre-t-on aux enfants pour Halloween aux États-Unis?   11. Quand on vous invite à dîner, qu'est-ce que vous offrez à vos hôtes?

B. Décrivez vos projets de loisirs pour le week-end, la semaine, le mois, les vacances ou l'année prochaine. Commencez avec *Peut-être que je...* Utilisez le temps futur.

MODÈLE: Ce week-end, peut-être que je courrai dans un marathon.

Grammaire

Un jeu dangereux

L'AGENT DE POLICE: Allô, oui, *qu'est-ce qui* s'est passé?... *Qui* a renversé Mme Robert?... *Qui* Mme Robert a-t-elle renversé?... *Lequel* a renversé l'autre?... Alors, *qu'est-ce que* Mme Robert a renversé?... *Quoi? Qu'est-ce qui* a renversé Mme Robert?

Retrouvez la question correcte dans le dialogue.

1. Est-ce que quelqu'un a renversé Mme Robert?
2. Est-ce que Mme Robert a renversé quelqu'un?
3. Qui a renversé qui?
4. Est-ce que Mme Robert a renversé quelque chose?
5. Est-ce que quelque chose a renversé Mme Robert?

A. Summary of interrogative pronouns

Interrogative pronouns—*who? whom? which? what?*—can be used as the subject in a question, as the object of the verb, or as the object of a preposition. You have already learned some of the interrogative pronouns: **qui, que, qu'est-ce que,** and **quoi.** Here is a summary list of French interrogative pronouns. Note that several have a short form as well as a long form based on **est-ce que.**

Use	*People*	*Things*
Subject in a question	{ qui { qui est-ce qui	{ { qu'est-ce qui
Object in a question	{ qui { qui est-ce que	{ que { qu'est-ce que
Object of a preposition	qui	quoi

A dangerous game
POLICEMAN: Hello, yes, what happened? Who knocked down Mrs. Robert? Who did Mrs. Robert knock down? Which one knocked the other down? Then what did Mrs. Robert knock down? What? What knocked down Mrs. Robert?

1. Subject in a question. Either **qui** or **qui est-ce qui** can be used as subjects referring to people. **Qu'est-ce qui** is used for subjects referring to things. Note that the last element in all forms is the word **qui,** which never elides.

   People: **Qui** fait du jogging ce matin? ⎫
   Qui est-ce qui fait du jogging ⎬ *Who is going jogging this morning?*
   ce matin? ⎭

   Things: **Qu'est-ce qui** se passe ce soir? *What's happening this evening?*

2. Object in a question. **Qui** or **qui est-ce que** are used as objects referring to people. **Que** and **qu'est-ce que** are used for things.[2] When the short forms **qui** and **que** are used, the subject and verb are inverted; there is no subject-verb inversion with the long forms.

   Qui est-ce que tu as vu au ⎫
   cinéma? ⎬ *Whom did you see at the movies?*
   Qui as-tu vu au cinéma? ⎭

   Qu'est-ce que vous voulez faire? ⎫
   Que voulez-vous faire? ⎬ *What do you want to do?*

   Que fait Jacqueline cet après-midi? *What is Jacqueline doing this afternoon?*

   Notice that with the short form **qui** a noun subject is retained along with a pronoun subject:

   Qui Marie a-t-elle vu à la MJC?[3] *Whom did Marie see at the Rec Center?*

3. **Qui** and **quoi** after prepositions. After a preposition or as a one-word question, **qui** is used to refer to people and **quoi** is used to refer to things (including things that are indefinite or unknown).

   De qui parles-tu? *Whom are you talking about?*

   As-tu vu mon ami? **Qui?** *Have you seen my friend? Who?*

   De quoi parlez-vous? *What are you talking about?*

   Est-ce que tu m'entends? **Quoi?** *Do you hear me? What?*

---

[2]Remember that **qu'est-ce que c'est que** is a set phrase used to ask for a definition: *What is…?* **Qu'est-ce que c'est que le bricolage?**

[3]The **MJC (Maisons des jeunes et de la culture)** are recreational centers created by the French government in 1961 at the request of André Malraux, then Minister of Culture. There are now MJCs all over France. They offer work areas and courses in many hobbies and sports.

B. The interrogative pronoun *lequel*

The forms of **lequel** (**laquelle, lesquels, lesquelles**—*which one(s)?*) are used to ask about a person or thing that is known and specified. These pronouns agree in gender and number with the nouns to which they refer.

J'ai vu un opéra la semaine passée. **Lequel?**	*I saw an opera last week. Which one?*
Vous rappelez-vous cette pièce? **Laquelle?**	*Do you remember this play? Which one?*

The forms **lequel, lesquels,** and **lesquelles** combine with **à** and **de.**

Tu penses à un roman de Beckett. **Auquel?**	*You're thinking of a Beckett novel. Which one?*
Vous avez besoin de billets. **Desquels?**	*You need some tickets. Which ones?*
Tu penses à une pièce de théâtre de Ionesco. **A laquelle?**	*You're thinking of an Ionesco play. Which one?*

A votre tour

A. Sujet ou objet? Remplacez le pronom interrogatif *qui* par *qui est-ce qui* ou par *qui est-ce que.*

   MODÈLE: Qui a ri au cinéma hier soir? ⟶ Qui est-ce qui a ri au cinéma hier soir?
   Qui voit-on souvent à la MJC? ⟶ Qui est-ce qu'on voit souvent à la MJC?

   1. Qui est venu avec nous?   2. Qui a le temps?   3. Qui trouve-t-on toujours en train de (*in the process of*) jouer aux cartes?   4. Qui préfère le bricolage?   5. Qui peut-on rencontrer dans le parc?   6. Qui as-tu voulu inviter au pique-nique?   7. Qui nous offre des billets pour l'opéra?   8. Qui court chaque matin?   9. Qui Jean a-t-il vu faire de la bicyclette?   10. Qui a envie d'aller au théâtre?   11. Qui nos amis cherchaient-ils dimanche au bord du lac?   12. Qui préfère rester à la maison?

B. Qu'est-ce qui se passe à la MJC? Remplacez les pronoms interrogatifs longs par une forme brève, si possible.

   1. Qu'est-ce qui se passe à la MJC?   2. Qu'est-ce qu'on a fait dans la classe de poterie (*pottery*)?   3. Qu'est-ce qu'on a fait dans la classe de guitare?   4. Qu'est-ce que Jean a préparé dans l'atelier?   5. Qu'est-ce que Marie a appris pendant le cours de tennis?   6. Qu'est-ce qui est nouveau au labo-photo?   7. Qu'est-ce que Sylvie préfère comme activités?   8. Qu'est-ce qui est important dans la classe de yoga?

C. Posons des questions. Remplacez le(s) mot(s) en italique par un pronom interrogatif.

MODÈLE: Claire invite *le professeur.* ⟶
Qui Claire invite-t-elle? (Qui est-ce que Claire invite?)

1. Marie court après *le bus.* 2. Jean court après *Marie.* 3. *Marie* court après sa sœur. 4. M. LeRoux a ouvert *la bouteille.* 5. Jean a ouvert la porte. 6. *Gautier* rit de Jean. 7. Paulette a appris à faire de *la poterie.* 8. *Jean-Paul* a étudié la peinture.

D. Qui ou quoi? Complétez les questions avec *qui* ou *quoi.*

1. Avec _____ peut-on faire un pique-nique, avec Anne? 2. A _____ préfères-tu que je pense—à la pièce de théâtre ou au dîner? 3. Avec _____ veux-tu dîner ce soir? 4. De _____ est-ce que vous avez ri hier soir, de la conversation ou de la pièce? 5. Avec _____ veux-tu jouer aux échecs (*chess*)? 6. De _____ désirez-vous parler, des spectacles ou du cyclisme? 7. A _____ avez-vous offert une place au théâtre? 8. A _____ pensez-vous maintenant—à vos amis de Nice?

E. Une fête mouvementée (*action-packed*). Posez des questions à vos camarades pour savoir qui a regardé *quoi* ou *qui* pendant la scène décrite sur l'image. Voici les personnages: le chat, le chien, l'oiseau (*bird*), l'enfant, la jeune femme, le jeune homme, la mère. Vous pouvez en ajouter d'autres.

MODÈLE: Qu'a regardé le chat? (Qu'est-ce que le chat a regardé?)

F. Questions personnelles. Posez les questions suivantes à un(e) camarade de classe en français.

1. *Who is the first person you saw today? What did you talk about?* 2. *What are you doing tonight? What must you do before class tomorrow?* 3. *What did you do last weekend? What do you like to do on weekends?* 4. *Whom did you invite to your house for dinner recently? What did you eat?* 5. *Which of your friends do you see the most? With which one do you talk most frequently on the phone? With which one do you laugh the most?* 6. *Which one do you write to the most?* 7. *Do you need a book? Which one do you need?* 8. *Are you thinking about a song? Which one are you thinking about?*

53 *The conditional*

Les loisirs sont parfois fatigants.

FRANÇOIS: Qu'est-ce que vous *aimeriez* faire aujourd'hui?

VINCENT: S'il faisait beau, nous *pourrions* faire un pique-nique!

FRANCINE: Si nous étions libres ce soir, Paul et Yvette *aimeraient* nous emmener dîner Chez Marcel.

VINCENT: Si vous aviez le temps, on *pourrait* aller au cinéma voir un western.

FRANÇOIS: Ne trouvez-vous pas que ça *serait* formidable si nous ne faisions rien pendant tout un week-end?

1. Quelle est la suggestion de Francine, s'ils étaient libres ce soir-là?
2. Quelles sont les suggestions de Vincent?
3. Quelle est la suggestion de François?

A. Forms of the conditional

In English, the conditional is a compound verb form consisting of *would* plus the infinitive: *he would travel, we would go.* In French, the **conditionnel** is a simple verb form. The imperfect tense endings **-ais, -ais, -ait, -ions, -iez, -aient** are added to the infinitive. The final **-e** of **-re** verbs is dropped before the endings are added.

Parler (*to speak*)	**Finir** (*to finish, to end*)	**Vendre** (*to sell*)
je parler**ais**	je finir**ais**	je vendr**ais**
tu parler**ais**	tu finir**ais**	tu vendr**ais**
il, elle, on parler**ait**	il, elle, on finir**ait**	il, elle, on vendr**ait**
nous parler**ions**	nous finir**ions**	nous vendr**ions**
vous parler**iez**	vous finir**iez**	vous vendr**iez**
ils, elles parler**aient**	ils, elles finir**aient**	ils, elles vendr**aient**

Leisure is sometimes tiring.
FRANÇOIS: What would you like to do today? VINCENT: If the weather were good, we could have a picnic! FRANCINE: If we were free tonight, Paul and Yvette would like to take us to dinner at Chez Marcel. VINCENT: If you had the time, we could go to the movies to see a western. FRANÇOIS: Don't you think it would be wonderful if we did nothing for a whole weekend?

Note the difference in pronunciation between the first person of the future tense and the first person of the conditional: **je parlerai** [parləre] vs. **je parlerais** [parlərɛ].

J'aimerais vous emmener aussi.	*I'd like to take you along too.*
Nous, entre un après-midi dans notre jardin et un après-midi au musée, **nous choisirions** le jardin.	*For us, between an afternoon in our garden and an afternoon at the museum, we'd choose the garden.*
Il a dit qu'il nous **attendrait** dans l'atelier.	*He said that he would wait for us in the workshop.*

Verbs that have irregular stems in the future tense (Section 50) have the same irregular stems in the conditional.

J'ai promis aux enfants que **nous irions** tous à la pêche.	*I promised the children that we would all go fishing.*
Elle voudrait se promener avec nous.	*She would like to take a walk with us.*

B. Uses of the conditional

1. The conditional is used to express wishes or requests. It lends a tone of deference or politeness that makes a request seem less abrupt. Compare these sentences.

Je **veux** un billet.	*I want a ticket.*
Je **voudrais** un billet.	*I would like a ticket.*
Voulez-vous me suivre?	*Do you want to follow me?*
Voudriez-vous me suivre?	*Would you like to follow me?*
Pouvez-vous m'indiquer ma place?	*Can you show me my seat?*
Pourriez-vous m'indiquer ma place?	*Could you show me my seat?*

2. The conditional expresses a projected or future action as seen from a point in the past.

Les Labreton ont dit qu'**ils voyageraient** en Suisse en juin.	*The Labretons said that they would travel to Switzerland in June.*
Je savais qu'**il irait** au théâtre ce week-end.	*I knew that he would go to the theater this weekend.*

3. The conditional is used in the main clause of some sentences containing **si** (*if*) clauses. In English and in French, an *if* clause in the present expresses a condition that, if fulfilled, will result in a certain action (stated in the future).

Si **j'ai** le temps, **je jouerai** aux cartes.	*If I have time, I will play cards.*

An *if* clause in the imperfect expresses a condition, a conjecture, or a hypothetical situation that may or may not come true. The present conditional is used in the main clause to express what would happen if the condition of the *if* clause (expressed with the **imparfait**) were met.

Si j'avais le temps, **je jouerais** aux cartes.

If I had time, I would play cards.

Si je pouvais pique-niquer tous les jours, **je serais** content.

If I could go on a picnic every day, I would be happy.

J'irais avec vous au bord de la mer **si je savais** nager.

I would go to the seashore with you if I knew how to swim.

Ils joueraient de la guitare **s'ils avaient** les instruments.

They would play the guitar if they had the instruments.

The **si** clause containing the condition is sometimes understood but not directly expressed.

Je viendrais avec grand plaisir... (si tu m'invitais, si j'avais le temps, etc.).

I would like to come . . . (if you invited me, if I had the time, etc.).

A votre tour

A. **Une leçon de politesse.** Vous avez un(e) ami(e) qui donne toujours des ordres. Donnez-lui deux façons de dire la même chose, mais poliment. Commencez avec *pourriez-vous...* et *je voudrais....* Jouez les rôles avec deux camarades, selon le modèle.

MODÈLE: *Un(e) ami(e):* Dites-moi à quelle heure le spectacle commence.
                    Vous: Dis plutôt: Pourriez-vous me dire à quelle heure le spectacle commence?
         Un(e) autre ami(e): Tu peux dire aussi: Je voudrais savoir à quelle heure le spectacle commence.

1. Donnez-moi un billet pour l'opéra jeudi soir! 2. Indiquez-moi quand commence le premier acte! 3. Dites-moi où sont les places! 4. Dites-moi qui joue le rôle principal! 5. Expliquez-moi pourquoi les places sont si chères! 6. Donnez-moi des places moins chères! 7. Dites-moi à quelle heure le spectacle se termine! 8. Vendez-moi quatre billets!

B. **Changements.** Les projets de vos amis ont changé un peu. Suivez le modèle.

MODÈLE: Maurice / arriver / sept heures (huit) ⟶
Maurice a dit qu'il arriverait à sept heures. En fait, il est arrivé à huit heures.

1. tu / aller à la pêche (faire un pique-nique)
2. Marie / faire du bricolage (jardinage)
3. nous / travailler / atelier (chez nous)
4. ils / préférer / jeux de hasard (jeux de société)
5. Paul / vouloir / rester / maison (aller à la MJC)
6. elles / nous / emmener / opéra (pièce de théâtre)

C. Jour de pluie. Que ferait-on s'il ne pleuvait pas?

MODÈLE: Élisabeth / aller / parc ⟶ S'il ne pleuvait pas, Élisabeth irait au parc.

1. Berthe / jouer / Frisbee
2. les Chevalier / faire / pique-nique
3. tu / prendre / ma voiture de sport
4. nous / finir / travail / dans le jardin
5. nos amis / faire / du bricolage
6. Jeanne et Marc / jouer / basket-ball
7. nous / pouvoir / jouer / tennis
8. tu / devoir / réparer / fenêtre
9. vous / passer / temps / en plein air

Et vous? S'il pleuvait, qu'est-ce que vous feriez?

D. Passe-temps. Claude et Pascal ont des idées différentes sur leurs passe-temps. Avec un(e) camarade, jouez les deux rôles.

MODÈLE: *Claude:* Si j'ai le temps, je lirai un roman. (un livre sur le yoga)
Pascal: Moi, si j'avais le temps, je lirais un livre sur le yoga.

1. Si j'ai de l'argent, j'achèterai des tableaux. (une sculpture) 2. Si je vais au théâtre, je prendrai l'autobus. (un taxi) 3. Si je visite Paris, je verrai tous les musées. (salles des sports) 4. Si je le peux, je suivrai un cours de danse folklorique. (allemand) 5. Si je finis mes devoirs avant six heures, j'irai au cinéma. (café)

E. Loisirs. Un(e) ami(e) ne sait pas que faire pendant son temps libre. Donnez-lui des conseils. Commencez par: *Si j'étais toi, je....*

MODÈLE: *Un(e) ami(e):* J'ai envie de danser!
Vous: Si j'étais toi, j'irais dans une boîte de nuit.

Mots utiles: faire du bricolage, commencer une collection de timbres, apprendre à faire de la peinture, aller dans une boîte de nuit, devenir membre d'une association sportive, faire du yoga, lire des romans, jouer au volley-ball

1. J'aime les sports. 2. J'aime les timbres exotiques. 3. J'ai envie de lire quelque chose d'intéressant. 4. J'aime réparer les objets cassés. 5. J'ai besoin de tranquillité. 6. J'admire les tableaux des impressionnistes français.

Mise en pratique

DIALOGUE: La Détente°

relaxation

Un samedi matin...

JACQUES: Tu sais, si je pouvais, je ferais tous nos meubles moi-même. Lorsque j'étais enfant, mes parents me conseillaient d'être aussi indépendant que possible...

CYBÈLE: Que dis-tu? Ça fait° déjà trois mois que tu travailles chaque samedi à fabriquer cette étagère! Cela me plaît, bien sûr. Mais le temps que ça t'a pris, et la quantité de bois! Et que tu es fatigué le soir après cette longue journée de détente, comme tu l'appelles!

Ça... It's been

JACQUES: Voyons, Cybèle, tes passe-temps à toi sont-ils plus profitables? L'enthousiasme, par exemple, avec lequel° tu t'occuperais de ta poterie, si tu étais plus libre...

avec... with which

(Jacques ouvre la porte de leur atelier.)

Mais, qu'est-ce qui s'est passé? A quoi travaillais-tu ces deux derniers jours? Ma foi,° cette étagère est terminée! Elle y a même installé tous mes livres sur le bricolage...

Ma... My goodness

A. Un couple industrieux. Répondez aux questions suivantes.

1. Quel est le rêve de Jacques? Qu'est-ce qu'il ferait, s'il le pouvait? Pourquoi?
2. Pourquoi Cybèle ne croit-elle pas les intentions de son mari?   3. Est-ce que les activités de Jacques l'aident à se détendre (*to relax*) le samedi?   4. Selon Jacques, qu'est-ce que Cybèle ferait si elle était plus libre? A quoi passerait-elle son temps?
5. Pourquoi Jacques s'étonne-t-il (*is he amazed*) lorsqu'il ouvre la porte de leur atelier?
6. A votre avis, Jacques va-t-il entreprendre (*undertake*) un nouveau projet?

B. Et vous? Donnez une réponse personnelle.

1. Y a-t-il des projets de bricolage ou d'autres projets que vous n'avez pas encore terminés? Par exemple? Avez-vous l'intention de les reprendre?
2. Avec un(e) camarade, jouez le dialogue entre Jacques et Cybèle. Substituez vos activités et passe-temps préférés.

C. Enquête sur les loisirs. Pour beaucoup de Français, le jardinage et le bricolage sont les loisirs préférés. Répondez aux questions suivantes. Puis, avec vos camarades de classe, faites un résumé de toutes les réponses pour déterminer les loisirs préférés du groupe.

1. Quel est ton passe-temps préféré?   2. L'as-tu commencé très jeune ou assez récemment?   3. Pendant combien de temps le pratiques-tu chaque semaine?   4. Si tu avais plus de temps libre, comment le passerais-tu?

A certaines saisons de l'année, la chasse est un passe-temps préféré—et une source d'alimentation—pour beaucoup d'habitants de la campagne.

D. La lecture. Que lisent les Français? Voici le résultat d'une enquête sur les préférences des lecteurs français. Qu'indique cette liste sur le goût des lecteurs français?

Sur 100 livres achetés, il y a:
36 romans
14 livres d'enseignement
12 romans policiers et d'aventures
9 livres d'histoire
7 livres d'enfants

6 ouvrages scientifiques et techniques
5 livres de philosophie, politique, religion
5 livres de poésie, art, théâtre
5 livres de voyage
1 divers (*miscellaneous*)

Maintenant répondez aux questions suivantes seul(e) ou avec un(e) camarade de classe.

1. Quelle sorte de livres achetez-vous? 2. Quels livres lisez-vous pendant l'année scolaire? pendant les vacances? 3. Quelle sorte de livres l'Américain typique lit-il? 4. Quels traits de personnalité indique le choix d'un livre? 5. Quelle sorte de livres vos camarades préfèrent-ils?

E. Rêves. Complétez les phrases suivantes.

1. Si j'étais riche, je _____. 2. Si j'avais un mois de vacances, je _____. 3. Si je parlais parfaitement français, je _____. 4. S'il faisait beau ce week-end, je _____. 5. Si j'étais libre de voyager, je _____. 6. Si j'étais le président de l'université, je _____.

Mots à retenir

VERBES

aller à la pêche (à la chasse)	to go fishing (hunting)	offrir	to offer
		ouvrir	to open
bricoler	to tinker, do-it-yourself	se passer	to happen
collectionner	to collect	plaire (à)	to please
courir	to run	pratiquer	to practice, exercise, do
se détendre	to relax		
emmener	to take (someone somewhere)	renverser	to knock over or down
		rire	to laugh
faire un pique-nique	to have a picnic	sourire	to smile

NOMS

la boîte de nuit	nightclub	les loisirs (m)	leisure activities
le bricolage	do-it-yourself (projects)	la loterie	lottery
la chanson de variété	popular song	le passe-temps	hobby, pastime
la détente	relaxation	la plaisanterie	joke
le jardinage	gardening	le plaisir	pleasure
les jeux (m) de hasard	games of chance	le spectacle	show, performance
les jeux (m) de société	parlor games, board games	le/la spectateur(trice)	spectator, member of the audience

ADJECTIFS

cassé(e)	broken	fatigué(e)	tired
fatigant(e)	tiring	formidable	great, wonderful

MOTS DIVERS

de/en plein air	outdoors	Que?	What? (object)
en fait	in fact	Qu'est-ce qui?	What? (subject)
en train de + inf	in the process of	Qui? (Qui est-ce que?)	Whom? (object)
lequel (laquelle, lesquels, lesquelles)?	Which? Which one(s)?	Qui? (Qui est-ce qui?)	Who? (subject)

Retour aux sources

La France est encore un pays agricole. Dans beaucoup de petites fermes les propriétaires font eux-mêmes tout le travail.

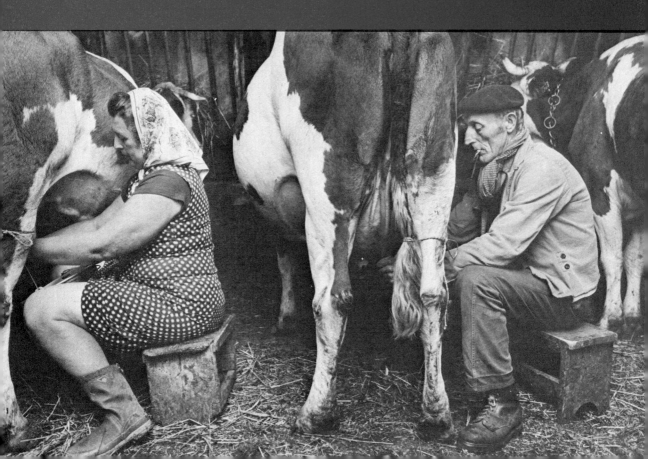

Prélude: Vocabulaire

Notre Environnement

Quelques problèmes de la vie contemporaine

l'atmosphère polluée

la circulation

la violence, la tension

les déchets industriels

Des solutions pour l'avenir?

retour à une vie plus simple

l'air pur

LE RECYCLAGE

l'énergie solaire

l'énergie nucléaire

la ferme

A. **Notre avenir.** Répondez aux questions suivantes.

1. Est-ce que l'atmosphère est polluée là où vous vivez? 2. A votre avis, est-ce que la solution aux problèmes d'énergie réside dans les sources alternatives? Dans lesquelles? 3. Croyez-vous que la solution se trouve plutôt dans le développement de l'énergie nucléaire? 4. Croyez-vous que nous pourrons réduire la consommation d'énergie? 5. Pensez-vous que les déchets nucléaires et industriels posent un grave problème? 6. Si c'était à vous de décider, que proposeriez-vous comme solution aux problèmes d'énergie? 7. Participez-vous au recyclage du papier? du verre? des métaux? Quand et comment?

B. Et sur le plan personnel.... Donnez une réponse personnelle.

1. Êtes-vous influencé par votre environnement? De quelle façon (*way*)?   2. Si vous aviez le choix, où préféreriez-vous habiter, dans un appartement en ville ou dans une ferme à la campagne? Donnez vos raisons.   3. Y a-t-il des problèmes de violence là où vous habitez? Expliquez.   4. Est-ce que le principe de la non-violence est important pour vous? Pourquoi?   5. Quels sont les problèmes contemporains qui vous concernent le plus? la tension? la concurrence (*competition*)? la pollution? la circulation? d'autres problèmes?   6. Où trouve-t-on l'air pur et la vie simple près de chez vous?   7. Le « paradis sur terre » existe-t-il pour vous? Où et comment?

La Philosophie écologiste

NOUS DEVRIONS ARRÊTER DE

○ Gaspiller les ressources naturelles.
○ Détruire les espaces verts.
○ Développer l'énergie nucléaire.
○ Utiliser l'automobile.
○ Polluer l'environnement.

NOUS DEVRIONS COMMENCER À

☐ CONSERVER L'ÉNERGIE
☐ AMÉLIORER LES VILLES
☐ DÉVELOPPER L'ÉNERGIE SOLAIRE
☐ ENCOURAGER LES TRANSPORTS PUBLICS
☐ PROTÉGER LA NATURE

A. Remèdes. Expliquez les actions nécessaires (à la forme affirmative ou à la forme négative) pour sauver le monde, selon la philosophie écologiste.

MODÈLE: le gaspillage (*waste*) d'énergie ⟶
   Nous ne devrions pas gaspiller l'énergie.

1. la pollution de l'environnement   2. la protection de la nature   3. l'utilisation de l'automobile   4. le développement de l'énergie solaire   5. l'utilisation de l'énergie nucléaire   6. l'amélioration (*improvement*) des villes   7. la conservation de l'énergie 8. le gaspillage des ressources naturelles   9. la destruction des espaces verts   10. le développement des transports publics

B. Associations écologistes. Quels problèmes associez-vous aux verbes suivants?

MODÈLE: détruire ⟶ la destruction des espaces verts

1. gaspiller   2. développer   3. utiliser   4. polluer   5. conserver   6. transformer 7. protéger

Bienvenue à la campagne!

Nous recevons nos amis de Paris.

Present tense of **recevoir** (*to receive; to welcome*)

				Past participle: reçu
je	reçois	nous	recevons	*Future stem:* recevr-
tu	reçois	vous	recevez	
il, elle, on	reçoit	ils, elles	reçoivent	

Other verbs conjugated like **recevoir** include **apercevoir** (*to perceive, see*) and **s'apercevoir de** (*to notice*).

A. **La pollution.** Répondez aux questions suivantes à la forme affirmative ou à la forme négative selon le cas. Utilisez le verbe *recevoir* dans chaque réponse.

1. Est-ce qu'en été la ville de Cannes *voit arriver* de nombreux visiteurs? (oui)   2. Est-ce que les autorités *enregistrent* de nombreuses plaintes au sujet de la pollution? (oui)   3. Est-ce que la mer *contient* trop de déchets industriels et nucléaires? (oui)   4. *Entendez*-vous parfois des informations sur la pollution des plages de la Côte d'Azur? (oui)   5. *Acceptons*-nous trop de bateaux dans nos ports? (oui)   6. Est-ce que les restaurants *trouvent* assez de poissons frais? (non)

B. **La vie en banlieue.** Complétez les phrases avec *recevoir, apercevoir* ou *s'apercevoir* au temps du verbe convenable.

1. Nous avons _____ des nouvelles de Mireille.   2. De sa nouvelle chambre, elle dit qu'elle _____ Notre-Dame.   3. Moi, de mon bureau, j'_____ une ferme ancienne.   4. Ma sœur et moi, nous nous _____ que nous dormons mieux depuis que nous habitons en banlieue.   5. Vous êtes-vous _____ du bruit qu'on entend la nuit, en ville? 6. Les habitants ne s'_____ même plus de ce bruit!   7. Venez nous rendre visite, nous vous _____ dans le jardin.   8. Vous vous _____ qu'il est agréable de vivre en banlieue.

Grammaire

54   *The past perfect*

Un homme prévoyant

En 1960 je n'*avais* pas encore *pu* acheter de vélo. M. Dubaron, lui, *avait acheté* une bicyclette à quatre vitesses.

En 1970 j'*avais* enfin *acheté* un vélo. M. Dubaron, lui, *avait acheté* une voiture.

En 1980 j'*avais acheté* un vélomoteur, et lui une Rolls-Royce.

Cette année, j'ai acheté une voiture. Lui, il a acheté une bicyclette...

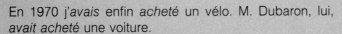

1. Qu'est-ce que M. Dubaron avait acheté en 1960? en 1970? en 1980?
2. Qu'est-ce que son ami avait acheté en 1960? en 1970? en 1980?
3. Qu'est-ce qu'ils ont acheté cette année?

The past perfect tense is used to indicate an action or event that occurred before another past action or event, either stated or implied: *I **had left** for the country (when my friends arrived in Paris)*. Like the English past perfect, the French past perfect, **le plus-que-parfait,** is formed with the imperfect of the auxiliary (**avoir** or **être**) plus the past participle of the main verb.

Parler	Sortir	Se réveiller
j'avais parlé	j'étais sorti(e)	je m'étais réveillé(e)
tu avais parlé	tu étais sorti(e)	tu t'étais réveillé(e)
il, elle, on avait parlé	il, elle, on était sorti(e)	il, elle, on s'était réveillé(e)
nous avions parlé	nous étions sorti(e)s	nous nous étions réveillé(e)s
vous aviez parlé	vous étiez sorti(e)(s)	vous vous étiez réveillé(e)(s)
ils, elles avaient parlé	ils, elles étaient sorti(e)s	ils, elles s'étaient réveillé(e)s

A man with foresight
In 1960 I hadn't yet been able to buy a bicycle. Mr. Dubaron had bought a four-speed bike. In 1970 I'd finally bought a bicycle. Mr. Dubaron had bought a car. In 1980 I'd bought a moped, and he (had bought) a Rolls-Royce. This year, I've bought a car. He's bought a bicycle . . . .

Quand j'ai téléphoné aux Gervais, ils **avaient** déjà **décidé** d'acheter la ferme.

When I phoned the Gervais, they had already decided to buy the farm.

Nous étions pressés parce que les autres **étaient** déjà **partis** pour la réunion.

We were in a hurry because the others had already gone to the meeting.

Marie **s'était réveillée** avant moi. Elle **était** déjà **sortie** à sept heures.

Marie had awakened before me. She had already left by seven o'clock.

A votre tour

A. Préparatifs. Décrivez les préparatifs nécessaires à une excursion d'observations écologiques à la campagne.

1. *J'*avais acheté des provisions (*food*). (Thérèse, Germain et Philippe, tu, nous, vous)   2. *Nous* avions étudié la carte de la région. (je, tu, Marie-Claire, les copains, vous)   3. *Vous* vous étiez réveillés tôt. (nous, Pauline et Sylvie, tu, je, Gérard)   4. *Tu* étais parti à l'heure. (les Gervais, je, elle, nous, Paul et moi, vous)

B. Événements de l'excursion. Transformez les phrases selon le modèle.

MODÈLE: Nous avons acheté une carte. Puis nous avons quitté la maison. $\longrightarrow$
   Nous avions acheté une carte avant de quitter la maison.

1. Jean-Pierre a étudié la carte. Puis il est parti.   2. Nous avons mangé. Puis nous nous sommes mis en route.   3. Tu as conduit jusqu'au Mont Blanc. Puis tu t'es arrêté.   4. J'ai admiré le panorama. Puis j'ai commencé l'excursion.   5. Juliette et Marion se sont reposées sous un arbre. Puis elles ont repris la route.   6. Vous avez aperçu les effets de la pollution. Puis vous êtes arrivés au camp.   7. Ils se sont aperçus qu'à cette élévation l'air était plus pur. Puis ils sont retournés à la pollution urbaine.

C. Deux week-ends très différents. Voici comment Marc et Marie-Claire Lesage ont passé le week-end. Qu'avaient-ils fait le week-end précédent? Jouez les rôles des Lesage. Suivez le modèle.

MODÈLE: Ce week-end nous avons fait du *jogging*. (Marc, vélo) $\longrightarrow$
   Le week-end précédent, Marc avait fait du vélo.

1. Marie-Claire a visité *une usine* (*factory*). (nous, une ferme)   2. Nous nous sommes promenés dans *le centre industriel*. (Marc, la forêt de Milly)   3. La famille a acheté des produits de *l'usine*. (on, la ferme)   4. On a vu beaucoup *de circulation*. (nous, d'animaux)   5. Marc a visité un centre d'énergie *nucléaire*. (Marie-Claire, solaire)   6. Nous sommes rentrés très *fatigués*. (Marc, détendu [*rested*])

55 *The conditional perfect; summary of*

if *clause sentences*

Une aventure en pleine nature

MARC: Si tu n'*avais* pas *oublié* la carte, nous ne *nous serions* jamais *perdus.*

YVETTE: Si je ne l'*avais* pas *oubliée,* notre randonnée[1] n'*aurait* pas *été* si palpitante....

MARC: Tu veux dire que je n'*aurais* pas *attrapé* de rhume, sans doute!

YVETTE: Marc, pense aux expériences que nous *aurions manquées:* une journée de marche en pleine nature, le plaisir d'exercer notre sens pratique. C'est mieux que la télé, tu ne trouves pas?

Que serait-il arrivé si Yvette n'avait pas oublié la carte? Complétez les phrases selon le dialogue.

1. Ils ne se _____ .
2. Leur randonnée ne _____ .
3. Marc _____ .
4. Ils auraient manqué _____ .

A. Forms of the conditional perfect

The conditional perfect is used to express an action or event that would have occurred if some set of conditions (stated or implied) had been present: **We would have worried** (*if we had known*). The French conditional perfect, **le conditionnel passé,** is formed, like the English conditional perfect, with the conditional of the auxiliary (**avoir** or **être**) plus the past participle of the main verb.

An adventure in the wilderness

MARC: If you hadn't forgotten the map, we would never have gotten lost. YVETTE: If I hadn't forgotten it, our hike wouldn't have been as exciting . . . . MARC: You undoubtedly mean that I wouldn't have caught a cold! YVETTE: Marc, think of the experiences we'd have missed: a day of hiking in the wilderness, the joy of using our common sense. It's better than TV, don't you think?

---

[1]**La randonnée,** a form of hiking, is a popular outdoor activity in France. People use a compass and a detailed map to guide them through the countryside.

Parler	Sortir	Se réveiller
j'aurais parlé	je serais sorti(e)	je me serais réveillé(e)
tu aurais parlé	tu serais sorti(e)	tu te serais réveillé(e)
il, elle, on aurait parlé	il, elle, on serait sorti(e)	il, elle, on se serait réveillé(e)
nous aurions parlé	nous serions sorti(e)s	nous nous serions réveillé(e)s
vous auriez parlé	vous seriez sorti(e)(s)	vous vous seriez réveillé(e)(s)
ils, elles auraient parlé	ils, elles seraient sorti(e)s	ils, elles se seraient réveillé(e)s

B. Uses of the conditional perfect

The conditional perfect is used in the main clause of an *if* clause sentence when the *if* clause is in the past perfect.

Si j'**avais grandi** à la campagne, j'**aurais eu** un cheval et un chien.	*If I had grown up in the country, I would have had a horse and a dog.*
Si on ne nous **avait** pas tant **parlé** d'argent, nous nous **serions adaptés** à une vie plus simple.	*If they hadn't spoken to us so much of money, we would have adapted to a simpler life.*

The underlying set of conditions is frequently not stated.

A ta place, j'**aurais parlé** au propriétaire.	*If I were you, I would have spoken to the owner.*
Nous **serions allés** au lac.	*We would have gone to the lake.*
Aurais-tu **fait** une randonnée à bicyclette avec nous?	*Would you have taken a bike trip with us?*

C. The conditional perfect of *devoir*

The conditional perfect of the verb **devoir** means *should have* or *ought to have.*

J'**aurais dû prendre** l'autre chemin.	*I should have taken the other road.*
Nous **aurions dû acheter** de l'essence.	*We should have bought some gasoline.*

D. Time sequence in *if* clause sentences

In French as in English, there are three tenses used in *if* clause sentences.

If clause		*Main (result) clause*
si + present	$\longrightarrow$	future
si + imperfect	$\longrightarrow$	conditional
si + pluperfect	$\longrightarrow$	past conditional

S'il ne **pleut** pas, nous **irons** en montagne demain.	*If it doesn't rain, we'll go to the mountains tomorrow.*
S'il ne **pleuvait** pas, nous **irions** en montagne.	*If it weren't raining, we'd go to the mountains.*
S'il n'**avait** pas **plu,** nous **serions allés** en montagne.	*If it hadn't rained, we would have gone to the mountains.*

A votre tour

A. La crise d'énergie. Si nous avions su qu'il y aurait une crise d'énergie,….

1. *j'*aurais acheté une petite voiture. (tu, nous, mes parents, vous, Hélène)
2. *nous* serions partis à bicyclette. (Georges et Paul, tu, je, nous, vous)
3. *Georges et Jeannette* ne se seraient pas disputés pour l'achat d'un vélo. (elles, nous, ils, vous, Paul et Marc)   4. *nous* n'aurions pas acheté cette grosse automobile. (ils, mes amis, vous, je, elle)

B. Changement d'habitudes. Christine et Pierre n'aimaient plus leur travail en ville. Alors ils ont acheté une petite maison dans les Alpes et ils ont déménagé. Leurs amis auraient fait autre chose. Qu'est-ce qu'ils auraient fait?

MODÈLE: Marie / choisir / nouveau / carrière ⟶
  Marie aurait choisi une nouvelle carrière.

1. Paul et Georges / essayer de / améliorer / ville
2. nous / louer / ferme / campagne
3. vous / rester / chez vous
4. Claudette / faire / même chose
5. Marie-Claire / parler / patronne / bureau
6. cousines de Christine / aller / Canada

Et vous? Qu'est-ce que vous pensez de la décision de Christine et Pierre? Donnez-leur des conseils selon le modèle.

MODÈLE: rester / ville ⟶ Vous auriez dû rester en ville.

7. devenir / membre / mouvement écologiste[2]
8. chercher à / transformer / conditions de vie / ville
9. chercher / nouveau travail
10. trouver / amis qui partagent les mêmes idées

---

[2]**Le mouvement écologiste** has organized political parties whose candidates have been receiving 3 to 5 percent of the vote in French elections.

C. Le bon sens. Transformez les phrases selon le modèle.

> MODÈLE: Elle n'aura plus l'air fatigué si elle fait du sport. ⟶
>   1) Elle n'aurait plus l'air fatigué si elle faisait du sport.
>   2) Elle n'aurait plus eu l'air fatigué si elle avait fait du sport.

1. Nous serons heureux si nous pouvons nous arrêter de fumer.   2. Je me sentirai mieux si je deviens végétarien(ne).   3. Ils seront plus détendus s'ils vont habiter à la campagne.   4. Nous pourrons réduire la circulation si nous utilisons moins l'automobile.   5. On pourra protéger l'environnement si on gaspille moins d'énergie.   6. Nous pourrons conserver l'essence si nous encourageons les transports publics.

D. Décisions et conséquences. Lisez les anecdotes suivantes. Ensuite, donnez les conséquences éventuelles de chaque décision suggérée. Suivez la formule proposée: Si (*quelqu'un*) avait fait (*quelque chose*), *quelque chose d'autre* serait arrivé.

1. Maurice faisait du camping dans la forêt. Tout d'un coup il a entendu un bruit mystérieux et terrifiant. Il a eu peur, mais il était aussi très curieux. Que faire? Voici des décisions possibles:
   a. rester très silencieux dans la tente
   b. sortir de la tente avec une lampe de poche (*flashlight*)
   c. essayer de courir jusqu'à la voiture

   > MODÈLE: Si Maurice était resté très silencieux dans la tente, il n'aurait jamais vu l'ours (*bear*).

   Et vous? Qu'est-ce que vous auriez fait?

2. Catherine travaillait dans une grande ville où elle avait un poste dans l'administration. Elle n'était pas contente de vivre dans une si grande ville, car (*for*) elle s'inquiétait (*worried*) beaucoup des problèmes urbains. Un jour, elle a vu une annonce pour un poste moins prestigieux mais plus intéressant dans une petite ville. Que faire? Voici quelques décisions possibles:
   a. accepter le poste moins prestigieux
   b. rester dans la grande ville
   c. chercher des solutions aux problèmes urbains
   Et vous? Qu'est-ce que vous auriez fait?

E. Président pour un an. Si vous aviez été Président l'année dernière, qu'auriez-vous fait pour résoudre les problèmes suivants? Suivez le modèle. Donnez surtout des solutions imaginatives!

   > MODÈLE: Problème: la circulation ⟶
   >   Si j'avais été Président l'année dernière, j'aurais dit aux gens de faire de la bicyclette!

   Voici les problèmes.

   1. la pollution   2. les déchets industriels   3. la violence dans les grandes villes
   4. le gaspillage d'énergie   5. la destruction des espaces verts   6. l'inflation   7. la corruption du gouvernement

Mise en pratique

DIALOGUE: Un Choix difficile

Marie-Christine et Pierre, 26 ans, mariés, parents d'un petit
garçon, Sylvain, hésitent au moment de changer de genre de
vie.° Tous les deux sont pharmaciens et travaillent dans un
laboratoire, près d'une grande ville. L'idée d'un départ à la
campagne les séduit° mais ils ont du mal à « faire le pas ».°

genre... lifestyle

*intrigues / ont... are having trouble
taking the plunge*

PIERRE: Si nous quittions la ville, nous n'aurions
pas de grands besoins.

MARIE-CHRISTINE: Si j'avais su, je n'aurais pas accepté la
situation° que j'ai maintenant.

position

PIERRE: Tu ne t'es pas engagée à vie!°

Tu... You didn't sign on for life!

MARIE-CHRISTINE: Nous aurions dû faire ce choix plus tôt.
Nous avons acheté un logement, emprunté
de l'argent, et maintenant...

PIERRE: Il n'est pas trop tard. Si nous n'avions pas
essayé de vivre en ville, nous aurions eu
des regrets; nous n'aurions jamais su si
cette vie nous convenait° ou non.

suited

MARIE-CHRISTINE: Moi, je croyais que nous pourrions être
heureux ici.

PIERRE: J'en ai assez° de me sentir prisonnier. Pas
toi? La hiérarchie, la concurrence,° la
pollution dans les rapports° humains
comme dans l'atmosphère—non, non et
non!

J'en... I've had enough
competition
relationships

MARIE-CHRISTINE: Oui, ici, nous ne connaissons que la
course° à l'argent, la concurrence, la
fatigue des fins de journée.

race

PIERRE: Alors, refusons cette vie!

MARIE-CHRISTINE: La région est-elle entièrement désertée,
l'hiver?

PIERRE: La région, non, mais les derniers habitants
ont abandonné le village vers 1925.

MARIE-CHRISTINE: Tu imagines: j'apprendrais à tisser,° nous
aurions des chèvres° et un chien. Je ferais
des confitures° « maison »... et nous
serions plus actifs dans le mouvement
écologiste.

weave
goats
preserves

La culture d'artichauts en Bretagne

PIERRE: Oui, nous ferions enfin des choses
intelligentes, quoi!° Sans rire,° tu crois
vraiment que ce n'est pas de l'utopie,° que
nous ne sommes pas fous?°

that's right / Sans... Seriously
a Utopian dream
crazy

MARIE-CHRISTINE: Non, nous n'avons jamais été plus sensés°
et plus raisonnables, j'en suis sûre.

sensible

A. Une décision sérieuse. Répondez aux questions suivantes.

   1. Où habitent Marie-Christine et Pierre? Quelle est leur profession?   2. Quel
   nouveau mode de vie envisagent-ils?   3. Quels sont les avantages de leur vie en
   ville?   4. Quels sont les inconvénients de la vie dans un village?   5. Si vous aviez été
   Marie-Christine ou Pierre, qu'est-ce que vous auriez décidé?

B. Et vous? Discutez les problèmes suivants d'après votre propre expérience.

   1. Vous et vos amis pensez-vous parfois à la différence entre la vie urbaine et la vie
      dans un village ou à la campagne? En France, cette différence est-elle très marquée?
      et aux États-Unis?
   2. Selon vous, quels sont les avantages de la vie en ville? et dans un village?

3. Quels sont les inconvénients de la vie dans un village? et en ville?

4. Vous inquiétez-vous des problèmes de la vie moderne? Lesquels vous concernent le plus? L'avenir nous offrira-t-il des solutions? Les gens eux-mêmes, que pourront-ils faire sur le plan (*on the level*) social? sur le plan personnel?

5. Connaissez-vous des individus qui ont choisi de transformer leur genre de vie? Quels changements ont-ils faits? En ont-ils été contents?

6. Que feriez-vous si vous deviez (ou si vous vouliez) changer de genre de vie?

7. Pensez aux choix que vous avez faits dans votre vie. Qu'est-ce que vous auriez pu faire autrefois que vous n'avez pas fait? En êtes-vous content(e) aujourd'hui ou avez-vous des regrets?

D. Le bon vieux temps. Voici des phrases qu'on entend à propos du bon vieux temps. A votre avis, sont-elles justes? Évaluez-les selon les catégories suivantes. Ensuite, interviewez un(e) camarade. Êtes-vous d'accord avec lui/elle?

☐ oui, tout à fait

☐ plus ou moins

☐ pas du tout

Au bon vieux temps...

1. il n'y avait pas de crimes.   2. il n'y avait pas de pollution.   3. il n'y avait pas de conservateurs chimiques (*chemical preservatives*) dans la nourriture.   4. la vie était moins compliquée.   5. la famille était plus importante.   6. tout était bon marché.

Maintenant expliquez vos réponses.

MODÈLE: Il y avait des crimes mais on n'en parlait pas.

Mots utiles: plus d'industrie, rythme de vie moins rapide, vie dure (*hard*), les inventions, salaires bas, le rôle de l'homme, le rôle de la femme, les loisirs, gaspiller, polluer, les médias

E. Si seulement... C'est l'an 2025 et vous prenez votre retraite (*retirement*). Vous repensez à votre vie et vous rêvez un peu de la vie que vous auriez pu avoir. Avec un(e) camarade, parlez des avantages et des inconvénients qu'un changement de vie aurait apportés. Suivez le modèle.

MODÈLE: *Vous:* Moi, si seulement j'avais vécu dans une grande ville, j'aurais eu beaucoup de distractions.

Un(e) ami(e): Mais non, si tu avais vécu dans une grande ville, tu aurais eu beaucoup de tension.

Situations	*Avantages*	*Inconvénients*
vivre dans une grande ville	beaucoup de distractions	tension, violence
vivre à la campagne	l'air pur, le silence	peu de distractions
beaucoup voyager	voir le monde	manque de stabilité
diriger une entreprise	être riche	être trop occupé(e)
avoir des enfants	amour, joie	responsabilités
rester célibataire	liberté	solitude

Mots à retenir

VERBES

s'adapter à	*to adapt to, get used to*	gaspiller	*to waste*
améliorer	*to improve*	s'inquiéter (de)	*to worry (about)*
apercevoir	*to perceive, see*	manquer (de)	*to need; to miss*
s'apercevoir (de)	*to notice*	participer à	*to participate in*
attraper (un rhume)	*to catch (cold)*	polluer	*to pollute*
conserver	*to conserve*	protéger	*to protect*
découvrir	*to discover*	recevoir	*to receive; to welcome*
développer	*to develop*	sauver	*to save (e.g., a life)*
encourager	*to encourage*	transformer	*to change, transform*

NOMS

l'air (*m*)	*air*	l'environnement (*m*)	*environment*
l'amélioration (*f*)	*improvement*	l'espace (*m*)	*space, place*
l'atmosphère (*f*)	*atmosphere*	la façon	*way*
l'automobile (*f*)	*automobile, car*	le gaspillage	*waste; squandering*
la concurrence	*competition*	la plainte	*complaint*
la consommation	*consumption, use*	les provisions (*f pl*)	*food, groceries*
les déchets (*m*)	*waste; debris*	la randonnée	*hike*
le développement	*development*	le recyclage	*recycling*
l'écologie (*f*)	*ecology*	la ressource	*resource*
l'effet (*m*)	*effect*	l'usine (*f*)	*factory*
l'énergie (*f*)	*energy*	le vélo(moteur)	*(motor)bike*

ADJECTIFS

contemporain(e)	*contemporary*	pressé(e)	*in a hurry, rushed*
industriel(le)	*industrial*	pur(e)	*pure*
naturel(le)	*natural*	solaire	*solar*
nucléaire	*nuclear*	urbain(e)	*urban*
pollué(e)	*polluted*		

MOTS DIVERS

car	*for, because*

25

Vive le sport!

Le football: peut-être le sport le plus populaire de France

Prélude: *Vocabulaire*

Le Sport en France

Avec une augmentation progressive de leurs heures de loisirs, les Français participent de plus en plus activement aux sports. Ils assistent comme spectateurs aux manifestations sportives (*sports events*) au stade et à la télévision, et—ce qui est plus significatif—ils font eux-mêmes du sport. Beaucoup de Français font partie d'associations sportives telles que (*such as*) la Fédération française de football et la Fédération française de ski.

le football

la course automobile

l'alpinisme

l'équitation

la voile

l'athlétisme et le jogging

la pétanque[1]

A. **Vous et les champions.** A quels sports pouvons-nous participer régulièrement ou de temps en temps? Quels sports sont pratiqués surtout par les experts et les professionnels? Lesquels sont pratiqués par les individus *et* les experts selon leur niveau (*level*)? Mettez 1 (individu), 2 (expert) ou 3 (les deux).

_____ 1. le tennis
_____ 2. le volley-ball
_____ 3. la course automobile
_____ 4. l'athlétisme (*track and field*)
_____ 5. les arts martiaux
_____ 6. le football
_____ 7. le rugby
_____ 8. la gymnastique

_____ 9. le jogging
_____ 10. la marche à pied
_____ 11. la pétanque
_____ 12. le golf
_____ 13. la natation
_____ 14. le cyclisme
_____ 15. la voile
_____ 16. les courses de chevaux

---

[1]**La pétanque (les boules** or *bocce ball*) is a form of lawn bowling that requires a patch of sandy ground and two heavy metal balls. Played by families and by groups of men, at home or in public parks, it is particularly popular in the Midi.

Regardez la liste encore une fois. Quels sports sont pratiqués généralement par équipes (*teams*)? Lesquels sont pratiqués par des individus? Auxquels avez-vous participé personnellement? (J'ai fait du/de la…) Lesquels aimez-vous regarder particulièrement?

B. Faire du sport. Le sport est une activité de loisirs, un moyen de rester en bonne santé et de garder la forme (*stay in good shape*). C'est aussi un phénomène culturel. Avec des camarades de classe, discutez les questions suivantes.

1. Pourquoi devrait-on faire du sport? En faites-vous actuellement (*currently*)? En avez-vous fait? Pourquoi? Pourquoi pas?
2. Pendant combien de temps par semaine en faites-vous? Comment trouvez-vous le temps d'en faire?
3. Doit-on être riche ou aisé (*well off*) pour pouvoir faire du sport? Nommez quelques activités sportives assez chères. Pourquoi le sont-elles?
4. Quels sports peut-on pratiquer même sans beaucoup d'argent?
5. Quels sports peut-on pratiquer même sans beaucoup de temps libre?
6. Pratiquez-vous certains sports selon la saison de l'année? Lesquels? Nommez les sports d'hiver et d'été.

Des coureurs cyclistes sur une route de campagne: Voici un sport qui *se pratique pendant toute l'année.*

Grammaire

56 | *Time expressions*

Question d'entraînement

MONIQUE: *Depuis quand* fais-tu du patinage à roulettes?

FRANÇOISE: Je ne sais plus *depuis combien de temps* j'en fais mais *depuis* mars 1981, je participe à des compétitions. Et toi, *il y a* longtemps *que* tu en fais?

MONIQUE: J'en fais *depuis* deux semaines. Ça commence à aller mieux. Hier j'ai pu rester debout *pendant* au moins quatre minutes....

1. Depuis quand Monique fait-elle du patinage à roulettes?
2. Depuis quand Françoise fait-elle du patinage à roulettes?
3. Depuis quand Françoise participe-t-elle à des compétitions?
4. Pendant combien de temps Monique peut-elle rester debout?

A. Time expressions with the present tense

1. **depuis quand...? depuis combien de temps...?**

   These expressions are used with a verb in the present tense to ask how long something has been going on—how long an action that began in the past has continued into the present. Note that a past tense is used in English.

Depuis quand court-elle?	*How long has she been running?*
Depuis combien de temps faites-vous de la voile?	*How long have you been sailing?*

   Questions with these expressions are answered in the present tense with **depuis** + *a period of time.*

A matter of practice

MONIQUE: How long have you been rollerskating? FRANÇOISE: I don't recall (no longer know) how long I've been doing it, but I've been participating in competitions since March 1981. How about you? Have you been doing it long? MONIQUE: I've been doing it for two weeks. It's starting to go better. Yesterday I managed to remain upright for four minutes at least . . . .

Elle **court depuis vingt minutes.**   *She's been running for twenty minutes.*

Je **fais** de la voile **depuis deux ans.**   *I've been sailing for two years.*

2. **il y a... que, voilà... que**

When used with the present tense, these expressions have the same meaning as **depuis** + *the present tense.* Note the different word orders.

Il y a deux ans **que je vais** à la MJC.

Voilà deux ans **que je vais** à la MJC.   *I've been going to the MJC for two years.*

Je **vais** à la MJC **depuis** deux ans.

3. **depuis** + *specific point in time*

When **depuis** is used with a specific point in time—rather than with a period of time—it means *since.*

On suit le Tour de France[2] **depuis vendredi.**   *We've been following the Tour de France since Friday.*

Nous attendons un court **depuis deux heures de l'après-midi!**   *We've been waiting for a court since two o'clock in the afternoon!*

Ils font de l'équitation **depuis 1975.**   *They've been horseback riding since 1975.*

B. Time expressions with a past tense

1. **pendant combien de temps...** + *passé composé*

This expression asks about an action or situation that began and ended in the past. The answer is also in the past.

Pendant combien de temps ont-ils vécu près du stade?   *How long did they live near the stadium?*

Ils ont vécu près du stade **pendant** cinq ans.   *They lived near the stadium for five years.*

Pendant + *a period of time* can be used with any verb tense to indicate a time span with a definite beginning and ending.

Je jouais au tennis **pendant une heure** chaque jour.   *I played (used to play) tennis (for) an hour every day.*

---

[2]*Le Tour de France* is the famous 21-day bicycle race that takes place each July. It ends in Paris after covering more than 4,000 kilometers.

2. **il y a...** + *past tense*

When **il y a** is used with a verb in a past tense, it means *ago*.

Je **suis allé** aux jeux Olympiques **il y a** trois ans.

I went to the Olympic games three years ago.

Il y a quatre ans, **j'étais** encore débutant.

Four years ago, I was still a beginner.

A votre tour

A. Sports et loisirs. Transformez les phrases selon le modèle.

MODÈLE: Il y a deux ans que je fais du hockey. (depuis) ⟶
Je fais du hockey depuis deux ans.

1. Nous faisons du cyclisme depuis quelques mois. (voilà... que)
2. Il y a trois ans que Michel joue au rugby. (depuis)
3. Voilà un an que Marie fait de la gymnastique. (il y a... que)
4. Elles vont au club de yoga depuis plusieurs années. (voilà... que)
5. Je fais de la voile depuis quelques années. (il y a... que)
6. Il y a cinq mois que j'apprends à jouer au tennis. (depuis)
7. Voilà deux étés que je fais de la natation. (il y a... que)
8. Vous faites de l'alpinisme depuis quatre ans. (voilà... que)
9. Elle enseigne le tennis depuis longtemps. (il y a... que)
10. Il y a neuf mois que nous faisons du jogging. (depuis)

B. Activités sportives. Dominique est très sportive. Vous voulez savoir depuis combien de temps elle pratique les sports suivants. Avec un(e) camarade, jouez les deux rôles.

MODÈLE: *Dominique:* Je vais partir faire du ski vendredi soir. (dix ans)
Vous: Depuis quand fais-tu du ski? (Depuis combien de temps fais-tu du ski?)
Dominique: Je fais du ski depuis dix ans.

1. J'ai besoin de réparer ma bicyclette. (quelques mois)
2. Je veux acheter une nouvelle raquette! (cinq ans)
3. En vacances, nous aimons jouer au golf. (un an)
4. Je vais à la piscine cet après-midi. (plusieurs semaines)
5. Je préfère les activités de plein air, comme la pétanque. (deux ans)
6. J'entraîne une équipe de petits footballeurs. (un trimestre)

C. En français, s'il vous plaît. Écrivez le dialogue en français.

JEAN: *A few days ago, I received a letter from the Smiths, from Nice. Since last summer, they've spent almost all their time sailing.*

SYLVIE: *How lucky!* (**Quelle chance!**) *How long have they been in Nice?*

JEAN: *They've been living there for two years.*

SYLVIE: *You know, I lived in Nice for a year and I never went sailing!*

JEAN: *How long did you live in France altogether* (**en tout**)*?*

SYLVIE: *For three years. In fact, two years ago I was still living with a French family and studying at the lycée in Laval in* (**en**) *Mayenne near Brittany.*

D. Évolution. Interviewez un(e) étudiant(e) sur ses activités passées et présentes. Posez quatre questions sur chaque activité et commencez ainsi: 1. *Il y a dix ans…?* 2. *Pendant combien de temps…?* 3. *Maintenant…?* 4. *Depuis combien de temps…?* Suivez le modèle.

MODÈLE: vivre (où) ⟶

1. Il y a dix ans, où vivais-tu?
2. Pendant combien de temps y as-tu vécu?
3. Maintenant, où vis-tu?
4. Depuis quand y vis-tu?

1. vivre (où, avec qui)   2. étudier (où, quoi)   3. jouer (de, à)   4. faire (de la, du)   5. participer à (quel club, quelle association sportive)

Une station de ski en Suisse romande (French-speaking): Les Diablerets dans les Alpes vaudoises

57 *The relative pronouns* ce qui, ce que, *and* lequel

Coup de chance

BENOÎT: Marianne t'a dit *ce qui* est arrivé à Jean-François?

ISABELLE: Non, tout *ce que* je sais c'est qu'il n'est pas venu à l'entraînement de judo, la semaine dernière.

BENOÎT: Figure-toi qu'il a gagné aux courses de chevaux, *ce qui* veut dire qu'il est parti aux Antilles dans son nouveau yacht...

ISABELLE: Tu sais, *ce que* je trouve abominable dans cette histoire, c'est que c'est moi qui lui ai acheté son billet!

BENOÎT: Alors, écris-lui dans l'île *vers laquelle* il se dirige! Peut-être qu'il t'invitera!

1. Qu'est-ce que Marianne devait (*was supposed to*) dire à Benoît?
2. Isabelle sait-elle ce qui est arrivé à Jean-François?
3. Qu'est-ce qu'Isabelle trouve abominable?
4. Où Isabelle doit-elle écrire à Jean-François et pourquoi?

A. Ce *qui* and ce *que*

Ce qui is an indefinite relative pronoun similar in meaning to **la chose qui** or **les choses qui.** Like **qui** (*who, whom, that*), it is used as the subject of a dependent clause. It refers to an idea or a subject that is unspecified and has neither gender nor number. It is often the equivalent of *what.*

Dites-moi **ce qui** est arrivé au cours du match d'hier.

Tell me what happened during the game yesterday.

Stroke of luck

BENOÎT: Did Marianne tell you what happened to Jean-François? ISABELLE: No, all I know is that he didn't come to judo practice last week. BENOÎT: Imagine! He won at the races, which means he left for the West Indies in his new yacht . . . ISABELLE: You know, what I find abominable about this story is that I'm the one who bought his ticket for him! BENOÎT: Well, write to him at the island he's heading for! Maybe he'll invite you!

Je ne sais pas **ce qui** l'intéresse.   *I don't know what interests him.*

Ce que also refers to something indefinite or unspecified. Like **que,** it is used as the object of a dependent clause. It is similar in meaning to **la chose que** or **les choses que.**

Dites-moi **ce que** vous avez fait hier.   *Tell me what you did yesterday.*

Je ne sais pas **ce qu'**on va voir ce soir.   *I don't know what we're going to see this evening.*

B. Indirect questions with *ce qui* and *ce que*

Ce qui and **ce que** are used in indirect questions, where the corresponding direct questions would require **qu'est-ce qui?** or **qu'est-ce que?**[3]

Direct question	*Indirect question*
Qu'est-ce qui est arrivé? ⟶	Sais-tu **ce qui** est arrivé?
Qu'est-ce que Pierre a dit? ⟶	Sais-tu **ce que** Pierre a dit?

C. *Lequel*

The forms of **lequel** (**laquelle, lesquels, lesquelles**) are the relative pronouns used as objects of a preposition to refer to things. **Lequel** and its forms contract with **à** and **de.**

Où est le terrain **sur lequel** il attend?   *Where is the field on which he is waiting?*

Le championnat **auquel** je pense est très bien connu.   *The championship (game) I'm thinking about is very famous.*

L'association **à laquelle** j'écris est en Provence.   *The club to which I am writing is in Provence.*

Remember that **dont** is frequently used to replace **de** + *an object*, especially when referring to people.

Où est le ballon **duquel** j'ai besoin?
Où est le ballon **dont** j'ai besoin?   *Where's the ball (that) I need?*

J'ai vu la joueuse **de laquelle** tu parles.
J'ai vu la joueuse **dont** tu parles.   *I've seen the player you're speaking about.*

---

[3]**Ce que c'est que** is used in indirect questions where the corresponding direct question is **qu'est-ce que c'est que?**: Sais-tu **ce que c'est que** la pétanque? *Do you know what pétanque is?*

A votre tour

A. Une course peu intéressante? Jean-Paul s'est endormi à la fin du Tour de France! Quand ses amis lui posent des questions sur la course, il ne sait pas les réponses. Jouez le rôle de Jean-Paul selon le modèle.

> MODÈLE: Qu'est-ce qui est arrivé pendant la dernière étape (*stage*)? —→
> Je ne sais pas ce qui est arrivé pendant la dernière étape.

1. Qu'est-ce qui est arrivé dans les rues de Paris? 2. Qu'est-ce que le public a fait? 3. Qu'est-ce que le champion a dit? 4. Qu'est-ce qui s'est passé à la fin? 5. Qu'est-ce que les entraîneurs (*coaches*) ont fait? 6. Qu'est-ce que les journalistes ont demandé? 7. Qu'est-ce que les coureurs ont répondu? 8. Qu'est-ce qui t'a étonné le plus? 9. Qu'est-ce qui t'a endormi?

B. D'autres questions sur la course. Répétez l'Exercice A, mais cette fois-ci jouez le rôle d'un(e) ami(e) de Jean-Paul et posez-lui des questions selon le modèle.

> MODÈLE: Qu'est-ce qui est arrivé pendant la dernière étape? —→
> Sais-tu ce qui est arrivé pendant la dernière étape?

C. Au stade de hockey. Jean-Luc et Marie-Thérèse sont allés voir un match de hockey avec Annie, une autre amie. Marie-Thérèse n'entend pas bien ce que dit Jean-Luc. Avec un(e) camarade, jouez les deux rôles, selon le modèle.

> MODÈLE: *Jean-Luc:* Voilà le taxi. J'ai téléphoné à ce taxi.
> *Marie-Thérèse:* Est-ce que c'est le taxi auquel tu as téléphoné?

Voici ce que dit Jean-Luc.

1. Voilà la porte d'entrée. Annie nous attend devant cette porte. 2. Voilà un groupe de jeunes gens. Annie arrive avec ce groupe d'amis. 3. Voilà les places. Nous avons obtenu une réduction pour ces places. 4. Voilà l'équipe adverse (*opposing*). Nous avons beaucoup parlé de cette équipe. 5. Voilà l'arbitre (*m*) (*referee*). Les membres de l'équipe discutent souvent avec l'arbitre.

D. Une interview. Posez des questions à votre professeur pour mieux le connaître. Puis faites un résumé de ses réponses.

> MODÈLE: les choses qu'il/elle aime faire —→
> Dites-nous ce que vous aimez faire.

1. les choses qui l'amusent
2. les choses qui l'ennuient
3. les choses qu'il/elle admire
4. les choses qu'il/elle déteste
5. les choses qu'il/elle veut voir
6. les choses qu'il/elle trouve intéressantes
7. les choses qu'il/elle trouve choquantes
8. la chose dont il/elle a le plus besoin

Mise en pratique

ACTIVITÉS: Restons en forme!

A. Interview d'un(e) cycliste. Interviewez un(e) camarade de classe sur son expérience en cyclisme—réelle ou imaginaire. Répondez à chaque question en utilisant une expression de temps plus un moment ou une période de temps.

MODÈLE: Quand as-tu eu ta première bicyclette? —→
J'ai eu ma première bicyclette il y a douze ans.

1. Quand as-tu commencé à faire du cyclisme? 2. Depuis quand as-tu la bicyclette que tu montes actuellement? 3. Au début, pendant combien de temps faisais-tu du cyclisme chaque jour? 4. Viens-tu en classe à bicyclette? Depuis combien de temps? 5. Pendant combien de temps es-tu en route tous les jours? 6. As-tu jamais fait une longue randonnée en vélo? Quand? Combien de jours ce voyage a-t-il duré? 7. Conduis-tu aussi une voiture? Quel moyen de transport préfères-tu?

B. Une célébrité très recherchée (*sought after*). Vous essayez d'interviewer quelqu'un de très célèbre dans le domaine des sports. Il y a beaucoup de monde (*people*) et l'athlète ne peut guère vous entendre. Un autre reporter doit répéter vos questions. Avec deux camarades, choisissez un athlète—homme ou femme—et jouez les rôles selon le modèle.

MODÈLE: *Vous:* Qu'est-ce qui vous intéresse?
L'autre reporter: On vous demande ce qui vous intéresse.
L'athlète: Ah… tous les sports m'intéressent.

Voici vos questions.

1. Qu'est-ce qui vous plaît? 2. Qu'est-ce que vous aimez faire? 3. Qu'est-ce que vous voulez pratiquer? 4. Qu'est-ce qui vous amuse? 5. Qu'est-ce que vous espérez accomplir? 6. Qu'est-ce qui vous ennuie? 7. Qu'est-ce qui vous concerne? 8. Qu'est-ce que vous détestez faire? 9. Qu'est-ce qui vous rend content(e)? 10. Qu'est-ce qui vous rend malheureux(euse)? 11. Qu'est-ce que vous adorez? 12. Qu'est-ce qui vous satisfait? 13. Qu'est-ce que vous admirez? 14. Qu'est-ce qui vous passionne (*fascinates*)? 15. Qu'est-ce qui vous inquiète?

Mots utiles: les voyages, un public enthousiaste, un public hostile, l'argent, gagner, perdre, devenir champion(ne), mon équipe, les voitures de sport, la compétition, mes sports préférés, l'entraînement, l'équipe adverse, les vacances, une médaille d'or (*gold*), jouer bien (mal), ma santé, regarder mes matchs à la télé, les dangers du sport, lire les critiques dans le journal

C. Le jogging. Faites-vous du jogging? Si vous avez répondu *oui*:

1. Combien de fois par semaine courez-vous? 2. Pendant combien de temps courez-vous chaque fois? 3. Combien de kilomètres faites-vous?[4] 4. Depuis quand faites-vous du jogging?

---

[4] 1 mile = 1,6 kilomètres

Si vous avez répondu *non:*

1. Pourquoi ne courez-vous pas?   2. Pratiquez-vous un autre sport?   3. Qu'avez-vous contre (*against*) le jogging?   4. Que pensez-vous des gens qui courent souvent?

Maintenant, avec des camarades qui font du jogging et d'autres qui n'en font pas, organisez un débat sur les joies et les dangers de ce sport. Voici quelques arguments— pour et contre—pour le débat.

Pour:	*Contre:*
Le jogging est...	Le jogging est...
bon pour la santé	dangereux pour la santé
un excellent exercice cardiovasculaire	une vraie obsession pour trop de gens
bon pour la santé mentale	dangereux pour les gens âgés ou
bon pour la circulation du sang (*blood*)	qui ne sont pas en parfaite santé
un bon moyen de perdre des kilos	un exercice qui peut provoquer des accidents cardiaques
excellent pour réduire la tension	
un exercice qui donne un sentiment de bien-être (*well-being*)	un sport d'une popularité passagère (*short-lived*)
un sport très bon marché	un sport qui peut faire du mal aux jambes et aux pieds
	un sport dangereux pour les automobilistes

D. Un week-end sportif. Avec des copains, organisez un week-end sportif. Discutez des possibilités, du temps qu'il fait, de vos préférences personnelles, des capacités (*skills*) et des préférences des autres.

E. Si vous pouviez choisir... A laquelle de ces célèbres manifestations sportives françaises assisteriez-vous si vous en aviez l'occasion? Expliquez les raisons pour lesquelles vous avez choisi ce spectacle. Utilisez des expressions de temps où possible: *depuis, il y a, il y a... que, voilà... que* et *pendant.*

Voici les choix:

1. football: Les Championnats (*championships*) de France (amateurs et professionnels)
        La Coupe de France (professionnels)
2. course de chevaux: Le Grand Prix de Longchamp
3. courses automobiles: Les 24 heures du Mans; Le Rallye de Monte Carlo
4. course cycliste: Le Tour de France

MODÈLE: J'assisterais aux 24 heures du Mans parce que j'aime depuis longtemps les voitures de sport. Il y a plusieurs années, un ami français m'a parlé de cette course automobile et m'en a montré des photos. Voilà des années que je rêve d'y assister. Je sais que je devrais suivre cette course pendant 24 heures à des étapes différentes, mais je trouverais un moyen de le faire. Ce serait une chance sensationnelle (*great*)!

Maintenant, mettez votre paragraphe par écrit et présentez-le à vos camarades de classe.

Mots à retenir

VERBES

s'entraîner	*to train (oneself)*	passionner	*to fascinate, excite interest*
garder la forme	*stay in good shape*		

NOMS

l'alpinisme (*m*)	*hiking, climbing*	le/la joueur(euse)	*player*
l'athlétisme (*m*)	*track and field*	la manifestation sportive	*sports spectacle, event*
le ballon	*ball; balloon*	la marche (à pied)	*walking*
le championnat	*championship*	la natation	*swimming*
le/la coureur(euse)	*runner, racer*	le niveau	*level*
le coureur automobile	*race car driver*	le patinage (à roulettes, sur glace)	*roller skating, ice skating*
la course de chevaux	*horse race*	la pétanque	*(lawn) bowling*
la course à pied	*foot race*	la piscine	*swimming pool*
la course automobile	*car race*	la pratique	*practice*
le/la débutant(e)	*beginner*	la santé	*health*
l'entraînement (*m*)	*training, practice*	le stade	*stadium*
l'équitation (*f*)	*horseback riding*	le terrain (de football)	*(soccer) field*
l'équipe (*f*)	*team*	la voile	*sailing*
l'étape (*f*)	*stage, lap*		
les jeux Olympiques (*m*)	*Olympic games*		

ADJECTIFS

aisé(e)	*well off*	sensationnel(le)	*great! wonderful!*

MOTS DIVERS

actuellement	*presently, currently*	depuis	*since, for*
au cours de	*during*	il y a	*ago*
au moins	*at least*	il y a... que	*for (period of time)*
contre	*against*	longtemps	*a long time*
d'ailleurs	*moreover*	voilà... que	*for (period of time)*

26

La Vie politique

Croyez-vous que les affiches soient des instruments utiles dans les campagnes électorales?

Prélude: Vocabulaire

La République française: liberté, égalité, fraternité

L'Organisation des pouvoirs en France

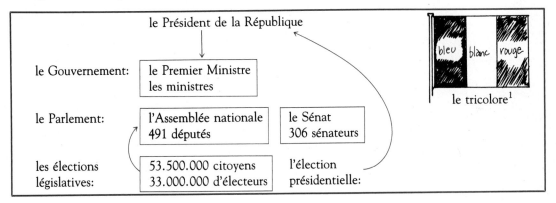

le Président de la République

le Gouvernement: | le Premier Ministre / les ministres

le Parlement: | l'Assemblée nationale / 491 députés | le Sénat / 306 sénateurs

les élections législatives: | 53.500.000 citoyens / 33.000.000 d'électeurs | l'élection présidentielle:

bleu   blanc   rouge

le tricolore[1]

A. Définitions. Trouvez le mot qui correspond aux définitions suivantes.

1. Ils ont un passeport français.   2. Ils votent.   3. Le Président de la République nomme ces officiels.   4. Ils travaillent à l'Assemblée Nationale.   5. Il préside le gouvernement.   6. Ils travaillent au Sénat.

B. Les pouvoirs en France. Décrivez le système politique français. Répondez aux questions suivantes.

1. Quelle est la structure du gouvernement français?   2. Quelles sont les deux assemblées du Parlement?   3. Combien y a-t-il d'électeurs en France? de citoyens? 4. Qui élit[2] le Président de la République? au cours de quelle élection?   5. Qui élit les députés de l'Assemblée nationale? au cours de quelles élections?   6. Qui nomme le Premier Ministre et les autres ministres du Gouvernement?   7. Quelles sont les couleurs du drapeau français?   8. Quels sont les trois grands principes de la Révolution française?

C. Comparaisons. Décrivez le système politique aux États-Unis. Répondez aux questions suivantes.

1. Quel est le nom du Président des États-Unis actuel (*present*)?   2. Quel est le nom du Secrétaire d'État?   3. Décrivez la structure du gouvernement américain.   4. De quelles assemblées est composé le Parlement américain?   5. Qui élit le Président américain? au cours de quelles élections?   6. Comment s'appellent en anglais les députés des deux assemblées américaines? Qui les élit?   7. Qui nomme les ministres (*cabinet members*)?   8. En quelle année aura lieu la prochaine élection présidentielle américaine?

---

[1]**Tricolore = trois couleurs** (bleu, blanc, rouge)
[2]The verb **élire** (*to elect*) is conjugated like **lire**.

Quelques Partis politiques français

Les grands partis:

Ces partis sont majoritaires lorsqu'ils ont la majorité des votes. Lorsqu'ils sont minoritaires, ils font partie de l'opposition.

Quelques petits partis:

Les petits partis sont généralement minoritaires. Parfois, ils se rapprochent des grands partis pour former des coalitions.

A. Sigles (*acronymns*) politiques. Quels partis correspondent aux sigles suivants?

1. PS 2. PR 3. ME 4. PC 5. RPR 6. FN

A discuter avec le professeur ou avec des amis français: Quels partis sont actuellement de la majorité? Lesquels sont de l'opposition?

B. Ressemblances. Quel est l'adjectif correspondant au nom?

1. la commune 2. la république 3. le président 4. la législation 5. la nation
6. l'écologie 7. le socialisme

Trouvez un nom qui correspond à chaque verbe. Donnez l'article indéfini de chaque nom.

1. élire   4. parler
2. opposer   5. présider
3. gouverner   6. pouvoir

C. **Deux systèmes différents.** Comparez le système politique aux États-Unis et en France.

	France	États-Unis
1. A quel âge peut-on voter?	à 18 ans	_____
2. Pendant combien de temps le Président gouverne-t-il?	7 ans	_____
3. Qui élit le Président?	les électeurs	_____
4. Combien de grands partis y a-t-il?	4	_____
5. Existe-t-il un parti communiste? un parti écologiste?	oui/oui	_____
6. Quel parti a aujourd'hui la majorité?	_____	_____

D. **Conversation.** Posez des questions à un(e) ami(e).

1. Avez-vous déjà voté? Dans quelles élections? 2. Êtes-vous inscrit(e) à un parti politique? Auquel? Pourquoi? 3. Avez-vous déjà participé à une campagne (*campaign*) électorale? A laquelle? Est-ce que votre candidat préféré a gagné l'élection? 4. Suivez-vous attentivement la vie politique de votre pays? Est-ce que chaque citoyen doit voter aux élections présidentielles? 5. Aimez-vous le Président américain actuel? D'après vous, quels sont les aspects positifs et négatifs de son gouvernement? 6. Qui est le gouverneur de votre état? et celui de l'état où se situe votre université? Qu'est-ce que le gouverneur a fait de spécial? de bon? de mauvais? Aimez-vous sa politique (*policies*)? 7. Quel homme—ou femme—politique admirez-vous particulièrement? 8. Avez-vous des activités ou responsabilités politiques dans votre université? Lesquelles? Avez-vous déjà participé à une grève (*strike*) d'étudiants? Pour quelles raisons?

Paris, 1981: à la sortie d'un meeting pour la campagne de réélection de Giscard d'Estaing

371

58 *The present subjunctive, regular verbs*

Votez pour Jean-Michel!

JEAN-MICHEL: *Vous voulez que je pose* ma candidature au Conseil de l'université?

SIMONE: Oui, *nous voulons que le Conseil sorte* de son inertie, *que ses délégués prennent* conscience de leurs responsabilités politiques.

JEAN-MICHEL: *Je veux que vous vous rappeliez* que je me suis présenté sans succès l'an dernier.

LUC: Cette année, Jean-Michel, *nous voulons que tu réussisses*. Et nous te soutiendrons jusqu'au bout.

Retrouvez la phrase correcte dans le dialogue.

1. Est-ce que je dois poser ma candidature au Conseil de l'université?
2. Nous espérons que le Conseil sortira de son apathie.
3. Nous espérons que ses délégués prendront conscience de leurs responsabilités.
4. Vous devez vous rappeler que j'ai échoué l'an dernier.
5. Nous espérons que tu réussiras cette année.

A. The subjunctive mood

As you already know, the indicative mood is used to state facts and to ask questions. The imperative mood is used for commands and requests; the conditional indicates the consequences of expressed or implied conditions. The subjunctive mood is used to express the opinions or attitudes of the speaker about an action or state of being. It expresses such feelings as volition, possibility, emotion, doubt, and uncertainty.

Vote for Jean-Michel!

JEAN-MICHEL: You want me to run for the University Council? SIMONE: Yes, we want the council to overcome (come out of) its inertia; we want its delegates to become aware of their political responsibilities. JEAN-MICHEL: I want you to remember that I ran for this office unsuccessfully last year. LUC: This year, Jean-Michel, we want you to succeed. And we will support you all the way.

Compare the use of the indicative and then the subjunctive in the following English examples.

He *goes* to Paris.	$\longrightarrow$	I insist that he *go* to Paris.
We *are* on time.	$\longrightarrow$	They ask that we *be* on time.
She *is* the president.	$\longrightarrow$	She wishes that she *were* the president.

In French, the subjunctive is more commonly used than in English. As in English, it occurs in a dependent clause beginning with **que** (*that*). The independent (first) clause contains a verb that expresses volition, emotion, uncertainty, or some other subjective view of the action or state of being in the dependent clause (immediately following **que**).

Independent clause: indicative	Dependent clause	Subjunctive
Je veux	**que**	vous **partiez.**

B. The meaning of the subjunctive

The French subjunctive has several English equivalents.

que je parle $\longrightarrow$ *that I speak, that I'm speaking, that I do speak, that I may speak, that I will speak, me to speak*

De quoi veux-tu que **je parle?**	*What do you want me to talk about?*
Il exige que **je lui parle.**	*He demands that I speak to him.*

C. Forms of the present tense of the subjunctive

1. For **-er, -re,** and **-ir** verbs, as well as verbs conjugated like **partir,** the subjunctive stem is found by dropping the final **-ent** from the third-person plural (**ils/elles**) form of the present indicative.

	(ils/elles)	(ils/elles)	(ils/elles)	(ils/elles)
Subjunctive stem	parlent parl-	vendent vend-	finissent finiss-	partent part-

The subjunctive endings are the same for all French verbs except **être** and **avoir.** They are **-e, -es, -e, -ions, -iez,** and **-ent.**

	Parler	**Vendre**	**Finir**	**Dormir**
...que je	parle	vende	finisse	dorme
tu	parles	vendes	finisses	dormes
il, elle, on	parle	vende	finisse	dorme
nous	parlions	vendions	finissions	dormions
vous	parliez	vendiez	finissiez	dormiez
ils, elles	parlent	vendent	finissent	dorment

Il veut que nous **parlions** au président.

He wants us to speak to the president.

Mes parents veulent que je **finisse** mes études de sciences politiques.

My parents want me to finish my studies in political science.

2. The **ils/elles** form of the present indicative also furnishes the subjunctive stem for many irregular verbs and verbs with spelling changes. These include verbs like **voir**, **venir**, **prendre**, **acheter**, and **appeler**. However, in these groups, the present indicative **nous** form (dropping **-ons**) is the subjunctive stem of the first and second persons plural (**nous** and **vous**).

Indicative

      (ils/elles) viennent   →
           (nous) venons   →
     (ils/elles) reçoivent   →
        (nous) recevons   →
     (ils/elles) achètent   →
        (nous) achetons   →
  (ils/elles) se rappellent   →
   (nous nous) rappelons   →

Subjunctive

que je **vienne**
que nous **venions**
que je **reçoive**
que nous **recevions**
que j'**achète**
que vous **achetiez**
que je me **rappelle**
que vous vous **rappeliez**

Les étudiants veulent que le président **se rappelle** leurs problèmes.

The students want the president to remember their problems.

Elle veut que je **vienne** à la manifestation.

She wants me to come to the demonstration.

A votre tour

A. **Sévérité.** M. Lamoureux dirige son entreprise en véritable dictateur. Voici des ordres qu'il a donnés ce matin. Exprimez-les avec *Je veux que* selon le modèle.

MODÈLE: Vous devez *écouter* votre chef de service. →
      Je veux que vous **écoutiez** votre chef de service.

1. Vous devez *travailler* mieux. 2. Elle doit *arriver* à l'heure. 3. Ils doivent *trouver* une solution. 4. Nous devons *envoyer* ce télégramme. 5. Tu dois

m'*expliquer* les problèmes actuels.   6. Il doit s'*excuser* de son erreur.   7. Vous devez *appeler* un inspecteur.   8. Tu dois te *rappeler* le nouvel horaire.

B. Stratégie. Des étudiants préparent la campagne pour élire leur candidat au Conseil de l'université. Que dit leur chef, Luc?

1. Luc veut que *vous* choisissiez un candidat. (les étudiants, nous, tu, le secrétaire)   2. Il veut que *nous* agissions très vite. (les étudiantes, Pierre, tu, vous, je)   3. Il veut que *Michel* finisse les affiches. (Martine et Paulette, tu, nous, vous, je)   4. Il veut que *tu* réfléchisses à notre budget. (vous, Paul, nous, elles)   5. Il veut qu'*elles* réussissent à obtenir des votes. (tu, je, nous, vous)

C. Reportage. Le directeur d'une agence d'informations télévisées organise le reportage politique de ce soir. Exprimez ses ordres selon le modèle.

MODÈLE: tu   /   rendre visite au Premier Ministre $\longrightarrow$
Je veux que tu rendes visite au Premier Ministre.

1. vous   /   écouter les revendications (*demands*) des ouvriers
2. ils   /   prendre des photos de la manifestation
3. nous   /   connaître très vite la décision du gouvernement
4. elle   /   se rendre à la Place de la Bastille
5. Denis   /   ne... pas perdre de vue (*to lose sight of*) les délégués
6. vous   /   attendre la sortie des membres du cabinet
7. nos spectateurs   /   comprendre clairement la situation

D. Opinions. Complétez les phrases suivantes et donnez vos opinions politiques personnelles. Commencez avec *Je voudrais que....*

1. le gouvernement (choisir de) _____   2. le gouvernement (essayer de) _____   3. les électeurs et les électrices (élire) _____   4. les étudiants (manifester plus/moins pour) _____   5. nous (apprendre à) _____   6. nous (ne pas oublier que) _____   7. les politiciens (se rappeler que) _____   8. le président (agir) _____   9. le monde (comprendre que) _____   10. tous (voir que) _____

59 *The present subjunctive, irregular verbs*

Une manifestation universitaire

LE REPORTER: Vous voulez que l'administration *fasse* certaines réformes... lesquelles?

JEAN-MICHEL: Nous voulons, avant tout, que les étudiants *sachent* quelles études offrent des débouchés dans le marché de l'emploi.

LE REPORTER: C'est-à-dire, vous voulez que les étudiants *puissent* consulter une liste des débouchés actuels avant de se spécialiser?

JEAN-MICHEL: C'est ça. D'autre part, nous voulons que les universités *soient* autonomes, que les étudiants n'*aient* pas besoin d'aller à Paris pour passer leurs concours.

MARIANNE: C'est pour soutenir ces deux revendications que nous voulons que les étudiants *aillent* demain, en masse, à la Place Jules Ferry pour participer à notre manifestation.

1. Qu'est-ce que les étudiants demandent à l'administration de l'Université?
2. Quelles sortes de réformes veulent-ils?
3. Qu'est-ce que Marianne et Jean-Michel veulent que les étudiants fassent?

Some verbs have irregular subjunctive stems. Except for the verbs **avoir** and **être,** their endings are all regular.

	Aller: **aill-/all-**	Avoir: **ai-**	Être: **soi-**	Faire: **fass-**
... que je/j'	aille	aie	sois	fasse
tu	ailles	aies	sois	fasses
il, elle, on	aille	ait	soit	fasse
nous	allions	**ayons**	**soyons**	fassions
vous	alliez	**ayez**	**soyez**	fassiez
ils, elles	aillent	aient	soient	fassent

A student demonstration
REPORTER: You want the administration to make certain reforms . . . which ones? JEAN-MICHEL: First of all, we want students to know which fields of study offer opportunities in the job market. REPORTER: You mean, you want students to be able to consult a list of present job opportunities before they specialize? JEAN-MICHEL: That's right. We also ask that the universities be autonomous, that students not have to go to Paris to take their competitive exams. MARIANNE: It is to support these two demands that we want students to go tomorrow, all together, to Jules Ferry Square to take part in our demonstration.

| Pouvoir: **puiss-** | Savoir: **sache-** | Vouloir: **veuill-/voul-** |

... que je	puisse	sache	veuille
tu	puisses	saches	veuilles
il, elle, on	puisse	sache	veuille
nous	puissions	sachions	voulions
vous	puissiez	sachiez	vouliez
ils, elles	puissent	sachent	veuillent

Le prof ne veut pas que nous **allions** à la manif.	*The professor doesn't want us to go to the demonstration.*
Tout le monde veut que le parlement **fasse** des réformes.	*Everyone wants parliament to make reforms.*
Le président veut que les sénateurs **soient** présents.	*The president insists that the senators be there.*

A votre tour

A. Revendications. Les délégués du Conseil de l'université donnent leurs directives aux étudiants.

1. Nous voulons que *les étudiants* aillent à la manifestation. (vous, il, tu, Marianne)   2. Nous ne voulons pas que *vous* alliez en classe. (tu, Jean-Michel, les étudiants, elle)   3. Marianne veut que *vous* fassiez la grève. (les étudiants, nous, je, tu)   4. Jean-Michel veut que *tu* fasses de bonnes affiches. (je, vous, les étudiants, nous)

B. Engagement politique. Les Legrand ont des opinions libérales. Quels conseils donnent-ils à leurs cinq enfants? Suivez le modèle.

MODÈLES: Patrick—ne... pas / tu / être réactionnaire ⟶
Patrick, nous ne voulons pas que tu sois réactionnaire.

Fabrice / être courageux ⟶
Nous voulons que Fabrice soit courageux.

1. Thierry / être actif politiquement
2. Corinne et Thierry / avoir le courage de leurs opinions
3. ne... pas / vous / avoir des amis anarchistes
4. Patrick / être bien informé
5. Sylvain—ne... pas / tu / être violent
6. ne... pas / vous / être intolérant
7. Fabrice—tu / avoir une ambition politique
8. Patrick et Sylvain / avoir un idéal pacifiste

C. **Regrets.** Simon n'aime pas l'agitation politique. Il regrette que les événements se passent ainsi. Jouez le rôle de Simon et exprimez ses sentiments. Commencez chaque phrase par *Je regrette que* suivi du sujet et du verbe au subjonctif.

MODÈLE: Le gouvernement ne veut pas y répondre. ⟶
   Je regrette que le gouvernement ne veuille pas y répondre.

1. Les autorités ne veulent pas nous écouter.   2. Le député ne veut pas nous voir.   3. Nous ne voulons plus attendre.   4. Vous voulez faire la grève.   5. Tu veux participer à la grève.

D. **Confrontation.** Avant les élections législatives, Monsieur Chabot, candidat à l'Assemblée nationale, discute avec les électeurs. Faites des phrases complètes.

Les électeurs: D'une façon générale, nous voulons que notre député _____.

   1. pouvoir   /   étudier les problèmes
   2. savoir   /   défendre nos intérêts
   3. savoir   /   parler avec éloquence

Les électeurs: En particulier, M. Chabot, nous voulons que vous _____.

   4. pouvoir   /   passer trois jours par semaine ici
   5. pouvoir   /   souvent rencontrer vos électeurs
   6. savoir   /   répondre clairement à nos questions

M. Chabot: Je voudrais que les électeurs _____.

   7. savoir   /   me parler avec confiance
   8. pouvoir   /   soutenir (*support*) mes efforts

M. Chabot: Je voudrais aussi que nous _____.

   9. savoir   /   travailler ensemble
  10. pouvoir   /   garder (*keep*) le contact

E. **Slogans.** Composez votre propre slogan politique selon le modèle. Utilisez *Vous voulez que…?* et un des verbes suivants: *avoir, être, faire, pouvoir, savoir, choisir, réformer, réussir à, servir à, vivre, perdre, comprendre, changer, préparer, s'unir* (unite), *écouter, gagner, apporter, élire, voter.*

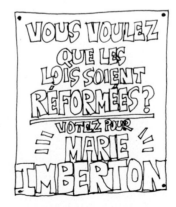

60 *The subjunctive with verbs of volition and expressions of emotion, doubt, and uncertainty*

Sagesse politique

M. ANCELLIN: Jean-Pierre, *ta mère et moi désirons que tu sois* politiquement engagé. *Nous avons souhaité que tu deviennes* délégué au Conseil. *Nous avons bien voulu que tu milites, que tu participes* aux manifestations. Mais maintenant, tu veux t'inscrire au Mouvement écologiste. *Nous exigeons que tu réfléchisses* aux conséquences de cet engagement.

JEAN-PIERRE: Papa, Maman! *Vous avez toujours préféré que j'aille* jusqu'au bout de mes convictions. Ne m'arrêtez pas aujourd'hui!

MME ANCELLIN: *Nous avons peur que tu choisisses* mal. *Nous doutons que tu puisses* croire en ces idées. Et *nous sommes désolés que tu manifestes* contre les usines de ton oncle!

1. Que désirent les parents de Jean-Pierre?
2. Qu'ont-ils souhaité?
3. Qu'ont-ils bien voulu?
4. Qu'exigent-ils maintenant?
5. Selon Jean-Pierre, qu'ont-ils toujours préféré?
6. Selon Mme Ancellin, de quoi ont-ils peur?
7. Que doutent les parents de Jean-Pierre?
8. De quoi sont-ils désolés?

A. Verbs of volition

1. When a verb expressing preference, desire, will, or a wish is in the main clause, the subjunctive is used in a dependent clause if there is a change of subject: *Je*

Political wisdom

M. ANCELLIN: Jean-Pierre, your mother and I want you to be politically involved. We wanted you to become a council delegate. We were willing for you to be militant and to take part in demonstrations. But now you want to become a member of the Ecology Movement. We demand that you think about the consequences of this commitment. JEAN-PIERRE: You've always preferred to see me follow my convictions to the end. Don't stop me today! MME ANCELLIN: We're afraid that you're choosing badly (making a bad choice). We doubt that you can believe those ideas. And we're very sorry that you're demonstrating against your uncle's factories!

veux que *tu ailles* au cinéma. If there is no change of subject, an infinitive construction is used: *Je veux aller au cinéma.*

Je veux que **vous gagniez** l'élection.	*I want you to win the election.*
La loi exige que **nous payions** des impôts.	*The law demands that we pay taxes.*
Je veux bien qu'**elle fasse** le discours.	*I am willing for her to make the speech.*
Tout le monde désire que **la presse soit** libre.	*Everyone wants the press to be free.*
Nous souhaitons que **le candidat** nous **parle** de l'économie.	*We wish the candidate would talk about the economy.*

Verbs of volition include: **désirer, exiger** (*to demand*), **préférer, souhaiter** (*to wish*), **vouloir,** and **vouloir bien.**

2. An infinitive is generally used instead of the subjunctive if the subject of the dependent clause is the *same* as that of the independent clause, or if the subject is not specified.

Je veux le savoir.	*I want to know it.*
But:	
Je veux que tu le saches.	*I want you to know it.*

B. Expressions of emotion

The subjunctive is frequently used after expressions of emotion, such as **avoir peur, être content/désolé/furieux/heureux/surpris,** and **regretter.** As with verbs of volition, there must be a different subject in the dependent clause.

Le président est content que **les électeurs aient** confiance en lui.	*The president is pleased that the voters have confidence in him.*
Les électeurs ont peur que **l'inflation soit** un problème insoluble.	*The voters are afraid that inflation is an insurmountable problem.*
Les écologistes sont désolés que **les forêts et les rivières soient** polluées.	*The ecologists are distressed that the forests and rivers are polluted.*

C. Expressions of doubt and uncertainty

The subjunctive is also used—with a change of subject—after expressions of doubt and uncertainty, such as **je doute, je ne suis pas sûr(e),** and **je ne suis pas certain(e).**

Beaucoup de femmes ne sont pas sûres que **leur position soit** égale à celle des hommes.

Many women aren't sure that their position is equal to that of men.

Les jeunes doutent souvent que **les hommes et les femmes politiques soient** honnêtes.

Young people often doubt that politicians are honest.

D. *Penser, croire,* and *espérer*

1. In the affirmative, verbs such as **penser** and **croire** are followed by the indicative. In the negative and interrogative, they express a degree of doubt and uncertainty and can then be followed by the subjunctive. In spoken French, however, the indicative seems to be more commonly used.

Je **pense** que la presse **est** libre.

I think the press is free.

Pensez-vous que la presse **soit** libre? }
Pensez-vous que la presse **est** libre? }

Do you think the press is free?

Je **ne crois pas** que la démocratie **soit** en danger. }
Je **ne crois pas** que la démocratie **est** en danger. }

I don't think that democracy is in danger.

2. The verb **espérer,** which is followed by the indicative, can frequently be used instead of the verb **souhaiter** or other constructions that express a wish or desire. When **espérer** is in the independent clause, the verb in the dependent clause is in the future tense if the action is expected to occur in the future.

Je souhaite que ton voyage **soit** intéressant.

I hope that your trip is (will be) interesting.

J'espère que ton voyage **sera** intéressant.

I hope that your trip will be interesting.

A votre tour

A. Pas trop sûr. Faites les substitutions.

1. Je doute que *ces gens* soient compétents. (ce sénateur, vous, tu, nous, les électeurs)   2. Je ne suis pas certaine qu'*il* fasse de graves erreurs. (nous, tu, ces femmes, vous, le ministre)   3. Je ne pense pas qu'*ils* aient envie de nous aider. (vous, elle, le président, les délégués, elles, tu)   4. Je *ne suis pas sûr(e)* qu'il ait besoin de nos votes. (suis certain, doute, suis sûr, crois, ne pense pas, ne suis pas certain)

Paris, 1979: Une manifestation se dirige vers l'Assemblée nationale.

B. Une élection. Comment les personnes suivantes réagissent-elles à la dernière élection? Suivez le modèle.

MODÈLE: je / être content ⟶ Je suis content qu'il soit sénateur.

1. les ouvriers / être furieux   2. nous / préférer   3. nos amis / être désolé   4. ma sœur / être surpris   5. les autres sénateurs / regretter 6. M. Dupont / être désolé

C. Opinions. Monsieur Dupont vote à gauche et Madame Dupont vote à droite. Quelles sont leurs positions devant les questions suivantes? Avec un(e) camarade, jouez les deux rôles. Commencez avec M. *Dupont veut   /   ne veut pas que* ou Mme *Dupont veut   /   ne veut pas que.*

1. les Français / élire un président communiste   2. les femmes / devenir une force politique   3. il y a / plus d'entreprises nationalisées   4. le gouvernement / agir pour aider les pays pauvres   5. on / intensifier l'armement nucléaire   6. les citoyens / obtenir plus de libertés individuelles

D. Cours d'été à Nanterre. La classe de Thierry va suivre des cours d'été dans une université aux environs de Paris. Exprimez leurs espoirs (*hopes*). Employez *espérer* au lieu de *souhaiter.*

MODÈLE: Je souhaite que mes amis puissent suivre les mêmes cours. ⟶
        J'espère que mes amis pourront suivre les mêmes cours.

1. Nous souhaitons que le campus soit agréable.   2. Je souhaite qu'on aille souvent à Paris.   3. Mes camarades souhaitent qu'on participe aux activités.

4. Tu souhaites qu'il y ait des manifestations à la faculté.   5. Notre professeur souhaite que nous fassions attention à la politique universitaire.   6. Vous souhaitez que nous comprenions enfin la vie des étudiants français.

E. Réactions. Votre ami Henri vous décrit sa vie. Réagissez à ce qu'il dit. Suivez le modèle.

MODÈLE: *Henri:* Je suis fort en mathématiques. (je suis content[e] que) ⟶
Vous: Je suis content(e) que tu sois fort en mathématiques.

Voici les phrases d'Henri.

1. Tout le monde finira les examens avant moi. (je suis furieux[ieuse] que)   2. Je vais à la réunion (*meeting*) politique ce soir. (je ne suis pas content[e] que)   3. Je suis socialiste. (je suis surpris[e] que)   4. J'apprends l'histoire de la Révolution française. (je suis heureux[euse] que)   5. Je ne vais pas à la manifestation cet après-midi. (je suis désolé[e] que)   6. Mes parents ne sont pas contents de mes activités écologistes. (je regrette que)   7. Il y a toujours un conflit politique chez nous. (j'ai peur que)

Mise en pratique

LECTURE: Les Français et la politique

Au cours de son séjour en France, Richard continue à envoyer des lettres à ses camarades du cours de français aux États-Unis. Cette fois il veut leur faire des observations sur la politique en France.

Mes chers amis,

Ma « famille » française exige que je lise des journaux et que je parle autant que possible avec tout le monde. Mais comme je ne suis en France que depuis quelques mois, je voudrais que vous considériez ce que j'écris comme mes premières impressions.

Je crois que chaque Français ou Française a son idée sur la politique. C'est un sujet de conversation fréquent et brûlant.° *burning*
Certains parents ont même° peur que leurs enfants, adultes *even*
ou adolescents, se mettent à parler politique, car ils craignent° qu'une dispute éclate° et qu'elle finisse mal. *fear / will break out*
Pourtant, je ne pense pas que beaucoup de Français soient inscrits à° un parti, et il n'y en a pas beaucoup qui *soient... belong to (are registered in)*
manifestent. La politique est plus souvent un jeu intellectuel et verbal qu'un motif d'action, sauf° pour les individus qui en *except*
font vraiment profession.

Les deux grands pôles politiques sont la gauche (socialiste ou communiste) et la droite (de tendance conservatrice). Le parti ou les partis qui détiennent° le pouvoir sont de la majorité; les autres partis sont de l'opposition.[3] Pour désigner les trois ou quatre grands partis qui composent la droite, la gauche et le centre, les journalistes emploient le plus souvent des sigles, constitués° par les premières lettres des mots qui symbolisent ces partis.

  hold, are in possession of

  made up of

Je suis surpris qu'il y ait parfois ici une grande différence entre les opinions et la réalité. On aime les idées généreuses d'égalité et de partage.° On veut bien tenir des discours sur l'harmonie sociale. Mais ces mêmes gens sont furieux qu'un ministre fasse un projet de loi° sur les héritages° ou qu'il propose d'augmenter les impôts° sur les hauts salaires ou le capital. On m'avait dit que sous la IIIe République les Français avaient « le cœur° à gauche mais le portefeuille à droite »: je ne crois pas que les choses changent beaucoup!

  sharing

  projet... bill / inheritances
  augmenter... raise taxes

  heart

Pourtant beaucoup de Français sont sincèrement inquiets et tourmentés. L'argent, le pouvoir, le succès leur donnent parfois mauvaise conscience. Beaucoup de Français m'ont dit qu'ils s'étonnent qu'en Amérique nous parlions tous d'argent et de succès personnel. Et puis, disent-ils, les Américains ne parlent jamais de politique. « Crois-tu qu'ils soient vraiment indifférents? Comment peut-on vivre sans réfléchir sur la société et sur le monde? » Je doute fort° qu'au fond° le matérialisme soit moins présent en France que chez nous ou que la politique soit moins importante chez nous. Mais, extérieurement, les attitudes devant la politique et l'argent sont si différentes dans nos deux pays qu'elles sont une des causes principales d'incompréhension.

  very much / au... ultimately

    ... A la prochaine!°

  A... Until next time!

        Amicalement,
        Richard

A. **Impressions politiques.** Répondez aux questions suivantes avec des camarades de classe.

 1. Quel sujet Richard a-t-il choisi pour sa lettre? 2. Comment a-t-il appris, en quelques mois, tant de choses sur la politique en France? 3. Est-ce que les Français s'intéressent à la politique? 4. Quels sont les deux grands groupements de partis politiques en France? 5. Pouvez-vous expliquer la phrase: « Les Français ont le cœur à gauche mais le portefeuille à droite »? 6. Pensez-vous que les Américains

---

[3]France has had a socialist-led government since May 1981, when François Mitterand was elected for a seven-year term. Mitterand's administration made numerous changes in social and fiscal policies.

s'intéressent seulement à l'argent et au succès personnel?   7. Croyez-vous que la politique soit peu importante aux États-Unis?

B. Deux systèmes. Lequel préférez-vous? La France et les États-Unis sont des pays démocratiques et capitalistes. Mais le rôle de l'État dans la vie des citoyens est très différent dans les deux pays.

En France l'État fournit (*supplies*) aux citoyens des biens (*goods and services*) qui aux États-Unis sont du domaine de l'entreprise privée comme les allocations (*allowances*) prénatales, une allocation de maternité, les allocations familiales, la sécurité sociale qui rembourse 70 à 100 pour cent des frais médicaux (*medical expenses*), la pension de retraite (*retirement*) et les allocations de vieillesse. De plus, l'État est le premier patron de France. Les secteurs de l'énergie, du crédit, des chemins de fer (*railroads*) sont nationalisés. L'État s'occupe aussi de l'éducation.

Avec un(e) camarade ou dans un petit groupe, discutez les avantages et les inconvénients des deux systèmes.

Mots utiles: autoritaire, socialiste, pouvoir de l'État, l'égalité, les gens pauvres, l'aide, la médecine, les impôts, les prix, la liberté

C. Campagne électorale. Imaginez que vous observez une élection en France. Voici les candidat(e)s.

1. Catherine Monchovet, Parti Républicain. Thèmes de campagne: l'Europe unie, plus de pouvoirs aux régions françaises, développement économique de la France.
2. Jacques Charpentier, Rassemblement pour la République. Thèmes de campagne: centralisation du pouvoir gouvernemental, intervention de l'État dans la vie sociale et économique.   3. Pierre Sarreau, Parti Socialiste. Thèmes de campagne: participation des citoyens à toutes les décisions, nationalisation des grosses entreprises.   4. Maryse Delain, Parti Communiste. Thèmes de campagne: nationalisation des entreprises, défense des ouvriers face à la crise économique.   5. Denis Lefèvre, Parti Écologiste. Thèmes de campagne: offrir une alternative au système productiviste et technocratique, protéger l'environnement.

Maintenant un(e) étudiant(e) va représenter chaque parti politique devant la classe. Les représentant(e)s présentent les thèmes de leurs candidat(e)s en commençant par *Je crois que* ou *Je ne crois pas que.* Votez! Quel(le) candidat(e) gagne l'élection?

D. A propos de politique. Que pensez-vous de la vie politique américaine? Complétez les phrases suivantes.

1. Je suis étonné(e) que les électeurs _____.   2. Je ne pense pas que le Président _____.   3. Je regrette que les législateurs _____.   4. Les étudiants préfèrent que les candidats _____.   5. Le peuple est désolé que _____.   6. Le peuple est content que _____.   7. J'aimerais que _____.   8. Nous voudrions tous que _____.

Mots à retenir

VERBES

augmenter	*to increase, raise*	faire la grève	*to strike*
baisser	*to decrease, lower*	nommer	*to name*
douter	*to doubt*	se présenter	*to run (for office); to present oneself*
élire	*to elect*		
s'étonner	*to be surprised, astonished*	regretter	*to regret*
être composé(e) de	*to be composed of, to be made up of*	se réunir	*to meet; to reunite*
		souhaiter	*to desire, hope*
être inscrit(e) à	*to be registered*	soutenir	*to support*
exiger	*to demand*	voter	*to vote*

NOMS

l'assemblée (f)	*assembly*	la manifestation	*demonstration, rally*
la campagne	*campaign*	le/la ministre	*minister, government official*
le/la candidat(e)	*candidate*		
le chef	*head, leader*	le parlement	*parliament*
le/la citoyen(ne)	*citizen*	le parti	*(political) party*
le/la délégué(e)	*delegate*	le pouvoir	*power*
le député	*deputy (in* **Assemblée nationale***)*	le/la président(e)	*president*
		la réforme	*reform*
l'égalité	*equality*	la république	*republic*
l'électeur(trice)	*elector, voter*	la réunion	*meeting*
la fraternité	*brotherhood*	la revendication	*demand*
le gouvernement	*government*	le sénat	*senate*
l'impôt (m)	*tax*	le sénateur	*senator*
la liberté	*liberty*	le système	*system*
la loi	*law*		

ADJECTIFS

actuel(le)	*current, present-day*	présidentiel(le)	*presidential*
désolé(e)	*very sorry, sad*	surpris(e)	*surprised*
législatif(ive)	*legislative*		

MOTS DIVERS

c'est-à-dire	*that is (to say)*	la plupart de	*the majority of, most*

Les Français en Amérique du nord

Près de Les Méchins dans la province de Québec: une inscription indépendantiste

Prélude: Vocabulaire

Colons français en Amérique du Nord

A. L'Amérique francophone. Trouvez sur la carte des villes américaines qui portent un nom français. Savez-vous l'origine de ces noms? Pour les noms qui ne viennent pas d'un nom propre français, donnez si possible un équivalent anglais.

B. Racines (*Roots*) françaises? Répondez aux questions suivantes.

1. Avez-vous un nom d'origine française? des ancêtres français? un prénom (*first name*) français? 2. Avez-vous des amis français qui vivent aux États-Unis? Connaissez-vous des francophones? des Canadiens français? des Québecois? des Américains d'origine française? 3. Habitez-vous dans une ville qui porte un nom français? Quelle est l'origine de ce nom? 4. Avez-vous déjà visité la Louisiane? le Québec?

La rue Chartres à la Nouvelle-Orléans: Certaines parties de la ville témoignent de (show) son héritage acadien.

C. Questionnaire. Que savez-vous de l'influence française en Amérique du Nord? Donnez—ou devinez—les réponses aux questions suivantes. (Les réponses sont en bas de la page.)

1. Quelle est la deuxième ville d'expression française du monde? 2. Dans les premières années du dix-huitième siècle, quel pays européen possédait (*owned*) les plus grands territoires sur le continent américain? 3. Qui a découvert le Canada et le fleuve St. Laurent? Qu'est-ce qu'il cherchait? 4. A qui le président américain Thomas Jefferson a-t-il acheté la Louisiane en 1803? 5. Dans quelle ville des États-Unis a lieu le carnaval de Mardi Gras? En quel mois de l'année? 6. Quel célèbre poète américain du dix-neuvième siècle a écrit la tragédie d'une jeune Canadienne française chassée de son village acadien[1] en 1756? Comment s'appelait la jeune Acadienne? 7. Pourquoi se souvient-on des noms de La Salle et de Marquette et Jolliet? 8. En Amérique du Nord, il y a des populations francophones (*French-speaking*) au Canada et dans l'état de Louisiane. Dans quelle autre région nord-américaine est-ce qu'une partie de la population parle français comme langue maternelle (*native*)?

---

[1]From Acadia, now Nova Scotia.

Réponses à l'Exercice C: 1. Montréal; la ville est située dans une île du fleuve St. Laurent dans la province de Québec au Canada. 2. La France; avant 1763 elle possédait la Nouvelle-France, qui allait du Labrador jusqu'au Golfe du Mexique. 3. Jacques Cartier; il est allé au Nouveau Monde pour chercher une voie (*passage*) navigable à l'Orient. 4. A l'empereur Napoléon I; Jefferson a payé quinze millions de dollars, et treize états américains ont été créés de cet ancien territoire français. 5. Le carnaval de Mardi Gras a lieu chaque février à La Nouvelle-Orléans. 6. Henry Wadsworth Longfellow; la jeune Acadienne légendaire, devenue le symbole de son peuple, s'appelle Évangéline. 7. Marquette et Jolliet ont commencé l'exploration du Mississippi vers 1670; dix ans plus tard, La Salle a réussi l'exploration du fleuve jusqu'au Golfe du Mexique. Tous les trois ont fondé des villes de la Nouvelle-France. 8. Dans la Nouvelle-Angleterre; dans certaines villes de l'état de Maine, entre 60 et 90 pour cent de la population est franco-américaine.

Grammaire

61 The subjunctive after impersonal expressions

Les Français de Louisiane

GILLES: Yvonne, explique-moi: Qu'est-ce que c'est qu'un « Cajun »?

YVONNE: Pour le comprendre, *il est important que tu saches* qu'en 1713, les Anglais ont pris possession de l'Acadie, qui était alors une partie de l'empire français en Amérique. En 1755, les Anglais ont voulu faire des Acadiens—ou Cajuns, des paysans français—de fidèles sujets du roi anglais. *Il fallait qu'ils renoncent* à leur langue et à leur religion. Ils ont refusé, et les Anglais les ont chassés de l'Acadie. *Il était essentiel qu'ils se trouvent* un nouveau pays. C'est dans les bayous de la Louisiane qu'ils se sont installés, où ils ont gardé jusqu'à nos jours leurs coutumes et leur français du dix-huitième siècle.

1. Qu'est-ce qu'il est important de savoir pour comprendre ce que c'est qu'un « Cajun »?
2. Qu'est-ce qui s'est passé en 1755? Qu'est-ce qu'il fallait que les Acadiens fassent?
3. Où les Acadiens se sont-ils installés?

A. The subjunctive with impersonal expressions

In English, the subject of an impersonal expression is usually *it*: **It** *is important that I go to class.* In French, many impersonal expressions—especially those that express will, necessity, emotion, or doubt—are followed by the subjunctive in the dependent clause.

The French in Louisiana

GILLES: Yvonne, explain to me what a "Cajun" is. YVONNE: In order to understand, it's important that you know that in 1713 the British took possession of Acadia, which was then a part of the French empire in America. In 1755, the English wanted (tried) to make the Acadians—or Cajuns, French peasants—loyal subjects of the English king. It was necessary for them to renounce their language and religion. They refused, and the English chased them out of Acadia. It was essential that they find a new land. They settled in the bayous of Louisiana, where they have kept their customs and their eighteenth-century French until today.

Impersonal expressions used with the subjunctive

Will or necessity	*Emotion*	*Possibility or doubt*
il est essentiel que	il est stupide que	il est normal que
il est important que	il est bizarre que	il est peu probable que
il est indispensable que	il est bon que	il est possible/impossible
il est nécessaire que	il est dommage que (*it's*	que
il faut[2] que (*it's necessary*	*too bad that*)	il se peut que (*it's*
that)	il est étrange que	*possible that*)
il est temps que	il est juste/injuste que	il semble que (*it seems*
	il est préférable que	*that*)
	il est utile (*useful*)/	
	inutile que	
	il vaut[2] mieux que (*it's*	
	better that)	

Il est peu probable que ce voyage **soit** bon marché.

It's not likely that this trip will be inexpensive.

Il se peut qu'elle étudie le français en Louisiane l'an prochain.

It's possible that she will study French in Louisiana next year.

Il est dommage qu'elle ait du mal à comprendre l'argot québecois.

It's too bad that she's having trouble understanding Quebecois slang.

Il est important que tu apprennes le français.

It's important that you learn French.

Est-il bon que nous préservions notre identité nationale?

Is it good that we preserve our national identity?

Il faut que vous visitiez La Nouvelle-Orléans.

You must (it's necessary that you) visit New Orleans.

B. The infinitive with impersonal expressions

When no specific subject is mentioned in the dependent clause, the infinitive is used with impersonal expressions instead of the subjunctive. Compare the following sentences.

Il vaut mieux attendre.

It's better to wait.

Il vaut mieux que nous attendions.

It's better that we wait.

---

[2]Note the present, *passé composé*, imperfect, future, and conditional forms of the irregular impersonal verbs **falloir** and **valoir mieux: falloir:** il faut, il a fallu, il fallait, il faudra, il faudrait; **valoir mieux:** il vaut, il a valu, il valait, il vaudra, il vaudrait.

Il est important de voyager.	*It's important to travel.*
Il est important que vous voyagiez.	*It's important that you travel.*

Note that the preposition **de** is used before the infinitive after impersonal expressions that contain **être.**

C. *Devoir* plus infinitive

The verb **devoir,** which is followed by an infinitive, can be used instead of **il faut que** or **il est nécessaire que.** There is a slight difference in meaning, however, since **devoir** does not convey as strong a sense of obligation as **il faut que** or **il est nécessaire que.**

Je dois aller en classe.	*I must (should) go to class.*
Il faut que j'aille en classe.	*I have to go to class.*
Il est nécessaire que j'aille en classe.	*It's necessary for me to go to class.*

D. The indicative with expressions of certainty or probability

When impersonal expressions imply certainty or probability, they are followed by the indicative in the dependent clause.

Impersonal expressions used with the indicative

il est certain que	il est probable que
il est clair que	il est sûr que
il est évident que	il est vrai que

Il est probable qu'ils sont québecois.	*It's probable that they are from Quebec.*
Il est clair que l'influence française restera importante au Canada.	*It's clear that French influence will remain important in Canada.*
Il est vrai que les Québecois sont d'origine française.	*It's true that the Quebecois are of French origin.*

The subjunctive, however, is often used in negative or interrogative sentences with these expressions to express uncertainty, doubt, or conjecture.

Il n'est pas certain que nous allions à Québec cet été.	*It's not certain that we'll go to Quebec this summer.*
Est-il vrai que la spécialité de ce restaurant soit la cuisine créole?	*Is it true that the speciality of that restaurant is Creole cuisine?*

A votre tour

A. Francophilie. Le 28 mars 1980 une assemblée de francophiles aux États-Unis a voté pour la création d'une assemblée nationale des Franco-Américains. Qu'ont-ils dit?

1. Il est dommage que *nous* oubliions nos racines (*roots*) françaises. (vous, on, nos enfants, je, tu)   2. Il est essentiel que *nous* ayons une assemblée nationale. (vous, on, les Franco-Américains, nous)   3. Il est possible que *nous* puissions offrir des renseignements (*information*) généalogiques. (tu, vous, notre assemblée, ils)   4. Il est bon que *nous* préservions la langue et la culture françaises. (je, l'assemblée, les Franco-Américains, vous)

B. Possibilités et probabilités. Quelle sera votre vie? Répondez aux questions suivantes. Dans chaque réponse, employez une de ces expressions: *il est certain que, il se peut que, il est (peu) probable que, il est (im)possible que.*

MODÈLE: Ferez-vous une découverte (*discovery*) importante? ⟶
Il est peu probable que je fasse une découverte importante. (Il est certain que je ferai une découverte importante.)

1. Vous marierez-vous?   2. Apprendrez-vous une langue étrangère?
3. Voyagerez-vous beaucoup?   4. Visiterez-vous le Québec?   5. Deviendrez-vous célèbre?   6. Serez-vous riche?   7. Saurez-vous jouer du piano?   8. Écrirez-vous un roman?   9. Connaîtrez-vous un Président des États-Unis?   10. Irez-vous en Chine?   11. Vivrez-vous jusqu'à l'âge de cent ans?

Maintenant, employez ces questions pour interviewer un(e) camarade de classe. Commencez les questions avec une de ces expressions: *Est-il certain que...? Est-il probable que...? Est-il sûr que...?* N'oubliez pas d'employer *tu* dans les questions.

MODÈLE: Ferez-vous une découverte importante? ⟶
Vous: Est-il probable que tu fasses une découverte importante?
Un(e) ami(e): Oui, il est probable que je ferai une découverte importante. (Non, il n'est pas probable que je fasse une découverte importante.)

C. Longévité. Il y a beaucoup de centenaires (*100-year-old persons*) dans la province de Québec. Quel est leur secret? Jouez le rôle de Jean Laviolette, un centenaire québecois, et donnez des conseils aux gens qui veulent vivre longtemps. Suivez le modèle.

MODÈLE: Il est important de bien manger. ⟶
Il est important que vous mangiez bien!

1. Il faut prendre un peu de vin à chaque repas.   2. Il est essentiel de ne pas fumer.   3. Il est nécessaire de rester calme en toutes circonstances.   4. Il est bon de faire de la gymnastique régulièrement.   5. Il faut s'intéresser aux autres.   6. Il est indispensable d'avoir envie de vivre.

D. Vie québecoise. Qu'est-ce qui est important pour les Québecois? Substituez l'infinitif au subjonctif.

MODÈLE: Il est important que nous conservions notre héritage français. ⟶
Il est important de conserver l'héritage français.

1. Il est important que nous soyons fiers d'être québecois.   2. Il est essentiel que nous continuions à parler français.   3. Il est nécessaire que nous maintenions nos traditions.   4. Il est essentiel que nous protégions notre identité.   5. Il est nécessaire que nous ayons des échanges avec la France.

E. Vie européenne. Les Canadiens francophones et anglophones apprennent à vivre ensemble. En Europe, la diversité linguistique et culturelle est encore plus prononcée. Qu'est-ce qui est important pour les Européens? Donnez l'équivalent de chaque phrase suivante. Utilisez *devoir + infinitif* au lieu de l'expression *il faut que.*

MODÈLE: Il faut que nous nous respections mutuellement. ⟶
Nous devons nous respecter mutuellement.

1. Il faut que nous développions nos échanges culturels.   2. Il faut que le Marché commun s'étende (*extend*) à tous les domaines.   3. Il faut que les nations européennes travaillent ensemble.   4. Il faut que les Anglais achètent des Renault.   5. Il faut que les Français achètent des Rolls-Royce.   6. Il faut que les Suisses passent leurs vacances en Espagne!   7. Il faut que les Italiens passent leurs vacances en Belgique!

F. Problèmes du monde. Donnez une réaction personnelle aux problèmes suivants. Employez une de ces expressions: *il est normal que, il est dommage que, il est vrai que, il n'est pas vrai que, il semble que, il est juste que, il est clair que, il est étrange que.*

1. Le monde est de plus en plus pollué.   2. Aux États-Unis nous gaspillons trop d'énergie.   3. L'exploration spatiale est peut-être la solution à tous nos problèmes.   4. La pauvreté est le problème le plus important du monde.   5. Il y a toujours des gens qui sont à la recherche d'une nouvelle vie.   6. La vie contemporaine est très compliquée.

Offrez des solutions à certains de ces problèmes. Employez une des expressions suivantes: *il est important que, il faut que, il est nécessaire que, il est indispensable que, il est essentiel que, il est préférable que.*

G. Des conseils. Jouez le rôle d'un(e) conseiller(ère) et renseignez (*give advice to*) les personnes qui veulent accomplir les choses suivantes. Utilisez des expressions comme *il faut, il est nécessaire de, vous devez, j'espère que.*

1. Je veux vivre longtemps. Qu'est-ce que je dois faire? 2. Je veux perfectionner mon français. Qu'est-ce que je dois faire?   3. Je veux être riche un jour. Qu'est-ce que je dois étudier?   4. Je veux m'amuser beaucoup cet été. Où est-ce que je dois voyager?   5. Je veux connaître beaucoup de francophones. Qu'est-ce que je peux faire aux États-Unis? et à l'étranger?

62 *The subjunctive after certain conjunctions; the past subjunctive*

Des îles françaises près du Canada

MONIQUE: Mais, devine—*avant que je ne*[3] te le *dise*—où se trouvent St-Pierre et Miquelon! J'y vais cet été.

GÉRARD: Je n'en ai aucune idée... *à moins que ce ne*[3] *soient* ces îles au sud de Terre-Neuve?

MONIQUE: C'est ça! *Quoique ces îles soient* très petites, on y trouve plus de cinq mille Français—dont mes propres cousins!

BERNARD: Cartier les a découvertes il y a plus de quatre cent quarante ans, et elles restent territoire français jusqu'à nos jours. Des îles françaises à la porte des États-Unis... Je te laisserai partir, Monique, *pourvu que tu* m'y *emmènes* aussi!

1. Où va Monique cet été-là?
2. Qu'est-ce que Gérard devine?
3. Combien de Français vivent dans ces îles?
4. Depuis combien de temps ces îles restent-elles territoire français?
5. Sous quelle condition est-ce que Bernard laissera partir Monique?

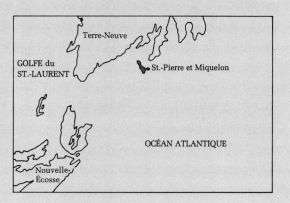

French islands near Canada
MONIQUE: Just guess—before I tell (it to) you—where St. Pierre and Miquelon are (located)! I'm going there this summer. GÉRARD: I have no idea . . . unless they're those islands south of Newfoundland. MONIQUE: That's right! Although those islands are very small, more than 5,000 French are found there—including my own cousins! BERNARD: Cartier discovered them more than 440 years ago, and they've remained French territory until our time. French islands at the door of the United States . . . Monique, I'll let you leave provided that you take me along (there) too!

---

[3]The word **ne** (the "pleonastic" ne) is frequently used after **avant que** and **à moins que.** It does not make the following verb negative, and has no translatable meaning in English.

A. In French, the following types of conjunctions are followed by the subjunctive:

1. conjunctions of purpose:

afin que, pour que	*in order that, so that*

Nous lirons des pièces québecoises **afin que tu connaisses** un peu l'argot franco-canadien.	*We will read some Quebecois plays so that you will be somewhat familiar with French-Canadian slang.*
Je l'explique **pour que** tu le comprenne.	*I'm explaining it so that you may understand (it).*

2. conjunctions of concession:

bien que, quoique	*although, even though*

Bien que vingt-huit pour cent des Canadiens **soient** francophones, il y a seulement douze quotidiens français au Canada.	*Although twenty-eight percent of Canadians are French-speaking, there are only twelve daily French newspapers in Canada.*
Il part en voyage quoiqu'il n'**ait** pas beaucoup d'argent.	*He's leaving on a trip even though he doesn't have much money.*

3. conjunctions of limitation or time restriction:

à condition que	*on the condition that*
à moins que	*unless*
avant que	*before*
jusqu'à ce que	*until*
pourvu que	*provided that*
sans que	*without*

Nous irons au carnaval de Mardi Gras **pourvu qu'il fasse** beau.	*We'll go to the Mardi Gras provided that the weather is nice.*
Nous allons partir **sans qu'elle** le **sache.**	*We're going to leave without her knowing it.*
Je vais rester ici **jusqu'à ce que tu** me **téléphones.**	*I'll stay here until you call me.*

Note that most of these conjunctions express contingency or conjecture. They introduce something that may or may not take place, or something that will take place only if certain conditions are met.

4. Many of these conjunctions have a corresponding prepositional form to be used with the infinitive whenever the two clauses have the same subject.

Nous t'appellerons **avant de partir**.	*We'll call you before we leave.*
Nous t'appellerons **avant que tu ne partes**.	*We'll call you before you leave.*

These prepositions include: **afin de, pour, à condition de, à moins de, avant de,** and **sans.**

B. The past subjunctive

The past subjunctive is used in the same constructions as the present subjunctive. However, it indicates that the action or situation of the dependent clause (following **que**) occurred *before* the action or situation in the main (first) clause. The past subjunctive is formed with the present subjunctive of **avoir** or **être** + a *past participle*.

Past subjunctive of **parler**

que j'**aie parlé**	que nous **ayons parlé**
que tu **aies parlé**	que vous **ayez parlé**
qu'il, elle, on **ait parlé**	qu'ils, elles **aient parlé**

Past subjunctive of **venir**

que je **sois venu(e)**	que nous **soyons venu(e)s**
que tu **sois venu(e)**	que vous **soyez venu(e)s**
qu'il, elle, on **soit venu(e)**	qu'ils, elles **soient venu(e)s**

Remember that the subjects of the two clauses in the sentence are usually different.

Present subj.	Je suis content **que tu viennes.**	*I am happy that you are coming.*
Past subj.	Je suis content **que tu sois venue.**	*I am happy that you came.*
Present subj.	Est-il possible **que vous me prêtiez** ce plan?	*Is it possible for you to lend me that city map?*
Past subj.	Est-il possible **que vous m'ayez déjà prêté** ce plan?	*Is it possible that you already loaned me that city map?*

A votre tour

A. Visite du Canada. Complétez les phrases suivantes pour décrire vos vacances au Canada. Suivez le modèle.

MODÈLE: Nous allons au Canada afin que _____. elle / voir / pays →
Nous allons au Canada afin qu'elle voie le pays.

Nous allons au Canada afin que _____.

1. ils / apprendre / français
2. vous / voir / enfin / Montagnes Rocheuses
3. elle / pouvoir / visiter / grandes villes
4. vous / perfectionner / votre français
5. nos enfants / pouvoir / suivre / route / pionnier
6. vous / nous / montrer / la cathédrale de Notre-Dame de Bon-Secours

Nous y allons bien que _____.

1. voyage / être / cher
2. nos amis canadiens / venir / ici
3. vous / connaître / déjà / ce pays
4. vacances / être / court
5. nous / ne... pas / parler / français

Une fête dans la ville de Québec: Des Québecois se réunissent pour danser sur la place de l'église.

Nous irons à Montréal pourvu que _____.

1. billets d'avion / ne... pas / être / trop cher
2. tu / avoir / envie d'y aller
3. vous / trouver / hôtel bon marché
4. il / faire / beau
5. elle / avoir / encore / argent
6. nos amis / être / là

B. Une journée à Québec. Reliez les deux phrases avec la conjonction entre parenthèses. Suivez le modèle.

MODÈLE: Je viens. Tu es là. (à condition que) ⟶ Je viens à condition que tu sois là.

1. Je m'occupe de la voiture. Marie-Claire peut lire le guide de Montréal. (afin que) 2. Nous quittons l'hôtel. Les magasins ferment. (avant que) 3. J'achète ce roman québecois. Vous l'aimez. (pourvu que) 4. Je te donne le guide. Tu essaies de trouver la rue Soufflet. (pour que) 5. Nous ne voulons pas partir. Vous voyez la ville de Québec. (sans que) 6. Les gens de Québec semblent sympathiques. Nous ne les connaissons pas. (quoique) 7. Nous restons ici. Vous arrivez. (jusqu'à ce que) 8. Marc ne veut pas parler aux Dupont. Vous les lui présentez. (à moins que)

C. Un étudiant modèle. André est un étudiant modèle. Jouez le rôle d'André et complétez les phrases suivantes avec des infinitifs.

Mots utiles: apprendre tout le vocabulaire, terminer mes devoirs, avoir appris toute la leçon, bien étudier le Chapitre 27, perfectionner mon français

1. Ce soir, je vais beaucoup étudier afin de _____. 2. Je ne vais pas regarder la télévision avant de _____. 3. Je ne vais pas me coucher sans _____. 4. Je ne sortirai pas à moins de _____.

D. Voyage au Québec. En français, s'il vous plaît.

1. *It is essential that we try to learn French.* 2. *I want to learn it before we go to Montreal.* 3. *It is better for us to speak French to each other when we go to Quebec.* 4. *It's not likely that we'll take the train to Quebec.* 5. *We're happy that we're taking the plane.* 6. *Is it true that the trip is expensive?* 7. *I don't know what the trip costs.* 8. *I'll pay provided that I learn some French.* 9. *I'm glad that my friends are going to Quebec.* 10. *I'm sure that the stay* (**le séjour**) *will be interesting!*

E. Retour du Canada. On ne fait jamais tout ce qu'on veut pendant un voyage. Quels sont les regrets des touristes qui rentrent de leurs vacances au Canada? Utilisez le passé du subjonctif selon le modèle.

MODÈLE: Il est dommage que _____. nous / manquer / le Carnaval ⟶
Il est dommage que nous ayons manqué le Carnaval.

1. je / ne pas pouvoir / rester plus longtemps
2. le voyage / être / si court
3. vous / ne pas voir / les Chutes (*falls*) du Niagara

4. mes amis   /   ne pas visiter   /   l'Université Laval
5. tu   /   ne pas venir   /   en hiver
6. nous   /   ne pas prendre   /   plus de photos

F.   **Impressions de France.** Diane et Jean, tous deux québecois, sont allés en France pour la première fois. Voici leurs réactions. Utilisez le passé du subjonctif selon le modèle.

MODÈLE: Diane est surprise. On a parlé anglais à l'hôtel. ⟶
         Diane est surprise qu'on ait parlé anglais à l'hôtel.

1. Jean est content. Ils ont enfin découvert Paris!
2. Jean est surpris. On n'a pas bien compris leur accent!
3. Diane est heureuse. Les Français ont été très gentils!
4. Diane est désolée. Leur voyage s'est terminé trop tôt!
5. Ils sont malheureux. Il a fait si mauvais pendant leur séjour à Paris.

Mise en pratique

DIALOGUE: Entre gens d'Amérique du Nord

Richard a rencontré en France d'autres étudiants étrangers, et parmi° eux un couple québecois, charmant et chaleureux,° Diane et Jean. A la faculté, ceux-ci parlent un français ordinaire, semblable à celui des autres jeunes. Mais un soir, ils ont invité Richard chez eux pour rencontrer un groupe d'amis francophones, et là Richard a parfois eu des difficultés à suivre la conversation! La voici. Les mots d'argot québecois sont indiqués par un*.   *among / warm, friendly*

JEAN (à sa femme): Est-ce que vous êtes allées faire les commissions,* toi et ton amie de fille*? Qu'est-ce qu'on mange?   *errands / girl friend*

DIANE: Des cretons*, pis* des blés d'Inde*.   *cold cuts / then / corn on the cob*

LOUISE: Je suis contente que tu aies trouvé des blés d'Inde.

DIANE: J'ai pas eu[4] le temps de cuisiner.

JEAN: Tu as oublié nos invités, alors?

DIANE: Je les ai pas oubliés pantoute*! J'ai de la bonne tarte à farlouche* et du sucre à la crème°.   *at all*
   mincemeat / sweet dessert

RICHARD: Arrête, Diane, je ne te comprends plus! Il vaut mieux que tu parles comme d'habitude!

---

[4]**Ne** is often dropped from **ne... pas** or other negations in colloquial French: **j'ai pas eu** = **je n'ai pas eu.**

DIANE: On le fait exprès,° pour rire. Est-ce que cela   *On... We're doing it on purpose*
t'étonne qu'il y ait d'aussi grandes différences entre
le français de chez nous et celui d'ici?

RICHARD: J'aime bien vous entendre mais je ne crois pas
saisir° un mot sur° deux.   *understand / out of*

DIANE: Remarques-tu notre accent?

RICHARD: Je ne crois pas avoir l'oreille assez fine. Mais je
remarque les « R », cela me rappelle des accents
régionaux entendus à la campagne.

DIANE: Tu sais, nos ancêtres n'étaient pas des princes.
Deux tiers° d'entre eux étaient des paysans ou des   *thirds*
artisans.

RICHARD: Se peut-il que ce dialecte s'entende encore?

DIANE: Mais oui. Ils étaient complètement isolés° et   *isolated*
n'allaient même pas à l'école.

RICHARD: Quelle impression avez-vous eue, Jean et toi,
quand vous êtes arrivés en France?

JEAN: La province de Québec seule peut contenir° la   *contain*
France, la Belgique, la Suisse, les deux
Allemagnes, l'Espagne et le Portugal. Et nous
avons à peine° dix habitants au mille carré.° Alors,   *à... scarcely / mille... square mile*
la France nous paraît° souvent petite et   *seems*
surpeuplée.°   *crowded*

DIANE: C'est un pays étranger, comme pour toi. Nous
l'aimons à cause des différences. Nous avons rêvé
de la France: maintenant, il faut que nous la
découvrions et que nous la comprenions.

A. Un couple chaleureux. Répondez aux questions suivantes et discutez vos réponses avec
les autres membres de la classe.

1. Où est Richard? 2. Comprend-il toujours le français des Québecois? 3. Qu'est-ce
qu'on va manger? 4. En quoi l'accent de Diane est-il différent de l'accent des
Français? 5. Les ancêtres de Diane étaient-ils des princes? 6. La province de
Québec est-elle grande? 7. Pour un Québecois, est-ce que la France est un pays
étranger? Pourquoi? 8. Avez-vous jamais entendu le français du Québec? 9. Avez-
vous entendu de la musique québecoise? 10. Avez-vous visité le Canada? le
Québec? 11. Y a-t-il deux ou plusieurs langues dans votre famille ou dans votre
héritage? Lesquelles? Combien en connaissez-vous? 12. Dans quelles circonstances
utilise-t-on les différentes langues dans la famille? 13. Croyez-vous qu'on sente une
certaine tension sociale lorsqu'on utilise une langue différente de celle de la
communauté où on habite? Quels en sont les avantages et les inconvénients?

B. Visite de la Nouvelle-Orléans. Imaginez que vous avez visité La Nouvelle-Orléans.
Regardez la liste suivante et racontez votre visite. Commencez les phrases avec les
expressions à gauche et expliquez vos affirmations.

MODÈLE: Il a fallu que je mange des huîtres parce que mon cousin m'a emmené(e) dîner.

J'ai été content(e) de/que	se promener dans Bourbon Street
J'ai voulu (que)	visiter les vieux hôtels célèbres
Il a fallu (que)	dîner chez Antoine
Il a été possible de/que	manger un gumbo créole
Il a été impossible de/que	manger des huîtres
Il a été intéressant de/que	prendre du poulet à la créole
	boire du café à la chicorée
	écouter de la musique acadienne
	écouter l'orchestre de Preservation Hall

C. Conversation avec une indépendantiste québecoise. Les Québecois sont aujourd'hui environ cinq millions. Quatre-vingts pour cent des habitants de la province parlent français, la langue déclarée officielle dans cette province.

Le Parti Québecois demande l'indépendance du Québec mais souhaite qu'il soit associé aux autres provinces canadiennes—un peu comme la France est associée aux pays du Marché commun européen. Il est possible qu'un jour la question de l'indépendance soit résolue (*resolved*) par un référendum. Imaginez que vous parlez avec Martine, une indépendantiste. Exprimez vos opinions chaque fois que Martine décrit un aspect du mouvement indépendantiste au Québec. Commencez vos phrases avec des expressions comme: *il est essentiel de/que, il est stupide de/que, il est bon de/que, il est préférable de/que, il est normal de/que, il faut, vous devez, j'espère que, il est dommage que, je suis surpris(e) que*

Martine	*Vous*
MODÈLE: Je suis québecoise et j'en suis fière. ⟶	Il est normal que tu en sois fière.
1. Je suis membre du Parti Québecois.	2. _____
3. Je veux que mon pays soit indépendant.	4. _____
5. Nous sommes une province très riche.	6. _____
7. Les Canadiens anglophones ont pratiqué contre nous une discrimination linguistique.	8. _____
9. Le président de Gaulle a soutenu notre cause.	10. _____
11. Nous sommes capables de nous gouverner.	12. _____
13. _____	14. _____

Mots à retenir

VERBES

émigrer	*to emigrate*	perfectionner	*to perfect*
fonder	*to found*	posséder	*to possess, own*
maintenir	*to maintain*	renseigner	*to advise, give information*

NOMS

l'ancêtre (*m or f*)	*ancestor*	le prénom	*first name*
l'argot (*m*)	*slang*	la racine	*root*
le colon	*colonist*	les renseignements (*m pl*)	*information*
la découverte	*discovery*		
le/la paysan(ne)	*peasant, country person*	la terre	*land*
		le territoire	*territory*

ADJECTIFS

acadien(ne)	*Acadian, Cajun*	officiel(le)	*official*
francophone	*French-speaking*	québecois(e)	*Quebecois, of Quebec*
maternel(le)	*native; maternal*		

EXPRESSIONS IMPERSONNELLES[5]

il est dommage que	*it is too bad that, it's a pity that*	il se peut que	*it's possible that*
il est temps de/que	*it's time to/that*	il est utile/inutile de/que	*it's useful/not useful to/that*
il faut (que) (**falloir**)	*it's necessary that*	il vaut mieux (que) (**valoir**)	
il semble que	*it seems that*		*it's better that*

CONJONCTIONS ET PRÉPOSITIONS

à condition que (à condition de)	*on the condition that*	bien que	*although, even though*
		jusqu'à ce que	*until*
afin que (afin de)	*in order that, so that*	pour que (pour)	*in order that, so that*
à moins que (à moins de)	*unless*	pourvu que	*provided that*
		quoique	*although, even though*
avant que (avant de)	*before*	sans que (sans)	*without*

MOTS DIVERS

ne... aucun(e)	*no, none, not any*	parmi	*among*

[5]Voir ci-dessus pp. 390–392 pour la liste des expressions impersonnelles et l'explication de leurs particularités.

L'Afrique francophone

Une Sénégalaise au marché de son village

Prélude: Vocabulaire

La Langue française en Afrique

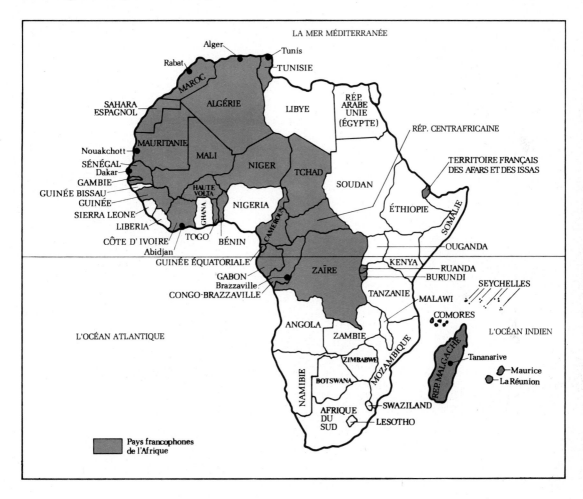

La langue et la culture françaises sont un moyen de communication pour une grande partie de l'Afrique, continent d'une immense diversité linguistique et culturelle.

A. **Nationalités africaines.** D'où viennent ces étudiants? Avec un(e) camarade, jouez les rôles selon le modèle.

MODÈLE: Marianne, Rabat, le Maroc —→
       Vous: Marianne, d'où venez-vous?
    Marianne: Je viens de Rabat, au Maroc. Je suis marocaine.

Adjectifs: marocain(e); malgache; sénégalais(e); algérien(ne); congolais(e); ivoirien(ne); tunisien(ne).

405

1. Gisèle, Tananarive, la République Malgache   2. Michèle et Bernard, Dakar, le Sénégal   3. Patrick et Odile, Alger, l'Algérie (*f*)   4. Monique et Françoise, Brazzaville, le Congo-Brazzaville   5. Juliette et Jean-Pierre, Abidjan, la Côte-d'Ivoire 6. Clément et Vincent, Tunis, la Tunisie.

B. Noms et lieux. Répondez aux questions suivantes en regardant (*looking at*) la carte à la page 405.

1. Nommez les trois pays francophones de l'Afrique du Nord.   2. Nommez quelques pays francophones sur la côte (*coast*) ouest de l'Afrique.   3. Nommez plusieurs grands pays francophones de l'Afrique de l'Ouest qui ne sont pas sur la mer.   4. Quel est le plus grand pays anglophone de l'Afrique de l'Ouest?   5. Est-ce qu'on parle aussi français dans l'Afrique orientale (*east*)? Où?   6. Quelle est la plus grande île francophone africaine?   7. La petite île de la Réunion est un département français d'outre-mer (*overseas*). Nommez les autres petites îles francophones de l'océan Indien.

C. Splendeurs africaines. Vos camarades désirent aller en Afrique. Guidez-les! Répondez à leurs questions. Aidez-vous des affiches suivantes.

1. Quels paysages trouve-t-on dans chaque pays?   2. Quel est le climat de chaque pays?   3. Qu'est-ce qu'on peut y faire?   4. Combien coûte le voyage?   5. Quelle est la compagnie aérienne de chaque pays?   6. De quel(s) pays africains avez-vous entendu parler (*heard about*)? Lesquels connaissez-vous? Comment le(s) connaissez-vous?   7. Auxquels aimeriez-vous aller? Pourquoi?

Grammaire

63   *The present participle*

Poésie africaine d'expression française

Léopold Senghor

MARIE-CHRISTINE: J'imagine, *en écoutant* ce poème de Léopold Senghor,[1] que la littérature africaine est très engagée.

JEAN-PIERRE: Oui, deux poètes noirs, Aimé Césaire[2] et Léopold Senghor, sont devenus célèbres tout *en étant* aussi de grands hommes politiques.

LAURENT: Et pourtant, depuis que le Sénégal est indépendant, nos poètes contemporains, *en s'adressant* au public sénégalais sans militantisme, *en revenant* au folklore et aux racines africaines, continuent à produire une poésie authentique.

Refaites les phrases suivantes selon le dialogue en utilisant le participe présent avec *en*.

1. J'écoute ce poème de Senghor et j'imagine que la littérature africaine est très engagée politiquement.
2. Césaire et Senghor sont des poètes célèbres et ce sont aussi de grands hommes politiques.
3. Nos poètes s'adressent au public sénégalais et reviennent aux racines africaines. Ils continuent à produire une poésie authentique.

African poetry in French

MARIE-CHRISTINE: I imagine, listening to this poem by Léopold Senghor, that African literature is very militant. JEAN-PIERRE: Yes, two black poets, Aimé Césaire and Léopold Senghor, became famous while they were also great political figures. LAURENT: However, since Senegal has been independent, our contemporary poets, by speaking to the Senegalese public without being militant, by returning to folklore and to African roots, continue to produce authentic poetry.

---

[1]Le grand poète Léopold Senghor a été le premier président de la République sénégalaise.
[2]Aimé Césaire est un grand poète et homme politique français originaire de la Martinique aux Antilles (*West Indies*).

A. Forming the present participle

In English, the present participle ends in *-ing*. It is used to describe an action that is taking place simultaneously with the action of the main verb: *While reading a book about the Congo, John began to understand the problems of colonialism.*

The French present participle is formed by dropping the **-ons** ending from the **nous** form of the present indicative and adding **-ant.**

donner: nous donn~~ons~~   →   donn-   →   **donnant**
finir: nous finiss~~ons~~   →   finiss-   →   **finnissant**
perdre: nous perd~~ons~~   →   perd-   →   **perdant**

Three French verbs have irregular present participles:

avoir: **ayant**   être: **étant**   savoir: **sachant**

B. Uses of the present participle

The present participle is frequently used with the preposition **en.** In this construction, it expresses an action that is taking place at the same time as the main action of the sentence. Note that both actions are performed by the same subject. **En** corresponds to the English prepositions *while* and *upon.*

Deux étudiants africains francophones se rencontrent devant l'Opéra à Paris.

| Mehdi a obtenu une réduction sur le vol Rabat-Paris **en achetant** son billet. | *Mehdi got a discount on the Rabat-Paris flight upon buying his ticket.* |
| **En étudiant** la langue, nous avons aussi découvert la culture. | *While studying the language, we've also learned about culture.* |

The present participle can also indicate a relationship of cause and effect between the present participle and the main verb. **En** then corresponds to the English prepositions *in* or *by*.

| J'apprends le français **en parlant** souvent avec mes amis marocains. | *I'm learning French by speaking often with my Moroccan friends.* |

À votre tour

A. Pour perfectionner son français. Jeff Stevens, un étudiant américain, a été invité à venir vivre dans la République Malgache. Il prépare son voyage en parlant français toute la journée. Qu'est-ce qu'il fait? Suivez le modèle.

MODÈLE: se lever ⟶ Il parle français en se levant.

1. se baigner
2. s'habiller
3. prendre son petit déjeuner
4. conduire sa voiture
5. aller aux cours
6. faire du jogging
7. promener son chien
8. préparer son dîner
9. regarder la télé
10. s'endormir

B. Le paradis antillais (*West Indian*). Les anciennes colonies françaises n'étaient pas toutes en Afrique. Marie-Josée vit aux Antilles. Elle veut persuader un ami français de venir lui rendre visite. Transformez les phrases de Marie-Josée selon le modèle.

MODÈLE: Viens vivre à Haïti: tu apprendras à vivre plus librement ⟶
En vivant à Haïti, tu apprendras à vivre plus librement.

1. Viens voir le Carnaval: tu découvriras la magie vaudou (*voodoo*). 2. Viens visiter les villages créoles: tu verras le vrai visage d'Haïti. 3. Viens jouer au Casino international: tu deviendras peut-être riche. 4. Viens finir tes vacances à la Martinique: tu repartiras ébloui (*dazzled*). 5. Viens faire de la pêche sous-marine: tu pourras te détendre. 6. Viens habiter chez nous, à la Guadeloupe: tu passeras des vacances merveilleuses. 7. Viens te promener dans notre île: tu décideras peut-être de déménager. 8. Viens nager dans la mer des Caraïbes (*Caribbean*): tu décideras peut-être de rester ici!

C. Efforts. Avec un(e) camarade, posez les questions suivantes. Répondez en utilisant un participe présent selon le modèle. Pouvez-vous donner d'autres possibilités?

MODÈLE: Comment apprends-tu le français? (étudier) ⟶
C'est en étudiant que je l'apprends.

1. Comment prépares-tu le cours d'histoire? (lire beaucoup)   2. Que vas-tu faire pour réussir à ton examen? (travailler toute la semaine)   3. Comment te détends-tu le mieux? (dormir)   4. Comment t'amuses-tu? (jouer au tennis)   5. Quand t'ennuies-tu? (attendre chez le dentiste)   6. Que fais-tu pour passer d'excellentes vacances? (voyager à l'étranger)   7. Comment connaît-on la culture d'un autre pays? (parler aux habitants) 8. Comment fait-on la connaissance des étudiants étrangers? (parler ensemble)   9. Comment arriveras-tu à ne pas perdre ton français? (choisir un autre cours)

64 *Possessive pronouns*

Objets d'art

CHANTAL: Quel masque remarquable! Il *t'appartient?*

OUSMANE: Oui, il *est à moi*. C'était un masque d'initiation dans notre région.

LÉON: Dans *la nôtre,* les masques d'initiation ressemblent à une antilope. Nous les utilisons encore pour danser au cours des cérémonies traditionnelles.

OUSMANE: Mon masque me rappelle le Cameroun, mon pays, *les miens* et mes amis qui sont encore là-bas.

Retrouvez la phrase correcte dans le dialogue.

1. Il est à toi?
2. Il m'appartient.
3. Dans notre région, les masques ressemblent à une antilope.
4. Je me rappelle ma famille et mes amis.

Possessive pronouns replace nouns that are modified by a possessive adjective or other possessive construction. In English, the possessive pronouns are *mine, yours, his, hers, its, ours,* and *theirs: They're my tickets.* ⟶ *They're mine.*

Art objects
CHANTAL: What a remarkable mask! Does it belong to you? OUSMANE: Yes, it's mine. It was an initiation mask in our area. LÉON: In ours, initiation masks look like an antelope. We still use them in ceremonial dances. OUSMANE: My mask reminds me of Cameroon, my country, of my family, and of my friends who are still over there.

A. Forms and use of the possessive pronouns

In French, the definite article is always used with the appropriate forms of the possessive pronoun.

	Singular		Plural	
	Masculine	*Feminine*	*Masculine*	*Feminine*
mine	le mien	la mienne	les miens	les miennes
yours	le tien	la tienne	les tiens	les tiennes
his/hers/its	le sien	la sienne	les siens	les siennes
ours	le nôtre	la nôtre	les nôtres	les nôtres
yours	le vôtre	la vôtre	les vôtres	les vôtres
theirs	le leur	la leur	les leurs	les leurs

Be careful to differentiate between the pronunciation of the letter **o** in the possessive adjectives **notre/votre** [ɔ], and the letter **ô** in the possessive pronouns **le/la nôtre, le/la vôtre** [o]. As with possessive adjectives, French possessive pronouns agree in gender and number with the noun to which they refer, not with the possessor as in English.

la voiture de Charles	⟶	sa voiture	⟶	**la sienne**	*his*
la voiture de Marie	⟶	sa voiture	⟶	**la sienne**	*hers*
le père d'Estelle	⟶	son père	⟶	**le sien**	*hers*
la mère de Marc	⟶	sa mère	⟶	**la sienne**	*his*

Compare these sentences, in which possessive constructions with nouns are contrasted with possessive pronouns.

Possessive construction + noun		*Possessive pronoun*
Où sont **leurs bagages?**	⟶	**Les leurs** sont ici.
C'est **mon frère** là-bas.	⟶	Ah oui? C'est **le mien** à côté de lui.
La **voiture de Frédérique** est plus rapide que **ma voiture.**	⟶	Ah oui? **La sienne** est plus rapide que **la mienne.**

The prepositions **à** and **de** contract with the definite article that precedes the possessive pronouns.

Nous parlons de nos coutumes et vous parlez **des vôtres.**	*We're talking about our customs and you're talking about yours.*
Tu penses à ton pays et je pense **au mien.**	*You're thinking about your country and I'm thinking about mine.*

B. Alternatives to possessive pronouns

In referring to objects, the use of **être** + **à** + *noun/pronoun* is a frequent alternative to the use of the possessive pronoun, as is the verb **appartenir** (*to belong*) + *indirect object*.

Possessive pronoun	**Être** + *noun/pronoun*	**Appartenir** *with indirect object*
Ce livre est **le mien.**	Ce livre **est à moi.**	Ce livre **m'appartient.**
Ce sont les livres de Paul. Ce sont **les siens.**	Ces livres **sont à Paul.** Ils **sont à lui.**	Ces livres **appartiennent à Paul.** Ils **lui appartiennent.**
Leurs lettres? Voici **les leurs.**	Ces lettres **sont à eux.**	Ces lettres **leur appartiennent.**

À votre tour

A. Retour d'Afrique. Henri et Jean-François avaient mis toutes leurs affaires dans la même valise. Faites les substitutions et les changements nécessaires.

1. Voilà un *portefeuille.* Est-ce que c'est le mien? (passeport, raquette de tennis, cigarettes, appareil-photo, cartes postales)   2. Voici un *chandail.* C'est le tien, n'est-ce pas? (montre, journaux, guide, photos, livres)

B. Que de confusion! Il semble que des affaires appartenant à d'autres sont aussi dans la valise. Avec un(e) camarade, jouez les deux rôles selon le modèle.

MODÈLE: pantalon / Paul ⟶
  Henri: Et ce pantalon, ce n'est pas le mien. Il est à Paul?
  Jean-François: Oui, je crois que c'est le sien.

1. masque / Jacques   2. chaussures de tennis / Marie-Claire
3. chemise / Paulette   4. short / Sylvie   5. tee-shirt / Marc
6. chapeau / Jean   7. cravates / Léon

C. Souvenirs d'Afrique. Répondez aux questions en donnant trois réponses différentes. Suivez le modèle.

MODÈLE: Est-ce que c'est ton affiche du Cameroun? ⟶   Oui, c'est la mienne.
  Oui, elle est à moi.
  Oui, elle m'appartient.

1. Est-ce que ce sont tes bracelets (*m*) d'argent?   2. Est-ce que c'est le masque d'Amélan?   3. Est-ce que ce sont vos diamants (*m*) du Congo?   4. Est-ce que c'est ta statue de la Côte-d'Ivoire?   5. Est-ce que ce sont vos souvenirs tunisiens, Thérèse?   6. Est-ce que c'est une photo des parents de Tassou?   7. Est-ce que ce sont vos statues sénégalaises?   8. Est-ce que c'est le tambour (*drum*) congolais de tes amis?

65 *Summary of indefinite adjectives and pronouns*

La Coopération

BENOÎT: Voilà *plusieurs* mois que je n'ai pas vu Clément. *Tout* va bien chez lui?

VINCENT: Oui, il fait *quelque chose* de passionnant, avec *quelques* amis.

BENOÎT: C'est lui, n'est-ce pas, qui voulait devenir coopérant, faire son service national en enseignant le français au Cameroun?

VINCENT: Oui, ils ont *tous* choisi la Coopération.[3] *Chacun* est parti dans une ancienne colonie française. *Quelques-uns* travaillent dans l'enseignement, *d'autres* dans la construction...

BENOÎT: *Chaque* fois que j'entends parler de tels projets, j'ai envie de *tout* laisser tomber ici et de les y suivre!

1. Depuis combien de temps Benoît n'a-t-il pas vu Clément?
2. Est-ce que tout va bien chez lui?
3. Qu'est-ce qu'il voulait faire?
4. En fait, où est-il allé? Et ses amis?
5. Qu'est-ce que Benoît a envie de faire?

A. Forms and uses of *tout*

1. the adjective **tout** (**toute, tous, toutes**)

    As an adjective, **tout** can be followed by an article, a possessive adjective, or a demonstrative adjective.

The cooperation service

BENOÎT: I haven't seen Clément for a few months. Are things going well with him? VINCENT: Yes, he's doing something fascinating (along) with several friends. BENOÎT: Isn't it he who wanted to join the cooperation service, do his military service by teaching French in Cameroon? VINCENT: Yes, all of them chose the cooperation service. Each one left for a former French colony. Some are working in teaching, others in construction projects . . . BENOÎT: Each time I hear about such projects, I long to drop everything here and follow them there!

---

[3]**La Coopération**—which can be compared to the U.S. Peace Corps—is an option offered to young Frenchmen instead of obligatory military service.

Nous avons marché **toute la** journée[4] pour arriver au village.	*We hiked all day to reach the village.*
Voilà **tous mes** amis.	*Here are all of my friends.*
Veux-tu apporter **toutes ces** provisions?	*Do you want to bring all those supplies?*

2. the pronoun **tout**

As a pronoun, the form **tout** means *all, everything.*

Tout va bien!	*Everything is fine!*
Tout est possible dans ce monde.	*Everything is possible in this world.*

Tous and **toutes** mean *everyone, every one (of them), all of them.* When the masculine plural **tous** is used as a pronoun, the final **s** is pronounced: **tous** [tus].

Vois-tu ces jeunes gens? **Tous** veulent aller en safari.	*Do you see those young people? All of them want to go on a safari.*
Ces lettres sont arrivées hier. Dans **toutes,** on parle des problèmes du Tiers Monde.	*These letters arrived yesterday. In every one, the writer speaks about Third World problems.*

B. Other indefinite adjectives and pronouns

Indefinite adjectives and pronouns refer to unspecified things, persons, or qualities. They are also used to express sameness (the same one) and difference (another). Here are the most frequently used indefinite adjectives and pronouns in French.

Adjectives		*Pronouns*	
quelque(s)	some, a few	**quelqu'un**	someone
		quelque chose	something
		quelques-uns/unes	some, a few
plusieurs	several	**plusieurs**	several
chaque	each	**chacun(e)**	each one
un(e) autre	another	**un(e) autre**	another
l'autre	some/the other	**l'autre**	some/the other
d'autres	other	**d'autres**	others, some others
les autres	some/the other	**les autres**	the others
le (la) même **les mêmes** }	the same	**le (la) même** **les mêmes** }	the same one(s)

---

[4]Note that **toute la journée** refers to duration—what went on during the time period, while **tous les jours** refers to divisible time units: **Nous marchons tous les jours.** *We hike (walk) every day.*

Adjectives

J'ai **quelques** amis au Bénin.

Nous avons **plusieurs** choix.

Chaque étudiant suit un cours d'ethnologie.

Veux-tu prendre **une autre** photo?

L'autre avion est parti.

Les autres passagers sont partis.

C'est **la même** date.

Pronouns

Quelqu'un m'a envoyé un livre sur l'Afrique de l'Ouest.

As-tu vu **quelque chose?**

Plusieurs sont extrêmement difficiles.

Chacun reçoit un visa pour l'Afrique.

Chacune de mes amies parle français.

J'ai reçu une carte postale aujourd'hui. **Une autre** est arrivée hier.

L'autre est déjà parti.

Les autres ne sont pas ici.

Les mêmes sont absents aujourd'hui.

A votre tour

A. Safari-photo. Faites les substitutions.

1. Jean-Paul a vu tout le *paysage.* (masques, campagne, villes, animaux)   2. Tous mes *camarades* ont pris des photos. (amis, professeurs, amies, étudiants)   3. Nous avons apporté tous ces *appareils-photo.* (provisions, essence, tentes (*f pl*), vêtements)

B. La faim. La région du Sahel (*sub-Sahara*) souffrait (*was suffering*) d'une grave famine. A la fin de la première année, il y a eu un congrès (*conference*) international sur la faim. Faites les substitutions et les changements nécessaires.

1. *Plusieurs* pays étaient représentés à la conférence. (quelques, mêmes, d'autres, chaque, un autre)   2. Les représentants ont affirmé quelque chose d'*intéressant.* (scandaleux, inquiétant, important, sérieux)   3. *D'autres* ont parlé d'une famine prolongée. (quelqu'un, les mêmes, quelques-unes, plusieurs, chacun)   4. C'est malheureusement la même *histoire* que l'année passée. (problèmes, tragédies, dangers, discussions)

C. Le congrès continue. Transformez les phrases selon le modèle.

MODÈLE: *Quelques étudiants* ont téléphoné à l'ambassade (*embassy*). ⟶
        Quelques-uns ont téléphoné à l'ambassade.

1. *Quelques pays* ont échappé (*escaped*) à la famine.   2. *Quelques femmes* ont parlé de la condition féminine africaine.   3. *Plusieurs chefs de gouvernement* sont allés à ce congrès.   4. *Chaque pays* y était représenté.   5. *Chaque nation* avait des intérêts différents.   6. *Un autre congrès* aura lieu dans un mois.   7. *Les mêmes pays* y seront représentés.   8. On y discutera *d'autres problèmes* africains.

Mise en pratique

DIALOGUE: Un Dépaysement°

Deux étudiantes, une Américaine et une Africaine, viennent de s'installer avec leurs plateaux° à la même table dans le restaurant universitaire à Besançon.° Elles sont noires, et toutes les deux sont très vives°... et très bavardes: elles se parlent comme de vieilles amies.

ALINE: Bonjour, je ne t'ai jamais vue ici.

BARBARA: Pas étonnant, je viens d'arriver. Cela me fait plaisir, tu sais, de parler avec quelqu'un!

ALINE: D'où viens-tu? Tu n'es pas africaine...

BARBARA: Non, tu as raison, je viens des États-Unis. En étudiant ici, j'espère perfectionner mon français. Je voudrais me spécialiser plus tard en relations internationales. Et toi, pourquoi es-tu ici, en France?

ALINE: Mes parents m'ont encouragée à faire mes études ici. Je voudrais être assistante sociale° dans mon pays. Un de mes frères est en France aussi, et j'ai plusieurs cousins dans différentes villes. Heureusement, car sans eux, je m'ennuierais souvent.

BARBARA: Ta famille te manque,° n'est-ce pas? La mienne, pas tellement.° Pourquoi est-ce que tu t'ennuierais ici?

ALINE: C'est tout simple: en France, il pleut trop souvent! Chez moi, par contre,° il fait beau toute l'année. Je n'ai jamais besoin de porter des chaussures fermées. Alors, en Europe, j'ai mal aux pieds...

BARBARA: As-tu connu des Français avant d'arriver à Besançon?

ALINE: En Afrique, j'ai plusieurs amis français. Il y a pas mal de° Français qui viennent travailler au Bénin.

BARBARA: Le Bénin? J'ai honte°... je ne connais pas le Bénin.

ALINE: Tant de gens n'ont jamais entendu parler du Bénin et n'ont aucune idée de l'endroit où il se trouve. C'est un petit pays, entre le Togo et le Nigeria. Autrefois il s'appelait « Dahomey ». Mais c'était en fait le nom d'une région, et quelques années après l'indépendance, le Gouvernement a choisi un autre nom, celui d'une très vieille civilisation. Tu aimerais le Bénin, j'en suis sûre! J'habite près d'une plage, dans une grande maison—la famille

culture shock

trays

city in eastern France, in the Jura mountains

vivacious

assistante... social worker

Ta... You miss your family

pas... not so much

par... on the other hand

pas... quite a few

J'ai... I'm embarrassed

est grande aussi. Ici, j'habite seule dans une
chambre minuscule... et j'ai le mal du pays°! *j'ai... I'm homesick*
BARBARA: Je te comprends. Moi aussi, j'adorerais voir tout
cela. Je peux imaginer la lumière,° les couleurs *light*
chaudes...
ALINE: Alors, en revenant en France la prochaine fois, tu
sais ce que tu dois faire? Tu prends aussi un billet
pour Abidjan°! *capital of the Ivory Coast*

A. Une heureuse rencontre. Répondez aux questions suivantes.

1. D'où viennent les deux jeunes filles qui parlent au restaurant? 2. Pourquoi sont-elles en France? 3. Où habite la famille d'Aline? 4. Aline est-elle contente d'habiter en France? Pourquoi? 5. Est-ce que Barbara connaît bien le Bénin? 6. Quelle est l'origine du nom Bénin? 7. Avez-vous déjà voyagé en Afrique? 8. Avez-vous des amis africains francophones? 9. Racontez une expérience personnelle au cours de laquelle vous avez eu le mal du pays.

B. Premières impressions. Avec un(e) camarade jouez le rôle de Barbara, qui visite le Bénin pour la première fois. Quelles questions pose-t-elle à la famille d'Aline? (Par exemple, « Les frères et les sœurs d'Aline habitent-ils encore à la maison? » « Avez-vous des petits-enfants? » « Quel temps fait-il ici en hiver? » « Quelle langue parlez-vous à la maison? ») Votre camarade va jouer le rôle de la mère ou du père d'Aline. Quelles questions pose-t-elle/il à son tour à Barbara pendant cette même visite? (Par exemple, « Aimez-vous le Bénin? » « Où habitez-vous aux États-Unis? » « Vos ancêtres sont-ils venus d'Afrique? » « Qu'est-ce que vous étudiez? ») Vous pouvez demander aux autres membres de la classe (ou au professeur) de répondre à vos questions.

C. Le mal du pays. Aline et Barbara pensent rentrer chez elles à la fin de leurs études. Mais, partout dans le monde il y a des gens qui quittent leur pays sans vouloir (ou sans pouvoir) jamais rentrer chez eux. Imaginez que vous avez émigré. Il est possible que vous ayez de temps en temps le mal du pays. Pourquoi? Avec un(e) camarade, classez les raisons suivantes selon l'importance qu'elles ont pour vous.

_____ Mes amis sont trop loin.
_____ Je souffre de la séparation d'avec ma famille.
_____ La nourriture est différente.
_____ Les habitants parlent une autre langue.
_____ Je suis physiquement différent(e) des habitants de ce pays.
_____ Le climat est différent.
_____ La routine quotidienne (acheter un timbre, téléphoner à quelqu'un, faire des achats) est difficile ici.
_____ L'humour est différent.
_____ Le système social est différent. Les gens sont plus (moins) agressifs (moins polis, etc.).

Choisissez la raison la plus importante pour vous et expliquez aux autres membres de la classe la raison de votre choix. Ils doivent vous donner des conseils. Que pouvez-vous faire à l'étranger pour améliorer votre situation?

Mots à retenir

VERBES

s'adresser à	to speak to; to address or direct oneself	avoir le mal du pays	to be homesick
		échapper (à)	to escape (from)
appartenir à	to belong to	entendre parler de	to hear about
avoir honte (de)	to be ashamed (of), embarrassed (about)	interdire (de)	to forbid, prohibit
		souffrir (de)	to suffer; to be ill

NOMS

l'ambassade (f)	embassy	le dépaysement	uprooting; culture shock
les Antilles (f)	West Indies		
la cérémonie	ceremony	le masque	mask
le congrès	conference, convention	le riz	rice
la côte	coast, coastline	le tambour	drum
la coutume	custom	le Tiers Monde	Third World

ADJECTIFS

africain(e)	African	marocain(e)	Moroccan
algérien(ne)	Algerian	occidental(e)	West, Western
engagé(e)	involved; militant	oriental(e)	East, Eastern
ivoirien(ne)	from the Ivory Coast, Ivoirian	sénégalais(e)	Senegalese
		tel(le)	such, such a

MOTS DIVERS

outre-mer	overseas	par contre	on the other hand

QUELQUES PAYS FRANCOPHONES D'AFRIQUE

le Bénin	Benin (Dahomey)	la Mauritanie	Mauritania
le Cameroun	Cameroon	le Niger	Niger
le Congo-Brazzaville	People's Republic of the Congo	la République Malgache	Malagasy Republic (Madagascar)
la Côte-d'Ivoire	Ivory Coast	le Sénégal	Senegal
la *Haute Volta	Upper Volta	la Tunisie	Tunisia
le Mali	Mali	le Zaïre	Zaire

Le Français dans le monde

A Tangier, au Maroc, beaucoup de gens parlent
français.

Le Français, langue de communication internationale

Depuis le 17ᵉ siècle le français est la langue de la diplomatie.

Le français est une des six langues officielles de l'Organisation des Nations Unies (ONU).

Le français est la langue officielle de nombreux pays.

Le français est la langue de la haute cuisine.

Le français est une des langues utilisées de nos jours par l'élite intellectuelle et scientifique de nombreux pays.

A. **Une langue internationale.** Discutez les questions suivantes en classe.

1. Pendant quel siècle le français est-il devenu la langue de la diplomatie mondiale? Pourquoi? 2. Connaissez-vous des personnages historiques américains qui parlaient français? 3. Qu'est-ce que c'est que l'ONU? Quelles sont les langues officielles de l'ONU? Pourquoi, à votre avis, le français est-il une de ces langues? 4. Pourquoi est-ce que le français est la langue officielle de nombreux pays? 5. Pouvez-vous nommer des Français et des Françaises célèbres dans le domaine culturel?

B. **Et chez nous?** Continuez votre discussion avec un(e) camarade.

1. Parle-t-on aussi français dans certaines régions des États-Unis? Dans lesquelles? 2. Qu'est-ce que c'est que la haute cuisine? Connaissez-vous des expressions gastronomiques françaises? Dans votre ville, y a-t-il des restaurants qui offrent de la haute cuisine? 3. Est-ce que le français est une langue de communication pour vous? Expliquez.

Le Monde francophone

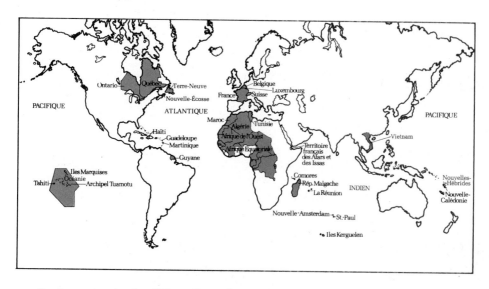

Environ soixante-dix (70) millions de personnes parlent français dans le monde.

A. **Le monde francophone.** Où se parle (*is spoken*) le français? Complétez les phrases suivantes avec le nom ou l'adjectif correct.

1. En Europe, le français se parle en _____, en _____, en _____ et au _____.
2. Le français est présent en Indochine, par exemple, au _____.   3. En _____, le français est la langue officielle de dix-huit pays.   4. L'_____, le _____ et la _____ sont les trois pays de l'Afrique du Nord où se parle le français.   5. Deux grandes provinces en Amérique du Nord—_____ et _____—contiennent une population francophone importante.   6. Certaines îles de l'océan Pacifique sont francophones, par exemple, les _____, la _____, les _____ et le _____.   7. Et dans l'océan Indien, on peut parler français, par exemple, aux îles _____, aux îles _____, dans la République _____ et dans l'île de la _____.   8. Dans l'océan Atlantique, pas loin de l'Amérique du Sud, il y a deux départements français d'outre-mer—les îles de la _____ et de la _____—ainsi que la république indépendante d'_____.

B. **Connaissances personnelles.** Discutez les questions suivantes avec vos camarades de classe.

1. Desquels de ces pays et territoires francophones avez-vous entendu parler?
2. Lesquels connaissez-vous un peu? très bien?   3. Lesquels avez-vous visités? Sous quelles circonstances?   4. Lesquels aimeriez-vous visiter un jour? Pourquoi?

Grammaire

66 The passive voice

La Voix de la France

HERVÉ: Enfin, « La Voix de la France » *sera entendue* à l'étranger!

GEORGES: Est-ce que cela veut dire que des émissions *vont être diffusées* partout dans le monde? Je me demande si les émissions en français *seront reçues* par mes étudiants de français à Omaha. Ils en seraient ravis!

Trouvez les phrases correspondantes dans le dialogue.

1. On entendra « La Voix de la France « à l'étranger.
2. On va diffuser des émissions partout dans le monde.
3. Mes étudiants de français à Omaha recevront aussi les émissions en français.

A. The passive voice

In passive voice constructions, the subject of the sentence receives the action of the verb. In the following examples, the subject of each sentence is in bold type.

Active voice	**Les Cartier** ont vendu leur Renault.	**Robert** m'a invité.
Passive voice	**La Renault** des Cartier a été vendue.	**J'ai** été invité par Robert.

The passive voice consists of a form of **être** + *a past participle*, which agrees in gender and number with the subject. If the person or thing that causes the action is expressed, it is introduced by the word **par**. In the passive voice, the tense of **être** is the same as the tense of the verb in the corresponding active voice sentence.

Active voice	Paul **traduit** le discours.	Paul **traduira** le discours.
Passive voice	Le discours **est traduit** par Paul.	Le discours **sera traduit** par Paul.

The Voice of France

HERVÉ: Finally, the "Voice of France" will be heard abroad! GEORGES: Does that mean that programs are going to be broadcast everywhere in the world? I wonder if the French broadcasts will be received by my French students in Omaha. They would be delighted!

B. Avoidance of the passive voice

Though it is increasingly common in written French, the passive voice is not used very frequently in the spoken language. Rather, the active voice with the subject **on** or **ils** (impersonal "*they*") or the third-person singular or plural reflexive form is used to express the same meaning.

Active construction with **on/ils**

On louera facilement les maisons aux Antilles.

Ils loueront facilement les maisons aux Antilles.

Reflexive construction

Les maisons aux Antilles **se loueront** facilement.

Passive voice

Les maisons aux Antilles **seront louées** facilement.

A votre tour

A. Diffusion de la langue française. Faites les substitutions et les changements nécessaires.

1. Cette émission sera bientôt *diffusée*. (préparé, entendu, critiqué, fini, compris)
2. *Le programme* a été entendu par un grand public. (discours [*speech*], conférence, émission, traduction, interprètes [*m*])

B. Activités internationales. Transformez les phrases suivantes en la voix active selon le modèle.

MODÈLE: L'indépendance de cette colonie sera bientôt décidée. ⟶
On décidera bientôt l'indépendance de cette colonie.

1. Le français est encore parlé en Guyane en Amérique du Sud. 2. L'édition internationale de l'*Express* est lue partout dans le monde. 3. Un congrès a été organisé sur les rapports scientifiques entre les nations. 4. Les accords (*agreements*) entre ce pays et son ancienne colonie avaient été refusés. 5. De l'aide technique sera fournie (*supplied*) à l'Indochine. 6. De nombreuses organisations internationales ont été installées en Suisse.

C. A l'ONU. Transformez les phrases selon le modèle.

MODÈLE: On augmentera le budget de l'UNICEF. ⟶
Le budget d l'UNICEF sera augmenté.

1. On a traduit le discours. 2. On discutera des problèmes. 3. On avait élu un nouveau président. 4. On choisit la déléguée au congrès. 5. On donnera de l'argent au Bénin. 6. On a organisé la prochaine réunion.

67 | *Causative* **faire**

La chasse au « franglais »

PATRICK: Savais-tu qu'il existait une loi française pour *faire disparaître* le « franglais »?

SUZANNE: Mais est-il vraiment possible de *faire partir* de la langue française chaque mot d'origine anglaise ou américaine, même ceux qui y sont depuis très longtemps?

PATRICK: On essaie de le faire. On *fera parler* un français plus pur aux jeunes Français. On leur *fera savoir* qu'il existe des mots français pour désigner chaque aspect du monde moderne...

SOLANGE (qui entre): Écoutez, Patrick, Suzanne! J'*ai* enfin *fait réparer* la Buick! Ce week-end, après le concert de rock, on va, n'est-ce pas, à la surprise-partie de Jacques? Ça suffit, vous croyez, de porter un jean et un tee-shirt?

1. De quelle loi parle Patrick?
2. Comment va-t-on essayer de le faire?
3. Décrivez les projets de Solange. Où va-t-elle? Quand? Quels vêtements va-t-elle porter?
4. A votre avis, le gouvernement français va-t-il réussir à empêcher (*prevent*) l'utilisation de certains mots et expressions? Quel serait le meilleur moyen de le faire?

Formation and meaning of causative *faire*

When a form of the verb **faire** is directly followed by an infinitive, it indicates that the subject of the sentence is causing something to be done to something or someone, or making someone do something. The word order is *subject* + **faire** + *infinitive* + *noun object*.

Hunting for "franglais"

PATRICK: Did you know that there was a French law to make "franglais" disappear? SUZANNE: But is it really possible to make every word of English or American origin disappear from the French language, even those that have been there for a very long time? PATRICK: They're trying to do it. They will make young French people speak a purer French. They will teach them that there exist French words for every aspect of the modern world . . . SOLANGE (entering): Listen, Patrick, Suzanne! I've finally had the Buick fixed! This weekend, after the rock concert, aren't we going to Jacques' get-together? It's enough (okay), don't you think, to wear jeans and a tee-shirt?

Je **fais traduire** son discours.

I'm having his (her) speech translated.

If the object is replaced by a pronoun, the word order is *subject + pronoun object +* **faire** *+ infinitive.*

Je **le fais traduire.**

I'm having it translated.

Compare these sentences:

Le professeur **fait étudier** les étudiants.

The professor makes the students study.

Le professeur **les fait étudier.**

The professor makes them study.

In negative sentences, **ne... pas** surrounds **faire** in simple tenses. **Ne... pas** surrounds the auxiliary in compound tenses.

Nous **ne faisons pas** attendre nos visiteurs.

We don't make our visitors wait.

Nous **n'avons pas** fait attendre nos visiteurs.

We didn't make our visitors wait.

A votre tour

A. Un beau quartier de Bruxelles. Les voisins de Jacques Chabot s'occupent de leur maison. Faites des phrases en employant l'article défini et ensuite utilisez un pronom objet direct selon le modèle.

MODÈLE: M. Grenier / construire / garage $\longrightarrow$
   M. Grenier fait construire le garage. M. Grenier le fait construire.

1. M. Girard / réparer / toit 2. les Coquard / repeindre (*to repaint*) / maison 3. nous / construire / mur 4. vous / planter / arbres 5. tu / réparer / porte d'entrée 6. M. Delorme / laver / fenêtres 7. je / réparer / garage 8. voisins / construire / piscine

B. Manque de soins (*Neglect*). L'année suivante ces mêmes personnes n'ont plus ni temps ni argent. Mettez les phrases de l'Exercice A à la forme négative selon le modèle.

MODÈLE: M. Girard / réparer / toit $\longrightarrow$
   M. Girard ne fait pas réparer le toit. M. Girard ne le fait pas réparer.

C. Toujours des obligations. Il nous semble souvent que tout le monde nous fait faire quelque chose. Complétez les phrases suivantes pour décrire les obligations de votre vie en utilisant la construction **faire** *+ infinitif.*

1. Le gouvernement nous fait _____. 2. L'université me fait _____. 3. Les professeurs nous font _____. 4. Mon/Ma camarade de chambre (mari/femme) me fait _____. 5. Nos parents nous font _____.

Mise en pratique

ACTIVITÉS: « Elle se parle... elle s'écrit... elle se chante. »

A. **La France chez vous.** Sentez-vous l'influence française autour de vous? Répondez aux questions suivantes pour décrire les aspects « français » de votre vie.

1. Y a-t-il un restaurant français dans votre ville? Comment s'appelle-t-il? 2. Quelle nourriture ou boisson française prenez-vous de temps en temps? 3. Vend-on des produits français quelque part (*somewhere*) dans votre ville? des pneus Michelin? des vêtements? 4. Vend-on des voitures françaises dans votre ville? Quelle marque? 5. Vend-on des revues françaises? Où? Comment s'appellent-elles? 6. Y a-t-il des produits français dans votre maison? un stylo Bic? du parfum? 7. Est-ce qu'on montre de temps en temps des films français dans votre ville? En avez-vous vu un? L'avez-vous aimé? Pourquoi ou pourquoi pas?

B. **Contributions françaises.** Connaissez-vous des Français célèbres dans les domaines scientifiques et intellectuels? Associez à chacun de ces personnages un élément de la colonne de droite.

1. Ampère   a. la philosophie
2. Pierre et Marie Curie   b. l'électricité
3. Pasteur   c. la comédie
4. Degas   d. le radium
5. Molière   e. le vaccin
6. Descartes   f. la peinture

La France tient une place importante dans les domaines scientifiques. Par exemple, le train à grande vitesse, qui roule à 260 kilomètres à l'heure, et le Concorde, l'avion supersonique, sont des contributions françaises au monde des transports.

Pensez maintenant à un(e) Français(e) célèbre dans le domaine intellectuel. Décrivez à vos camarades les raisons de sa célébrité. Vos camarades doivent deviner qui c'est.

C. **Les influences réciproques.** Discutez les questions suivantes avec les membres de la classe. Vous savez que le français a influencé notre langue. Connaissez-vous des mots français que nous employons dans le langage de tous les jours? Quels mots lisez-vous dans les journaux et quels mots entendez-vous dans la conversation? Qui peut trouver le plus grand nombre de mots?

Catégories: la cuisine, la politique, les affaires internationales, l'économie, les mathématiques, les vêtements, les sports, la musique, la danse, la société, la vie sociale, la consommation (*consumerism*)

L'influence de l'anglais a été si grande en France, qu'il existe depuis quelque temps une loi qui cherche à interdire l'emploi d'anglicismes dans les journaux et sur les enseignes (*street signs*). Le mélange de français et d'anglais s'appelle « le franglais » et beaucoup de Français déplorent son utilisation.

Voici un texte en franglais. Quelle sorte de mots est-ce que le français a empruntée à l'anglais? Regardez les catégories précédentes et classez ces mots.

Marc est allé à un match de football avec sa girlfriend, Isabelle. Après le match ils sont allés au café où ils ont pris un sandwich et un Coca. Il y avait beaucoup de teenagers aussi, quelques-uns habillés en tee-shirt ou en pullover et en jeans.

Pour le dîner Marc et Isabelle sont allés manger au self-service. Ensuite ils sont rentrés et ils ont lu quelques magazines où il y avait des pages de publicité pour un nouveau shampooing, un after-shave et de nouvelles cigarettes filtres. Ils ont beaucoup aimé aussi des articles sur la jet-set américaine.

Mots à retenir

VERBES

abandonner	*to leave, abandon, give up*	fournir	*to supply, furnish*
décider (de)	*to decide*	s'habituer à	*to get used to*
diffuser	*to broadcast, diffuse*	promettre (de)	*to promise*
empêcher (de)	*to prevent*	refuser (de)	*to refuse*
être ravi(e) (de)	*to be delighted*		

NOMS

l'accord (*m*)	*agreement, treaty*	l'Indochine (*f*)	Indochina
l'autonomie (*f*)	*autonomy, independence*	le Luxembourg	Luxembourg
le diplomate	*diplomat*	l'Organisation des Nations Unies (l'ONU) (*f*)	United Nations
la diplomatie	*diplomacy*		
le discours	*speech, discourse*	le Vietnam	Vietnam
le domaine	*domain, field, area*	la voix	voice
l'élite (*f*)	*elite*		
la *haute cuisine	*gourmet cooking; haute cuisine*		

ADJECTIFS

autonome	*autonomous, independent*	mondial(e)	*worldwide*
gastronomique	*gastronomical*	scientifique	*scientific*

MOTS DIVERS

ailleurs	*elsewhere*	par conséquent	*consequently*
Ça suffit.	*That (It's) enough.*	quelque part	*somewhere*
de plus	*in addition, moreover*		

Appendix

A. Use of prepositions after verbs

1. Some verbs can be followed directly by an infinitive, with no intervening preposition (**J'aime danser**):

aimer	devoir	laisser	préférer	valoir
aller	espérer	penser	savoir	venir[1]
désirer	faire	pouvoir	souhaiter	vouloir
détester	falloir			

2. Some verbs require the preposition **à** before the infinitive (**Il commence à parler**):

aider à	commencer à	s'habituer à	se préparer à
s'amuser à	continuer à	s'intéresser à	réussir à
apprendre à	se décider à	inviter à	servir à
arriver à	encourager à	se mettre à	tenir à
chercher à	enseigner à		

3. Some verbs require the preposition **de** before the infinitive (**Nous finissons de travailler**):

accepter de	demander de	interdire de	proposer de
s'arrêter de	dire de	offrir de	refuser de
avoir peur de	empêcher de	oublier de	regretter de
cesser de	essayer de	parler de	rêver de
choisir de	éviter de	permettre de	risquer de
conseiller de	s'excuser de	persuader de	venir de[2]
décider de	finir de	promettre de	

B. Le passé simple

1. The **passé simple** is a past tense found almost exclusively in the written language. For reading purposes, you will need to be able to recognize the forms of the **passé simple**. This tense is used for completed past actions; actions that would be in the **passé composé** in informal speech or writing are in the **passé simple** in literary or formal style.

   The forms of the **passé simple** of regular verbs consist of the verb stem plus the endings **-ai, -as, -a, -âmes, -âtes,** and **-èrent** for **-er** verbs, and **-is, -is, -it, -îmes, -îtes,** and **-irent** for **-ir** or **-re** verbs:

---

[1]**Venir** requires no preposition before an infinitive when used as a verb of motion: **Je viens vous aider.** *I'm coming to help you.*

[2]Passé immédiat: **Je viens de l'aider.** *I've just helped him (her).*

Parler

je parlai	nous parlâmes
tu parlas	vous parlâtes
il, elle, on parla	ils, elles parlèrent

Finir

je finis	nous finîmes
tu finis	vous finîtes
il, elle, on finit	ils, elles finirent

Perdre

je perdis	nous perdîmes
tu perdis	vous perdîtes
il, elle, on perdit	ils, elles, perdirent

2. Many verbs that are irregular in the **passé simple** have a past stem that looks like the past participle. Note the exception of **être.**

Infinitive	Past participle	Passé simple	Infinitive	Past participle	Passé simple
avoir	eu	j'eus	mettre	mis	je mis
boire	bu	je bus	plaire	plu	je plus
connaître	connu	je connus	pleuvoir	plu	il plut
courir	couru	je courus	pouvoir	pu	je pus
croire	cru	je crus	prendre	pris	je pris
devoir	dû	je dus	rire	ri	je ris
dire	dit	je dis	savoir	su	je sus
être	été	je fus	suivre	suivi	je suivis
falloir	fallu	il fallut	valoir	valu	je valus
lire	lu	je lus	vouloir	voulu	je voulus

Nous connûmes ce monsieur à New York.

We met that gentleman in New York.

Il fallut lui parler très fort parce qu'il ne put guère entendre.

One had to speak loudly because he could hardly hear.

Other irregular verbs include:

conduire	je conduisis	naître	je naquis
craindre	je craignis	ouvrir	j'ouvris
écrire	j'écrivis	tenir	je tins
faire	je fis	venir	je vins
mourir	je mourus		

Ils eurent tout d'un coup une idée formidable.

They suddenly had a great idea.

Napoléon naquit en Corse.

Napoleon was born in Corsica.

Conjugaison des verbes

A. Regular verbs

-er VERBS[1]
parler (speak)
parlant
parlé

INDICATIVE

PRESENT	IMPERFECT	PASSÉ SIMPLE	FUTURE
parle	parlais	parlai	parlerai
parles	parlais	parlas	parleras
parle	parlait	parla	parlera
parlons	parlions	parlâmes	parlerons
parlez	parliez	parlâtes	parlerez
parlent	parlaient	parlèrent	parleront

PASSÉ COMPOSÉ	PAST PERFECT	FUTURE PERFECT
ai parlé	avais parlé	aurai parlé
as parlé	avais parlé	auras parlé
a parlé	avait parlé	aura parlé
avons parlé	avions parlé	aurons parlé
avez parlé	aviez parlé	aurez parlé
ont parlé	avaient parlé	auront parlé

CONDITIONAL

CONDITIONAL	CONDITIONAL PERFECT
parlerais	aurais parlé
parlerais	aurais parlé
parlerait	aurait parlé
parlerions	aurions parlé
parleriez	auriez parlé
parleraient	auraient parlé

SUBJUNCTIVE

PRESENT	PAST
parle	aie parlé
parles	aies parlé
parle	ait parlé
parlions	ayons parlé
parliez	ayez parlé
parlent	aient parlé

IMPERATIVE

parle
parlons
parlez

-ir VERBS
finir (finish)
finissant
fini

INDICATIVE

PRESENT	IMPERFECT	PASSÉ SIMPLE	FUTURE
finis	finissais	finis	finirai
finis	finissais	finis	finiras
finit	finissait	finit	finira
finissons	finissions	finîmes	finirons
finissez	finissiez	finîtes	finirez
finissent	finissaient	finirent	finiront

PASSÉ COMPOSÉ	PAST PERFECT	FUTURE PERFECT
ai fini	avais fini	aurai fini
as fini	avais fini	auras fini
a fini	avait fini	aura fini
avons fini	avions fini	aurons fini
avez fini	aviez fini	aurez fini
ont fini	avaient fini	auront fini

CONDITIONAL

CONDITIONAL	CONDITIONAL PERFECT
finirais	aurais fini
finirais	aurais fini
finirait	aurait fini
finirions	aurions fini
finiriez	auriez fini
finiraient	auraient fini

SUBJUNCTIVE

PRESENT	PAST
finisse	aie fini
finisses	aies fini
finisse	ait fini
finissions	ayons fini
finissiez	ayez fini
finissent	aient fini

IMPERATIVE

finis
finissons
finissez

[1]The column at the left of each table shows the infinitive, the present participle, and the past participle forms of each verb. Conjugated verb forms are printed without subject pronouns.

VERBS	INDICATIVE PRESENT	IMPERFECT	PASSÉ SIMPLE	FUTURE	CONDITIONAL	SUBJUNCTIVE PRESENT	IMPERATIVE
-re VERBS perdre (*lose*) perdant perdu	perds perds perd perdons perdez perdent	perdais perdais perdait perdions perdiez perdaient	perdis perdis perdit perdîmes perdîtes perdirent	perdrai perdras perdra perdrons perdrez perdront	perdrais perdrais perdrait perdrions perdriez perdraient	perde perdes perde perdions perdiez perdent	 perds perdons perdez
	PASSÉ COMPOSÉ ai perdu as perdu a perdu avons perdu avez perdu ont perdu	**PAST PERFECT** avais perdu avais perdu avait perdu avions perdu aviez perdu avaient perdu		**FUTURE PERFECT** aurai perdu auras perdu aura perdu aurons perdu aurez perdu auront perdu	**CONDITIONAL PERFECT** aurais perdu aurais perdu aurait perdu aurions perdu auriez perdu auraient perdu	**PAST** aie perdu aies perdu ait perdu ayons perdu ayez perdu aient perdu	
2D CLASS -ir VERBS[2] dormir (*sleep*) dormant dormi	dors dors dort dormons dormez dorment	dormais dormais dormait dormions dormiez dormaient	dormis dormis dormit dormîmes dormîtes dormirent	dormirai dormiras dormira dormirons dormirez dormiront	dormirais dormirais dormirait dormirions dormiriez dormiraient	dorme dormes dorme dormions dormiez dorment	 dors dormons dormez
	PASSÉ COMPOSÉ ai dormi as dormi a dormi avons dormi avez dormi ont dormi	**PAST PERFECT** avais dormi avais dormi avait dormi avions dormi aviez dormi avaient dormi		**FUTURE PERFECT** aurai dormi auras dormi aura dormi aurons dormi aurez dormi auront dormi	**CONDITIONAL PERFECT** aurais dormi aurais dormi aurait dormi aurions dormi auriez dormi auraient dormi	**PAST** aie dormi aies dormi ait dormi ayons dormi ayez dormi aient dormi	

[2]Verbs like **dormir: mentir, partir, repartir, sentir,** and **servir.**

A.

VERBS	INDICATIVE				SUBJUNCTIVE	CONDITIONAL	IMPERATIVE
-oir VERBS[3] recevoir (*receive*) recevant reçu	**PRESENT** reçois reçois reçoit recevons recevez reçoivent	**IMPERFECT** recevais recevais recevait recevions receviez recevaient	**PASSÉ SIMPLE** reçus reçus reçut reçûmes reçûtes reçurent	**FUTURE** recevrai recevras recevra recevrons recevrez recevront	**PRESENT** reçoive reçoives reçoive recevions receviez reçoivent	**CONDITIONAL** recevrais recevrais recevrait recevrions recevriez recevraient	reçois recevons recevez
	PASSÉ COMPOSÉ ai reçu as reçu a reçu avons reçu avez reçu ont reçu	**PAST PERFECT** avais reçu avais reçu avait reçu avions reçu aviez reçu avaient reçu		**FUTURE PERFECT** aurai reçu auras reçu aura reçu aurons reçu aurez reçu auront reçu	**PAST** aie reçu aies reçu ait reçu ayons reçu ayez reçu aient reçu	**CONDITIONAL PERFECT** aurais reçu aurais reçu aurait reçu aurions reçu auriez reçu auraient reçu	

B. Intransitive verbs of motion

VERB	INDICATIVE				SUBJUNCTIVE	CONDITIONAL	IMPERATIVE
entrer (*enter*) entrant entré	**PRESENT** entre entres entre entrons entrez entrent	**IMPERFECT** entrais entrais entrait entrions entriez entraient	**PASSÉ SIMPLE** entrai entras entra entrâmes entrâtes entrèrent	**FUTURE** entrerai entreras entrera entrerons entrerez entreront	**PRESENT** entre entres entre entrions entriez entrent	**CONDITIONAL** entrerais entrerais entrerait entrerions entreriez entreraient	entre entrons entrez
	PASSÉ COMPOSÉ suis entré(e) es entré(e) est entré(e) sommes entré(e)s êtes entré(e)(s) sont entré(e)s	**PAST PERFECT** étais entré(e) étais entré(e) était entré(e) étions entré(e)s étiez entré(e)(s) étaient entré(e)s		**FUTURE PERFECT** serai entré(e) seras entré(e) sera entré(e) serons entré(e)s serez entré(e)(s) seront entré(e)s	**PAST** sois entré(e) sois entré(e) soit entré(e) soyons entré(e)s soyez entré(e)(s) soient entré(e)s	**CONDITIONAL PERFECT** serais entré(e) serais entré(e) serait entré(e) serions entré(e)s seriez entré(e)(s) seraient entré(e)s	

---

[3]Verbs like **recevoir**: apercevoir, s'apercevoir. (See Sec. F, Irregular verbs, for **savoir** and **voir**.)

C. Reflexive verbs

VERB	INDICATIVE				CONDITIONAL	SUBJUNCTIVE	IMPERATIVE
	PRESENT	IMPERFECT	PASSÉ SIMPLE	FUTURE	CONDITIONAL	PRESENT	
se laver (*wash oneself*) se lavant lavé	me lave	me lavais	me lavai	me laverai	me laverais	me lave	
	te laves	te lavais	te lavas	te laveras	te laverais	te laves	lave-toi
	se lave	se lavait	se lava	se lavera	se laverait	se lave	
	nous lavons	nous lavions	nous lavâmes	nous laverons	nous laverions	nous lavions	lavons-nous
	vous lavez	vous laviez	vous lavâtes	vous laverez	vous laveriez	vous laviez	lavez-vous
	se lavent	se lavaient	se lavèrent	se laveront	se laveraient	se lavent	
	PASSÉ COMPOSÉ	PAST PERFECT		FUTURE PERFECT	CONDITIONAL PERFECT	PAST	
	me suis lavé(e)	m'étais lavé(e)		me serai lavé(e)	me serais lavé(e)	me sois lavé(e)	
	t'es lavé(e)	t'étais lavé(e)		te seras lavé(e)	te serais lavé(e)	te sois lavé(e)	
	s'est lavé(e)	s'était lavé(e)		se sera lavé(e)	se serait lavé(e)	se soit lavé(e)	
	nous sommes lavé(e)s	nous étions lavé(e)s		nous serons lavé(e)s	nous serions lavé(e)s	nous soyons lavé(e)s	
	vous êtes lavé(e)(s)	vous étiez lavé(e)(s)		vous serez lavé(e)(s)	vous seriez lavé(e)(s)	vous soyez lavé(e)(s)	
	se sont lavé(e)s	s'étaient lavé(e)s		se seront lavé(e)s	se seraient lavé(e)s	se soient lavé(e)s	

D. Auxiliary verbs

VERB	INDICATIVE				CONDITIONAL	SUBJUNCTIVE	IMPERATIVE
	PRESENT	IMPERFECT	PASSÉ SIMPLE	FUTURE	CONDITIONAL	PRESENT	
avoir (*have*) ayant eu	ai	avais	eus	aurai	aurais	aie	
	as	avais	eus	auras	aurais	aies	aie
	a	avait	eut	aura	aurait	ait	
	avons	avions	eûmes	aurons	aurions	ayons	ayons
	avez	aviez	eûtes	aurez	auriez	ayez	ayez
	ont	avaient	eurent	auront	auraient	aient	
	PASSÉ COMPOSÉ	PAST PERFECT		FUTURE PERFECT	CONDITIONAL PERFECT	PAST	
	ai eu	avais eu		aurai eu	aurais eu	aie eu	
	as eu	avais eu		auras eu	aurais eu	aies eu	
	a eu	avait eu		aura eu	aurait eu	ait eu	
	avons eu	avions eu		aurons eu	aurions eu	ayons eu	
	avez eu	aviez eu		aurez eu	auriez eu	ayez eu	
	ont eu	avaient eu		auront eu	auraient eu	aient eu	

Il faut (avoir)   Il faut parler
Il faut essayer   It is necessary

De quoi penser vous?
What are you thick about?

FAUX ACC ESSARY

7

VERB	INDICATIVE				CONDITIONAL	SUBJUNCTIVE		IMPERATIVE
	PRESENT	IMPERFECT	PASSÉ SIMPLE	FUTURE	CONDITIONAL	PRESENT		
être (*be*)	suis	étais	fus	serai	serais	sois		
étant	es	étais	fus	seras	serais	sois		sois
été	est	était	fut	sera	serait	soit		
	sommes	étions	fûmes	serons	serions	soyons		soyons
	êtes	étiez	fûtes	serez	seriez	soyez		soyez
	sont	étaient	furent	seront	seraient	soient		
	PASSÉ COMPOSÉ	PAST PERFECT		FUTURE PERFECT	CONDITIONAL PERFECT	PAST		
	ai été	avais été		aurai été	aurais été	aie été		
	as été	avais été		auras été	aurais été	aies été		
	a été	avait été		aura été	aurait été	ait été		
	avons été	avions été		aurons été	aurions été	ayons été		
	avez été	aviez été		aurez été	auriez été	ayez été		
	ont été	avaient été		auront été	auraient été	aient été		

It is necessary that we start the class
Il faut que nous commencions la class.
Not specific use infinitive
Il est necessary to start the class
Il faut commencer la class.

E. Verbs with spelling changes

VERB	PRESENT	IMPERFECT	PASSÉ SIMPLE	PASSÉ COMPOSÉ	FUTURE	CONDITIONAL	PRESENT SUBJUNCTIVE	IMPERATIVE
commencer[1] (*begin*)	commence	commençais	commençai	ai commencé	commencerai	commencerais	commence	
commençant	commences	commençais	commenças	as commencé	commenceras	commencerais	commences	commence
commencé	commence	commençait	commença	a commencé	commencera	commencerait	commence	
	commençons	commencions	commençâmes	avons commencé	commencerons	commencerions	commencions	commençons
	commencez	commenciez	commençâtes	avez commencé	commencerez	commenceriez	commenciez	commencez
	commencent	commençaient	commencèrent	ont commencé	commenceront	commenceraient	commencent	
manger[2] (*eat*)	mange	mangeais	mangeai	ai mangé	mangerai	mangerais	mange	
mangeant	manges	mangeais	mangeas	as mangé	mangeras	mangerais	manges	mange
mangé	mange	mangeait	mangea	a mangé	mangera	mangerait	mange	
	mangeons	mangions	mangeâmes	avons mangé	mangerons	mangerions	mangions	mangeons
	mangez	mangiez	mangeâtes	avez mangé	mangerez	mangeriez	mangiez	mangez
	mangent	mangeaient	mangèrent	ont mangé	mangeront	mangeraient	mangent	

[1]Verbs like **commencer**: dénoncer, divorcer, menacer, placer, prononcer, remplacer, tracer
[2]Verbs like **manger**: bouger, changer, corriger, déménager, diriger, encourager, engager, exiger, juger, loger, mélanger, nager, neiger, obliger, partager, protéger, voyager

45

VERB	PRESENT	IMPERFECT	PASSÉ SIMPLE	PASSÉ COMPOSÉ	FUTURE	CONDITIONAL	PRESENT SUBJUNCTIVE	IMPERATIVE
appeler[3] (call) appelant appelé	appelle	appelais	appelai	ai appelé	appellerai	appellerais	appelle	
	appelles	appelais	appelas	as appelé	appelleras	appellerais	appelles	appelle
	appelle	appelait	appela	a appelé	appellera	appellerait	appelle	
	appelons	appelions	appelâmes	avons appelé	appellerons	appellerions	appelions	appelons
	appelez	appeliez	appelâtes	avez appelé	appellerez	appelleriez	appeliez	appelez
	appellent	appelaient	appelèrent	ont appelé	appelleront	appelleraient	appellent	
essayer[4] (try) essayant essayé	essaie	essayais	essayai	ai essayé	essaierai	essaierais	essaie	
	essaies	essayais	essayas	as essayé	essaieras	essaierais	essaies	essaie
	essaie	essayait	essaya	a essayé	essaiera	essaierait	essaie	
	essayons	essayions	essayâmes	avons essayé	essaierons	essaierions	essayions	essayons
	essayez	essayiez	essayâtes	avez essayé	essaierez	essaieriez	essayiez	essayez
	essaient	essayaient	essayèrent	ont essayé	essaieront	essaieraient	essaient	
acheter[5] (buy) achetant acheté	achète	achetais	achetai	ai acheté	achèterai	achèterais	achète	
	achètes	achetais	achetas	as acheté	achèteras	achèterais	achètes	achète
	achète	achetait	acheta	a acheté	achètera	achèterait	achète	
	achetons	achetions	achetâmes	avons acheté	achèterons	achèterions	achetions	achetons
	achetez	achetiez	achetâtes	avez acheté	achèterez	achèteriez	achetiez	achetez
	achètent	achetaient	achetèrent	ont acheté	achèteront	achèteraient	achètent	
préférer[6] (prefer) préférant préféré	préfère	préférais	préférai	ai préféré	préférerai	préférerais	préfère	
	préfères	préférais	préféras	as préféré	préféreras	préférerais	préfères	préfère
	préfère	préférait	préféra	a préféré	préférera	préférerait	préfère	
	préférons	préférions	préférâmes	avons préféré	préférerons	préférerions	préférions	préférons
	préférez	préfériez	préférâtes	avez préféré	préférerez	préféreriez	préfériez	préférez
	préfèrent	préféraient	préférèrent	ont préféré	préféreront	préféreraient	préfèrent	

[3]Verbs like appeler: épeler, jeter, (se) rappeler

[4]Verbs like essayer: employer, (s')ennuyer, envoyer (present), payer

[5]Verbs like acheter: achever, amener, emmener, (se) lever, mener, (se) promener

[6]Verbs like préférer: célébrer, considérer, espérer, (s')inquiéter, pénétrer, posséder, protéger, répéter, révéler, suggérer

435

F. Irregular verbs

VERB	PRESENT	IMPERFECT	PASSÉ SIMPLE	PASSÉ COMPOSÉ	FUTURE	CONDITIONAL	PRESENT SUBJUNCTIVE	IMPERATIVE
aller (go)	vais	allais	allai	suis allé(e)	irai	irais	aille	
allant	vas	allais	allas	es allé(e)	iras	irais	ailles	va
allé	va	allait	alla	est allé(e)	ira	irait	aille	
	allons	allions	allâmes	sommes allé(e)s	irons	irions	allions	allons
	allez	alliez	allâtes	êtes allé(e)(s)	irez	iriez	alliez	allez
	vont	allaient	allèrent	sont allé(e)s	iront	iraient	aillent	
asseoir (seat)	assieds	asseyais	assis	me suis assis(e)	assiérai	assiérais	asseye	
asseyant	assieds	asseyais	assis	t'es assis(e)	assiéras	assiérais	asseyes	assieds-toi
assis	assied	asseyait	assit	s'est assis(e)	assiéra	assiérait	asseye	
	asseyons	asseyions	assîmes	nous sommes assis(e)(s)	assiérons	assiérions	asseyions	asseyons-nous
	asseyez	asseyiez	assîtes	vous êtes assis(e)(s)	assiérez	assiériez	asseyiez	asseyez-vous
	asseyent	asseyaient	assirent	se sont assis(es)	assiéront	assiéraient	asseyent	
battre (beat)	bats	battais	battis	ai battu	battrai	battrais	batte	
battant	bats	battais	battis	as battu	battras	battrais	battes	bats
battu	bat	battait	battit	a battu	battra	battrait	batte	
	battons	battions	battîmes	avons battu	battrons	battrions	battions	battons
	battez	battiez	battîtes	avez battu	battrez	battriez	battiez	battez
	battent	battaient	battirent	ont battu	battront	battraient	battent	
boire (drink)	bois	buvais	bus	ai bu	boirai	boirais	boive	
buvant	bois	buvais	bus	as bu	boiras	boirais	boives	bois
bu	boit	buvait	but	a bu	boira	boirait	boive	
	buvons	buvions	bûmes	avons bu	boirons	boirions	buvions	buvons
	buvez	buviez	bûtes	avez bu	boirez	boiriez	buviez	buvez
	boivent	buvaient	burent	ont bu	boiront	boiraient	boivent	
dire[1]	dis	disais	dis	ai dit	dirai	dirais	dise	
(say, tell)	dis	disais	dis	as dit	diras	dirais	dises	dis
disant	dit	disait	dit	a dit	dira	dirait	dise	
dit	disons	disions	dîmes	avons dit	dirons	dirions	disions	disons
	dites	disiez	dîtes	avez dit	direz	diriez	disiez	dites
	disent	disaient	dirent	ont dit	diront	diraient	disent	

[1]Verbs like dire: interdire (vous interdisez), prédire (vous prédisez)

Je suis ici depuis une heure

VERB	PRESENT	IMPERFECT	PASSÉ SIMPLE	PASSÉ COMPOSÉ	FUTURE	CONDITIONAL	PRESENT SUBJUNCTIVE	IMPERATIVE
écrire[2] (*write*)	écris	écrivais	écrivis	ai écrit	écrirai	écrirais	écrive	
écrivant	écris	écrivais	écrivis	as écrit	écriras	écrirais	écrives	écris
écrit	écrit	écrivait	écrivit	a écrit	écrira	écrirait	écrive	
	écrivons	écrivions	écrivîmes	avons écrit	écrirons	écririons	écrivions	écrivons
	écrivez	écriviez	écrivîtes	avez écrit	écrirez	écririez	écriviez	écrivez
	écrivent	écrivaient	écrivirent	ont écrit	écriront	écriraient	écrivent	
envoyer (*send*)	envoie	envoyais	envoyai	ai envoyé	enverrai	enverrais	envoie	
envoyant	envoies	envoyais	envoyas	as envoyé	enverras	enverrais	envoies	envoie
envoyé	envoie	envoyait	envoya	a envoyé	enverra	enverrait	envoie	
	envoyons	envoyions	envoyâmes	avons envoyé	enverrons	enverrions	envoyions	envoyons
	envoyez	envoyiez	envoyâtes	avez envoyé	enverrez	enverriez	envoyiez	envoyez
	envoient	envoyaient	envoyèrent	ont envoyé	enverront	enverraient	envoient	
faire	fais	faisais	fis	ai fait	ferai	ferais	fasse	
(*do, make*)	fais	faisais	fis	as fait	feras	ferais	fasses	fais
faisant	fait	faisait	fit	a fait	fera	ferait	fasse	
fait	faisons	faisions	fîmes	avons fait	ferons	ferions	fassions	faisons
	faites	faisiez	fîtes	avez fait	ferez	feriez	fassiez	faites
	font	faisaient	firent	ont fait	feront	feraient	fassent	
falloir (*be necessary*)	il faut	il fallait	il fallut	il a fallu	il faudra	il faudrait	il faille	
fallu								
lire[3] (*read*)	lis	lisais	lus	ai lu	lirai	lirais	lise	
lisant	lis	lisais	lus	as lu	liras	lirais	lises	lis
lu	lit	lisait	lut	a lu	lira	lirait	lise	
	lisons	lisions	lûmes	avons lu	lirons	lirions	lisions	lisons
	lisez	lisiez	lûtes	avez lu	lirez	liriez	lisiez	lisez
	lisent	lisaient	lurent	ont lu	liront	liraient	lisent	
mettre[4] (*put*)	mets	mettais	mis	ai mis	mettrai	mettrais	mette	
mettant	mets	mettais	mis	as mis	mettras	mettrais	mettes	mets
mis	met	mettait	mit	a mis	mettra	mettrait	mette	
	mettons	mettions	mîmes	avons mis	mettrons	mettrions	mettions	mettons
	mettez	mettiez	mîtes	avez mis	mettrez	mettriez	mettiez	mettez
	mettent	mettaient	mirent	ont mis	mettront	mettraient	mettent	

[2]Verbs like écrire: décrire
[3]Verbs like lire: élire
[4]Verbs like mettre: permettre, promettre

VERB	PRESENT	IMPERFECT	PASSÉ SIMPLE	PASSÉ COMPOSÉ	FUTURE	CONDITIONAL	PRESENT SUBJUNCTIVE	IMPERATIVE
mourir (die)	meurs	mourais	mourus	suis mort(e)	mourrai	mourrais	meure	
mourant	meurs	mourais	mourus	es mort(e)	mourras	mourrais	meures	meurs
mort	meurt	mourait	mourut	est mort(e)	mourra	mourrait	meure	
	mourons	mourions	mourûmes	sommes mort(e)s	mourrons	mourrions	mourions	mourons
	mourez	mouriez	mourûtes	êtes mort(e)(s)	mourrez	mourriez	mouriez	mourez
	meurent	mouraient	moururent	sont mort(e)s	mourront	mourraient	meurent	
naître (be born)	nais	naissais	naquis	suis né(e)	naîtrai	naîtrais	naisse	
naissant	nais	naissais	naquis	es né(e)	naîtras	naîtrais	naisses	nais
né	naît	naissait	naquit	est né(e)	naîtra	naîtrait	naisse	
	naissons	naissions	naquîmes	sommes né(e)s	naîtrons	naîtrions	naissions	naissons
	naissez	naissiez	naquîtes	êtes né(e)(s)	naîtrez	naîtriez	naissiez	naissez
	naissent	naissaient	naquirent	sont né(e)s	naîtront	naîtraient	naissent	
ouvrir[5] (open)	ouvre	ouvrais	ouvris	ai ouvert	ouvrirai	ouvrirais	ouvre	
ouvrant	ouvres	ouvrais	ouvris	as ouvert	ouvriras	ouvrirais	ouvres	ouvre
ouvert	ouvre	ouvrait	ouvrit	a ouvert	ouvrira	ouvrirait	ouvre	
	ouvrons	ouvrions	ouvrîmes	avons ouvert	ouvrirons	ouvririons	ouvrions	ouvrons
	ouvrez	ouvriez	ouvrîtes	avez ouvert	ouvrirez	ouvririez	ouvriez	ouvrez
	ouvrent	ouvraient	ouvrirent	ont ouvert	ouvriront	ouvriraient	ouvrent	
plaire (please)	plais	plaisais	plus	ai plu	plairai	plairais	plaise	
plaisant	plais	plaisais	plus	as plu	plairas	plairais	plaises	plais
plu	plaît	plaisait	plut	a plu	plaira	plairait	plaise	
	plaisons	plaisions	plûmes	avons plu	plairons	plairions	plaisions	plaisons
	plaisez	plaisiez	plûtes	avez plu	plairez	plairiez	plaisiez	plaisez
	plaisent	plaisaient	plurent	ont plu	plairont	plairaient	plaisent	
pleuvoir (rain) pleuvant plu	il pleut	il pleuvait	il plut	il a plu	il pleuvra	il pleuvrait	il pleuve	
pouvoir (be able)	peux, puis	pouvais	pus	ai pu	pourrai	pourrais	puisse	
pouvant	peux	pouvais	pus	as pu	pourras	pourrais	puisses	
pu	peut	pouvait	put	a pu	pourra	pourrait	puisse	
	pouvons	pouvions	pûmes	avons pu	pourrons	pourrions	puissions	
	pouvez	pouviez	pûtes	avez pu	pourrez	pourriez	puissiez	
	peuvent	pouvaient	purent	ont pu	pourront	pourraient	puissent	

[5]Verbs like ouvrir: couvrir, découvrir, offrir, souffrir

VERB	PRESENT	IMPERFECT	PASSÉ SIMPLE	PASSÉ COMPOSÉ	FUTURE	CONDITIONAL	PRESENT SUBJUNCTIVE	IMPERATIVE
prendre[6] (take)	prends	prenais	pris	ai pris	prendrai	prendrais	prenne	
prenant	prends	prenais	pris	as pris	prendras	prendrais	prennes	prends
pris	prend	prenait	prit	a pris	prendra	prendrait	prenne	
	prenons	prenions	prîmes	avons pris	prendrons	prendrions	prenions	prenons
	prenez	preniez	prîtes	avez pris	prendrez	prendriez	preniez	prenez
	prennent	prenaient	prirent	ont pris	prendront	prendraient	prennent	
rire (*laugh*)	ris	riais	ris	ai ri	rirai	rirais	rie	
riant	ris	riais	ris	as ri	riras	rirais	ries	ris
ri	rit	riait	rit	a ri	rira	rirait	rie	
	rions	riions	rîmes	avons ri	rirons	ririons	riions	rions
	riez	riiez	rîtes	avez ri	rirez	ririez	riiez	riez
	rient	riaient	rirent	ont ri	riront	riraient	rient	
savoir (*know*)	sais	savais	sus	ai su	saurai	saurais	sache	
sachant	sais	savais	sus	as su	sauras	saurais	saches	sache
su	sait	savait	sut	a su	saura	saurait	sache	
	savons	savions	sûmes	avons su	saurons	saurions	sachions	sachons
	savez	saviez	sûtes	avez su	saurez	sauriez	sachiez	sachez
	savent	savaient	surent	ont su	sauront	sauraient	sachent	
suivre (*follow*)	suis	suivais	suivis	ai suivi	suivrai	suivrais	suive	
suivant	suis	suivais	suivis	as suivi	suivras	suivrais	suives	suis
suivi	suit	suivait	suivit	a suivi	suivra	suivrait	suive	
	suivons	suivions	suivîmes	avons suivi	suivrons	suivrions	suivions	suivons
	suivez	suiviez	suivîtes	avez suivi	suivrez	suivriez	suiviez	suivez
	suivent	suivaient	suivirent	ont suivi	suivront	suivraient	suivent	
tenir (*hold, keep*)	tiens	tenais	tins	ai tenu	tiendrai	tiendrais	tienne	
tenant	tiens	tenais	tins	as tenu	tiendras	tiendrais	tiennes	tiens
tenu	tient	tenait	tint	a tenu	tiendra	tiendrait	tienne	
	tenons	tenions	tînmes	avons tenu	tiendrons	tiendrions	tenions	tenons
	tenez	teniez	tîntes	avez tenu	tiendrez	tiendriez	teniez	tenez
	tiennent	tenaient	tinrent	ont tenu	tiendront	tiendraient	tiennent	

[6]Verbs like **prendre: apprendre, comprendre**

VERB	PRESENT	IMPERFECT	PASSÉ SIMPLE	PASSÉ COMPOSÉ	FUTURE	CONDITIONAL	PRESENT SUBJUNCTIVE	IMPERATIVE
valoir (be worth) valant valu	vaux vaux vaut valons valez valent	valais valais valait valions valiez valaient	valus valus valut valûmes valûtes valurent	ai valu as valu a valu avons valu avez valu ont valu	vaudrai vaudras vaudra vaudrons vaudrez vaudront	vaudrais vaudrais vaudrait vaudrions vaudriez vaudraient	vaille vailles vaille valions valiez vaillent	vaux valons valez
venir[7] (come) venant venu	viens viens vient venons venez viennent	venais venais venait venions veniez venaient	vins vins vint vînmes vîntes vinrent	suis venu(e) es venu(e) est venu(e) sommes venu(e)(s) êtes venu(e)(s) sont venu(e)s	viendrai viendras viendra viendrons viendrez viendront	viendrais viendrais viendrait viendrions viendriez viendraient	vienne viennes vienne venions veniez viennent	viens venons venez
vivre (live) vivant vécu	vis vis vit vivons vivez vivent	vivais vivais vivait vivions viviez vivaient	vécus vécus vécut vécûmes vécûtes vécurent	ai vécu as vécu a vécu avons vécu avez vécu ont vécu	vivrai vivras vivra vivrons vivrez vivront	vivrais vivrais vivrait vivrions vivriez vivraient	vive vives vive vivions viviez vivent	vis vivons vivez
voir (see) voyant vu	vois vois voit voyons voyez voient	voyais voyais voyait voyions voyiez voyaient	vis vis vit vîmes vîtes virent	ai vu as vu a vu avons vu avez vu ont vu	verrai verras verra verrons verrez verront	verrais verrais verrait verrions verriez verraient	voie voies voie voyions voyiez voient	vois voyons voyez
vouloir (wish, want) voulant voulu	veux veux veut voulons voulez veulent	voulais voulais voulait voulions vouliez voulaient	voulus voulus voulut voulûmes voulûtes voulurent	ai voulu as voulu a voulu avons voulu avez voulu ont voulu	voudrai voudras voudra voudrons voudrez voudront	voudrais voudrais voudrait voudrions voudriez voudraient	veuille veuilles veuille voulions vouliez veuillent	veuille veuillez

[7]Verbs like venir: devenir (elle est devenue), revenir (elle est revenue), maintenir (elle a maintenu), obtenir (elle a obtenu), se souvenir (elle s'est souvenue)

Lexique: *français-anglais*

This end vocabulary provides contextual meanings of French words used in this text. It does not include exact cognates or regular past participles if the infinitive is listed. Adjectives are listed in the masculine singular form, with irregular feminine forms included in parentheses. An asterisk (*) indicates words beginning with an aspirate *h*. Active vocabulary is indicated by the number of the chapter in which it is first listed or explained.

Abréviations

adj. adjective
adv. adverb
angl. Anglicism
conj. conjunction
contr. contraction
fam. familiar
f. feminine noun
indef. indefinite
inf. infinitive

int. interjection
inv. invariable
m. masculine noun
pl. plural
p.p. past participle
prep. preposition
pron. pronoun
Q. Quebec usage
subj. subjunctive

A

à *prep.* to; at; in; with (2)
abandonner to leave; to abandon (29)
absentéisme *m.* absenteeism
absolu *adj.* absolute
absolument *adv.* absolutely; completely
absurde *m.* the absurd; nonsense
absurdité *f.* absurdity
Acadie *f.* Acadia (Nova Scotia)
acadien(ne) *adj.* Acadian (27)
accepter (de) to accept; to agree to
accès *m.* access
accident *m.* accident; **accident cardiaque** heart attack
accompagner to accompany
accomplir to carry out; to effect
accord *m.* agreement (29); **d'accord** okay; **être d'accord** to agree (4)
accordéon *m.* accordion (5)
achat *m.* purchase; **faire des achats** to go shopping (11)
acheter to buy (9)
acompte *m.* installment; partial payment
acte *m.* act; action
acteur *m.* (**actrice** *f.*) actor; actress

actif (active) *adj.* active; energetic
activement *adv.* actively
activité *f.* activity
actuel(le) *adj.* present (26)
actuellement *adv.* currently (25)
adapter: s'adapter (à) to adapt to (24)
addition *f.* bill; check (10)
additionner to add up
adieu *int.* good-bye
adjectif *m.* adjective
administratif (administrative) *adj.* administrative
administration *f.* government; management
admirablement *adv.* admirably; wonderfully
admirer to admire; to wonder at (3)
adorer to adore; to love (3)
adresse *f.* address (5)
adresser to address; **s'adresser (à)** to turn to; to appeal to (28)
adulte *m.*, *f.* adult
adverbe *m.* adverb
aérien(ne) *adj.* aerial; **ligne aérienne** airline
Aeroflot *m.* state airline of the Soviet Union

aéronautique *adj.* aeronautic
aéroport *m.* airport (15)
aérotrain *m.* aerotrain; hover-train
affaire *f.* business; affair; bargain (18); *pl.* personal effects; business (18); **femme (homme) d'affaires** business woman or man
affecter to affect
affiche *f.* poster; placard (6)
affirmer to affirm; **s'affirmer** to grow stronger
affluence *f.* crowd; **heure (*f.*) d'affluence** rush hour
afin *conj.* so that; **afin de** (*with inf.*); **afin que** (*with subj.*) (27)
africain *adj.* African (28)
Afrique *f.* Africa (15)
âge *m.* age (6)
âgé *adj.* old
agence *f.* agency; bureau
agent(e) *m.*, *f.* agent; **agent de police** police officer (17)
agir to act (6); **s'agir de** to be a question of
agréable *adj.* agreeable; pleasant (4)
agressif (agressive) *adj.* aggressive
agricole *adj.* agricultural
agriculteur *m.* (**agricultrice** *f.*) farmer; farm worker (22)

aide *f.* support; relief
aider to help (22)
aigu *adj.* acute; **accent aigu** (´)
ail *m.* garlic
aile *f.* wing
ailleurs *adv.* elsewhere (29);
  d'ailleurs besides (25)
aimable *adj.* kind; amiable
aimer to like; to love (3); **aimer
  mieux** to prefer (3)
ainsi *adv.* thus; so (4); **ainsi que**
  conj. as well as (17)
air *m.* air; atmosphere (24); **avoir
  l'air** to look (6); **en plein air** in
  the open air (23)
aisé *adj.* comfortable; well-off (25)
ajouter to add (11)
alerte *adj.* alert; lively
Alger Algiers
Algérie *f.* Algeria (15)
algérien(ne) *adj.* Algerian (28)
alimentaire *adj.* related to food
alimentation *f.* nourishment
Allemagne *f.* Germany (15)
allemand *adj.* German (2)
aller to go (8); **aller mieux** to go,
  be better; **Comment allez-vous?**
  How are you? (1); **s'en aller** to
  go away (21)
aller-retour *adj. inv.* round-trip
allô *int.* hello (telephone)
allocation *f.* allowance
alors *adv.* then (8); in that case
Alpes *f. pl.* the Alps
alpin *adj.* Alpine
alpinisme *m.* mountaineering (25)
alsacien(ne) *adj.* Alsatian
altruiste *adj.* altruistic
amateur *adj.* amateur; **amateur
  d'art** art lover
Amazone *m.* Amazon River
ambassade *f.* embassy (28)
ambiguïté *f.* ambiguity
ambitieux (ambitieuse) *adj.*
  ambitious
amélioration *f.* improvement (24)
améliorer to improve (24)
américain *adj.* American (2)
Amérique *f.* America
ami(e) *m., f.* friend (2)
amicalement *adv.* amicably;
  sincerely
amitié *f.* friendship; affection
amour *m.* love (3)
amoureux (amoureuse) *adj.* in
  love; **tomber amoureux (de)** to
  fall in love (with) (21)
amphithéâtre *m.* lecture hall;
  amphitheater (2)
amusant *adj.* entertaining, amusing
amuser to entertain; **s'amuser** to

have a good time (21)
an *m.* year (15); **Jour de l'An** New
  Year's Day; **avoir (deux) ans** to
  be (two) years old (6)
anarchiste *adj.* anarchist
anatomie *f.* anatomy
ancêtre *m., f.* ancestor (27)
ancien(ne) *adj.* former; old; ancient
  (7)
anglais *adj.* English, British (2)
Angleterre *f.* England (15);
  Nouvelle-Angleterre New
  England
anglicisme *m.* anglicism
anglophone *adj.* English-speaking
angoisse *f.* anguish
animal *m.* (**animaux** *pl.*) animal,
  beast (5)
animé *adj.* animated (18); **dessin
  animé** cartoon
année *f.* year (5); **année scolaire**
  school year
anniversaire *m.* birthday;
  anniversary (7)
annonce *f.* advertisement; sign
  (12); **petites annonces** want-ads
annoncer to announce
annuaire *m.* telephone directory
  (12)
antérieur *adj.* previous; **futur
  antérieur** future perfect
antillais *adj.* West Indian
Antilles *f. pl.* West Indies (28)
antilope *f.* antelope
antipathique *adj.* unpleasant;
  antipathetic (4)
août *m.* August (1)
apercevoir to perceive (24);
  s'apercevoir de to become aware
  of
aperçu *p.p.* of **apercevoir**
apéritif *m.* before dinner drink;
  aperitif (10)
appareil *m.* telephone (12);
  equipment; **appareil-photo** *m.*
  camera (13); **Qui est à
  l'appareil?** Who is speaking?
appartement *m.* apartment (2)
appartenir à to belong to (28)
appeler to call; to name (8);
  s'appeler to be called (21);
  Comment vous appelez-vous?
  What's your name? (1)
appétit *m.* appetite
appliquer to apply; to impose
apporter to bring; to supply (10)
apprécier to appreciate
apprendre to learn; to teach (10)
apprenti(e) *m., f.* apprentice
appris *p.p.* of **apprendre**
approprié *adj.* suitable

approuver to sanction; to approve of
approximatif (approximative) *adj.*
  approximate; inexpert
après *prep.* after (8); **d'après**
  according to (21)
après-midi *m.* afternoon (1)
arbitre *m.* referee
arbre *m.* tree (8)
arc *m.* arch
architecte *m., f.* architect (22)
argent *m.* money; silver (10)
argot *m.* slang (27)
armée *f.* army
armement *m.* armament;
  preparation for war
armoire *f.* closet; cupboard (6)
arranger to arrange (5)
arrêter to stop (someone,
  something); **s'arrêter (de)** to stop
  (oneself) (21)
arrivée *f.* arrival; landing (13)
arriver to arrive; to reach (5);
  arriver à to manage to
arrondissement *m.* district; ward
  (18)
artisan(e) *m., f.* craftsperson;
  skilled worker (20)
artisanat *m.* trades; handicrafts
  (20)
artiste *m., f.* artist (20)
artistique *adj.* artistic
ascenseur *m.* elevator (17)
Asie *f.* Asia
aspirine *f.* aspirin
assemblée *f.* assembly; meeting
  (26); **l'Assemblée nationale** one
  of the two houses of the French
  parliament
asseoir to seat; **s'asseoir** to sit
  down
assez *adv.* enough; rather (9)
assiette *f.* plate (9)
assis *adj.* seated (15)
assistant(e) *m., f.* assistant;
  assistant social welfare worker
assister à to attend; to look on
  (19)
associer to associate
assurer to assure; to guarantee
Astérix a French cartoon character
astronomie *f.* astronomy
atelier *m.* studio; workshop (20)
athlète *m.* athlete
athlétisme *m.* track and field;
  athletics (25)
Atlantique *m.* Atlantic Ocean
atmosphère *f.* atmosphere; air (24)
attacher to attach
attendre to wait (for) (9)
attente *f.* waiting; **salle d'attente**
  waiting room

attentif (attentive) *adj.* attentive, considerate

attention *f.* attention; *int.* Look out!

attentivement *adv.* carefully

attirer to attract; to draw

attraper to catch (24)

au *contr. of* à le

auberge *f.* inn (14); **auberge de jeunesse** youth hostel (14)

aucun; ne... aucun *adj., pron.* no; no one; not any (27)

augmenter to raise; to augment (26)

aujourd'hui *adv.* today (1)

auquel *contr. of* à lequel

aussi *adv.* also (2); **aussi... que** as...as (19)

aussitôt *adv.* immediately; **aussitôt que** as soon as (22)

autant *adv.* much, many; **autant de** as much (many); **autant que** as much (many) as (19)

auteur *m.* author; creator (20)

authentique *adj.* genuine

autobus *m.* bus (16)

automne *m.* autumn (7)

automobile *f.* car, auto (24)

automobilisme *m.* driving

automobiliste *m., f.* motorist; driver (16)

autonome *adj.* autonomous (29)

autonomie *f.* autonomy (29)

autorité *f.* authority

autoroute *f.* highway, freeway (16)

auto-stop *m.*: **faire de l'auto-stop** to hitchhike

autour de *adv.* around (14)

autre *adj.* other (6); **d'autre part** on the other hand

autrefois *adv.* formerly, in other times (18)

auvergnat *adj.* an inhabitant of Auvergne

aux *pl. of* au; *contr. of* à les; **aux environs de** in the vicinity of

avance: en avance early, beforehand (15)

avant *prep.* before (8); **avant tout** first of all; **avant que** +*subj.* before (27)

avantage *m.* advantage

avec *prep.* with; by means of (1); **couper avec** to sever relations with

avenir *m.* the future (22)

aventure *f.* adventure; surprising event

avion *m.* airplane (13)

avis *m.* opinion; advice; **à mon avis** (11)

avocat(e) *m., f.* lawyer; counsel (22)

avoir to have (6); **avoir besoin de** to need; **avoir chaud** to be hot (6); **avoir de la chance** to be lucky (6); **avoir (deux) ans** to be (two) years old (6); **avoir envie de** to want to (6); **avoir faim** to be hungry (6); **avoir froid** to be cold (6); **avoir honte** to be embarrassed, ashamed (28); **avoir l'air de** to look; to appear (6); **avoir lieu** to take place (18); **avoir mal** to have a pain; to hurt (20); **avoir peur** to be afraid (18); **avoir raison** to be right (6); **avoir soif** to be thirsty (6); **avoir sommeil** to be sleepy (6); **avoir tort** to be wrong (6)

avril *m.* April (1)

B

bac(calauréat) *m.* French secondary school diploma (19)

bachot *m.* slang for secondary school diploma (19)

bachotage *m.* cramming (school)

bagages *m. pl.* baggage (15)

baguette *f.* thin loaf of French bread (10)

baigner to bathe; **se baigner** to go swimming (21)

bain *m.* bath; **maillot de bain** swimsuit (7); **salle de bains** bathroom (8)

baisser to lower; to fall off (26)

balcon *m.* balcony

balle *f.* ball; bullet

ballon *m.* balloon; football; soccer ball (25)

banane *f.* banana

bande *f.* band

banlieue *f.* suburbs (17)

banque *f.* bank (11)

banquier *m.* **(banquière** *f.***)** banker (22)

baromètre *m.* barometer

bar-tabac *m.* bar-tobacconist (17)

bas *adj.* low (3); **à bas** down with; **là-bas** over there

baser to base

bassin *m.* basin; pond

bateau *m.* boat (15); **bateau-mouche** passenger riverboat; **faire du bateau** to go boating

bâtiment *m.* building (17)

bâtir to build (18)

bavard *adj.* talkative (19)

bavardage *m.* chatter; meaningless talk

beau (bel, belle) *adj.* beautiful; good (7); **faire beau** to be good weather (7); **beaux-arts** fine arts (20)

beaucoup *adv.* many; much; a lot (3)

Belgique *f.* Belgium (15)

belle-mère *f.* mother-in-law; stepmother

belle-sœur *f.* stepsister; sister-in-law

Bénin *m.* Benin (Dahomey) (28)

besoin *m.* need; **avoir besoin de** to need; to want

bête *f.* beast

beurre *m.* butter (9)

bibliothécaire *m., f.* librarian

bibliothèque *f.* library (2)

bicyclette *f.* bicycle (13)

bien *m.* property; *adv.* well; very; completely (3); **bien que** although (27); **bien sûr** of course (11); **eh bien!** well! **ou bien** or else; **vouloir bien** to be willing (11); **biens** *m. pl.* goods

bien connu *adj.* well-known

bientôt *adv.* soon (8); **A bientôt!** See you soon! (1)

bienvenu *adj.* welcome

bière *f.* beer (9)

bifteck *m.* steak (9)

bijou *m.* jewel

bilingue *adj.* bilingual

billet *m.* ticket; bill (5)

biologie *f.* biology

bistro(t) *m.* café; bar

blague *f.* joke, trick

blanc(he) *adj.* white (7)

blé *m.* corn; wheat; **blés d'inde** *Q.* corn on the cob

bleu *adj.* blue (7)

bloc-notes *m.* writing pad

bœuf *m.* beef (9)

bof! *int.*

boire to drink (10); **boire un coup** to have a drink

bois *m.* forest; wood (18); **coureur des bois** scout (historical)

boisson *f.* drink; beverage (9)

boîte *f.* box; can (10); **boîte aux lettres** mail box (12); **boîte de nuit** nightclub (23)

bon(ne) *adj.* good (7); **bon courage** keep your chin up; **bon marché** cheap; inexpensive (11)

bonbon *m.* candy

bonheur *m.* happiness; prosperity (14)

bonjour *int.* hello; good day (1)

bonsoir *int.* good night; good evening (1)

bord *m.* edge; shore; **au bord de la mer** at the seashore (13)
bouche *f.* mouth (20); exit of metro station
boucher *m.* butcher
boucherie *f.* butcher's shop (10)
bouger to stir; to budge (18)
boulanger *m.* (**boulangère** *f.*) baker
boulangerie *f.* bakery (10)
boule *f.* ball; bead; **les boules** bocce ball; bowling
Boul'Mich *m. fam.* Boulevard St. Michel
boulot *m. fam.* job; work
bouquiniste *m.* second-hand book dealer
Bourgogne *f.* Burgundy
bourguignon(ne) *adj.* from Burgundy
bourse *f.* scholarship; stock exchange (19)
bout *m.* end
bouteille *f.* bottle (9)
boutique *f.* shop (11)
boxe *f.* boxing
branche *f.* branch; division
bras *m.* arm (20)
brasserie *f.* bar; restaurant
bref (brève) *adj.* brief, short; *adv.* in a word
Brésil *m.* Brazil (15)
Bretagne *f.* Brittany
breton(ne) *adj.* from Brittany
bricolage *m.* do-it-yourself work; puttering around (23)
bricoler to putter around (23)
brie *m.* Brie cheese
brillant *adj.* brilliant; bright
brochette *f.* shishkabob
brosse *f.* brush; **brosse à dents** toothbrush (21)
brosser to brush (21)
bruit *m.* noise (18)
brûlant *adj.* burning; eager
brun *adj.* brown
Bruxelles Brussels
bu *p.p of* **boire**
bureau *m.* office; desk (1); **employé(e) de bureau** white-collar worker

c

ça *pron.* it; that (3); **comme ci, comme ça** so-so (1); **Ça suffit.** That's enough. (29); **Ça va?** How's it going? (1)
cabine *f.* cabin; **cabine téléphonique** telephone booth (12)
cadeau *m.* gift (8)

cadre *m.* manager (22); *pl.* management; **cadre moyen** middle manager; **cadre supérieur** executive; **cadre** *m.* frame (20)
café *m.* coffee; café (2)
cahier *m.* notebook (1)
calculer to calculate
calendrier *m.* calendar (19)
Californie *f.* California
calme *m.* calm; stillness
camarade *m., f.* friend; companion (2); **camarade de chambre** roommate; **camarade de classe** classmate (2)
camembert *m.* Camembert cheese
caméra *f.* movie camera (13)
Cameroun *m.* Cameroon (28)
camion *m.* truck (16)
campagne *f.* countryside; the country (13); campaign (26)
camper to camp (13)
campeur *m.* (**campeuse** *f.*) camper
camping *m.* camping; campground
Canada *m.* Canada (15)
canadien(ne) *adj.* Canadian (4)
canard *m.* duck
candidat(e) *m., f.* candidate; applicant (26)
cantatrice *f.* singer (of classical music)
cap *m.* cape; headland
capacité *f.* ability
capitaliste *adj.* capitalist
car *conj.* for; because (24)
caractère *m.* character
caractéristique *f.* characteristic
Caraïbes *f. pl.* Caribbean (islands)
caravane *f.* trailer
cardiaque *adj.* cardiac; **accident cardiaque** *m.* heart attack
cardiovasculaire *adj.* cardiovascular
Carnaval *m.* Carnival; Mardi Gras
carnet *m.* notebook; book of tickets, checks
carotte *f.* carrot
carré *adj.* square
carreau *m.* small square; **à carreaux** checked
carrefour *m.* crossroads (16)
carrière *f.* career (22)
carte *f.* map; card (5); **carte postale** postcard (12)
cas *m.* case; instance; **en tout cas** in any case; however (21)
casque *m.* helmet, hood
cassé *adj.* broken (23)
casse-croûte *m.* snack; sandwich (10)
casse-tête *m.* din, uproar
catégorie *f.* category
cathédrale *f.* cathedral (14)

catholique *adj.* Catholic
cause *f.* cause; **à cause de** because of (14)
ce *pron.* it; **ce qui** what
ce (cet, cette) *adj.* this; that
ceci *pron.* this
cela *pron.* that
célèbre *adj.* famous (14)
célébrer to celebrate
célébrité *f.* celebrity
célibat *m.* single life; celibacy
célibataire *adj.* unmarried
celte *m.* Celt, Celtic
celui (celle) *pron.* the one; **celui-ci** this one; **celui-là** that one
Cendrillon Cinderella
cent *m.* one hundred (5); **pour cent** percent
centaine *f.* about a hundred
centenaire *m., f.* centenarian
centième *adj.* hundredth
centime *m.* centime (1/100 of a franc) (11)
centralisation *f.* centralization
centralisé *adj.* centralized
centre *m.* center (2); **centre-ville** *m.* downtown (11); **centre commercial** *m.* shopping center (11)
céramique *f.* ceramics (20)
céréale *f.* cereal
cérémonie *f.* ceremony (28)
certain *adj.* positive; certain (14)
certainement *adv.* certainly
cerveau *m.* brain; intelligence
ces *adj.* these; those
cesser to cease; to stop
ceux (celles) *pron.* those; these; **ceux-ci** the latter; **ceux-là** the former
chacun(e) *pron.* each; each one
chaîne *f.* channel; chain (12); **chaîne stéréo** stereo system (6)
chaise *f.* chair (1)
chaleureux (chaleureuse) *adj.* warm; cordial
chambre *f.* room; bedroom (6); **camarade de chambre** roommate
champ *m.* field; **Champs-Élysées** Elysian Fields (Paris avenue)
champagne *m.* champagne, sparkling wine (14); **Champagne** *f.* French province
champenois *adj.* from Champagne
champignon *m.* mushroom
championnat *m.* championship (25)
chance *f.* luck; fortune (6); **avoir de la chance** to be lucky
chancellerie *f.* Chancellery
chandail *m.* sweater (7)

change *m.* foreign exchange; **bureau** (*m.*) **de change** exchange office (11)
changement *m.* variation; change
changer (de) to change (6); **changer de l'argent** to exchange currency (11)
chanson *f.* song (20); **chanson de variété** popular song (23)
chant *m.* song; melody
chanter to sing (17)
chanteur *m.* (**chanteuse** *f.*) singer (22)
chapeau *m.* hat (7)
chapelle *f.* chapel
chaperon *m.* hood; **le Petit Chaperon Rouge** Little Red Riding Hood
chapitre *m.* chapter
chaque *adj.* each; every (10)
charcuterie *f.* pork butcher's shop (10); cold cuts
charger to charge
charmant *adj.* charming; delightful (4)
charme *m.* charm
chasse *f.* hunting; **aller à la chasse** to go hunting (23)
chat *m.* (**chatte** *f.*) cat (6)
château *m.* castle; mansion; palace (14)
Château-La-Pompe *m. fam.* tap water
chaud *adj.* hot; warm; **avoir chaud** to be hot (6); **faire chaud** to be hot (weather) (7)
chauffeur *m.* (**chauffeuse** *f.*) driver
chaussée *f.* embankment; roadway; **rez-de-chaussée** *m.* ground floor (8)
chaussure *f.* shoe (7)
chauve *adj.* bald
chef *m.* leader; head; chef (26); **chef-d'œuvre** masterpiece (20)
chemin *m.* road; way (17); **chemin de fer** railroad
cheminée *f.* fireplace; chimney
chemise *f.* shirt (7)
chemisier *m.* blouse (7)
chèque *m.* check
cher (**chère**) *adj.* expensive; dear (4)
chercher to look for; **chercher à** to try (4)
cheval *m.* (**chevaux** *pl.*) horse (25)
cheveux *m. pl.* hair (20)
chèvre *f.* goat
chez *prep.* at the house of; with; about (6); **chez vous** where you live
chicorée *f.* chicory

chien *m.* (**chienne** *f.*) dog (6)
chiffre *m.* number; figure
chimie *f.* chemistry (19)
chimique *adj.* chemical
Chine *f.* China (15)
chinois *adj.* Chinese (2)
chirurgie *f.* surgery
chocolat *m.* chocolate (9)
choisir (de) to choose (6)
choix *m.* choice (2)
chômage *m.* unemployment (22)
chômeur *m.* (**chômeuse** *f.*) unemployed person (22)
choquant *adj.* offensive
choquer to shock
chose *f.* thing (4); **quelque chose** something
choucroute *f.* sauerkraut
chute *f.* fall; waterfall
ci-dessous *adv.* below
ciel *m.* sky, heaven; **gratte-ciel** *m.* skyscraper (18)
ciné-club *m.* film club
cinéaste *m., f.* film producer; movie maker
cinéma *m.* cinema; movies (2)
cinq *adj.* five (1)
cinquante *adj.* fifty (1)
cinquième *adj.* fifth
circonflexe *m.* circumflex
circonstance *f.* circumstance
circulation *f.* traffic (16)
circuler to get around; to ride
citadin(e) *m., f.* citizen; city-dweller
cité *f.* city; **la Cité** historical center center of Paris (18); **cité universitaire** university living quarters; dormitory (2)
citoyen(ne) *m., f.* citizen (26)
civilisation *f.* civilization
clair *adj.* clear; light
clairement *adv.* clearly
clarinette *f.* clarinet (5)
classe *f.* class (2); **en classe** at school; **salle** (*f.*) **de classe** classroom (1)
classer to classify; to sort
classicisme *m.* classicism
classique *adj.* classical
clef *f.* key (13)
client(e) *m., f.* customer; guest; client (10)
clientèle *f.* clientele
climat *m.* climate
climatique *adj.* climatic
cœur *m.* heart
coffre *m.* chest; trunk (of car)
coiffeur *m.* (**coiffeuse** *f.*) hairdresser
colère *f.* anger

collectif (**collective**) *adj.* collective
collectionner to collect (23)
collège *m.* college; secondary school; **lycée**
collègue *m., f.* colleague
colon *m.* colonist; settler (27)
colonie *f.* colony; **colonie de vacances** summer camp
coloniser to colonize
colonne *f.* column; row
combien *adv.* how much; how many (1)
comédie *f.* comedy; theatre
comique *adj.* comical
commander to order (9)
comme *adv.* as; like (10); how; *conj.* because; **comme ci, comme ça** so-so (1)
commencer to begin (7)
comment *adv.* how (1); **Comment allez-vous?** How are you?
commentaire *m.* commentary
commerçant(e) *m., f.* merchant; storekeeper (10)
commerce *m.* store, business
commission *f. Q.* errand
commode *f.* chest of drawers (6)
commodité *f.* convenience
commun *adj.* common; **Marché commun** Common Market
communauté *f.* community
communicatif (**communicative**) *adj.* communicative
communiste *adj.* communist (14)
compagnie *f.* company
comparaison *f.* comparison
comparer to compare
compartiment *m.* compartment (15)
compétent *adj.* competent; qualified
compétition *f.* competition
complément *m.* object; complement
complet *m.* suit (7); *adj.* (**complète** *f.*) full; complete
complètement *adv.* completely
complexe *adj.* complex
compliqué *adj.* complicated
comporter to include
composé *adj.* compound; **passé composé** past perfect tense; **être composé de** to be made up of (26)
composer to compose; to make up (7); **composer un numéro** to dial (12)
comprendre to understand (10)
compris *p.p* of **comprendre**; *adj.* included (10)
comptable *m., f.* accountant (22)
compte *m.* account (11); **prendre**

en compte to take into account
compter to count
comptoir *m.* counter
comte *m.* count (noble)
concerner to concern; to regard
Conciergerie *f.* prison in Paris
concilier to reconcile
Concorde *m.* supersonic plane that flies between Europe and New York
concours *m.* competitive examination
concurrence *f.* competition (24)
condition *f.*: **à condition que** on condition that (27)
conducteur *m.* (**conductrice** *f.*) conductor (16)
conduire to drive (16); **permis** (*m.*) **de conduire** driver's license
conférence *f.* conference; lecture (19)
confiance *f.* confidence; trust; **faire confiance** to trust
confiture *f.* preserve; jam
conflit *m.* conflict
conformisme *m.* conformity (3)
conformiste *adj.* conforming
confortable *adj.* comfortable
congé *m.* leave; vacation
Congo-Brazzaville *m.* People's Republic of the Congo (28)
congolais *adj.* Congolese
congrès *m.* conference; meeting (28)
conjonction *f.* conjunction
conjuguer to conjugate
connaissance *f.* acquaintance; knowledge (18); **faire la connaissance de** to make the acquaintance of (8)
connaître to know; to understand; to be familiar with (18)
connu *p.p* of **connaître**
conquête *f.* conquest
consacrer to dedicate
conscience *f.* consciousness; awareness
consciencieux (consciencieuse) *adj.* conscientious
conscient *adj.* conscious
conseil *m.* advice; council (20); **Conseil de l'Europe** the European Council (meets in Strasbourg)
conseiller to advise; *m.* (**conseillère** *f.*) counselor (22)
conséquence *f.* consequence; result
conséquent *adj.* rational; **par conséquent** consequently (29)
conservateur (conservatrice) *adj.* conservative

conserve *f.* preserve; canned food
conserver to preserve; to retain (24)
considérer to consider
consigne *f.* cloak room; baggage room
consommateur *m.* (**consommatrice** *f.*) consumer
consommation *f.* consumption (24)
constamment *adv.* constantly; steadily
constituer to constitute (18)
construire to construct; to build (18)
consulter to consult
contemporain *adj.* contemporary (24)
contenir to contain; to consist of
content *adj.* content; pleased (17)
contenter to satisfy
contestataire *adj.* controversial; radical
continuer to continue (19)
contradiction *f.* opposition; **esprit** (*m.*) **de contradiction** contrariness
contraire *m.* opposite; **au contraire** on the contrary (4)
contravention *f.* minor infraction (traffic)
contre *prep.* against (25); **par contre** *adv.* on the other hand (28)
contrôleur *m.* (**contrôleuse** *f.*) superintendent; inspector
convenable *adj.* proper; expedient
convenir to suit; to fit
coopérant *m.* participant in French public service corps
coopération *f.* cooperation; cooperation service
copain *m.* (**copine** *f.*) pal; buddy (5)
copieux (copieuse) *adj.* copious
corbeille *f.* basket; **corbeille à papier** wastebasket
corps *m.* body (20)
correctement *adv.* correctly
correspondance *f.* correspondence; change of trains
correspondant(e) *m.*, *f.* correspondent
correspondre to correspond
corriger to correct
corse *adj.* Corsican; *f.* Corsica
côte *f.* coast (28); **Côte-d'Ivoire** *f.* Ivory Coast (28)
côté *m.* side; *prep.* **à côté de** next to (4); near
cou *m.* neck (20)
coucher: se coucher to go to bed (21)

couchette *f.* sleeping berth (train)
couleur *f.* color (7)
couloir *m.* corridor; hallway (8)
coup *m.* blow; stroke; **boire un coup** to have a drink; **coup de foudre** thunderbolt; love at first sight (21); **coup de téléphone** telephone call (12); **coup d'œil** glance; **tout d'un coup** suddenly (19)
Coupe de France *f.* the France Cup
couper to cut; cut off (18); **couper avec** to sever relations with
courage *m.* courage; **bon courage** keep your chin up
courageux (courageuse) *adj.* courageous; spirited (4)
couramment *adv.* fluently (14)
courant *adj.* current; usual (11); **au courant de** informed about
coureur *m.* (**coureuse** *f.*) runner; racer; adventurer (25); **coureur des bois** scout (historical)
courir to run (23)
couronnement *m.* coronation
cours *m.* course (2); *prep.* **au cours de** during (25); **cours du change** rate of exchange (11)
course *f.* race (25); **faire les courses** to go shopping, do errands (8)
court *adj.* short (11); **court de tennis** *m.* tennis court (5)
couru *p.p.* of **courir**
cousin(e) *m.*, *f.* cousin (8)
couteau *m.* knife (9)
coûter to cost (11)
coutume *f.* custom; habit (28)
couture *f.* sewing
craindre to fear
cravate *f.* tie
crayon *m.* pencil (1)
créatif (créative) *adj.* creative
création *f.* creation; establishment
crèche *f.* day-care center (for infants)
crédit *m.* credit
créer to create (3)
crème *f.* cream; custard (10)
créole *adj.* Creole
crêpe *f.* pancake
cretons *m. pl.* Q. cold cuts
crevé *adj.* punctured; exhausted
crise *f.* crisis
cristal *m.* crystal
critique *adj.* critical; *m.* critic; *f.* **critique** evaluation
critiquer to criticize
croire to believe (14)
croisière *f.* cruise

croissant *m.* crescent roll (9)
cru *p.p. of* **croire**
cuillère *f.* spoon; **cuillère à soupe** tablespoon; **petite cuillère** teaspoon (9)
cuir *m.* leather
cuisine *f.* kitchen (8); cooking; **faire la cuisine** to cook (8); **haute cuisine** fine cooking (29)
cuisiner to cook
cuisinier *m.* (**cuisinière** *f.*) cook
culinaire *adj.* culinary
cultiver to cultivate; to grow
culturel(le) *adj.* cultural (14)
curieux (curieuse) *adj.* curious
curiosité *f.* curiosity
cyclisme *m.* cycling
cycliste *m., f.* cyclist
cyclope *m.* Cyclops

D

d'abord *adv.* first (8)
d'accord okay; **être d'accord** to agree
d'après *prep.* according to (21)
dame *f.* lady
dangereux (dangereuse) *adj.* dangerous
dans *prep.* in (1)
dansant *adj.* dancing
danse *f.* dance
danser to dance (3)
danseur *m.* (**danseuse** *f.*) dancer
de *prep.* from; of; about (3)
débarquement *m.* landing
débat *m.* debate
débouché *m.* job opportunity (22)
debout: être debout to be standing; to stand (up) (15)
début *m.* beginnning (10)
débutant(e) *m., f.* beginner (25)
décembre *m.* December (1)
décentralisation *f.* decentralization
déchets *m. pl.* waste; debris (24)
décider to decide; to determine (29)
décisif (décisive) *adj.* decisive
décision *f.* decision
déclaré *adj.* proclaimed
déclarer to declare
décoller to take off (airplane)
décor *m.* decoration
décoratif (décorative) *adj.* decorative
découverte *f.* discovery (27)
découvrir to uncover; to discover, find out (24)
décrire to describe (12)
décrocher to unhook; to lift (receiver) (12)
dedans *adv.* within
défendre to defend; to protect

défense *f.* defense
défenseur *m.* defender
défini *adj.* definite
définir to define; to describe
définitif (définitive) *adj.* definitive; eventual
définition *f.* definition
dégoûtant *adj.* disgusting
dehors *adv.* outside (22)
déjà *adv.* already; previously (12)
déjeuner to lunch; *m.* lunch (8); **petit déjeuner** breakfast (9)
délégué(e) *m., f.* delegate (26)
délice *m.* pleasure
demain *adv.* tomorrow (8)
demander to ask; to demand (5); **se demander** to wonder (21)
déménager to move (16)
demi *adj.* half
démocratique *adj.* democratic
démonstratif (démonstrative) *adj.* demonstrative
dense *adj.* complex, dense
dent *f.* tooth (20); **brosse** (*f.*) **à dents** toothbrush
dentiste *m., f.* dentist
départ *m.* departure (13)
département *m.* department; province (14)
dépaysement *m.* culture shock; uprooting (28)
dépendant *adj.* dependent; **être dépendant de** to depend (up)on (17)
dépense *f.* expenditure; expense (11)
dépenser to spend (11)
déplaire to displease
déplorer to deplore
déporter to deport
depuis *prep.* since; for (25); **depuis longtemps** for a long time; **depuis quand** since when; **depuis que** *conj.* since
député *m.* member of Parliament; representative (26)
déraisonnable *adj.* unreasonable (4)
dernier (dernière) *adj.* last; past (13)
derrière *prep.* behind (4)
des *contr. of* **de les**
dès que *conj.* as soon as (22)
désaccord *m.* disagreement, discord
désagréable *adj.* disagreeable; offensive (4)
désastre *m.* disaster
désastreux (désastreuse) *adj.* disastrous; unfortunate
descendre to descend; to get off (9)
descendu *p.p. of* **descendre**
désert *m.* desert; *adj.* deserted

déshabiller to undress; **se déshabiller** to undress oneself
désigner to designate
désirer to want; to desire (6)
désolé *adj.* very sorry; grieved (26)
désordonné *adj.* disorderly
désordre *m.* disorder (6)
dessert *m.* dessert (10)
dessin *m.* drawing (20)
dessiner to sketch (20); **jardin dessiné** planned garden
dessous *adv.* under; **ci-dessous** below
dessus *adv.* upon; **ci-dessus,** above; **dessus-dessous** upside-down
détail *m.* detail
détective *m.* detective
détendre: se détendre to relax (23)
détendu *p.p. of* **détendre**
détenir to hold; to have possession of
détente *f.* relaxation; détente (23)
déterminer to determine
détester to detest; to hate (3)
détruire to destroy
deux *adj.* two (1); **tous les deux** both
deuxième *adj.* second; **deuxième guerre mondiale** Second World War
devant *prep.* before; in front of (4)
développement *m.* development; growth (24)
développer to develop; to expand (24)
devenir to become (13)
devenu *p.p. of* **devenir**
deviner to guess (16)
devoir to have to (11); to be about to; to be obliged to; *m.* duty; homework (8)
diagramme *m.* diagram
dialecte *m.* dialect
diamant *m.* diamond
diapositive *f.* (film) slide (20)
dictateur *m.* (**dictatrice** *f.*) dictator
dictionnaire *m.* dictionary (1)
différemment *adv.* differently
différence *f.* difference (2)
différent *adj.* different
difficile *adj.* difficult; hard (4)
difficulté *f.* difficulty
diffuser to diffuse, broadcast (29)
dimanche *m.* Sunday (1)
diminuer to diminish
dîner to dine; *m.* dinner (9)
diplomate *m.* diplomat (29)
diplomatie *f.* diplomacy (29)
diplôme *m.* diploma (19)
diplômé(e) *m., f.* qualified person; graduate

dire to say; to tell (12); **c'est-à-dire** that is to say (26); **vouloir dire** to mean; **Comment dit-on...?** How do you say. . .? (1)

directement *adv.* directly

directeur *m.* (**directrice** *f.*) director; manager (22)

direction *f.* address; direction

diriger to direct; to govern; to control (22); **se diriger (vers)** to go toward, to make one's way toward

discipline *f.* subject; discipline (19)

discothèque *f.* discotheque (5)

discours *m.* speech; discourse (29)

discret (discrète) *adj.* discreet

discuter to discuss (3)

disparaître to disappear (20)

disparu *p.p.* of **disparaître**

disputer to argue; **se disputer** to quarrel; to dispute (21)

disque *m.* record (6)

distraction *f.* recreation; diversion (3)

distraire: se distraire to entertain oneself

distrait *adj.* distracted, inattentive (5)

distribuer to distribute

divers *adj.* diverse; miscellaneous

diversité *f.* variety

diviser to divide

divorcer to divorce (21)

dix *adj.* ten (1)

dixième *adj.* tenth

doctorat *m.* Ph.D.; doctorate (19)

documentaire *m.* documentary

dodo *m. fam.* sleep; bed

doigt *m.* finger (20)

domaine *m.* area; domain (29)

domestique *m., f.* servant

dominer to dominate; to rule

dommage *m.* harm; **il est dommage** it is too bad (27)

donc *conj.* therefore; then (6); **dis donc!** say!

donner to give; to show (4); to produce; **donner droit (à)** to entitle (to)

dont *pron.* whose; of which; of whom (16)

dormir to sleep (13)

dos *m.* back

dossier *m.* record; dossier

douane *f.* customs (15)

douanier *m.* (**douanière** *f.*) customs officer (22)

doucement *adv.* sweetly

douche *f.* shower

doute *m.* doubt; **sans doute** doubtless

douter to doubt; to question (26)

doux (douce) *adj.* sweet; gentle; soft (14)

douze *adj.* twelve (1)

douzième *adj.* twelfth

dramatique *adj.* dramatic

drapeau *m.* flag (7)

droit *m.* right; law (19); *adj.* straight; right; **tout droit** straight ahead (16)

droite *f.* right; **à droite** to the right (16)

drôle *adj.* funny (4)

du *contr.* of **de le**

dû *p.p.* of **devoir**

duquel *contr.* of **de lequel**

durant *prep.* during

durée *f.* duration

durer to last

dynamique *adj.* dynamic (2)

E

eau *f.* water (9)

éblouir to dazzle; to amaze

échange *m.* exchange

échapper to escape (28); **s'échapper** to get away

échec *m.* failure; check (at chess); *pl.* chess (game)

échouer to fail (19)

éclair *m.* chocolate pastry; eclair (10)

éclater to break out

école *f.* school (17); **école d'artisanat** trade school

écologie *f.* ecology; environmentalism (24)

écologique *adj.* ecological

écologiste *m., f.* ecologist; environmentalist (14)

économie *f.* economy; *pl.* savings

économique *adj.* economic; economical

économiser to economize; to save (16)

écouter to listen to (3)

écran *m.* screen; **petit écran** T.V.

écrire to write (12); **machine** (*f.*) **à écrire** typewriter (22)

écrivain *m.* writer (20); **femme écrivain** female writer

éducation *f.* education; training

éduqué *adj.* educated

effet *m.* effect (24); **en effet** indeed

égal *adj.* equal

égalité *f.* equality (26)

égide *f.* ægis; sponsorship

église *f.* church (18)

égoïste *adj.* egotistical, selfish

Égypte *f.* Egypt

électeur *m.* (**électrice** *f.*) elector; voter (26)

électricité *f.* electricity

électronique *adj.* electronic

élève *m., f.* student; pupil (19)

élevé *adj.* high; raised

élire to elect (26)

elle *pron.* she; her; it

élu(e) *m., f.* the chosen or elected one

Élysée *adj.* Elysian; **Champs-Élysées** Elysian Fields (avenue in Paris)

embarquement *m.* embarkation

embaucher to hire (22)

emblème *m.* emblem; symbol

embouteillage *m.* traffic jam (16)

embrasser to embrace; to kiss (21)

émigrer to emigrate (27)

émission *f.* broadcast; emission (12)

emmener to take along (23)

emmenthal *m.* Emmenthal cheese

empêcher (de) to prevent (29)

empereur *m.* emperor

emploi *m.* job; employment; use (22)

employé(e) *m., f.* employee (22); **employé(e) de bureau** white-collar worker

employer to use; to employ (12)

emporter to take along or away (11)

emprunter to borrow (11)

en *prep.* in; to; on; of (2); by; **de temps en temps** from time to time; **s'en aller** to go away (21); *pron.* of him; of her; of it; some (17)

encombré *adj.* congested

encore *adv.* still; yet; again; more (3); **ne... pas encore** not yet (12)

encourager to encourage (24)

endormir: s'endormir to fall asleep (21)

endroit *m.* place; spot (13)

énergie *f.* energy; strength (24)

énergique *adj.* energetic

enfance *f.* childhood

enfant *m., f.* child (8)

enfin *adv.* finally; at last (12)

engagé *adj.* engaged; hired (28)

engager: s'engager to get involved; to join

énigme *f.* riddle; enigma

ennemi(e) *m., f.* enemy

ennuyer to bore; **s'ennuyer (de)** to be (get) bored; to have a bad time; to miss (21)

ennuyeux (ennuyeuse) *adj.* boring (6)

énorme *adj.* enormous
enquête *f.* inquiry; investigation
enregistrer to record
enseignant(e) *m., f.* teacher
enseigne *f.* street sign
enseignement *m.* teaching; education (19)
enseigner to teach (19)
ensemble *adv.* together (8); *m.* whole; **vue** (*f.*) **d'ensemble** general view
ensuite *adv.* after; then; next (8)
entendre to hear (9); to listen to; **s'entendre (avec)** to be heard; to get along (with) (21); **entendre parler de** to hear about (28)
enterrement *m.* burial; funeral
enthousiasme *m.* enthusiasm
enthousiaste *adj.* enthusiastic (4)
entier (entière) *adj.* entire
entièrement *adv.* entirely; completely
entourer to surround
entraînement *m.* training (25)
entraîner: s'entraîner to train (25)
entre *prep.* between; among (5)
entrée *f.* entry; first course (10)
entreprendre to undertake
entreprise *f.* enterprise; business (22)
entrer (dans) to enter; to step in (6)
entrevue *f.* interview (11)
enveloppe *f.* envelope (12)
envie *f.* desire; **avoir envie (de)** to want
environ *adv.* about (14); **aux environs de** in the vicinity of
environnement *m.* environment (24)
envoyer to send (12)
épaule *f.* shoulder
épicé *adj.* spicy; hot
épicerie *f.* grocery store (10)
épicier (épicière) *m., f.* grocer
épisode *m.* episode
épouvantable *adj.* dreadful; appalling
équilibrer to balance
équipe *f.* team (25)
équitation *f.* horseback riding (25)
équivalent *adj.* equivalent
escalier *m.* stairs; staircase
escargot *m.* snail (10)
espace *m.* space (24)
Espagne *f.* Spain (15)
espagnol *adj.* Spanish (2)
espèce *f.* species; kind
espérer to hope; to expect (8)
espionnage *m.* espionage
espoir *m.* hope

esprit *m.* spirit; mind (4); **esprit de contradiction** contrariness
essai *m.* trial; **mariage** (*m.*) **à l'essai** trial marriage
essayer (de) to try; to try out (8)
essence *f.* gasoline (16); **poste** (*m.*) **d'essence** gas-station, gas pump
essentiel(le) *adj.* essential
est *m.* east (15)
estimer to estimate; to consider
et *conj.* and (1)
établir to set; to establish
établissement *m.* establishment
étage *m.* stage; story (8); **premier étage** second story
étagère *f.* set of shelves (6)
étape *f.* stage; lap (25)
état *m.* state; government; condition (15)
États-Unis *m. pl.* United States (15)
été *p.p. of* **être**; *m.* summer (7)
étendre to extend; to stretch
éternel *adj.* immortal; eternal
ethnique *adj.* ethnic
étoile *f.* star
étonnant *adj.* surprising
étonner: s'étonner to be astonished (26)
étrange *adj.* strange
étranger *m.* **(étrangère** *f.*) foreigner (11); **à l'étranger** abroad (13)
être to be (4); **être d'accord** to agree (4); *m.* being
étude *f.* study (19)
étudiant(e) *m., f.* student (1)
étudier to study (3)
eu *p.p. of* **avoir**
européen(ne) *adj.* European (14)
eux *pron.* they; them; **eux-mêmes** themselves
évaluer to appraise
évasion *f.* escape
événement *m.* event; occurrence (12)
éventuel(le) *adj.* possible
évidemment *adv.* obviously
évident *adj.* obvious
éviter to avoid (21)
évolution *f.* evolution
exactement *adv.* exactly
exagérer to exaggerate
examen *m.* examination; test (2)
examiner to examine
exaspéré *adj.* aggravated; infuriated
exceller to excel
excentricité *f.* eccentricity
excentrique *adj.* eccentric (2)
excepté *prep.* except
exceptionnel(le) *adj.* exceptional
excuser to excuse; **s'excuser** to apologize (21)

exemplaire *m.* copy
exemple *m.* example; **par exemple** for example; *int.* my word
exercer to exercise; to practice
exercice *m.* exercise
exiger to require; to demand (26)
existentialiste *adj.* existentialist
exister to exist
exode *m.* exodus
exotique *adj.* exotic; foreign
expatrié *m.* **(expatriée** *f.*) expatriate
expérience *f.* experience; experiment
expliquer to explain (14)
exposé *adj.* exposed; on view; presentation (19)
exposer to expose; to set forth
exposition *f.* exhibition; show (20)
exprès *adv.* expressly; on purpose
exprimer to express (15)
extérieurement *adv.* outwardly
extrait *m.* extract
extraordinaire *adj.* extraordinary; unusual (2)
extraterrestre *adj., n.m.* extra-terrestre
extrêmement *adv.* extremely

F

fabrication *f.* manufacture
fabriquer to make; to manufacture
face *f.* front; face
facile *adj.* easy (4)
facilement *adv.* easily
faciliter to facilitate
façon *f.* manner; way (24)
facteur *m.* mailman; agent (12)
facture *f.* bill (11)
faculté *f.* branch; college (19); **faculté des lettres** college of liberal arts
faim *f.* hunger; **avoir faim** to be hungry (6)
faire to make, do (8); **faire attention** to watch out; **faire du bateau** to go boating (13); **faire beau** to be good weather (7); **faire de la bicyclette** to go biking (13); **faire du camping** to go camping (13); **faire chaud** to be hot (weather) (7); **faire les commissions** Q. to do errands; **faire la connaissance de** to meet, make the acquaintance of (8); **faire les courses** to do errands (8); **faire la cuisine** to cook (8); **faire les achats** to go shopping (11); **faire froid** to be cold (7); **faire la grève** to go on strike (26); **faire le marché** to go

to the market (8); **faire le ménage** to clean house (8); **faire partie (de)** to belong (to) (14); **faire peur** to frighten; **faire une promenade** to take a walk (8); **faire un reportage** to make a report; **faire la sieste** to take a nap; **faire du ski** to go skiing (13); **faire du soleil** to be sunny (7); **faire la vaisselle** to do the dishes (8); **faire du vent** to be windy (7); **faire un voyage** to take a trip (8); **faire le plein** to fill it up (16)

fait *p.p.* of **faire; en fait** indeed (23)

falloir to be necessary; **il faut** it is necessary (27)

fallu *p.p.* of **falloir**

familial *adj.* of the family

famille *f.* family (5); **en famille** with the family

fantastique *adj.* fantastic

farine *f.* flour

farlouche *f. Q.* mincemeat

fascinant *adj.* fascinating

fataliste *adj.* fatalistic

fatigant *adj.* tiring; wearisome (23)

fatigué *adj.* tired; fatigued (23)

faux (fausse) *adj.* false

favori (favorite) *adj.* favorite (17)

féminin *adj.* feminine

féminisme *m.* feminism

femme *f.* woman (2); wife (8); **femme d'affaires** businesswoman; **femme de ménage** cleaning woman; **femme écrivain** woman writer; **femme médecin** woman doctor (22)

fenêtre *f.* window (1)

fer *m.* iron; **chemin** (*m.*) **de fer** railroad

ferme *f.* farm (14)

fermer to shut; to close (11)

fermeture *f.* closing

fête *f.* holiday; festival (1); **Fête des Mères** Mother's Day; **Fête des Pères** Father's Day; **Fête du Travail** Labor Day

feu *m.* fire; traffic light

feuille *f.* leaf; sheet of paper; form

feuilleter to peruse rapidly; to leaf through

feuilleton *m.* serial; series (12)

février *m.* February (1)

fiançailles *f. pl.* engagement (21)

fiancer: se fiancer to become engaged (21)

fidèle *adj.* faithful

fidélité *f.* fidelity; loyalty

fier (fière) *adj.* proud (4)

figurer: se figurer to imagine; **figure-toi que** would you believe that

filer to trail; to track

fille *f.* daughter (8); girl; **amie de fille** *Q.* girlfriend; **jeune fille** girl; **petite-fille** granddaughter

film *m.* film; movie (3); (camera) film

fils *m.* son (8); **petit-fils** grandson

filtré *adj.* filtered

fin *f.* end (10); **fin de semaine** weekend; *adj.* acute; sharp

finalement *adv.* finally

finir (de) to finish; to end (6)

fixe *adj.* fixed; set

flamand *adj.* from Flanders; Flemish

Flandre *f.* Flanders

flâner to stroll (18)

fleur *f.* flower (6)

fleuve *m.* river (13)

flûte *f.* flute; small narrow French bread (5)

foi *f.* faith; **ma foi!** really!

foie *m.* liver

fois *f.* time (9); times (in multiplication) (1); **une fois que** once

fol *see* **fou**

folie *f.* madness; distraction; **à la folie** madly (14)

folklorique *adj.* folkloric; folk

fonction *f.* function

fonctionnaire *m., f.* official; civil servant (22)

fond *m.* bottom; **au fond** ultimately

fondamental *adj.* essential; fundamental

fondateur *m.* (**fondatrice** *f.*) founder

fondation *f.* foundation

fonder to found; to establish (27)

fontaine *f.* fountain; spring

football *m.* soccer (5)

footballeur *m.* soccer player

forêt *f.* forest (13)

formation *f.* education; training

forme *f.* form

formel(le) *adj.* formal

former to form

formidable *adj.* terrific (23)

formule *f.* formula; formality

fort *adj.* strong; energetic; loud (18); *adv.* very; *m.* fort

fosse *f.* ditch, pool

fou (fol, folle) *adj.* mad, crazy; **un monde fou** a big crowd

foudre *f.* lightning; **coup** (*m.*) **de foudre** love at first sight (21)

fourchette *f.* fork (9)

fournir to furnish; to supply (29)

foyer *m.* hearth; home; dormitory

frais (fraîche) *adj.* fresh; cool (10); **faire frais** to be cool (7); *m. pl.* expenses

fraise *f.* strawberry (9)

franc *m.* franc (French, Belgian, or Swiss monetary unit) (11)

franc (franche) *adj.* frank; honest (11)

français *adj.* French (2)

France *f.* France

franchement *adv.* frankly; openly

franco-américain *m.* French-American

franco-canadien *m.* French-Canadian

francophone *adj.* French-speaking (27)

franglais *m.* French marked by borrowings from English

frapper to strike; to hit

fraternité *f.* fraternity; brotherhood (26)

fréquemment *adv.* frequently

fréquent *adj.* frequent

frère *m.* brother (8)

frigo *m. fam.* fridge (refrigerator)

frit *adj.* fried (10); **pommes frites** French fries

froid *adj.* cold; **avoir froid** to be cold (6); **faire froid** to be cold (weather) (7)

fromage *m.* cheese (9)

fumée *f.* smoke

fumer to smoke (5)

furieux (furieuse) *adj.* furious

futur *m.* future; **futur antérieur** future perfect

G

gagner to earn; to gain (11)

galerie *f.* gallery (20)

gant *m.* glove

garçon *m.* boy; waiter (somewhat pejorative) (4)

garde *f.* guard; protection

garder to keep; **garder la forme** to stay in shape (25)

gardien *m.* (**gardienne** *f.*) guardian; guard

gare *f.* (train) station (15)

garni *adj.* garnished; trimmed

gaspillage *m.* waste; squandering (24)

gaspiller to waste (24)

gastronomique *adj.* gastronomical (29)

gâteau *m.* cake (9)

gauche *adj.* left; *f.* the (political) left; **à gauche** to the left (16)

gaulois *adj.* Gallic

géant(e) *m., f.* giant
généalogique *adj.* genealogical
général *adj.* general; universal; *adv.*
en général generally; *m.* general
généralement *adv.* generally
généraliste *adj.* generalist
généreux (généreuse) *adj.*
generous; liberal
génial *adj.* inspired; brilliant (4)
génie *m.* genius
genre *m.* kind; sort
gens *m. pl.* people (5); **jeunes gens**
young people; young men
gentil(le) *adj.* nice; pleasant (4)
géographie *f.* geography
géographique *adj.* geographic
géologie *f.* geology
Géorgie *f.* Georgia
girafe *f.* giraffe
glace *f.* ice; ice cream (9)
glacé *adj.* frozen; iced
gloire *f.* glory
golfe *m.* gulf; bay
gothique *adj.* Gothic
gourmand *adj.* greedy
gourmandise *f.* gluttony
goût *m.* taste; flavor (12)
goûter to taste (11); *m.* snack (9)
gouvernement *m.* government (26)
gouvernemental *adj.* governmental
gouverner to govern
gouverneur *m.* governor
grâce *f.* grace; **grâce à** thanks to
grammaire *f.* grammar
grand *adj.* great; tall; large (7);
grand magasin department store
(11); grandes vacances summer
vacation
grandir to grow (up) (18)
grand-mère *f.* grandmother (8)
grand-père *m.* grandfather (8)
grands-parents *m. pl.* grandparents
(8)
gras(se) fat; **Mardi Gras** Shrove
Tuesday
gratte-ciel *m.* skyscraper (18)
grave *adj.* serious (17)
grec (grecque) *adj.* Greek
Grèce *f.* Greece
grégorien(ne) *adj.* Gregorian
grève *f.* strike (26); **faire la grève**
to go on strike
gris *adj.* gray (7)
gros(se) *adj.* big; fat; great (7)
groupe *m.* group
groupement *m.* grouping;
organization
guère *adv.:* **ne... guère** barely;
hardly (20)
guerre *f.* war; **deuxième guerre
mondiale** World War II

guide *m.* guide; guidebook (17)
guider to guide
Guinée *f.* Guinea
guitare *f.* guitar (5)
Guyane *f.* Guiana
gymnastique *f.* gymnastics

H

habiller: s'habiller to dress (21)
habitant(e) *m., f.* inhabitant;
owner (14)
habitation *f.* housing
habiter to live in; to inhabit (3)
habitude *f.* habit; custom (18);
d'habitude usually (18)
habituer: s'habituer à to get used
to (29)
Haïti *m.* Haiti
*•**haricot** *m.* bean (9)
harmonie *f.* harmony
harmonieux (harmonieuse) *adj.*
harmonious
*•**hasard** *m.* chance; **par hasard**
accidentally (21)
*•**haut** *adj.* high; superior; **de haut**
adv. from above; **en haut**
upstairs; **haut-parleur** *m.*
loudspeaker
*•**Haute-Volta** *f.* Upper Volta (28)
herbe *f.* grass; herb
héritage *m.* heritage; inheritance
hésiter to hesitate
*•**heu** *int.* uh
heure *f.* hour (1); o'clock; **à
l'heure** on time (15); **heure
d'affluence** rush hour (18); **tout
à l'heure** just now (15)
heureusement *adv.* happily
heureux (heureuse) *adj.* happy;
fortunate (14)
hier *adv.* yesterday (13); **hier soir**
last night
hiérarchie *f.* hierarchy
histoire *f.* story; history (2)
historique *adj.* historic
hiver *m.* winter (7)
*•**Hollande** *f.* Holland; the
Netherlands
hommage *m.* homage
homme *m.* man (2); **homme
d'affaires** businessman; **homme
politique** political figure; **jeune
homme** young man (4)
honnête *adj.* honest (5)
*•**honte** *f.* shame; **avoir honte** to be
ashamed, embarrassed (28)
hôpital *m.* hospital (2)
horaire *m.* schedule (19)
horreur *f.* horror
*•**hors** *prep.* out of (17); **hors de prix**
outrageously expensive

*•**hors-d'œuvre** *m. pl.* appetizers;
hors d'oeuvres (10)
hôte *m.* (**hôtesse** *f.*) host; hostess
(14)
hôtel *m.* hotel
hôtesse de l'air *f.* airline stewardess
(15)
huile *f.* oil (10); **peinture** (*f.*) **à
l'huile** oil painting
*•**huit** *adj.* eight (1)
*•**huitième** *adj.* eighth
huître *f.* oyster (10)
humain *adj.* human; humane; **les
sciences humaines** social
sciences (19)
humoristique *adj.* humorous
humour *m.* humor
hygiène *f.* hygiene
hypocrite *adj.* hypocritical (2)

I

ici *adv.* here; now (2)
idéal *adj.* ideal
idéalisme *m.* idealism
idéaliste *adj.* idealistic (2)
idée *f.* idea (5)
identifier to identify
identité *f.* identity
idéologie *f.* ideology
il *pron.* he; it; there; **il y a** there is;
there are (1); ago (25)
île *f.* island (14)
illimité *adj.* unlimited
ils *pron.* they
image *f.* picture; image
imaginaire *adj.* imaginary
imaginer to imagine; to suppose
immédiat *adj.* immediate
immédiatement *adv.* immediately
immeuble *m.* office or apartment
building; real estate (17)
immobiliser to immobilize, freeze
(mechanism)
imparfait *m.* imperfect (past) tense
impératif *m.* imperative
imperméable *m.* raincoat (7)
imposer to impose
impôt *m.* tax; duty (26)
impressionnant *adj.* impressive (18)
imprimerie *f.* printshop
imprimeur *m.* printer
impulsif (impulsive) *adj.* impulsive
inachevé *adj.* unfinished;
incomplete
inaugurer to inaugurate
inclus *adj.* included
incompétent *adj.* incompetent
incompréhension *f.* lack of
understanding
inconvénient *m.* drawback;
disadvantage

Inde *f.* India; **blés d'Inde** Q. corn
  on the cob
indéfini *adj.* indefinite
indéniable *adj.* undeniable
indépendance *f.* independence (3)
indice *m.* index
indien(ne) *adj.* Indian
indifférent *adj.* indifferent
indiquer to indicate; to show
individu *m.* individual
individualisme *m.* individualism
individualiste *adj.* individualistic
  (4)
Indochine *f.* Indochina (29)
industrie *f.* industry; business
industriel(le) *adj.* industrial (24)
industrieux (industrieuse) *adj.*
  industrious
inédit *adj.* unpublished
inertie *f.* inertia
inexistant *adj.* non-existent
inférieur *adj.* lower
infinitif *m.* infinitive
infirmier *m.* (**infirmière** *f.*) nurse
  (22)
influençable *adj.* impressionable;
  that can be influenced
influencer to influence
informations *f. pl.* news (12)
informatique *f.* data processing;
  computer science (22)
informer to inform
ingénieur *m.* engineer (22)
ingrédient *m.* ingredient
injuste *adj.* unfair
inondé *adj.* flooded
inquiet (inquiète) *adj.* uneasy;
  worried
inquiéter: s'inquiéter (de) to
  worry; to be anxious (about)
  (24)
inscription *f.* registration;
  matriculation; **prendre une
  inscription** to register (school)
inscrire: s'inscrire to register
inscrit *adj.* registered; **-être inscrit
  à** to be registered in (26)
insociable *adj.* unsociable (4)
insouciant *adj.* carefree
inspecteur *m.* (**inspectrice** *f.*)
  inspector; superintendent
inspiré *adj.* inspired
installer to install; **s'installer** to
  settle down; to stay at (21)
instituteur *m.* (**institutrice** *f.*)
  teacher (elementary school) (22)
insulte *f.* insult
intellectuel(le) *adj. m., f.*
  intellectual (4)
intelligemment *adv.* intelligently
intensifier to intensify

interdire to forbid (28); **sens
  interdit** wrong way (16)
intéressant *adj.* interesting;
  attractive (4)
intéresser to interest (19);
  s'intéresser à to take an interest
  in
intérêt *m.* interest
intérieur *adj., m.* interior
interprète *m., f.* interpreter (22)
interrogatif (interrogative) *adj.*
  interrogative
interroger to question; to
  interrogate
interrompre to interrupt
interviewer to interview
intolérant *adj.* intolerant
introduit *p.p. of* **introduire** to
  introduce
intrus(e) *m., f.* intruder
inutile *adj.* useless
inventer to invent
inviter to invite (17)
Irlande *f.* Ireland
irresponsable *adj.* irresponsible
isolé *adj.* isolated; solitary
Israël *m.* Israel
Italie *f.* Italy (15)
italien(ne) *adj.* Italian (2)
italique *adj.* italic
itinéraire *m.* itinerary
ivoire *m.* ivory; **Côte-d'Ivoire** *f.*
  Ivory Coast (28)
ivoirien(ne) *adj.* from the Ivory
  Coast (28)

J

jamais *adv.* ever; never; **ne...
  jamais** never; not ever (12)
jambe *f.* leg (20)
jambon *m.* ham (9)
janvier *m.* January (1)
Japon *m.* Japan (15)
japonais *adj.* Japanese
jardin *m.* garden (8); **jardin
  dessiné** planned garden
jardinage *m.* gardening (23)
jardinier *m.* (**jardinière** *f.*) gardener
jaune *adj.* yellow (7)
je *pron.* I
jeter to throw (22)
jeu *m.* game; play (5); **jeu de
  hasard** game of chance (23); **jeu
  de mots** pun; **jeu de société**
  parlor game, group game (23)
jeudi *m.* Thursday (1)
jeune *adj.* young (7); **jeune fille**
  girl (4); **jeunes gens** young
  people, young men; **jeune
  homme** young man (4)
jeunesse *f.* youth; **auberge** (*f.*) **de**

jeunesse youth hostel
joie *f.* joy
joindre to join, attach
joli *adj.* pretty (7)
jouer to play; to perform (5); **jouer
  un tour** to play a trick
jouet *m.* plaything; toy
joueur *m.* (**joueuse** *f.*) player (25)
jour *m.* day (1); **de nos jours** these
  days; **Jour de l'An** New Year's
  Day; **tous les jours** every day;
  plat (*m.*) **du jour** special (meal)
  of the day
journal *m.* newspaper; diary (12)
journaliste *m., f.* journalist (13)
journée *f.* day; daytime (9)
juger to judge
juillet *m.* July (1)
juin *m.* June (1)
jupe *f.* skirt (7)
jus *m.* juice
jusque *prep.* until; as far as; up to
  (14); **jusqu'à ce que** + *subj.*
  until (27)
juste *adj.* just; rightful; *adv.* exactly
justifier to justify

K

kilo *m.* kilogram
kilomètre *m.* kilometer
kiosque *m.* kiosk; newsstand (12)

L

la *art. f.* the; *pron. f.* it
là *adv.* there (4); **là-bas** over there
  (16)
laboratoire *m.* laboratory;
  labo-photo photography
  laboratory
lac *m.* lake (13); **le lac Léman**
  Lake Geneva
lâcher to let go (of); to drop
laid *adj.* ugly (20)
laisser to leave; to let (10)
lait *m.* milk (9)
laitue *f.* lettuce (9)
lampe *f.* lamp (6); **lampe de poche**
  flashlight
langage *m.* language; speech
langue *f.* language; tongue (3)
languedocien(ne) *adj.* from
  Languedoc
latiniser to latinize
lavabo *m.* wash basin; (public)
  toilet (6)
laver: se laver to wash (21)
lavoir *m.* washing place (for
  laundry)
le *art. m.* the; *pron. m.* it
leçon *f.* lesson
lecteur *m.* (**lectrice** *f.*) reader

lecture *f.* reading
légendaire *adj.* legendary
léger (légère) *adj.* light
législatif (législative) *adj.* legislative (26)
légume *m.* vegetable (9)
lent *adj.* slow; sluggish (14)
lentement *adv.* slowly
lequel (laquelle, lesquelles) *pron.* which; who; whom; that (23)
les *pron. pl.* them; *art. pl.* the
lettre *f.* letter (12); *pl.* liberal arts; humanities (19); **boîte aux lettres** mail box; **faculté** (*f.*) **des lettres** college of liberal arts
leur *pron.* to them; *adj.* their
lever: se lever to get up (21)
lèvre *f.* lip
libéral *adj.* liberal; generous
liberté *f.* liberty; freedom (26)
librairie *f.* bookstore (2)
libre *adj.* free (18)
librement *adv.* freely
licence *f.* bachelor's degree (in France) (19)
lien *m.* band; link; tie
lieu *m.* place (5); **au lieu de** instead of; **avoir lieu** to take place
ligne *f.* line; **ligne aérienne** airline
limousin *adj.* from Limousin
linguistique *adj.* linguistic
lire to read (12)
liste *f.* list
lit *m.* bed (6); **lit à une place** single bed
littéraire *adj.* literary
littérature *f.* literature (2)
livre *m.* book (1); **livre de poche** pocket book, paperback
locataire *m., f.* tenant (6)
logement *m.* housing; dwelling (6)
loger to live; to lodge
logique *adj.* logical
loi *f.* law (26)
loin *adv.* far (8)
loisir *m.* leisure; *pl.* spare-time activities (23)
Londres London
long (longue) *adj.* long; drawn out (7); **le long de** along (18)
longtemps *adv.* long; a long while (25); **depuis longtemps** for a long time
lorsque *conj.* when (18)
loterie *f.* lottery (23)
louer to rent (6)
Louisiane *f.* Louisiana
loup *m.* wolf
lourd *adj.* heavy (20)
loyer *m.* rent

lu *p.p. of* **lire**
lui *pron.* he; it; to him; to her; to it; **lui-même** himself
lumière *f.* light; lamp
lundi *m.* Monday (1)
lune *f.* moon; **lune de miel** honeymoon (21)
Luxembourg *m.* Luxembourg (29)
lycée *m.* French high school, secondary school (19)

M

ma *adj. f.* my
machine *f.* machine; **machine à écrire** typewriter (22)
madame *f.* madam; Mrs. (1)
mademoiselle *f.* miss (1)
magasin *m.* store (10)
magazine *m.* glossy magazine
mage *m.* seer
magie *f.* magic
magistrat *m.* magistrate; judge
mai *m.* May (1)
maillot de bain *m.* swim suit (7)
main *f.* hand (20)
maintenant *adv.* now; at present (2)
maintenir to maintain; to uphold (27)
mairie *f.* town hall (17)
mais *conj.* but; why (2)
maison *f.* house (3); **à la maison** at home
maîtrise *f.* master's degree (in France) (19)
majoritaire *adj.* pertaining to a majority
majorité *f.* majority (age or number) (14)
mal *adv.* poorly; badly (14); *m.* evil; **mal à la tête** headache; **avoir mal** to have a pain; to hurt; **mal du pays** homesickness (28)
malade *adj.* sick
maladie *f.* illness
malentendu *m.* misunderstanding
Malgache: République Malgache *f.* Malagasy Republic (Madagascar) (28)
Mali *m.* Mali (28)
malgré *prep.* in spite of
malheureusement *adv.* unfortunately
malhonnête *adj.* dishonest
maman *f.* mama
manger to eat (5); **salle** (*f.*) **à manger** dining room (8)
manière *f.* manner; way
manifestation *f.* demonstration, event (26); **manifestation**

sportive sports spectacle (25)
manifester to demonstrate (3)
manoir *m.* manor
manque *m.* lack
manquer to miss; to lack (24)
mansarde *f.* garret (10)
manteau *m.* overcoat (7)
maquillé *adj.* painted; made-up
marchand(e) *m., f.* merchant; trader (17)
marche *f.* walk (25)
marché *m.* market (10); **bon marché** cheap; inexpensive (11); **faire le marché** to go shopping (8); **Marché commun** Common Market
marcher to walk; to go (well) (16)
mardi *m.* Tuesday (1); **Mardi Gras** Shrove Tuesday
marée *f.* tide; **marée noire** oil spill
marguerite *f.* daisy
mari *m.* husband (8)
mariage *m.* marriage (21); **mariage à l'essai** trial marriage
marié(e) *m., f.* married person; bride; bridegroom (21)
marier: se marier (avec) to marry (21)
Maroc *m.* Morocco (15)
marocain *adj.* Moroccan (28)
marque *f.* mark; brand (9)
marquer to mark
marron *adj. inv.* chestnut brown (7); *m.* chestnut
mars *m.* March (1)
marseillais *adj.* from Marseilles
masculin *adj.* masculine
masque *m.* mask (28)
masse *f.* mass
massif (massive) *adj.* massive; **Massif Central** the central plateau of France
match *m.* match; game (5)
matérialisme *m.* materialism
matérialiste *adj.* materialistic
maternel *adj.* maternal; native (27)
maternité *f.* maternity
mathématiques (maths) *f. pl.* mathematics
matière *f.* subject; field (5)
matin *m.* morning; **du matin** a.m. (1)
matinal *adj.* morning; early
Mauritanie *f.* Mauritania (28)
mauvais *adj.* bad; poor (7)
me *pron.* me; to me
mécanicien(ne) *m., f.* mechanic (16)
mécanique *f.* mechanics
médaille *f.* medal
médecin *m.* doctor (22); **femme médecin** *f.* female doctor (22)

médecine *f.* medicine (field of study) (19)

médias *m. pl.* media

Méditerranée *f.* the Mediterranean (sea)

meilleur *adj.* better (19); **le meilleur** the best

mélange *m.* mixture (14)

membre *m.* member

même *adj.* same (4); **eux-mêmes** themselves; **lui-même** himself; **moi-même** myself; *adv.* even; **quand même** even though, nevertheless

mémoire *f.* memory

ménage *m.* household; housekeeping; **faire le ménage** to clean house (8); **femme de ménage** cleaning woman

ménager (ménagère) *adj.* pertaining to the house; **travaux ménagers** housework

mener to lead (16)

mensonge *m.* lie

mensuel(le) *adj.* monthly

mentir to lie (13)

mer *f.* sea (13); **au bord de la mer** at the seashore; **outre-mer** overseas (18)

merci *int.* thanks (1)

mercredi *m.* Wednesday (1)

mère *f.* mother (8); **belle-mère** mother-in-law; stepmother; **Fête des Mères** Mother's Day; **grand-mère** grandmother

merveilleux (merveilleuse) *adj.* wonderful

mes *adj. pl.* my

mesure *f.* measure

métier *m.* trade; profession; job (22)

métro *m.* subway (**métropolitain**) (16)

mettre to put (on) (12); to place (12); **se mettre à** to begin (21); **se mettre en route** to start out

meuble *m.* piece of furniture (6); **meuble ancien** antique

meublé *adj.* furnished

mexicain *adj.* Mexican

Mexique *m.* Mexico (15)

midi *m.* noon (1); **après-midi** (*m.*) afternoon (1)

miel *m.* honey; **lune** (*f.*) **de miel** honeymoon (21)

mien(ne) *pron.* mine

mieux *adv.* better (19); **aimer mieux** to prefer; **de mieux en mieux** better and better; **le mieux** the best; **tant mieux** so much the better; **valoir mieux** to be better

milieu *m.* middle; environment; **au milieu** in the midst

militantisme *m.* being militant

militer to militate

mille *adj.* thousand (5); *m.* mile

minéral *adj.* mineral

mini-jupe *f.* miniskirt

ministre *m.*, *f.* minister (26); cabinet member; **premier ministre** prime minister

minoritaire *adj.* of a minority; in the minority

minuit *m.* midnight (1)

minuscule *adj.* tiny; small

miroir *m.* mirror (6)

mis *p.p.* of **mettre**

misère *f.* poverty

missionnaire *m.* missionary (27)

mode *f.* fashion (14); **à la mode** fashionable

modèle *m.* model; pattern

modéré *adj.* moderate

moderne *adj.* modern

modeste *adj.* modest; simple

moi *pron.* I; me; to me; *m.* ego

moins *adv.* less; fewer (9); **moins (de)... que** less than (19); **au moins** at least (25); **à moins que** unless (27); **le moins** the least; minus (1)

mois *m.* month (1); **Quel mois sommes-nous?** What month is it? (15)

moment *m.* moment; instant; **au moment de** just as; **à ce moment-là** at that time (18); **en ce moment** at the present time; now (11)

mon *adj. m.* my

monde *m.* world (15); **tout le monde** everyone; **le Nouveau Monde** the New World; **le Tiers Monde** the Third World; **un monde fou** a big crowd

mondial *adj.* worldwide (29); **deuxième guerre mondiale** World War II

monnaie *f.* change; coin; currency (10)

monotone *adj.* monotonous

monsieur *m.* sir; mister (1)

mont *m.* hill; mountain

montagne *f.* mountain (13)

monter to climb (up); to get in (15)

montre *f.* watch (11)

montrer to show (5)

moquer: se moquer de to make fun of

morceau *m.* morsel, piece (11)

mort *adj.* dead

Moscou Moscow

mot *m.* word (2); **jeu** (*m.*) **de mots** pun

moteur *m.* motor; **panne** (*f.*) **de moteur** mechanical breakdown

motif *m.* motive; incentive

moto *f. fam.* motorbike (9)

motocyclette *f.* motorcycle (16)

mouche *f.* fly **bateau-mouche** *m.* passenger (tourist) boat

mourir to die (15)

mousse *f.*: **mousse au chocolat** rich chocolate pudding (10)

mouvement *m.* movement

mouvementé *adj.* animated; action-packed

moyen *m.* means; way (16); *adj.* (**moyenne**) middle; average; *f.* average (11)

multiplier to multiply

mur *m.* wall (6)

muraille *f.* high wall

musée *m.* museum (18)

musicien(ne) *m.*, *f.* musician

musique *f.* music (3)

mutuellement *adv.* mutually

mystérieux (mystérieuse) *adj.* mysterious

mythe *m.* myth

N

nager to swim (13)

nageur *m.* (**nageuse** *f.*) swimmer

naïf (naïve) *adj.* naive; simple (4)

naissance *f.* birth (5)

naître to be born (15)

natal *adj.* native, where one was born

natalité *f.*: **taux de natalité** birthrate

natation *f.* swimming (25)

national *adj.* national; **Assemblée nationale** one of the two houses of the French Parliament

nationalisation *f.* nationalization

nationaliser to nationalize

nationalité *f.* nationality

naturel(le) *adj.* natural (24)

naturellement *adv.* naturally

ne *adv.* no; not (3); **ne... jamais** never, not ever; **ne... pas du tout** not at all (15); **ne... plus** no longer (9); **ne... que** only; **ne... rien** nothing (12)

né *adj.* born; *p.p.* of **naître**

nécessaire *adj.* necessary

négatif (négative) *adj.* negative

neige *f.* snow (13); **tempête** (*f.*) **de neige** snowstorm

neiger to snow (7); **il neige** it is snowing

nerveux (nerveuse) *adj.* nervous
neuf (neuve) *adj.* nine (1); new (17)
neuvième *adj.* ninth
neveu *m.* nephew (8)
nez *m.* nose (20)
ni *conj.* nor; **ne... ni... ni** neither . . . nor (12)
nièce *f.* niece (8)
nigaud *adj. fam.* foolish
Niger *m.* Niger (28)
niveau *m.* level (25)
Noël *m.* Christmas
noir *adj.* black (7); **tableau noir** blackboard (1); *m.* darkness; **la marée noire** oil spill
nom *m.* name; noun (15)
nombre *m.* number
nombreux (nombreuse) *adj.* numerous (17)
nommer to name (26)
non *adv.* no; not; non- (1); **non plus** neither (14)
nord *m.* north (15)
nord-américain *adj.* North American
normand *adj.* Norman
Normandie *f.* Normandy
Norvège *f.* Norway
nos *adj. pl.* our; **de nos jours** these days
note *f.* grade (5); mark; bill
notre *adj.* our
nourrir to feed
nourriture *f.* food (11)
nous *pron.* we; to us; ourselves
nouveau (nouvel, nouvelle) *adj.* new (7); **Nouveau Monde** the New World; **de nouveau** again (18)
nouvelle *f.* (*often pl.*) news (12)
Nouvelle-Angleterre *f.* New England
Nouvelle-Orléans *f.* New Orleans
novembre *m.* November (1)
nucléaire *adj.* nuclear (24)
nuit *f.* night; **boîte de nuit** *f.* nightclub (23)
numéro *m.* number (1)
nutritif (nutritive) *adj.* nutritious

O

obéir to obey (10)
objet *m.* object; thing
obligé (de) *adj.* bound, compelled (to) (10)
obstination *f.* stubbornness
obtenir to obtain; to get (13)
occasion *f.* opportunity; occasion
occidental *adj.* western; occidental (28)

occuper to occupy; **s'occuper de** to look after; to occupy oneself (21)
octobre *m.* October (1)
Odyssée *f.* Odyssey
œil *m.* eye (**yeux** *pl.*) (20); **coup** (*m.*) **d'œil** glance
œuf *m.* egg (9)
œuvre *f.* work; creation (20); **chef-d'œuvre** *m.* masterpiece
officiel(le) *adj.* official (27)
offrir to offer (23)
oignon *m.* onion
on *pron.* one; they; we; I; you; people; someone
oncle *m.* uncle (8)
onze *adj.* eleven (1)
onzième *adj.* eleventh
opéra *m.* opera
opposer to oppose
optimisme *m.* optimism
optimiste *adj.* optimistic (4)
or *m.* gold; *conj.* but; well
orange *adj. inv.* orange; *f.* orange
orchestre *m.* orchestra
ordinaire *adj.* ordinary
ordinateur *m.* computer (22)
ordre *m.* order; command
oreille *f.* ear (20)
organisation *f.* organization
organiser to organize
oriental *adj.* east, eastern (28)
originaire *adj.* originally from, native of
origine *f.* origin; **à l'origine** originally (18)
ou *conj.* or; either (2); **ou bien** or else
où *adv.* where (7); *rel. pron.* (16)
oublier to forget (10)
ouest *m.* west (15)
oui *adv.* yes (1)
ours *m.* (**ourse** *f.*) bear
outre-mer *adv.* overseas (28)
ouvert *adj.* open; *p.p. of* **ouvrir** (23)
ouverture *f.* opening
ouvrage *m.* work
ouvrier *m.* (**ouvrière** *f.*) worker; laborer (22)
ouvrir to open; to expand (23)

P

pacifique *adj.* pacific; *m.* Pacific ocean
pacifiste *adj.* pacifist
pain *m.* bread (9)
paire *f.* pair, couple
palais *m.* palace
palpitant *adj.* exciting
panier *m.* basket; picnic basket

panne *f.* breakdown; **en panne** out of order; **panne de moteur** mechanical breakdown (16)
pantalon *m.* trousers; pants (7)
papier *m.* paper (20); **corbeille** (*f.*) **à papier** wastepaper basket
Pâques *m.* Easter
paquet *m.* package; bundle
par *prep.* by; through; out of; from; for (12); **par conséquent** consequently (29); **par contre** on the other hand (28); **par hasard** by chance (21); **par exemple** for example; *int.* my word
paradis *m.* paradise
paragraphe *m.* paragraph
paraître to appear; to seem
parapluie *m.* umbrella (7)
parc *m.* park (17)
parce que *conj.* because; as (3)
pardon *int.* excuse me (1)
parenthèse *f.* parenthesis
parents *m. pl.* relatives; parents (8); **grands-parents** grandparents
paresseux (paresseuse) *adj.* lazy; idle (4)
parfait *adj.* perfect (4); *m.* perfect tense
parfois *adv.* sometimes; occasionally (5)
parfum *m.* perfume
parfumerie *f.* cosmetics shop
parisien(ne) *adj.* Parisian (4)
parking *m.* parking place, lot
Parlement *m.* parliament (26)
parler to speak (3); **parler de** to speak of; **entendre parler de** to hear (talk) of (27)
parmi *prep.* among (27)
parole *f.* word
part *f.* part; portion; **à part** private; **d'autre part** on the other hand; **quelque part** somewhere (29)
partage *m.* sharing; division
partager to share; to divide (8)
parti *m.* party (political) (26)
participe *m.* participle
participer (à) to participate (in) (24)
particularité *f.* peculiarity
particulier (particulière) *adj.* private; particular
particulièrement particularly
partie *f.* part (4); party; **faire partie (de)** to belong (to)
partiel *adj.* partial
partir to leave; to set out (13)
partitif (partitive) *adj.* partitive
partout *adv.* everywhere (16)
pas *adv.* no; not; not any; *m.* step; **faire le pas** to take the plunge

passager (passagère) *adj.* passing; short-lived; *m., f.* passenger (15)
passé *m.* past (8); *adj.* last; past (13); **passé composé** past perfect
passeport *m.* passport (11)
passer to spend (8); to take (a test) (19); to pass (4); **se passer** to happen (23); **se passer de** to do without
passe-temps *m.* pastime (23)
passionnant *adj.* exciting; fascinating
passionné *adj.* passionate
passionner to fascinate, excite (25)
pâté *m.*: **pâté de foie gras** goose-liver pâté; **pâté de campagne** country-style pâté with various meats (10)
paternel(le) *adj.* paternal
patinage *m.* skating (25); **patinage à roulettes** roller-skating (25)
pâtisserie *f.* pastry (shop) (10)
patron(ne) *m., f.* boss; patron; owner (13)
pauvre *adj.* poor; unfortunate (7)
pauvreté *f.* poverty
payer to pay (for) (10)
pays *m.* country; native land (14); **mal** (*m.*) **du pays** homesickness; **vin** (*m.*) **du pays** local wine
paysage *m.* countryside; landscape (20)
paysan(ne) *m., f.* peasant; farmer (27)
pêche *f.* fishing; **aller à la pêche** to go fishing (23); peach
pêcher to fish
peigner to comb
peindre to paint
peine *f.* pain; trouble; **à peine** scarcely
peintre *m.* painter
peinture *f.* painting, paint (20); **faire de la peinture** to paint
Pékin *m.* Peking (Beijing)
pendant *prep.* during; for (12)
Pennsylvanie *f.* Pennsylvania
pensée *f.* thought
penser to think; to expect (16)
perdre to lose (9)
père *m.* father (8); **Fête** (*f.*) **des Pères** Father's Day; **grand-père** grandfather
perfectionner to perfect (27)
période *f.* period
permettre (de) to permit; to allow (16)
permis *m.* license; **permis de conduire** driver's license
perplexe *adj.* perplexed
persévérant *adj.* persevering

personnage *m.* character; person (20)
personnalité *f.* personality; individuality
personne *f.* person (2); **(ne)... personne** *indef. pron.* no one; not anyone (12)
personnel(le) *adj.* personal
personnellement *adv.* personally
persuader to convince
pessimisme *m.* pessimism
pessimiste *adj.* pessimistic (4)
pétanque *f.* bowling game; pétanque (25)
pétillant *adj.* crackling; sparkling
petit *adj.* small; little (7); **Petit Chaperon Rouge** Little Red Riding Hood; **petit déjeuner** breakfast (9); **petit-fils** grandson (8); **petite annonce** classified ad; **petite cuillère** teaspoon (9); **petite-fille** granddaughter (8); **petits pois** green peas (9)
peu *adv.* little; few; not very (3); *m.* bit
peuple *m.* people; nation
peur *f.* fear; **avoir peur (de)** to be afraid (of) (18); **faire peur (à)** to frighten
peut-être *adv.* perhaps (12)
pharmacie *f.* drugstore (17); pharmacology (19)
pharmacien(ne) *m., f.* pharmacist
phénomène *m.* phenomenon
philosophie *f.* philosophy
philosophique *adj.* philosophical
photographie *f.* photography
phrase *f.* sentence (2)
physique *adj.* physical
physiquement *adv.* physically
pic *m.* pick; summit
pièce *f.* room (8); play; piece; coin (11); **pièce de théâtre** play (20); **pièce d'identité** identification (11)
pied *m.* foot (20); **à pied** on foot (16); **au pied de** at the foot of (17)
piéton(ne) *m., f.* pedestrian (16)
pile *f.* pile; heap
pilote *m., f.* pilot; guide (15)
pionnier *m.* **(pionnière** *f.*) pioneer
pique-nique *m.* picnic (23); **faire un pique-nique** to go on a picnic
pique-niquer to picnic
pire *adj.* worse (19); *m.* the worst (12)
pis *adv.* Q. et puis
piscine *f.* swimming pool (25)
pittoresque *adj.* picturesque

place *f.* place; position; seat; (town) square (15); **à une place** single (bed); **sur place** installed; in the vicinity
placer to place
plage *f.* beach (13)
plaindre to pity
plaine *f.* plain
plainte *f.* complaint (24)
plaire to please (23); **s'il vous plaît** please (1)
plaisanterie *f.* humor; joke (23)
plaisir *m.* pleasure (23)
plan *m.* map; plane; plan (17)
plancher *m.* floor
plante *f.* plant
planter to plant
plat *m.* dish (10); **plat du jour** special of the day (10)
plateau *m.* tray; plate
plein *adj.* full; complete (16); **en plein air** in the open air (23); **faire le plein** to fill it up (16)
pleuvoir to rain (7); **il pleut** it is raining
plomberie *f.* plumbing
plombier *m.* **(plombière** *f.*) plumber
plu *p.p.* of **plaire, pleuvoir**
pluie *f.* rain (13)
plume *f.* pen; feather
plupart *f.* most; the majority (26)
pluriel *m.* plural; *adj.* **(plurielle** *f.*)
plus *adv.* more; most (9); **de plus** besides; moreover (29); **de plus en plus** more and more; **ne... plus** no longer; **non plus** either; *m.* the most (19); **plus (de)... que** more than (19)
plusieurs *adj.* several; some (11)
plutôt *adv.* rather; sooner (11); **plutôt que** rather than (17)
pneu *m.* tire (16)
poche *f.* pocket; **lampe** (*f.*) **de poche** flashlight; **livre** (*m.*) **de poche** pocket book, paperback
poème *m.* poem
poésie *f.* poetry
poète *m.* poet
point *m.* point
poire *f.* pear (9)
pois *m. pl.* peas; **à pois** dotted; spotted; **petits pois** green peas
poisson *m.* fish (9)
poissonnerie *f.* fish market (10)
poivre *m.* pepper (9)
pôle *m.* pole
poli *adj.* polite
policier (policière) *adj.* pertaining to the police; **film policier** detective film

poliment *adv.* politely
politesse *f.* politeness
politique *adj.* political (5); **homme politique** politician; *f.* politique; policy
politiquement *adv.* politically
polluer to pollute (24)
polycopié *m.* photocopy (of course notes)
pomme *f.* apple (9); **pomme de terre** potato (9); **pommes frites** French fries
pompe *f.* pump; **Château-La-Pompe** tap water
pompier *m.* (**pompière** *f.*) firefighter (22)
pont *m.* bridge
populaire *adj.* popular
popularité *f.* popularity
porc *m.* pork
porcelaine *f.* porcelain
port *m.* port; harbor
porte *f.* door (1)
portefeuille *m.* portfolio; pocketbook; wallet (11)
porter to wear; to carry; to bear (7)
portugais *adj.* Portuguese
Portugal *m.* Portugal (15)
poser to place; **poser une question** to ask a question (3); **se poser** to arise
positif (positive) *adj.* positive
posséder to possess (27)
possessif (possessive) *adj.* possessive
possibilité *f.* possibility
poste *m.* position; station (22); **poste d'essence** gas station, gas pump; **poste de police** police station (17); **poste de télévision** T.V. set (12); *f.* post office (12); **bureau de poste** post office
poster to mail (12)
postier (postière) *m., f.* postal employee (22)
potage *m.* soup
poterie *f.* pottery (23)
poulet *m.* chicken (9)
pour *prep.* for; in order; on account of (1); **pour cent** percent; **pour que** + *subj.* in order that (27)
pourboire *m.* tip (10)
pour cent *m.* percentage
pourquoi *adv., conj.* why (7)
poursuivre to pursue (22); to carry through
pourtant however (8)
pourvu que + *subj.* provided that (27)
pouvoir to be able (11); to be allowed; **il se peut** it's possible (27); *m.* power; authority (26)

pratique *adj.* practical; **sens** (*m.*) **pratique** common sense; *f.* practice (25)
pratiquer to practice (23)
précédent *adj.* former; preceding
prédire to predict
préférer to prefer (5)
préhistorique *adj.* prehistoric
premier (première) *adj.* first (8); **premier étage** second floor; **premier ministre** Prime Minister
prénatal *adj.* prenatal
prendre to take (10); to choose; to make; **prendre conscience** to become aware; **prendre des photos** to take photos (13); **prendre en compte** to take into account; **prendre la retraite** to retire on a pension; **prendre le soleil** to sun bathe (13); **prendre un verre** to have a drink; **prendre une inscription** to register (school) (19)
prénom *m.* first name (27)
préparatif *m.* preparation
préparer to prepare (for) (5); **préparer un examen** to study for a test (19); **se préparer (à)** to get ready (21)
près *adv., prep.* near; by (7); **de près** close; **près de** near; about
présent *adj.* present
présentation *f.* presentation; introduction
présenter to present; to introduce; **se présenter** to run for office (26)
préserver to preserve; to defend
président(e) *m., f.* president (26)
présidentiel(le) *adj.* presidential (26)
présider to preside
presque *adv.* almost; nearly; hardly (15)
presse *f.* press (newspapers)
pressé *adj.* pressed; hurried (24)
prestigieux (prestigieuse) *adj.* prestigious
prêt *adj.* ready (4)
prétentieux (prétentieuse) *adj.* pretentious
prêter to lend (11)
prévoyant *adj.* provident; with foresight
prière *f.* request; **prière d'écrire** please write
primaire *adj.* primary; **école** (*f.*) **primaire** elementary school (19)
principal *adj.* principal; main
principe *m.* principle; **en principe** as a rule

printemps *m.* spring (7)
priorité *f.* priority; right of way
pris *p.p.* of **prendre**
prisonnier *m.* (**prisonnière** *f.*) prisoner
privé *adj.* private (17)
prix *m.* price; prize (5); **hors de prix** outrageously expensive
probablement *adv.* probably
problème *m.* problem
prochain *adj.* next (13)
proche *adv.* near; close
producteur *m.* (**productrice** *f.*) producer
productiviste *adj.* geared to productivity
productivité *f.* productivity
produit *m.* product
professeur *m.* professor; instructor (1)
professionnel(le) *adj.* professional
profond *adj.* deep; profound
programme *m.* program; curriculum; plan (12)
progrès *m.* progress
progresser to progress
progressiste *adj.* progressive
projet *m.* project; plan
prolongé *adj.* prolonged
promenade *f.* walk; excursion; **faire une promenade** to take a walk (8)
promener to take out walking; **se promener** to (take a) walk (21)
promettre to promise (29)
pronom *m.* pronoun
prononcé *adj.* marked, pronounced
prononcer to pronounce
propos *m.* purpose; *pl.* remarks; **à propos de** with respect to (13)
proposer to propose
propre *adj.* clean; own (17)
propriétaire *m., f.* owner; proprietor (6)
protéger to protect (24)
provençal *adj.* of Provence
provisions *f. pl.* groceries, provisions (24)
provoquer to provoke; to bring on
proximité *f.* proximity; **à proximité** close by
psychologue *m., f.* psychologist
pu *p.p.* of **pouvoir**
public (publique) *adj.* public; **travaux publics** public works
publicité *f.* advertising (12)
puis *adv.* then; next; besides (12)
puissance *f.* power; influence
pur *adj.* pure (24)

Q

quai *m.* quay; embankment; platform (15)

qualifié *adj.* qualified
qualité *f.* quality
quand *adv.* when (7); whenever; while; **depuis quand** since when; **quand même** nevertheless
quantité *f.* quantity
quarante *adj.* forty (1)
quart *m.* quarter
quartier *m.* quarter; neighborhood; district (2)
quatorze *adj.* fourteen (1)
quatorzième *adj.* fourteenth
quatre *adj.* four (1)
quatrième *adj.* fourth
que *conj.* that; than; only; **ne... que** only; *adv.* how; why; how much; *pron.* whom; that; which; what (6)
québecois *adj.* of Quebec (27)
quel(le) *adj.* what; which (2)
quelque *adj.* some; a few (12); **quelque chose** something (12); **quelque part** somewhere (29); **quelque temps** sometime
quelqu'un *pron.* someone (12)
queue *f.* tail
qui *pron.* who; whom (4)
quincaillerie *f.* hardware store
quinquagénaire *adj.* fifty-year-old
quinzaine *f.* about fifteen
quinze *adj.* fifteen (1)
quinzième *adj.* fifteenth
quitter to leave (13); **se quitter** to separate
quoi *pron.* which; what (7)
quoique *conj.* although; even though (27)
quotidien(ne) *adj.* daily (21); *m.* daily newspaper

R

racine *f.* root; origin (27)
raconter to tell; to relate (13)
raison *f.* reason; **avoir raison** to be right (6)
raisonnable *adj.* reasonable (4)
raisonner to reason
rallier to rally; to rejoin
rallye *m.* pre-race meeting, rally
randonnée *f.* hike (24)
rapide *adj.* fast; rapid
rapidement *adv.* quickly
rappeler to remind; **se rappeler** to remember (21)
rapport *m.* report; relationship
rapporter to report
rapprocher: se rapprocher (de) to draw closer (to)
raquette *f.* racket
rarement *adv.* rarely (5)

rassemblement *m.* assemblage; political group
ravi *adj.* delighted (29)
rayonnement *m.* branching, radiation
rayure *f.* stripe; **à rayures** striped
réaction *f.* reaction
réactionnaire *adj.* reactionary
réagir to react (6)
réaliser to realize
réalisme *m.* realism
réaliste *adj.* realistic (2)
réalité *f.* reality
récemment *adv.* recently
récent *adj.* recent; new
récepteur *m.* receiver
réception *f.* reception desk; receipt
recette *f.* recipe
recevoir to receive (24)
recherche *f.* research; search
recherché *adj.* sought-after, in demand
réciproque *adj.* reciprocal; mutual
réciter to recite
recommandation *f.* recommendation
recommander to recommend
recommencer to start over
réconcilier to reconcile
reconnaître to recognize
recréer to recreate
reçu *p.p.* of **recevoir**
recyclage *m.* recycling (24)
réduction *f.* reduction
réduire to reduce; to lower (19)
réel(le) *adj.* real
refaire to remake
réfléchir (à) to reflect (upon); to consider (6)
reflet *m.* reflection
refléter to reflect
réforme *f.* reform (26)
refuser to refuse; to deny (29)
regarder to look at; to watch (3); **se regarder** to look at each other, oneself (21)
régime *m.* diet
région *f.* region; territory
régional *adj.* local
régler to regulate
regret *m.* regret
regretter to regret; to miss (26)
régulièrement *adv.* regularly
reine *f.* queen (28)
relatif (relative) *adj.* relative
relier to connect; to link
relire to reread
remarquable *adj.* remarkable
remarquer to notice (13)
remboursable *adj.* repayable
rembourser to repay; to reimburse

remède *m.* remedy
remplacer to replace; to substitute
rémunéré *adj.* paid for; remunerated
renaître to be born again; to revive
rencontre *f.* meeting
rencontrer to meet (13); **se rencontrer** to meet each other (21)
rendez-vous *m.* rendezvous; appointment; meeting place
rendre to make + *adj.*; to give back (9); **rendre visite à** to visit (9)
renoncer to give up
renseignement *m.* information (27)
renseigner to inform; to teach (27)
rentrer to return; to return home (15)
renverser to upset; to knock down (23)
réparation *f.* repair
réparer to repair (16)
reparler to speak again
repartir to set out again (15)
repas *m.* meal (9)
repeindre to repaint
repenser to think over
répéter to repeat (1)
répondre to reply; answer (9)
réponse *f.* reply (3)
reportage *m.* reporting; **faire un reportage** to report, make a report
reposer: se reposer to rest (21)
reprendre to take up again; to recover (19)
représentant(e) *m., f.* representative
représentation *f.* performance
représenter to represent
repris *p.p.* of **reprendre**
républicain *adj.* republican
république *f.* republic (26)
réseau *m.* network; system
réserver to reserve; to make a reservation
résidence *f.* residence
résidentiel(le) *adj.* residential
résider to reside; to dwell
résolu *adj.* resolved; determined
résoudre to resolve; to solve
respecter to respect
responsabilité *f.* responsibility
responsable *adj.* responsible; accountable
ressemblance *f.* resemblence
ressembler (à) to be like; to resemble (14)
ressortir to go out again
ressource *f.* resource (24)

restaurer to restore
reste *m.* rest; remainder
rester to remain; to stay; to live (8); **Il reste...** There remain(s)... (17)
résultat *m.* result
résumé *m.* summary
retard *m.* delay; **en retard** late (15)
retenir to retain
retour *m.* return (14)
retourner to return (15)
retraite *f.* pension; retirement; **prendre la retraite** to retire on a pension
retrouver to recover; to recognize; to find again; **se retrouver** to find one's way again
réunion *f.* meeting; reunion (26)
réunir to unite; **se réunir** to get together (26)
réussir (à) to succeed in; to pass (a test) (6)
réussite *f.* success
rêve *m.* dream
réveil *m.* alarm clock (21)
réveiller to awaken; **se réveiller** to wake up (21)
révélateur (révélatrice) *adj.* revealing
révéler to reveal
revendication *f.* demand; claim (26)
revenir to return; to come back (13)
rêver to dream (11)
réviser to review (19)
revoir to see again (14); **au revoir** good-bye (1)
révolution *f.* revolution
revue *f.* review; magazine (6)
rez-de-chaussée *m.* ground floor (8)
rhénan *adj.* of the Rhineland
Rhin *m.* the Rhine
rhume *m.* cold (24)
riche *adj.* rich
rideau *m.* curtain (6)
ridicule *adj.* ridiculous
rien *indef. pron.* nothing; **de rien** you're welcome (1); **ne... rien** nothing
rire (de) to laugh (at) (23); *m.* laughter (16)
risquer to risk
rive *f.* bank; shore (18)
rivière *f.* river (tributary)
riz *m.* rice (28)
robe *f.* dress (7)
robotique *f.* robotics, the study of robots
robotisation *f.* robotization; automation
rocheux (rocheuse) *adj.* rocky
roi *m.* king (28)

rôle *m.* part; role
romain *adj.* Roman
roman *m.* novel (12)
romancier *m.* (**romancière** *f.*) novelist
romand: la Suisse romande French-speaking Switzerland
romantique *adj.* romantic
roquefort *m.* Roquefort cheese
rose *adj.* pink (7); *f.* rose
rôti *m.* roast (10)
roue *f.* wheel
rouge *adj.* red (7); **Petit Chaperon Rouge** Little Red Riding Hood
rouler to roll (along); to drive
roulette *f.* roller; **patinage à roulettes** rollerskating
Roumanie *f.* Rumania
route *f.* road (13); route; **route nationale** highway (16); **se mettre en route** to set out
routier *m.* (**routière** *f.*) one used to the roads; **restaurant des routiers** truckstop
rouvrir to reopen
roux (rousse) *adj.* reddish
rude *adj.* harsh
rue *f.* street (12)
ruine *f.* ruin
russe *adj.* Russian (2)
Russie *f.* Russia (15)
rythme *m.* rhythm

S

sa *adj. f.* his; her; its
sable *m.* sand
sac *m.* bag; handbag (7); **sac à dos** backpack
sacré *adj.* sacred
sage *adj.* wise
sagesse *f.* wisdom
sain *adj.* healthy
saint *adj.* holy; **la Saint-Valentin** Saint Valentine's Day
saisir to grasp; to understand
saison *f.* season (7)
salade *f.* salad (10)
salaire *m.* salary; wages (22)
salarié *adj.* salaried
sale *adj.* dirty
salé *adj.* salted; salty
salle *f.* room; theater (1); **salle à manger** dining room (8); **salle d'attente** waiting room; **salle de bains** bathroom (8); **salle de séjour** living room (8); **salle de classe** classroom (1); **salle des sports** gym (5)
salut *int.* hello; hi (1)
samedi *m.* Saturday

sang *m.* blood
sans *prep.* without; but for (6); **sans doute** doubtless; **sans que** + *subj.* without; unless (27)
santé *f.* health (25); **à votre santé** cheers, to your health (10)
satisfait *adj.* content; pleased (17)
saucisse *f.* sausage
saucisson *m.* salami; sausage (10)
sauf *prep.* except for; save
sauvage *adj.* wild
sauver to save (24)
savoir to know (how) (18)
savon *m.* soap (21)
savoyard *adj.* from Savoy
scandaleux (scandaleuse) *adj.* scandalous
scène *f.* scene; **scène de ménage** domestic quarrel (21)
science *f.* science; **les sciences humaines** social sciences (19)
scientifique *adj.* scientific (29); *m.*, *f.* scientist
scolaire *adj.* of schools; **année** (*f.*) **scolaire** school year
sculpter to sculpt
sculpteur *m.* sculptor
se *pron.* oneself; himself; herself; itself; themselves; to oneself, etc.; each other
secondaire *adj.* secondary
secours *m.* help
secrétaire *m.*, *f.* secretary (22); *m.* writing desk
secrétariat *m.* secretariat; secretary's office
secteur *m.* sector; district
sécurité *f.* security; confidence; safety
séduire to seduce; to attract
seize *adj.* sixteen (1)
seizième *adj.* sixteenth
séjour *m.* stay (14); **salle** (*f.*) **de séjour** living room (8)
sel *m.* salt (9)
self-service *m.* cafeteria
selon *prep.* according to; depending on (3)
semaine *f.* week (1); **fin** (*f.*) **de semaine** weekend
semblable *adj.* similar (6)
sembler to seem; to appear; **il semble que** it seems that (27)
semestre *m.* semester
sénat *m.* senate (26)
sénateur *m.* senator (26)
Sénégal *m.* Senegal (28)
sénégalais *adj.* Senegalese (28)
sens *m.* meaning; **sens interdit** wrong way (16); **sens pratique** common sense

sensationnel(le) *adj.* sensational; great (25)
sensé *adj.* intelligent; sensible
sentiment *m.* feeling; sentiment
sentir to sense (13); to smell; **se sentir** to feel
séparation *f.* separation
séparer to separate
sept *adj.* seven (1)
septembre *m.* September (1)
septième *adj.* seventh
série *f.* series
sérieux (sérieuse) *adj.* serious; sincere (4)
serré *adj.* tight
serveur *m.* **(serveuse** *f.)* waiter; waitress (10)
serviette *f.* napkin (9)
servir to serve; to help (13); **servir (à)** to be of use
ses *adj. pl.* his; her; its; one's
seul *adj.* alone; sole; only (8)
seulement *adv.* only; solely (12)
sévérité *f.* strictness
short *m.* shorts (7)
si *adv.* so; so much; yes; *conj.* if; whether (4); **s'il vous plaît** please (1)
siècle *m.* century (18)
siège *m.* seat; headquarters (15)
siéger to meet, sit (of a public body)
sien(ne) *pron.* his; hers; its
sieste *f.* siesta; **faire la sieste** to take a nap
sigle *m.* acronym, initials
signe *m.* sign; mark
significatif (significative) *adj.* meaningful
silencieux (silencieuse) *adj.* silent
similarité *f.* similarity
sincère *adj.* sincere; frank
sincèrement *adv.* sincerely; honestly
sincérité *f.* sincerity
situation *f.* position
situer to place, situate (17)
sixième *adj.* sixth
skier to ski (3)
skieur *m.* **(skieuse** *f.)* skier
snob *adj. inv.* snobbish; pretentious (4)
sobre *adj.* sober; moderate
social *adj.* social; **assistant social** welfare worker
socialisme *m.* socialism
socialiste *adj.* socialist
société *f.* society; association (22); **jeu (***m.***) de société** parlor game
sociologie *f.* sociology
sociologue *m., f.* sociologist

sœur *f.* sister (8); **belle-sœur** stepsister
soif *f.* thirst; **avoir soif** to be thirsty (6)
soin *m.* care
soir *m.* evening; night (1); **tous les soirs** every night; **hier soir** last night
soirée *f.* evening (duration); party (4)
soixante *adj.* sixty (1)
solaire *adj.* solar (24)
solde *m.* balance (financial); sale
soleil *m.* sun; **faire du soleil** to be sunny (7); **prendre le soleil** to sun bathe
solide *adj.* solid; strong
solitaire *adj.* solitary
sombre *adj.* dark; gloomy
sommeil *m.* sleep; **avoir sommeil** to be sleepy (6)
son *adj.* his; hers; its; one's
sonner to ring (12)
sorcier *m.* **(sorcière** *f.)* sorcerer
sorte *f.* sort; kind (11)
sortie *f.* exit; outing; **à la sortie de** after (school, work)
sortir to go out; to leave (13)
souci *m.* care; worry (19)
soudain *adj. adv.* sudden (18)
souffrir to suffer (28)
souhaiter to wish; to desire (26)
soupe *f.* soup (10); **cuillère (***f.***) à soupe** soupspoon; tablespoon (9)
source *f.* source; origin; spring
sourire to smile (23); *m.* smile
sous *prep.* under; below (4); **sous terre** underground
soutenir to sustain; to support (26)
souterrain *adj.* underground
souvenir *m.* memory (14); **se souvenir de** to remember (21)
souvent *adv.* often; frequently (4)
spatial *adj.* of space
speaker *m.* **(speakerine** *f.)* announcer
spécial *adj.* special
spécialiser: se spécialiser to specialize
spécialiste *m., f.* specialist
spécialité *f.* specialty
spectacle *m.* show; performance (23)
spectateur *m.* **(spectatrice** *f.)* spectator (23)
splendeur *f.* splendor
sportif (sportive) adj. athletic; sportsminded (4)
stabilité *f.* stability
stade *m.* stadium (25)
station-service *f.* service station (16)

stationner to park (16)
statistique *f.* statistic(s)
stéréo *adj.:* **chaîne (***f.***) stéréo** stereo system
stimuler to stimulate
stratégie *f.* strategy
stupide *adj.* stupid; foolish
stylo *m.* pen (6)
su *p.p.* of **savoir**
subjonctif *m.* subjunctive
substituer to substitute
succès *m.* success
sucre *m.* sugar (9)
sucré *adj.* sugary; sugared
sud *m.* south (15)
suédois *adj.* Swedish
suffire to suffice
suggérer to suggest
Suisse *f.* Switzerland (15); **la Suisse romande** French-speaking Switzerland
suite *f.* rest; **tout de suite** right away
suivant *adj.* following; subsequent
suivre to follow; to take (19)
sujet *m.* subject (19); **au sujet de** about
supérieur *adj.* superior; upper; **cadre supérieur** executive
supersonique *adj.* supersonic
sur *prep.* on; upon; out of (4); **sur place** installed; in the vicinity
sûr *adj.* certain; sure; safe (16); **bien sûr** of course (11)
suranné *adj.* out of date
surnaturel(le) *adj.* supernatural
surpeuplé *adj.* overpopulated
surpris *adj.* surprised (26)
surréalisme *m.* surrealism
surtout *adv.* above all; especially (14)
symbole *m.* symbol
symboliser to symbolize
sympathique *adj.* congenial; likeable; nice (4)
symphonie *f.* symphony
symphonique *adj.* symphonic
synonyme *m.* synonym
système *m.* system; plan (26)

T

ta *adj. f.* your
tabac *m.* tobacco; tobacco counter
tableau *m.* picture; painting (20); **tableau noir** blackboard (1)
tâche *f.* task; job
taille *f.* height; size (20)
tambour *m.* drum (28)
tant *adv.* so much (9); **tant mieux** so much the better
tante *f.* aunt (8)

tapis *m.* carpet; rug (6)
tapisserie *f.* tapestry
tard *adv.* late (13); **plus tard** later
tarte *f.* pie (9)
tasse *f.* cup (9)
taux *m.* rate; **taux du change** rate of exchange; **taux de natalité** birth rate
taxe *f.* tax
te *pron.* yourself; you; (to) you
technique *adj.* technical
technocrate *m., f.* technocrat
technocratique *adj.* technocratic
tee-shirt *m.* T-shirt
tel(le) *adj.* such; like (28)
téléfilm *m.* T.V. movie
télégramme *m.* telegram (12)
téléphone *m.* telephone (5); **coup** (*m.*) **de téléphone** telephone call (12)
téléphoner (à) to telephone (5)
téléphonique *adj.*: **cabine** (*f.*) **téléphonique** phone booth (12)
téléspectateur *m.* (**téléspectatrice** *f.*) televiewer
télévisé *adj.* televised
tellement *adv.* so; so much
témoigner (de) to show; to testify to
tempête *f.* storm; **tempête de neige** snowstorm
temporel(le) *adj.* temporal
temps *m.* time (5); weather (7); tense; **dans le temps** formerly; **de temps en temps** from time to time (18); **quelque temps** sometimes; **tout le temps** always; **il est temps que** it is time that (27)
tendance *f.* tendency
tenir to hold; to have (13); **se tenir** to be held; **tenir à** to hold dear; to be eager to; to anticipate (13)
tente *f.* tent
terminer to end; **se terminer** to come to an end
terrain *m.* ground; field (25)
terrasse *f.* terrace; patio
terre *f.* earth; land; property (27); **pomme** (*f.*) **de terre** potato; **sous terre** underground
Terre-Neuve *f.* Newfoundland
terrifiant *adj.* terrifying
territoire *m.* territory (27)
tes *adj. pl.* your
tête *f.* head (20); **mal** (*m.*) **à la tête** headache
texte *m.* text; passage
thé *m.* tea (9)
théâtral *adj.* theatrical

théâtre *m.* theater; **pièce** (*f.*) **de théâtre** play (20)
thème *m.* topic; theme
théoriquement *adv.* theoretically
thèse *f.* thesis; dissertation
tien(ne) *pron.* yours
tiers *adj.* third; **Tiers Monde** *m.* Third World (28)
tigre *m.* tiger
timbre *m.* stamp (12)
tissage *m.* weaving
tisser to weave
titre *m.* title
togais *adj.* of Togo
toi *pron.* you; to you
toilette *f.* washing up; lavatory; **faire la toilette** to dress
toit *m.* roof (17)
tomate *f.* tomato
tombeau *m.* tomb; grave
tomber to fall (15); **laisser tomber** to drop; **tomber amoureux (amoureuse) (de)** to fall in love (with) (21)
ton *adj.* your
tort *m.* wrong; **avoir tort** to be wrong
tortue *f.* tortoise
tôt *adv.* soon; early (13)
touche *f.* key
toucher (à) to touch; to affect (20); to cash (a check) (11)
toujours *adv.* always; still (5)
tour *m.* turn; tour; **jouer un tour** to play a trick; *f.* tower (18)
tourisme *m.* tourism
touriste *m., f.* tourist (2)
touristique *adj.* touristic, tourist
tourmenté *adj.* tortured; distressed
tourner to turn (17)
tournesol *m.* sunflower
tout (tous) *adj.* all; every; each; **avant tout** first of all; **en tout cas** in any case; however (21); **tous (toutes) les deux** both (6); *adv.* entirely; quite; **tout droit** straight ahead (16); **tout à fait** completely; **tout à l'heure** just now (15); **tout le monde** everyone; **tout de suite** immediately (14); **tout d'un coup** all at once (19); **tout en +** *gerund* while; at the same time; *pron.* all; everything
traditionel(le) *adj.* traditional
traduction *f.* translation (19)
traduire to translate (19)
tragédie *f.* tragedy (2)
tragique *adj.* tragic
train *m.* train (15); **en train de +** *inf.* in the course of (23)

traiteur *m.* caterer; delicatessen owner (11)
trajet *m.* trip, commute (18)
tranquille *adj.* quiet; calm (6)
tranquillement *adv.* calmly; quietly
transformer to transform; to change (24)
transport *m.* transport; transportation
travail *m.* work (2); industry; **Fête** (*f.*) **du Travail** Labor Day; **travaux publics** public works
travailler to work (3)
travailleur *m.* (**travailleuse** *f.*) worker; laborer (22); *adj.* hard-working (4)
treize *adj.* thirteen (1)
treizième *adj.* thirteenth
tréma *m.* diæresis; umlaut
trente *adj.* thirty (1)
trentième *adj.* thirtieth
très *adv.* very; most; very much (4)
trésor *m.* treasure
trimestre *m.* quarter (three months); trimester
triomphe *m.* triumph
triste *adj.* sad (21)
trois *adj.* three (1)
troisième *adj.* third
tromper: se tromper to be mistaken (21)
trop *adv.* too much; too; over; too many (9)
tropiques *m. pl.* the tropics
trottoir *m.* sidewalk (17)
trou *m.* hole
trousse *f.* bundle; kit; tool kit
trouver to find; to think (4); **se trouver** to exist; to be (21)
truffe *f.* truffle
tu *pron.* you
Tunisie *f.* Tunisia (28)
tunisien(ne) *adj.* Tunisian
type *m. fam.* guy
typique *adj.* typical (4)

U

un *adj.* one; a; an; any (1)
uni *adj.* united; **Les Nations Unies** United Nations (29)
uniforme *m.* uniform
unir to unite
univers *m.* universe
universitaire *adj.* academic; university (2); **cité** (*f.*) **universitaire** university living quarters; dormitory
université *f.* university (2)
urbain *adj.* urban (24)
usage *m.* use; usage
usine *f.* factory (24)

utile *adj.* useful; **il est utile que...** it is useful that . . . (27)
utilisation *f.* utilization
utiliser to use; to employ (3)
utopie *f.* utopia

V

vacances *f. pl.* vacation (13); **colonie** (*f.*) **de vacances** summer camp
vacancier *m.* (**vacancière** *f.*) vacationer
vaccin *m.* vaccine
vache *f.* cow (14)
vagabonder to roam
vaisselle *f.* dishes
Valentin: la Saint-Valentin Valentine's Day
valeur *f.* worth; value
valise *f.* suitcase (7)
vallée *f.* valley
valoir to be worth; **valoir mieux** to be better; **il vaut mieux** it is better (27)
vanille *f.* vanilla
variété *f.* variety; **chanson de variété** *f.* popular song
vaudou *adj.* voodoo
veau *m.* veal (9)
vécu *p.p.* of **vivre**
végétarien(ne) *adj.* vegetarian
véhicule *m.* vehicle
vélo *m.* bike (24); **en vélo** by bike
vélomoteur *m.* motorbicycle (24)
vendeur *m.* (**vendeuse** *f.*) sales clerk (11)
vendre to sell (9)
vendredi *m.* Friday (1)
venir to come (from) (13); to arrive; **venir de** + *inf.* to have just (13)
vent *m.* wind; **faire du vent** to be windy (7)
vente *f.* sale (11)
verbe *m.* verb
vérifier to verify
véritable *adj.* genuine; true

vérité *f.* truth (11)
verre *m.* glass (9)
vers *prep.* toward; to; about (12)
vert *adj.* green; hearty (7)
vertu *f.* virtue
veste *f.* (short) jacket (7)
vêtement *m.* garment; *pl.* clothes (7)
viande *f.* meat (9)
victime *f.* victim
vide *adj.* empty (16)
vie *f.* life (2)
Vietnam *m.* Vietnam (29)
vieux (**vieil, vieille**) *adj.* old; aged (9); *m.* **mon vieux** my old friend
vif (**vive**) *adj.* alive; lively
villageois *adj.* rustic, country; *m.*, *f.* villager
ville *f.* city (4); **centre-ville** *m.* downtown (11); **vieille ville** old town, the old city (17)
vin *m.* wine (9); **vin du pays** local wine
vingt *adj.* twenty (1)
vingtième *adj.* twentieth
violet(te) *adj.* violet (7); *f.* violet
violon *m.* violin; fiddle (5)
Virginie *f.* Virginia
virgule *f.* comma
visage *m.* face (20)
visite *f.* visit (3); **rendre visite à** to visit (a person) (9)
visiter to visit (a place) (3)
visiteur *m.* (**visiteuse** *f.*) visitor (6)
vite *adv.* quickly; fast (14)
vitesse *f.* speed; gear; **limitation de vitesse** speed limit (16)
vitraux *m. pl.* stained glass windows
vitrine *f.* shop window
vive *int.* long live (3)
vivre to live (19)
vocabulaire *m.* vocabulary
voici *prep.* there is (are) (1); this is; these are
voie *f.* way; passage
voilà *prep.*; there; there is (are); that is (1)

voile *f.* sail; sailing (25)
voir to see (14); **se voir** to see each other (oneself) (21)
voisin(e) *m.*, *f.* neighbor (13)
voiture *f.* car; vehicle (4)
voix *f.* voice (29)
vol *m.* flight; robbery (15)
voleur *m.* (**voleuse** *f.*) thief; robber
volley-ball *m.* volleyball (game) (5)
volontairement *adv.* willingly
vos *adj. pl.* your
voter to vote (26)
votre *adj.* your
vôtre *pron.* yours; your own
vouloir to want (11); to desire; **vouloir bien** to be willing (11); **vouloir dire** to mean (11)
voulu *p.p.* of **vouloir**
vous *pron.* you; yourself; **chez vous** where you live; **s'il vous plaît** please (1)
voyage *m.* trip (3)
voyager to travel (5)
voyageur *m.* (**voyageuse** *f.*) traveler; passenger
vrai *adj.* true; genuine (4)
vraiment *adv.* really; truly (8)
vu *p.p.* of **voir**
vue *f.* view; sight; **point** (*m.*) **de vue** viewpoint

W

wagon *m.* train car; van (15)
wagon-lit *m.* sleeping car
wagon-restaurant *m.* dining car

Y

y *adv., pron.* there; here; within (16); **il y a** there is (are) (1)
yeux *m. pl.* eyes (20)

Z

Zaïre *m.* Zaire (28)
zèbre *m.* zebra
zéro *m.* zero
zut *int. fam.* darn

This English-French end vocabulary includes all words needed to do the translation exercises.

Abréviations

adj. adjective
adv. adverb
f. feminine noun
inf. infinitive

m. masculine noun
pl. plural
p.p. past participle
subj. subjunctive

A

a un, une
able: to be able pouvoir; *p.p.* pu
about vers; de; au sujet de
act agir
adventure aventure *f.*
ago il y a; **two days ago** il y a deux jours
all tout, toute, tous, toutes
a lot (of) beaucoup (de)
almost presque
along le long de
altogether en tout
always toujours
A.M. du matin
America Amérique *f.*
American américain *m.* (*person*); américain *adj.*
amusing amusant, drôle
an un, une
and et
another un(e) autre
answer répondre
anything quelque chose; **not . . . anything** ne… rien
apartment appartement *m.*
arrive arriver
artist artiste *m.*, *f.*
as comme; si; que; **as soon as** dès que; aussitôt que
ask demander; **ask a question** poser une question
at à, chez; **at the** au, à la, aux
August août
author auteur *m.*

B

bad mauvais; **not bad** pas mal
balcony balcon *m.*

be être; *p.p.* été **How are you?** Comment allez-vous? **isn't it?** n'est-ce pas?; **it is, that is** c'est; **there is, there are** il y a; **to be able** pouvoir; **to be better** valoir mieux; **to be hungry** avoir faim; **to be sleepy** avoir sommeil; **to be thirsty** avoir soif; **to be lucky** avoir de la chance; **to be fine** aller bien; **I'm fine** Ça va; Je vais bien; **it is better** il vaut mieux que; **to be careful** faire attention; **to be familiar with** connaître
beach plage *f.*
beautiful beau (bel, belle, beaux, belles)
before avant; déjà, avant de + *inf.*, avant que + *subj.*
beginning début *m.*; commencement *m.*
best meilleur(e)
better mieux; **it's better that** il vaut mieux que
black noir
book livre *m.*
bookcase bibliothèque *f.*, étagère *f.*
boring ennuyeux(euse)
boy garçon *m.*
bring apporter
Brittany Bretagne *f.*
but mais
buy acheter
by par, en

C

café café *m.*
can (to be able) pouvoir
car voiture *f.*

card carte *f.*; **to play cards** jouer aux cartes
careful; to be careful faire attention; **Be careful!** Attention! Faites attention!
cat chat *m.*
chair chaise *f.*
choice choix *m.*
choose choisir
class classe *f.*, cours *m.*
classical classique
clothes vêtements *m. pl.*
coat rack portemanteau *m.*
come venir; arriver; **come down** descendre
correct exact
cost coûter
country pays *m.*
countryside campagne *f.*; paysage *m.*
course cours *m.*
cousin cousin *m.* (cousine *f.*)

D

dance danser
daughter fille *f.*
day jour *m.*, journée *f.*; **one day, some day** un jour
desk bureau *m.*; table *f.*
dictionary dictionnaire *m.*
difficult difficile
dine dîner
dinner dîner *m.*
discuss discuter (de)
do faire; *p.p.* fait; **do you?** est-ce que vous (tu)?
door porte *f.*; **next door** à côté
down: to come down descendre; **Down with. . . !** A bas…!
dress robe *f.*

E

each chaque; **each other** l'un l'autre; se (*reflexive*)
eat manger
eight huit
English anglais *m.*; **an English teacher** un professeur d'anglais
essential: it is essential that il est essentiel que
everything tout *m.*
exam examen *m.*
excuse oneself s'excuser
expensive cher (chère)
explain expliquer (à)

F

fact fait *m.*; **in fact** en fait
familiar: to be familiar with connaître
family famille *f.*
fat gros(se)
feel: to feel like avoir envie de
few: a few quelques; plusieurs
fine: I'm fine ça va bien; aller bien; je vais bien
finish finir
first premier (première)
for pour, depuis, pendant; **Hurray for . . . !** Vive...!
forget oublier (de)
former ancien(ne)
French français *m.*; Français (*person*); **French-speaking person** francophone
frequently fréquemment; souvent
friend ami *m.* (amie *f.*)
from de; **from the** de la, du, des
fun: to have fun s'amuser

G

garden jardin *m.*
gift cadeau *m.*
glad content, heureux(euse)
go aller; **to go home** rentrer; **to go out** sortir; **to go up** monter; **to go sailing** faire de la voile; **to go down** descendre
good bon(ne)
good-bye au revoir
great grand
guitar guitare *f.*

H

happen arriver; se passer
happy heureux(euse); content
hard-working travailleur(euse)
hate détester
have avoir; *p.p.* eu; **to have time** avoir (le) du temps
he il, lui, ce
hear entendre

hello bonjour, salut
her *pers. pron.* la, lui, elle; *poss. pron.* son, sa, ses
here ici
hers le sien, la sienne, les siens, les siennes
hike randonnée *f.*; marcher; **to take a hike** faire une randonnée
him le, lui; **to him** lui
his son, sa, ses
hockey hockey *m.*
hold tenir
home maison *f.*; **at home** à la maison, chez nous; **to go home** rentrer
hope espérer, souhaiter
hotel hôtel *m.*
house maison *f.*; **our house** chez nous
how comment; **(for) how long** (pendant) combien de temps; **how are you?** comment allez-vous (vas-tu)? ça va?; **how many** combien (de); **How do you say "Help!" in French?** Comment dit-on « Help! » en français?; **How lucky!** Quelle chance!
hunger faim *f.*; **to be hungry** avoir faim
Hurray for . . . ! Vive...!

I

I je; moi
important important
in à; dans; en; **in French** en français; **in Paris** à Paris; **in America** en Amérique, aux États-Unis; **in fact** en fait
interesting intéressant
invite inviter; **to invite to dinner** inviter à dîner
it ce, il, elle; le, la; **isn't it?** n'est-ce pas?; **it is** c'est, il est

J

jacket veste *f.*

K

key clef *f.*
know savoir; connaître

L

last dernier (dernière), passé; **last night** hier soir
late tard
laugh rire; *p.p.* ri; **laugh at** rire de
learn apprendre (à); *p.p.* appris
leave laisser; quitter; partir (de, pour), sortir (de)
lend prêter (à)

letter lettre *f.*
like aimer; **to feel like** avoir envie de
likely probable; **it's not likely that** il est peu probable que; **it is likely that** il est probable que
listen (to) écouter
live habiter, vivre; *p.p.* vécu; **Long live . . . !** Vive...!
living room salle de séjour *f.*
look (at) regarder; **to look (like)** avoir l'air
lost perdu
lot: a lot (of) beaucoup (de)
love aimer; adorer
lucky; to be lucky avoir de la chance; **How lucky!** Quelle chance!

M

man homme *m.*
many beaucoup; **how many?** combien?
me me, moi
money argent *m.*
morning matin *m.*
most le (la) (les) plus
movie film *m.*; **movies** cinéma *m.*
music musique *f.*
must devoir; *p.p.* dû; falloir; *p.p.* il a fallu; **it is necessary** il faut
my mon, ma, mes

N

near près (de), à côté de; **near here** près d'ici
need avoir besoin de, devoir
neither . . . nor ne... ni... ni
never jamais, ne... jamais
new nouveau (nouvel, nouvelle)
next prochain; **next door** à côté; **next to** à côté de, près de
night nuit *f.*; soir *m.*; **last night** hier soir
nine neuf
no non, pas, ne... pas; **no longer, no more** ne... plus
nobody, no one personne, ne... personne
noise bruit *m.*
not non, ne... pas; **not yet** ne... pas encore; **not bad** pas mal
nothing rien, ne... rien
now maintenant

O

o'clock heure *f.*
of de, d', du, de la, de l'
office bureau *m.*
often souvent
oh! ah!

okay bon; bien; O.K.
old ancien(ne); vieux (vieil, vieille, vieux, vieilles)
on sur, dans, à; **on weekends** le week-end
one un(e); on
only seulement; ne... que
ought devoir; *p.p.* dû
our notre, nos
out dehors; hors de; **to go out** sortir
over there là-bas

P

parent parent *m.*
pass passer; (*exams*) réussir à; **pass through** passer par
patient patient (*adj.*)
pay (for) payer; **pay attention** faire attention; **Pay attention!** Attention!
person personne *f.*
phone téléphone *m.*; **on the phone** à l'appareil, au téléphone; **phone** téléphoner (à); appeler
plane avion *m.*
play jouer à (*sport*); jouer de (*instrument*)
pleasant agréable
please s'il vous (te) plaît
P.M. de l'après-midi; du soir
politics politique *f.*
poor pauvre
postcard carte postale *f.*
president président *m.*
professor professeur *m.*; prof *m.*
provided that pourvu que

Q

Quebec Québec *m.*; **Quebec city** (la ville de) Québec
question question *f.*; **ask a question** poser une question
quite tout, tout à fait; assez

R

radio radio *f.*
rain pleuvoir (il pleut)
raincoat imperméable *m.*
rather aimer mieux; préférer
react réagir
read lire; *p.p.* lu
receive recevoir; *p.p.* reçu
recently récemment, dernièrement
record disque *m.*
red rouge
region région *f.*
repeat répéter
restaurant restaurant *m.*
return retourner; **to return home** rentrer

ridiculous ridicule
right droite (*f.*); exact (*adj.*); **to the right** à droite
room pièce *f.*; chambre *f.*; **living room** salle de séjour

S

sailing: to go sailing faire de la voile
say dire; *p.p.* dit
see voir; *p.p.* vu; **See you soon!** A bientôt!
send envoyer
several plusieurs, quelques
she elle
show montrer (à)
since depuis
singer chanteur *m.* (chanteuse *f.*)
sister sœur *f.*
sleepy: to be sleepy avoir sommeil
smoke fumer
so si, alors; donc; ainsi; tellement; **so that** afin que, pour que
some de la, du, des, quelques; plusieurs
someone quelqu'un
something quelque chose
some day un jour
song chanson *f.*
soon bientôt; **as soon as** dès que; aussitôt que; **See you soon!** A bientôt!
Spanish espagnol *m.*
speak parler
spend passer; **to spend one's vacation** passer les vacances
stay rester; séjour *m.*
still encore
street rue *f.*; **in (on) the street** dans la rue
student étudiant *m.* (étudiante *f.*)
study étudier
succeed réussir (à)
suddenly soudain; tout d'un coup
suggest suggérer
suitcase valise *f.*
summer été *m.*
sure sûr
surely sûrement
surprised surpris (*p.p. of* surprendre); **to be surprised** être surpris

T

take prendre; *p.p.* pris
talk parler
tall grand
teacher professeur *m.*; prof *m.*; **an English teacher** un professeur d'anglais
telegram télégramme *m.*

telephone téléphone *m.*; téléphoner; **on the phone** à l'appareil, au téléphone
television télévision *f.*; **t.v.** télé *f.*
tennis tennis *m.*
thanks merci
that que; cela; ça; ce, cet, cette, ces; **that is** c'est; **provided that** pourvu que
the le, la, les
their leur, leurs
them leur, eux
then puis; alors; ensuite; donc
there y, là; **there is, there are** il y a; **over there** là-bas
they ils, elles, on
thick gros(se)
think penser; croire; réfléchir; **think about** penser à
thirsty: to be thirsty avoir soif
this ce, cet, cette; ceci
three trois
through par; **pass through** passer par
time temps *m.*; heure *f.*; **What time is it?** Quelle heure est-il?; **to have time** avoir du temps; **to spend time** passer du temps (à)
to à; en; pour; chez; **in order to** afin de
today aujourd'hui
tomorrow demain
tonight ce soir
too aussi
train train *m.*
trip voyage *m.*
true vrai
try essayer (de)
two deux

U

understand comprendre; *p.p.* compris
university université *f.*
up: to go up monter
us nous

V

vacation vacances *f. pl.*
visit visiter (*place*); rendre visite à (*person*)

W

want vouloir; *p.p.* voulu; avoir envie de
watch regarder
we nous
wear porter; mettre
weather temps *m.*; **What's the weather like?** Quel temps fait-il?

weekend week-end *m.*; fin de semaine *f.*; **on weekends, on the weekend** le week-end, en fin de semaine
well bien; eh bien
what que; ce que; quoi; qu'est-ce que? comment?; qu'est-ce qui; ce qui; combien; quel(le)(s); **What time is it?** Quelle heure est-il?; **What's the weather like?** Quel temps fait-il?; **What does it cost?** Combien coûte-t-il(elle)?
when quand, lorsque

where où; **from where** d'où
whether si
which quel, quelle, quels, quelles, que; **which one(s)** lequel, laquelle, lesquels, lesquelles; **to which** auquel, à laquelle, auxquels, auxquelles
who? qui? qui est-ce qui?
whom? qui? qui est-ce que?
why pourquoi; **why not?** pourquoi pas?
window fenêtre *f.*
with avec

without sans; sans que
woman femme *f.*
work travail *m.*; travailler
write écrire; *p.p.* écrit

Y

year an *m.*; année *f.*
yes oui
yet encore; **not yet** ne... pas encore
you vous, tu, te, toi
your ton, ta, tes, votre, vos

Index

à
  with geographical names, 224–226
  with indirect objects, 77, 169, 207–208
  to show possession, 412
  uses of, 76–77
  verbs that require, 428
accent marks
  pronunciation of, 14–15
  spelling changes with, 434–435
acheter, 142, 435
active voice, 422–423
adjectives
  agreement of, 57–59
  of color, 98, 104–105
  comparative forms of, 276
  demonstrative, 163–164
  descriptive, 51–52, 57–59, 64
  indefinite, 413–415
  interrogative, 74
  plural of, 59, 106
  position of, 57, 105–106
  possessive, 116–117
  preceding the noun, 104–106
  superlative form of, 278
adverbs
  comparative forms of, 276–279
  superlative forms of, 276–279
  use and formation of, 210–212
affirmative expressions, 177–178
  si, 180
African countries, 405–408, 418
agreement
  of adjectives, 57–58
  of articles, 29–30
  of past participle, 198–199, 220–222, 246, 307–308
  of possessive adjectives, 116–117
  of possessive pronouns, 411
aller, 119–120, 151, 221, 290, 303, 376, 436
alphabet
  French, 15
  phonetic, 7–8
  pronunciation of, 15
appeler, 127, 435
articles
  definite, 29–30, 134–135
  indefinite, 29–30
  partitive, 132–135
  plural, 32–33, 133
articulation, 5
aspirate **h,** 30
asseoir, 436

automobiles (*vocab*), 231–232, 242
autre, 105, 414–415
auxiliary verbs, 433
avoir. *See also* page 433
  expressions with, 85–86, 94–95
  future of, 317
  imperative of, 152
  passé composé of, 194–197
  passé simple of, 429
  present of, 85
  subjunctive of, 376

battre, 436
body, parts of (*vocab*), 286
boire, 149, 436

cardinal numbers, 6, 13, 66, 68–69, 161
causative **faire,** 424–425
ce
  demonstrative adjective forms of, 163–164
  versus **il, elle,** 54–55
ceci, cela, ça, 321
celui, celle, ceux, celles, 319–321
ce qui, ce que, 362–363
chacun, 413–415
chaque, 413–415
-ci, 164, 319–321
cities, prepositions with, 76, 224–225
city life (*vocab*), 244, 257, 267
classroom (*vocab*), 8–11
clothing (*vocab*), 99, 110–111
cognates, 5
colors, 98, 104–105
commands. *See* Imperative
commencer, 110, 434
communication, means of (*vocab*), 174–175, 188
comparative forms, 276–279
compound tenses. *See* **Passé composé,** etc.
conditional, 334–336, 430–440
conditional perfect, 347–349, 430–440
conduire, 231
conjugations, 430–440
conjugations that take subjunctive, 395–397, 403
connaître, 263–264
consonant sounds
  final, 25
  pronunciation of, 25
contractions, 77

countries
  prepositions with, 224–226
  vocabulary, 218, 229, 405–406, 421
courir, 329
croire, 205, 381

daily life (*vocab*), 298, 312
dates (*vocab*), 22–23, 69
days of the week, 22
de
  with geographical names, 224–226
  in negative sentences, 87
  partitive, 132–135
  uses of, 77
  verbs that require, 428
decimal numbers, 68
découvrir, 329, 438
definite article, 29–30, 134–135
demonstrative adjectives, 163–164
demonstrative pronouns, 319–321
depuis, 358–359
descriptive adjectives, 51–52, 57–59, 64
devoir, 167–168, 348, 392
diphthongs, 5
dire, 176, 436
direct object pronouns, 182–184, 198–199
dont, 236–237, 363
doubt and uncertainty, expressions of, 380–381

écrire, 176, 437
education (*vocab*), 269–271
emotion, expressions of, 380
en
  with geographical names, 224–226
  partitive pronoun, 245–246
  with present participle, 407–409
  word order with, 287–290
entertainment (*vocab*), 39–40, 328–329, 340
environment (*vocab*), 342–343, 354
envoyer, 437
-er verbs, 41–43, 151. *See also* page 430
  present of, 41–43
  spelling changes in, 434–435
espérer, 82, 381, 435
essayer, 127, 435

A-27

est-ce que
  forms based on, 101–102
  information questions with, 101–102
  yes/no questions with, 10, 70–71
être. See also page 434
  with **ce,** 54–55
  future of, 317
  imperative of, 152
  imperfect of, 251
  passé composé of, 220–222
  passé simple of, 429
  passive voice of, 422–423
  present of, 53–55
  with **quel,** 74
  to show possession, 412
  subjunctive of, 376
faire. See also page 437
  causative, 424–425
  expressions with, 122–123, 128
  present of, 122
  subjunctive of, 376
falloir, 391, 437
family (*vocab*), 113, 128
fine arts, 285, 296
food (*vocab*). See Meals, Restaurant, Shopping
francophone countries, 421
furniture, 84, 95
future. See also pages 430–440
  with **aller,** 120
  formation and use of, 316–318
future perfect, 318, 430–440

gender
  of adjectives, 57–59
  of geographical names, 224–226
  of nouns, 29–31
geographical names
  prepositions with, 224–226
  vocabulary, 218, 229, 405–406, 421
government (*vocab*), 369–371, 386
greetings (*vocab*), 2–3

h, aspirate, 30
h, mute, 3
house, rooms of (*vocab*), 114

if-clause sentences, 335–336, 347–349
il est, vs. **c'est,** 54–55
il faut, 390–392, 437
il y a, 10, 88, 359–360
imparfait, 249–252, 258–260, 430–440
imperative. See also pages 430–440
  formation of, 150–152
  with object pronouns, 289–290
  of reflexive verbs, 203
impersonal expressions, 390–392, 403

indefinite adjective, 413–415
indefinite article, 29–30
indefinite pronoun, 413–415
indirect object pronoun, 207–208
indirect questions, 363
infinitive
  as alternative to subjunctive, 391–392
  negative, 169
  and object pronouns, 184, 208
  verbs followed by, 43, 120
  verbs that require preposition before, 428
information questions, 100–102
International Phonetic Alphabet (IPA), 7–8
interrogative adjectives, 74
interrogative pronouns, 102, 330–332
interrogative questions. See Questions
interrogative words, 100–102
intonation, 11–12, 70–71
intransitive verbs of motion, 220–222, 432
introductions (*vocab*), 2–3
-ir verbs, 90–91, 151, 430

jeter, 434–435
jouer à, de, 78

-là, 164, 319–321
leisure activities (*vocab*), 328–329, 340
lequel, 332, 362–363
letter writing (*vocab*), 174–175, 188
liaison, 12, 43
linking (**liaison**), 12, 43
lire, 176, 437
love and marriage (*vocab*), 299, 312

manger, 79, 434
meals (*vocab*), 130–131, 141, 143, 145–147, 158
même, 274, 414–415
mettre, 176, 437
money (*vocab*), 160–161
months of the year (*vocab*), 23
mood, 372–373
motion, verbs of, 220–221
mourir, 438
mute e, 21
  in stem, 317, 434
mute **h,** 30

naître, 438
nasal vowel sounds, 21
nationalities
  with **ce,** 54–55

gender of, 28, 31
  vocabulary for, 28, 37, 405–406
negation
  double, 181
  expressions of, 177–180, 188
  with imperative, 152, 289
  with indefinite article, 87
  with infinitives, 169
  ne... pas, 45–46
  with partitive, 134
  with **passé composé,** 197, 222
  of questions, 70, 72
ne, pleonastic, 395
n'est-ce pas, 71
North America, French in, 388–389
nouns
  comparisons with, 277
  direct object, 183
  gender of, 29–31
  plural of, 32–34
  questions with, 72
number. See Plural
numbers
  cardinal, 6, 13, 66, 68–69, 161
  ordinal, 115

object pronouns. See Pronouns
occupations
  with **ce,** 54–55
  vocabulary for, 314–315, 326
offrir, 329, 438
on, 42
order. See Word order
ordinal numbers, 115
où, 101–102, 237
ouvrir, 438

participle
  past, 195–196, 198–199, 220–222, 246, 307–308
  present, 407–409
partir, 191
partitive
  article, 132–135
  pronoun, 245–246
parts of the body (*vocab*), 286
passé composé. See also pages 430–440
  agreement of with past participle, 198–199, 220–222
  with **avoir,** 194–197
  with **être,** 220–222
  vs. **imparfait,** 258–260
  with reflexive verbs, 307–308
  with time expressions, 359–360
  word order in, 197
passé simple, 428–429, 430–440
passive voice, 422–423
past participle. See also pages 430–440

agreement of, 198–199,
    220–222, 246, 307–308
  formation of, 195–196
past perfect, 345–346, 430–440
past subjunctive, 397, 430–440
payer, 158, 435
pendant, 359
penser, 381
perfect tenses. *See also* pages
    430–440
  conditional perfect, 347–349
  future perfect, 318
  past perfect, 345–346
phonetic alphabet, 7–8
plaire, 438
pleonastic **ne,** 395
pleuvoir, 438
plosives, English, 25
plural
  of adjectives, 57–59, 106
  of articles, 32–33
  of nouns, 32–34
plusieurs, 413–415
politics (*vocab*), 369–371
positions. *See* Word order
possessive adjectives, 116–117
possessive pronouns, 410–412
pouvoir, 167, 438
préférer, 435
prendre, 148–149, 377, 439
prepositions
  contractions with, 77
  with definite articles, 77
  with geographical names,
    224–226
  and relative pronouns, 236–237
  with transportation, 218
  after verbs, 428
present indicative. *See also* specific
    verb and pages 430–440
  of **-er** verbs, 41–43
  of **-ir** verbs, 90–91
  of **-re** verbs, 138–139, 148–149
  with time expressions, 358–359
present participle, 407–409,
    430–440
present subjunctive. *See*
    Subjunctive and pages
    430–440
pronouns
  demonstrative, 319–321
  direct object, 182–184, 198–199
  indefinite, 413–415
  indirect object, 207–208
  interrogative, 102
  invariable, 54–55
  partitive, 245–246
  possessive, 410–412
  relative, 235–237, 362–363
  stressed, 272–274
  subject, 41–42

word order of, 287–290
pronunciation
  of accent marks, 14–15
  and articulation, 5
  of aspirate **h,** 30
  of cognates, 5
  of consonant sounds, 25
  of diphthongs, 5
  of English plosives, 25
  of final consonants, 25
  of French alphabet, 15
  of International Phonetic
    Alphabet, 7–8
  and intonation, 11–12
  of [j], 25
  and **liaison,** 12
  and linking, 12
  of mute **e,** 21
  of mute **h,** 30
  of nasal vowels, 21
  of oral vowels, 20–21
  of **p, t, k,** 25
  of **r** and **l,** 25
  of semivowels, 25
  and stress, 11
  of vowels, 20–21
  of [ɥ], 25
provinces, French, 204–205

quantity, expressions of, 134, 246
que, 102, 235–236, 330–331
quel, 74
quelque, 413–415
quelqu'un, 178–180, 413–415
qu'est-ce que, 102, 330–331
questions. *See also* Interrogative
    adjectives, Interrogative
    pronouns, Interrogative words
  indirect, 363
  information, 100–102
  in the **passé composè,** 197
  negative, 70, 72
  yes/no, 70–72
qui
  interrogative, 102, 330–331
  as relative pronoun, 235–236
quitter, 191
quoi, 102, 330–331

recevoir, 344, 432
reciprocal reflexive, 305
reflexive verbs. *See also* page 433
  imperative, 303
  passé composé, 307–308
  present tense, 300–302
  reciprocal, 305
regions of France, 204–205
regular verbs, 430–432
relative pronouns, 235–237,
    362–363
restaurant (*vocab*), 146–147, 158

-re verbs, 138–139, 148–149, 151,
    431
rire, 329, 439

savoir, 263–264, 439
se. *See* Reflexive verbs
seasons (*vocab*), 97
semivowels, 25
shopping (*vocab*), 145, 158,
    160–161, 171–172
si, affirmative, 180
si-clause sentences, 335–336,
    347–349
sortir, 191
spelling aloud, 15
spelling changes in **-er** verbs, 434
sports (*vocab*), 356–357, 367
stem-changing verbs, 434–435
stores (*vocab*). *See* Shopping
stress, 11
stressed pronouns, 272–274
subject pronouns, 41–42
subjunctive. *See also* pages 430–440
  alternatives to, 381, 391–392,
    396–397
  irregular verbs, 376–377
  past, 397
  present, 372–374, 376–377
  uses of, 379–381, 390–392,
    395–397
suivre, 270, 439
superlative forms, 276–279

tag questions, 70–71
telephone (*vocab*), 174–175, 188
television (*vocab*), 174–175, 188
tenir, 192, 439
tenses. *See* Present, **Imparfait,** etc.
time
  expressions of, 358–360
  telling, 16–18, 186
tout, 85, 413–414
transportation (*vocab*), 218–219,
    229, 231–232, 242
tu, vs. **vous,** 42

university (*vocab*), 27–28,
    269–271, 283

vacation (*vocab*), 190, 202
valoir, 391, 440
venir, 192, 202, 440
verbs. *See also* specific verb or tense
    and pages 430–440
  -er, 41–43
  followed by infinitive, 428
  -ir, 90–91
  passive voice, 422–423
  prepositions required with, 428
  -re, 138
  spelling changes in, 434–435

vivre, 270, 440
vocabulary
  adjectives, descriptive, 51–52, 64
  African countries, 405–406, 418
  automobiles, 231–232, 242
  body, parts of, 286
  city life, 244, 257, 267
  classroom, 8–11
  clothing, 99, 110–111
  colors, 98, 104–105
  communication, means of,
    174–175, 188
  daily life, 298, 312
  dates, 22–23
  days of week, 22, 24
  education, 269–271
  entertainment, 39–40, 328–329, 340
  environment, 342–343, 354
  family (*vocab*), 113, 128
  furniture (*vocab*), 84, 95
  geographical names, 218, 229,
    405–406, 421
  government, 369–371, 386
  greetings, 2–3
  house, rooms of, 114
  impersonal expressions, 391, 402

introductions, 2–3
leisure activities, 328–329, 340
letter writing, 174–175, 188
love and marriage, 299, 312
meals, 130–131, 141, 143
money, 160–161
months of year, 23, 24
nationalities, 28, 37, 405–406
North America, French in,
  388–389
occupations, 314–315, 326
politics, 369–371, 386
provinces, French, 204–205
restaurant, 146–147, 158
seasons, 97
shopping, 145, 158, 160–161,
  171–172
sports, 356–357, 367
telephone, 174–175, 188
television, 174–175, 188
time, 16–18
transportation, 218–219, 229,
  231–232, 242
university, 27–28, 269–271, 283
vacation, 190, 202
weather, 97, 110

voir, 205, 440
volition, verbs of, 379–380
vouloir, 167–168, 377, 440
vous, vs. **tu,** 42
vowel sounds
  closed, 20
  front, rounded, 20
  of mute **e,** 21
  nasal, 21
  open, 20
  oral, 20–21

weather (*vocab*), 97, 110
word order
  of adjectives, 57, 104–106
  of adverbs, 210–212
  of pronouns, 287–290
  of questions, 70, 72
  with **passé composé,** 197

y
  in **il y a,** 10, 88, 359–360
  uses of, 233–234
  word order with, 287–290
years, 69
yes/no questions, 70–72